U0104946

古典文獻研究輯刊

五 編

潘美月・杜潔祥 主編

第 **14** 冊

項安世《周易玩辭》研究

賴貴三 著

國家圖書館出版品預行編目資料

項安世《周易玩辭》研究／賴貴三著 — 初版 — 台北縣永和市：
花木蘭文化出版社，2007〔民 96〕

目 4+270 面；19×26 公分
（古典文獻研究輯刊 五編：第 14 冊）
ISBN：978-986-6831-45-4（全套精裝）
ISBN：978-986-6831-59-1（精裝）
1.（宋）項安世 2. 易經 3. 傳記 4. 學術思想 5. 研究考訂
121.17   96017557

ISBN - 978-986-6831-59-1

9 789866 831591

古典文獻研究輯刊
五 編 第十四冊   ISBN：978-986-6831-59-1

項安世《周易玩辭》研究

作 者 賴貴三
主 編 潘美月 杜潔祥
企劃出版 北京大學文化資源研究中心
出 版 花木蘭文化出版社
發 行 所 花木蘭文化出版社
發 行 人 高小娟
聯絡地址 台北縣永和市中正路五九五號七樓之三
         電話：02-2923-1455／傳真：02-2923-1452
電子信箱 sut81518@ms59.hinet.net
初 版 2007 年 9 月
定 價 五編 30 冊（精裝）新台幣 46,500 元

項安世《周易玩辭》研究

賴貴三　著

作者簡介

賴貴三（1962－），字屯如，臺灣屏東人。習業於臺南一中、高雄中山大學外文系、臺灣師大國文系所，獲文學博士學位，今為臺灣師大國文系教授，兼國際漢學研究所籌備主任、續接所長。行宗儒道，學探經史，專長《易》學、中國哲學、經學與文獻學。出版《潁川堂賴氏歷代族譜考述》、《焦循年譜新編》、《焦循雕菰樓易學研究》、《昭代經師手簡箋釋》、《焦循手批十三經註疏研究》，並主編《春風煦學集——黃慶萱教授七秩華誕受業論集》與《臺灣易學史》等。

提　　要

　　兩宋理學鼎盛，融儒、釋、道於一爐，北宋五子開導於前，南宋朱陸鳴放於後；一時俊選，紛馳當世，彬彬蔚蔚，漪歟盛哉！項安世生於南宋高、孝、光、寧四朝，腹滿經綸，懷抱澄清。以直諫著聲於朝，雖晚厄黨禁橫禍；然以《易》學揚名當代，成名山事業。其鐘鼎事功，《宋史》具載；而其立言述作，世傳《周易玩辭》、《項氏家說》與《平庵悔稿》三書，然知者甚尠、考者尤罕，故其學不宏焉。既受學　黃師慶萱先生，教以學《易》自一家入門，乃克有功。項氏《易》學，宗本程頤《易傳》，又與朱陸二家問辨咨決，是以理學而闡《易》者也。義理之外，項氏又兼重象數之學，其書易讀，其說易入，此斯編之所以作。

　　文分八章二十五節，約二十五萬字。首章論其生平，編次年譜，所以知人論世，見其學行之始末。次章述其交游，以明項氏與當時理學碩儒、事功名士、文學雅客與朝廷僚友之情誼，並見其廣交博學之軌跡。第三章考其著作，錄其善本，以知鑒藏之惟艱，斠讎之匪易。第四章溯項氏《易》學之淵源，所以示其學本來自，源頭活水之歸宗，良有以也。第五章分析《周易玩辭》之內容，歸納其釋《易》之方法，以為入門啟鑰之資。第六章繫《周易玩辭》之《易》例，所以發凡起例，以統《易》義，以見指撝。第七章乃本文之重心，專論《周易玩辭》《易》學之內涵，以探其象數、義理《易》學之精微，而觀《易》道之廣大悉備，所以極深而研幾，闡微而顯幽。末章結論，概述項氏《易》學之特色、影響與評價，冀能昭彰其書、廣明其學，以窺奧蘊並勵來茲。

　　本文之作，一以項安世之生平、交游、著作為考索之重點，知人論世之外，尤有立本治學之意焉。故於考據、目錄、斠讎諸事，多所著力，振葉以尋根，溯流而討源，追本返始，時有意外之收穫，深得為學之樂趣。再者，以項氏《易》學為研究之主題，《周易玩辭》為立言之根據，《項氏家說》為輔學之取資，故考其淵源，釋其方法，述其凡例，闡其精微以歸結焉。其人、其書、其學，由是可知一二，此余啟蒙之書，入道之師。撰成斯篇，乃不以「項安世《易》學研究」為名，而易之曰「項安世《周易玩辭》研究」者，所以顯其名而彰其書，以為學者之便識耳。

　　筆者學道粗疏，義理浮淺。茲編所論，不惟文字猥雜，尤患說理不精、曖昧難明之病，此所耿耿。寫作期間，渥蒙　黃師慶萱先生悉心指導，刻意栽成，感念莫名。良師如父似友，誠不敢妄自菲薄，辜負　先生之深所期許；必恆以孜矻勵學之行，以竇饗道歸宗之志焉！一稔為力，才學不足以濟之，故冗雜之弊，支離之說充斥其內，至祈博雅君子正之、教之，此筆者悃悃之願，坦坦之誠，幸能報之！

目錄

述例

第一章 項安世之生平 1

　第一節　生平考述 1

　　一、生年考 1

　　二、圖像述 2

　　三、籍里考 4

　　四、親族述 5

　第二節　年譜 7

第二章 項安世之交游 23

　第一節　朱、陸及其門生 23

　　一、朱熹晦庵先生 24

　　二、朱熹門生 25

　　三、陸九淵象山先生 26

　　四、陸九淵門生 27

　第二節　湘、浙學者及其門生 28

　　一、「湘學」——張栻及其門生 28

　　二、「金華學派」——呂祖謙及其門生 30

　　三、「永嘉學派」——陳傅良及其門生 30

　　四、「永嘉學者」——葉適水心先生 32

　第三節　文學師友與時相同僚 32

　　一、文學師友 32

　　二、時相同僚 35

　附錄：朱熹、陸九淵、張栻、呂祖謙〈答項平父〉書 44

第三章 項安世著作考釋 49

　第一節　書目及遺編 49

　　一、書目 49

　　二、遺編 51

　第二節　《平庵悔稿》考釋 52

　　一、〈解題〉與〈自序〉 53

　　二、傳世善本 54

　　三、〈附錄〉與〈題跋〉 54

　　四、版本比對 56

　　五、內容分類 57

　第三節　《項氏家說》考釋 57

　　一、提要 58

　　二、內容 58

　第四節　《周易玩辭》考釋 59

一、提要 60
二、版本 60
三、鑒藏 62
四、斠讎 64
附表一：《平庵悔稿》版本比對 65
附表二：《平庵悔稿》內容分類 66
斠勘表 66
宋本避諱字表 88

第四章　項安世《易》學之淵源 89
第一節　荊州《易》學遺風之濡染 89
一、「荊州學風」 90
二、荊州《易》學代表人物 90
三、《周易玩辭》中引見內容 93
第二節　歷代《易》學先進之沾溉 94
一、兩漢、魏、晉象數《易》學之流衍 95
二、唐儒《正義》、《集解》、《舉正》注疏《易》學之
造就 104
第三節　宋代《易》學名家之化成 106
一、理學《易》家 107
二、圖書、象數《易》家 110
三、老莊《易》家 115
四、疑古《易》家 116
五、考古《易》家 117
六、占筮《易》家 118
七、其他《易》家 119

第五章　《周易玩辭》釋《易》之方法 123
第一節　釋名定義 123
一、釋「象」 124
二、釋「象」 125
三、釋「爻」 127
四、釋「元、亨、利、貞」 128
五、「釋名定義」例證 129
第二節　引述考徵 131
一、博徵群經以釋《易》 131
二、參稽諸子以解《易》 142
三、旁徵史書以證《易》 144
四、廣稽小學訓解以注《易》 145

　　　五、雜引各類他說以贊《易》 ················ 151
　　第三節　史事證《易》 ···················· 152
　　　一、以平常史法以證《易》義之例 ·········· 153
　　　二、以比較史觀引史事以證《易》義之例 ······ 154
　　第四節　比較分析 ······················ 156
　　　一、比釋一卦之體及諸爻總義，兼論其象義之例 ·· 157
　　　二、論一爻之義、比較他卦爻義，並論其象義之例 157
　　　三、比較同卦上、下三爻，以明其義旨之例 ····· 157
　　　四、比較〈彖〉、〈象〉之義，兼論他卦異同之例 ·· 158
　　　五、比較二卦象義，析同以別異之例 ········· 159
　　　六、比較同卦二爻，並分析其義之例 ········· 159
　　　七、比較同卦中相似、相對之名詞，以釋其義之例 · 160
　　　八、比較異卦中相似、相對之名詞，以釋其義之例 · 161
　　　九、比較相對、相反二卦之主爻，以闡其義之例 ·· 161
　　　十、比較同類、異相之卦，以綜其義之例 ······ 162
　第六章　《周易玩辭》《易》例發凡 ··············· 165
　　第一節　《易》與陰陽凡例 ················· 165
　　　一、《易》凡例 ······················ 166
　　　二、陰陽凡例 ······················· 170
　　第二節　卦爻凡例 ······················ 173
　　　一、卦例 ·························· 174
　　　二、爻例 ·························· 181
　　第三節　〈彖〉、〈象〉、〈繫辭傳〉凡例 ·········· 185
　　　一、〈彖傳〉例 ······················ 185
　　　二、〈象傳〉例 ······················ 188
　　　三、〈繫辭傳〉例 ···················· 190
　　附例：《周易玩辭》文例及其他 ············· 191
　第七章　《周易玩辭》《易》學內涵探微 ············· 197
　　第一節　《易》理結構分析 ················· 198
　　　一、玩辭、象以盡意 ··················· 198
　　　二、論〈乾〉之四德，以統《易》之全體 ······ 200
　　　三、論卦德、卦象與卦序，並較〈雜卦〉諸義 ··· 201
　　　四、論《易》爻之道及主爻之義 ············ 209
　　第二節　象數《易》學 ··················· 210
　　　一、觀象論變 ······················· 210
　　　　（一）《易》象旨歸 ·················· 211
　　　　（二）卦變探微 ···················· 212

（三）卦變明例 ……………………………………… 214
　二、取數論占 ………………………………………… 220
　　（一）大衍之數 …………………………………… 220
　　（二）筮占之法 …………………………………… 223
第三節　義理《易》學 ……………………………… 224
　一、〈繫辭傳〉義理之分析 ……………………… 225
　　（一）〈上繫〉十二章及其大要 ……………… 225
　　（二）〈下繫〉十一章及其大要 ……………… 225
　　（三）〈繫辭傳〉綱領舉要 …………………… 226
　二、形上義理之解析 ……………………………… 231
　　（一）《易》道本一 …………………………… 231
　　（二）陰陽通變 ………………………………… 233
　　（三）體用一源 ………………………………… 234
　　（四）形氣造化 ………………………………… 235
　　（五）時義為大 ………………………………… 236
　三、人事義理之體察 ……………………………… 237
　　（一）道德、理義、性命 ……………………… 237
　　（二）居中守正 ………………………………… 237
　　（三）修身養德 ………………………………… 238

第八章　結　論 ……………………………………… 241
第一節　項氏《易》學之特色 …………………… 241
　一、博採眾家，《程傳》為宗 ………………… 241
　二、詮解多方，特尚比較 ……………………… 242
　三、《易》例發凡，以見指撝 ………………… 242
　四、象數義理，相輔相成 ……………………… 242
　五、彖象爻傳，兼綜並釋 ……………………… 243
第二節　項氏《易》學之影響 …………………… 243
　一、吳澄 ………………………………………… 244
　二、俞琰 ………………………………………… 244
　三、董真卿 ……………………………………… 245
第三節　項氏《易》學之評價 …………………… 246
　一、虞集 ………………………………………… 247
　二、馬端臨 ……………………………………… 247
　三、徐之祥 ……………………………………… 248
　四、納蘭性德 …………………………………… 248

參考書目 ……………………………………………… 251
書　影 ………………………………………………… 265

述　例

一、本文所採項安世著作三種：《周易玩辭》以臺北國家圖書館善本書室典藏——宋
　寧宗時江陵項氏建安書院刊本爲斠讎底本，並以《無求備齋易經集成》影刊—
　—清康熙十九年《通志堂經解》原刊本爲引用底本，此本加註頁碼，是爲查考
　之資據，簡稱《玩辭》。《項氏家說》以臺灣商務印書館影印發行——臺北故宮
　博物院典藏《文淵閣四庫全書》本爲參考之依據，簡稱《家說》。《平庵悔稿》
　則以臺灣商務印書館影印發行——臺北故宮博物院典藏，清嘉慶間阮元進呈《宛
　委別藏》影舊鈔本爲參引之資，簡稱《悔稿》。

二、本文引用書名，皆標以「《　》」符號；篇、章、節名，則記以「〈　〉」符號，《易》
　及《易》卦、《十翼》亦同用之，以識別其義。

三、本文稱引人物，其生卒年可考者，率依《歷代人物年里通譜》所載附記之，不
　詳者則闕之。於前賢一律稱其姓名，不以字號名之，以免混淆；於時賢則敬稱
　先生，於業師則冠以「師」字，皆表後學尊重之意焉。

四、本文稱引資料，皆註明其出處；並附參考書目，殿於文後，記其撰者、出版者、
　版本、年月等，以備查考之需。書目編排，以項氏傳世著作爲首，次以經類、
　史類、子類、集類、論文期刊類及書錄索引類共七種，計其數之多寡，以見參
　考範疇之小大也。

五、本文之寫作，幸承　黃師慶萱先生指導要領、修正綱目、充實結構、潤飾辭義、
　指點迷津，茲編能如期完成，順利出版，先生居功厥偉也。耑此敬表銘感至忱！

賴貴三謹識於國立臺灣師範大學國文研究所

中華民國九十六年七月二十日重刊復識於國立臺灣師範大學國際漢學研究所

第一章　項安世之生平

第一節　生平考述

　　南宋項安世（1153～1208），字平父（一作平甫），號平庵（又作平菴）。《宋史》有傳，歷述其姓字籍里、仕宦功業、卒年著作等，雖欠詳細，亦可見其體微處，足資參閱。〔註1〕本傳內容，俱已記錄第二節〈年譜〉中，毋煩贅言；本節擬就闕遺不全者，稽查載籍，或考、或述，庶明其究竟，以翼史傳之未足。

一、生年考

　　項安世卒於南宋寧宗嘉定元年（1208），已見《宋史》本傳。然其生年，則史傳、方志與時人文集，皆未書及，不免疑惑。逮翻讀史志，知項氏登第之後，出入諸家，泛濫理學，論學辨析之餘，與當時碩儒鴻鴈時相往還；乃逐一檢視當時大家文集，乍獲吉光片羽，深覺珍貴可寶。尤以《象山先生全集》卷三十六〈年譜〉所載資料，最有價值！茲引述如后：

　　　　淳熙十年，癸卯。（象山）先生四十五歲，在國學。項平甫再書略云：
　　　「某自幼便欲爲善士，今年三十一矣！欲望尊慈，特賜指教云云。」答書
　　　不傳。〔註2〕

據〈象山年譜〉可知，南宋孝宗淳熙十年癸卯（1183），陸九淵時年四十有五。而項安世致書曰：「今年三十一矣。」以淳熙十年上推，則南宋高宗紹興二十三年癸酉

〔註 1〕詳見：《宋史》卷三百九十七，〈列傳〉第一百五十六〈項安世傳〉；並參考本章第二
　　　　節〈年譜〉。
〔註 2〕詳見：明・王宗沐所編《象山先生全集》卷三十六〈年譜〉：四部叢刊初編本，頁321。

（1153），可以推定爲項安世誕生之年。〔註3〕此一研究發現，饒有自得之樂！

繼讀項安世手著《平菴悔稿》詩作，欣得詩篇三首——〈鄭子仁生日用其去臘（臘也）見壽韻〉、〈承甫兄生日用去臘見惠之韻〉、〈三弟校尉生日用去臘見壽韻〉〔註4〕，審觀詩題並玩味詩意，可以判斷項安世生於梅綻鼓催之臘月天。

綜合上述資料，結論如下——項安世誕生於南宋高宗紹興二十三年（1153）十二臘月某日，卒於寧宗嘉定元年（1208）某月日，享壽五十有六。生卒年既已考知，年譜編次其難哉？

二、圖像述

案讀《平菴悔稿》全帙，於卷十一「七言律詩」中得一詩題及詩曰：「曾宣幹燠（當作煥）謂余貌似誠齋楊公，作此報之——客來喚我似誠齋，始晤行藏合打乖；雖負江湖眞格律，且贏土木僞形骸；生來仕宦無多日，老去佯狂只少諧；莫怪今朝歡喜極，被人題箇好先牌。」〔註5〕項安世有感僚友之稱美，幸與詩壇大家楊萬里（1127～1206），貌似而學行皆肖，引爲佳話。《悔稿》中，又賦詩三首可相參考：

（一）〈題劉都幹所藏楊秘監詩卷〉〔註6〕

> 我雖未識誠齋面，道得誠齋句裡心；
> 醉語夢書辭總巧，生擒活捉力都任；
> 雄吞詩界前無古，新創文機獨有今；
> 肯爲小山題短紙，自家元愛晚唐吟。

（二）〈送楊主簿〉〔註7〕

> 誠齋四海一先生，詩滿江湖以字行；
> 正法親傳誰得鉢？異聞獨立子趨庭；
> 未能暇日詢三得，枉作經年共一城；
> 眼底不知離別苦，前途相望似晨星。

〔註3〕新亞研究所麥仲貴先生所著《宋元理學家著述生卒年表》，亦引據相同資料，結論一致，不謀而合。另葉國良先生《宋人疑經改經考》附錄一〈年表〉引述亦同，益信考定之不誤。

〔註4〕見宛委別藏本《平菴悔稿》卷十一〈後編〉七言律詩，頁505～506、511及516。

〔註5〕見《悔稿》卷十一，頁497。卷十二，賦〈胡仲方送周退傳、楊待制二像〉詩有句云：「大室神龜野客眞。」自註曰：「待制自號誠齋野客。」

〔註6〕見《悔稿》卷三，頁88～89。

〔註7〕見《悔稿》卷三，頁96～97。此實酬送楊萬里子楊長孺之詩，長孺時官主簿。

項世安詩

曾宣幹煥謂余
貌似誠齋楊公
作此報之

客來喚我似誠齋
始晤行藏合打乖
雖負江湖眞格律
且嬴土木僞形骸
生來仕宦無多日
老去佯狂只少諧
莫怪今朝歡喜極
被人題箇好先牌

楊萬里誠齋畫像

（引見《楊萬里、范成大資料彙編》）

（三）〈又用韻酬贈潘、楊二首〉〔註8〕

　　四海誠齋獨霸詩，世無仲氏敢言篯；

　　周公〈費誓〉傳禽父，宣聖〈中庸〉授子思；

　　鍾子期家應善聽，郵無卽後定能綏；

　　眞傳更在吟哦外，大節如山不授麾。

楊萬里爲南宋詩家之宗，與范成大、陸游、尤袤並稱四大家；又專力宏揚史事《易》
學，積十七年之心血完成《誠齋易傳》，影響深遠。反觀項安世與其同時而稍晚，亦
頗著詩名，有《平菴悔稿》詩卷；矧以三十年之功夫勤讀《伊川易傳》，居閒撰就《周
易玩辭》，倡明義理、象數與人事之《易》學，規模弘舉。斯二先賢，志同道合，詩
《易》共妙，可謂雙璧！

────────────

〔註 8〕見《悔稿》卷三，頁 141。此篇屬楊，亦爲長孺而作。

三、籍里考

《宋史》載項安世「其先括蒼人，後家江陵。」考案《荊州志》、《處州府志》、《松陽縣志》彼此參驗，一致脗合。〔註9〕括蒼為浙南處州府松陽縣，乃項氏之祖籍；自其先人徙居湖北江陵府江陵縣，為安世之客家。據元‧柳貫《柳待制文集》〈跋江陵項平甫為李文定公作盤居詩〉云：

> 平甫世居栝，自其先人始家江陵，而栝之墳墓至今存焉。後以言官胡紘嘗出力攻文公，羞與同鄉里，祇稱江陵。〔註10〕

栝即栝蒼也，文所謂「先人」，案疑為其「先父」；則安世之遷江陵，或在父時。其親著《平菴悔稿》一書，項氏於每卷之首皆書「括蒼項安世平甫著」，既署卷耑又自賦鄉里之詩四首，則本籍可知。試節錄賦詩，以觀其大較焉。

（一）〈送葉參議知蘄州〉〔註11〕

> ……我家括山下，土俗號窮僻；自我來荊州，邦風更蕭瑟；流落三十年，魚蝦共眠食；出門無所往，入門長太息。……

（二）〈都下次韻酬松陽葉叔文〉〔註12〕

> 我家松源妙人物，水怪山奇古仙窟；山含水氣生萬嘉，水抱山形成百折。……

（三）〈次韻謝處州鄉人二首〉〔註13〕

> 聽說江湖萬里身，十年流轉狎波神；鄉心只羨秋鷹急，世味如何臘蟻醇？耳識吳音疑故舊，眼見南士覺尖新；袖中詩句清如許，何嘗他鄉見似人？

> 黃花和露作深秋，志士臨風惜壯猷；靡靡道途空接淛，搖搖心事劇懸旒；兒時種木今盈抱，老去還家莫漫游；側耳鄉書上霄漢，聖朝賓貢似成周。

項安世賦詩懷鄉之情，特為深重！又高許其志「我家松源妙人物」；且廣交松陽同里學友，魚雁頻往來。故其地雖窮僻，然水怪山奇、萬嘉百折，詩人念根詠作，識不忘本也。

〔註9〕有關項安世生平資料，曾檢索臺北國家圖書館珍藏現存方志，及景照佚存之明、清方志。以上諸方志，皆見藏於國家圖書館內，甚便參閱。

〔註10〕詳見：元‧柳貫《柳待制文集》卷十八，頁229。

〔註11〕見《悔稿》卷一，頁10～11。

〔註12〕見《悔稿》卷一，頁21～22。

〔註13〕見《悔稿》卷三，頁86。

四、親族述

　　項安世《平菴悔稿》千餘首詩，依卷玩讀參較，分門部居，皆見奧蘊。今從詩卷所載以考之，可以摹略其親族概況，並窺其孝慈友弟之端倪。系屬如下：

（一）直系親屬

1. 大人，未詳名字，九月十八日生。〔註14〕
2. 母氏，未詳名字，二月十八日生。〔註15〕
3. 內子任氏，名不詳，正月十八日生。〔註16〕
4. 有子五人：
   （1）項宜孫。〔註17〕
   （2）項寅孫，正月十二日生，南宋理宗淳祐三年知福州。〔註18〕
   （3）項容孫，據《南宋館閣續錄》載：「項容孫，字仲履，江陵人，安世子。習《禮記》，嘉定七年登第；淳祐元年，以尚書右司員外郎除秘書少監，調起居舍人，遷侍講起居郎兼秘書監，改殿中侍御史。」〔註19〕
   （4）項康孫。〔註20〕
   （5）項庠孫。〔註21〕
5. 有女一人，名未詳，適席氏。〔註22〕

（二）旁系親屬

1. 伯父（四伯父），名字未詳，三月四日生。〔註23〕
2. 叔父（六叔父），名字未詳，四月晦日（三十日）生。〔註24〕
3. 六叔母，名字未詳。〔註25〕

〔註14〕參見《悔稿》卷一，頁44～45；卷二，頁79～80；卷四，頁185、頁194；卷十一，頁510。

〔註15〕參見《悔稿》卷四，頁192～193，頁202，頁210；卷五，頁279～280。

〔註16〕參見《悔稿》卷四，頁199～200，頁210～211。

〔註17〕參見《悔稿》卷四，頁194～195；卷十一，頁519。

〔註18〕參見《悔稿》卷四，頁195，頁211；及《處州府志》卷九。

〔註19〕參見《悔稿》卷四，頁195，及《處州府志》卷九。

〔註20〕參見《悔稿》卷四，頁195～196。

〔註21〕參見《悔稿》卷四，頁196。

〔註22〕參見《悔稿》卷一，頁45～46。

〔註23〕參見《悔稿》卷一，頁46～47；卷四，頁204、206；卷十，頁441～442；卷十一，頁518～519。

〔註24〕參見《悔稿》卷一，頁42；卷四，頁205～206，卷七，頁346；卷十一，頁509～510。

〔註25〕參見《悔稿》卷四，頁198。

4. 伯兄（承甫兄），正月二十九日生。〔註26〕

5. 叔表兄，名字未詳。〔註27〕

6. 敬甫弟，五月八日生。〔註28〕

7. 二弟，名字未詳。〔註29〕

8. 三弟校尉，六月六日生。〔註30〕

9. 十五弟，名字未詳。〔註31〕

10. 十六弟，五月八日生。〔註32〕

11. 十七弟，十一月二十九日生。〔註33〕

12. 十九弟，四月四日生。〔註34〕

13. 二十一弟，三月二十一日生。〔註35〕

14. 有妹一人，夫婿鄭子仁。〔註36〕

（三）姻 親

1. 丈人任知縣。〔註37〕

2. 任三舅。〔註38〕

3. 妻兄任以道，十一月三十日生。〔註39〕

4. 妻弟任縣尉，名圖南，字伯厚。〔註40〕

5. 任至道。〔註41〕

6. 任安道，正月二十日生。〔註42〕

7. 任詠道，八月十三日生。〔註43〕

〔註26〕參見《悔稿》頁 115、150、176～177、211、386～387，511、520、562。
〔註27〕參見《悔稿》頁 76。
〔註28〕參見《悔稿》頁 475、516～517。
〔註29〕參見《悔稿》頁 393。
〔註30〕《悔稿》頁 516。
〔註31〕《悔稿》頁 512。
〔註32〕《悔稿》頁 80、512、513～515。
〔註33〕《悔稿》頁 205、515。
〔註34〕《悔稿》頁 437、515～516。
〔註35〕《悔稿》頁 281～282。
〔註36〕《悔稿》頁 442～443。
〔註37〕《悔稿》頁 193、304、448。
〔註38〕《悔稿》頁 137。
〔註39〕《悔稿》頁 129、203、326～327、518。
〔註40〕《悔稿》頁 53～54。
〔註41〕《悔稿》頁 464～465。
〔註42〕《悔稿》頁 506～507。

8. 妹婿鄭子仁。〔註44〕

9. 任氏婿黃醇甫。〔註45〕

10. 席婿（女婿），四月二十八日生。〔註46〕

由上列資料，可以規畫項安世家族姻親概表，以清眉目，並資考索。縱橫之間，親誼姻屬，一目了然。

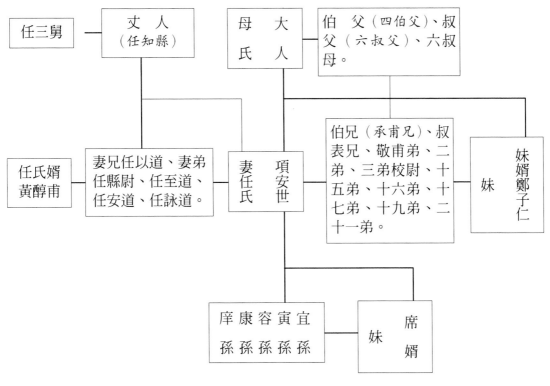

（項安世家族姻親概表）

第二節　年　譜

項安世生當南宋高宗、孝宗、光宗與寧宗四朝，靖康之恥未雪，偏安之局已成。北敵貪婪，覬覦南疆，雖割地賠款，亦終無寧日；甚者，前有秦檜之誤國，後有韓侂胄之專權，內憂外患，紛沓踵至，宋室實岌危而難保。斯時，幸有忠誠勇毅之士，再

〔註43〕《悔稿》頁507。

〔註44〕《悔稿》頁442～443。

〔註45〕《悔稿》頁183、384～385、469～470、489～490。

〔註46〕《悔稿》頁45～46。

造中興，又有重道崇文之儒，講明理學，濟濟英俊，薈萃多方，遂蔚爲南宋既奇崛而又清新之時代！項安世生逢其時，戮力嚮道，腹滿經綸濟世之才，胸懷攬轡澄清之志；惜遭「慶元黨禁」，黜落十年，乃杜門著書，而成名山之業。百年千載之後，先生之名得鐫諸史冊者在此，亦不枉矣！爰據先生行實資料並時人事蹟，表爲年譜。按年爲綱，依事成目，條記詳略，所以知人論世，示其原本，以備稽覽耳。敬書如后：

宋　　紀	歲次	西元	行　　　實
高宗紹興二十三年 （高宗名構，葬永思陵，在位三十六年。）	癸酉	1153	項安世一歲。（臘月生） 項安世字平父（平甫），號平庵（平菴），其先括蒼人，後家江陵。*01 △夏，朱熹（二十四歲）始受學於延平李侗之門。*02
二十四年	甲戌	1154	項安世二歲。 △楊萬里誠齋先生登進士第（三十二歲）。*03
二十五年	乙亥	1155	項安世三歲。
二十六年	丙子	1156	項安世四歲。
二十七年	丁丑	1157	項安世五歲。
二十八年	戊寅	1158	項安世六歲。
二十九年	己卯	1159	項安世七歲。 年七歲能賦詩，鄉人令賦雞雛，答曰：「脫殼雞雛小，相將羽翼成；待看全五德，喚起曉天明。」眾皆器之。長治《春秋》、《周禮》。*04
三　十　年	庚辰	1160	項安世八歲。
三十一年	辛巳	1161	項安世九歲。
三十二年	壬午	1162	項安世十歲。 △六月帝傳位於太子瑋，改名昚，帝自稱太上皇，太子即位。*05
孝宗隆興元年（孝宗名昚葬永阜陵，在位二十七年）。	癸未	1163	項安世十一歲。 △朱熹師延平李先生侗卒，年七十一。*02 △呂祖謙成進士（年二十七）。*06 △程迥成進士。*07
二年	甲申	1164	項安世十二歲。 △程迥《易傳》成。*08
乾道元年	乙酉	1165	項安世十三歲。
二年	丙戌	1166	項安世十四歲。 △陸游免官歸，卜居鏡湖之三山。*09 △李心傳生。*10
三年	丁亥	1167	項安世十五歲。 △蔡仲默沈生。*11 △陸游名三山書室曰可齋。*09 △楊簡成進士。*12
四年	戊子	1168	項安世十六歲。

宋　　紀	歲次	西元	行　　　　　實
五年	己丑	1169	項安世十七歲。 △陸九齡（子壽）成進士。*09
六年	庚寅	1170	項安世十八歲。 △朱熹得雲谷於建陽縣西北，榜之「晦庵」；「晦庵」之號始此時，時年四十四。*02
七年	辛卯	1171	項安世十九歲。 △孝宗立子惇爲太子。*05 △誠齋楊萬里始撰《易傳》，積十七年之功力著述，至淳熙十五年始完成。*13
八年	壬辰	1172	項安世二十歲。 始受讀伊川程頤《易傳》。《周易玩辭·自序》謂：「嘉泰二年壬戌之秋（1202）年，……因自歎曰：『安世之所學，蓋伊川程子之書也。』程子平生所著，獨《易傳》爲全書，安世受而讀之三十年矣！……」*14 △朱熹作《通鑑綱目》。*02 △陸九淵象山先生登進士第，時年三十四。*15
九年	癸巳	1173	項安世二十一歲。 △張栻南軒先生《癸巳孟子說》成。*16
淳熙元年	甲午	1174	項安世二十二歲。 張栻〈答項秀才〉書曰：「承來金華，從容師友間，當有進益。爲學之方，循循有序，要須著實。趨約自卑近始，度正字亦必常及此，在勉之而已。」*17 △朱熹四十五歲。四月，《太極圖說解》成。六月，編成《程氏外書》、《伊洛淵源錄》。九月，〈序中庸集解〉。*02
二年	乙未	1175	項安世二十三歲。 登詹騤榜進士，是夏再中教官，得紹興府教授；秋末，還家待闕。*18 △乙未同年進士： 一、任伯起（項氏妻兄）。*19 二、李坤（後復姓王）。*20 三、董煒。*21 四、樓國正鑰。*22 五、蔣舍人介。*23 六、王少清。*24 七、湯丞相子碩。*25 八、江陵柳教授世南。*26 九、石首李令。*27 十、程待制。*28 七月九日賦七言律詩〈壽司馬夫人二首——李思之母，爲范邦陽作於臨安。〉*29 △六月，張栻招隱二字。七月，朱熹作晦庵於廬峰之雲谷，自爲記。*09 △呂祖謙約三陸及朱熹會於廣信鵝湖寺，朱、陸問辨，講論不合，時朱熹年四十六，陸九淵年三十七，祖謙年三十九。*30
三年	丙申	1176	項安世二十四歲。 △朱熹四十七歲。五月，編《近思錄》（周、張、二程四家）成。*02

宋　　紀	歲次	西元	行　　　實
四年	丁酉	1177	項安世二十五歲。 △吳翌晦叔卒，年四十九。*31 △朱熹四十八歲。《周易本義》成、《論孟集註或問》成。*02
五年	戊戌	1178	項安世二十六歲。 △葉適水心先生成進士。*12 △魏華父了翁生。*32 △眞景元德秀生。*33
六年	己亥	1179	項安世二十七歲。 淳熙己亥歲，傅子淵勸予無弄文墨，自是絕意筆研十四年矣！非應用不得已不作也。*34 △夏，陸游集《漢隸》十四卷，皆中原及吳蜀眞刻。秋，游武夷山，泛舟九曲溪；是歲改提舉江南西路常平茶鹽公事，十二月到任。*09 △三月，朱熹赴南康軍任，立周敦頤祠，配以二程。十月，復建白鹿洞書院。*02
七年	庚子	1180	項安世二十八歲。 項平甫先生初仕爲會稽教官，時呂成公（祖謙）解太夫人服來越省伯舅。曾公愛其才，薦之文公（朱熹）；文公遂器許之，由是登朱、張氏之門。*35 呂祖謙〈答項平甫〉書云：「某往歲侍郎舅氏自荊南歸，具道左右年雖少，而志操堅正；下至諸表弟，人人敬慕。是時慨然有願見之意，今春聞分教山陰，相距離不遠，又以病廢，無從會面爲恨！便中忽奉手筆，所以見屬者，雖非衰惰之所敢當，然詳味辭氣，懇切質實，益知所存之不苟也。自張丈去世之後，至今心折，左右游從既久，講繹必甚精詳。然願深思力踐，體衣錦尚絅之義，卑以自牧，馴致充實光大之地，則吾道之幸。石天民、沈叔晦諸兄，莫能款聚否？萎痺不能多作字，秋暑，以時自重。」*36 △呂祖謙作《大事記》。*09 △二月，張栻敬夫卒，年四十八。朱熹與黃榦書曰：「吾道益孤矣！」張栻南軒先生穎悟夙成，以古聖賢自期，所著《論語、孟子說》、《太極圖說》、《洙泗言行錄》、《希顏錄》、《諸葛武侯傳》、《經世紀年》，皆行於世。*37 平甫項先生賦〈挽荊南帥張左司詩栻〉五首：*38 一、「霄漢占賢輔，乾坤失大儒；斯文斷命脈，識者嘆窮途；獨擁全名去，誰供一世須？空餘千載事，不盡惜良圖。」 △註曰：「去年朝士以書抵先生曰：『史官奏：賢輔星，出荊州分野。』上意以屬公也，先生謂安世：『吾自是殆矣！』自是奏請，多爲廟堂所沮。」 二、「自古誰無死？斯人有重輕；諸生望模楷，吾道倚權衡；一髮千鈞挽，中流砥柱傾；平生憂國事，何意作身名？」 三、「吾道竟如此，蒼生將奈何？名聲垂白日，身世逐滄波；宜世堂堂去，猶勝奄奄過；所嗟非一死，良願恐蹉跎。」 四、「昔者登簾閣，先生病已瘳；從容當世事，反復萬端憂；力盡千家活，身疲十日留；向來天下士，端爲一城休！」 △註曰：「前十日見先生於臥內，病良愈，論當世事，衮衮不倦。下教賑火災凡數十條，竟以勤死。」 五、「世已憎吾屬，天宜赦此賢；忍教名百代，不使壽中年；蘭謝無偉業，蘋荒久絕絃；凄涼楚江上，鴻影獨翩翩。」

宋　　紀	歲次	西元	行　　　　　　實
八年	辛丑	1181	項安世二十九歲。 項安世時教授紹興，朱熹（五十二歲）為浙東提舉，乃相與講明義理之學。從朱熹遊，嘗問人心萬理具備，若能存得便是聖賢，更有何事？朱熹不許，猶以窮理進之。*39 是歲，朱熹〈答項平父〉書云：「所論曲折，及陸國正語，三復爽然。所警於昏惰者為厚矣！大抵子思以來，教人之法惟以尊德性、道問學兩事為用力之要。今子靜所說，專是尊德性事，而熹平日所論卻是問學上多了。所以為彼學者，多持守可觀，而看得義理全不子細。又別說一種杜撰道理，遮蓋不肯放下，而熹自覺：雖於義理上，不敢亂說，卻於緊要、為己、為人上，多不得力。今當及身用力，去短集長，庶幾不墮一邊耳！」*40 陸九淵象山先生聞之曰：「朱元晦欲去兩短、合兩長，然吾以為不可。既不知尊德性，焉有所謂道問學？」*40 △晦庵朱熹作社倉於建寧之崇安縣。因奏事及之，乞頒其法於天下，孝宗為下其奏；於是，建昌軍南城吳伸、吳倫兄弟首應詔書，而晦庵又為之記。*41 △程大昌自序《考古編》。*09 △呂祖謙自序《周易古經》。七月卒，年四十五（生於高宗紹興七年）。著作郎東萊先生，夷簡五世孫也，其學本之家庭，有中原文獻之傳。著《讀書記》、《大事記》皆未成書。又考定《古周易》、《書說》等。*42 △朱熹知南康軍，約陸九淵至白鹿洞講學，九淵講：〈君子喻於義，小人喻於利〉一章，聽者動容。朱熹刻石留念，跋云：「淳熙辛丑春二月，陸兄子靜來自金谿，其徒朱克家、陸麟之、周清叟、熊鑑、路謙亨、胥訓實從。十日丁亥，熹率寮友諸生與俱，至於白鹿書院，請得一言以警學者。子靜既不鄙而惠許之，至其所以發明敷暢，則又懇到明白，而皆有以切中學者隱微深痼之病。蓋聽者莫不悚然動心焉！熹猶懼其久而或忘之也，復請子靜筆之於簡，而受藏之。凡我同志，於此反身而深察之，則庶乎其可不迷於入德之方矣！新安朱熹識。」其尊重象山先生如此。*43
九年	壬寅	1182	項安世三十歲。 象山陸先生四十四，除國子正，居行都五年，賓客盈門，講書於國學。項平甫來書略云：「安世聞陸先生之名言者不一，往得交於傅子淵，警發柔惰，自此歸向，取師之意始定。奉親之官越土，多見高第及門弟子，愈覺不能自已！雖未得親承於警欬，然受沾濡渥，亦已多矣。獨念心師之久，不可不以尺紙布萬一，伏乞加察。一、二年來，數鉅公相繼淪落，任是事者，獨先生與朱先生耳！」*44 △陸九齡子壽卒，年四十九。*09
十年	癸卯	1183	項安世三十一歲。 象山先生四十五歲，在國學。項平甫再書略云：「某自幼便欲為善士，今年三十一矣！欲望尊慈，特賜指教云云。」答書不傳。*45 是歲八月三日，平甫親到日鑄山中見寺僧，其友查元信君特饗以日鑄茶，因用其韻感嘆舊遊。*46 △正月，朱熹差主管台州崇道觀，自是杜門不出，作武夷精舍居之。*47 △六月，監察御史陳賈請禁道學，遂有「道學」之目。*48 △林栗著《周易經傳集解》。*49
十一年	甲辰	1184	項安世三十二歲。 △陸游作《六十吟》。*09

宋　　紀	歲次	西元	行　　　　　實
十二年	乙巳	1185	項安世三十三歲。 朱熹年五十六，壬子日〈答項平父〉書云：「所論義襲，猶未離乎舊見。大抵爲聖賢之學，須讀聖賢之書，既讀聖賢之書，須看得他所說本文上下意義。字字融釋，無窒礙處，方是會得聖賢立言指趣，識得如今爲學功夫，固非可以懸空白撰而得之也。如孟子答公孫丑問氣一節，專以浩然之氣爲主，其曰：集義所生者，言此氣是積累行義之功，而自生於內也。其曰非義襲而取之也，言此氣非是所行之義，潛往掩襲而取之於外也。其曰行有不慊於心，則餒矣者，言心有不慊，即是不合於義，而此氣不生也。是豈可得而掩取哉？告子乃不知此，而以義爲外，則其不動心也，直彊制之而頑然不動耳！非有此氣，而自然不動也。故又曰：『我故曰：告子未嘗知義，以其外之也。』然告子之病，蓋不知心之慊處，即是義之所安；其不慊處，即是不合於義，故直以義爲外而不求。今人因孟子之言，卻有見得此意，而識義之在內者。然又不知心之慊與不慊，亦有必待講學省察，而後能察其精微者。故於學聚問辨之所得，皆指爲外，而以爲非義之所在，遂一切棄置而不爲，此與告子之言，雖若小異，然其實則百步、五十步之間耳！以此相笑，是同浴而譏裸裎也。由其所見之偏如此，故於義理之精微、氣質之偏蔽，皆所不察，而其發之暴悍、狂率、無所不至。其所慨然自任，以爲義之所在者，或未必不出於人欲之私也。來喻敬義二字功夫不同，固是如此，然敬即學之本，而窮理乃其事，亦不可全作兩截看也。〈洪範〉皇極一章，乃九疇之本，不知曾子細看否？先儒訓皇極爲大中，近聞又有說保極爲存心者，其說如何？幸推詳之，復以見告。逐句詳說，如注疏然，方見所論之得失。大抵爲學但能於此等節目處，看得十數條通透縝密，即見讀書凡例，而聖賢傳付不言之妙，皆可以漸得之言語之中矣！」*50
十三年	丙午	1186	項安世三十四歲。 賦〈壽邱安撫二首代沈叔晦作〉、〈送莊賢良赴召試。器之，福州人〉詩。*51 △陸九淵得旨，主管台州崇道觀，遂奉祠歸，講學象山。*52 △三月，朱熹《易學啓蒙》成。*02
十四年	丁未	1187	項安世三十五歲。 五月四日賀楊秘書（名方，字子直）知吉州，賦五十韻排律一首：「自識楊夫子，於今十二年；甲辰來右渠，丁未向西川。……」*53 又賦〈送周伯壽赴省二首——椿，其婿爲丁未廷魁〉。*54 周必大是年相。賦〈對雪呈判府周丞相〉：「燮調曾轉九重天，偃息何難十國連；坐遣朝雲將朔雪，一清瘴雨與蠻烟；豐年須見寬心曲，儉俗能忘念目前；更想朝來窮巷裡，閉門高臥有遺賢。」*55 △郭雍卒，年九十七。*56 △劉克莊生。*57 △十月，太上皇崩（高宗，年八十一。），帝致喪三年，詔太子參決庶務。*05
十五年	戊申	1188	項安世三十六歲。 戊申正月十八日，時在成都，內子生日，賦詩以賀：「壽杯同舉壽闈中，此樂人人羨此翁；滿目芝蘭如謝傅，齊眉賓主似梁鴻；萬枝燈過游塵息，三莢蓂飛淑氣通；正是春來好時節，柳梢微綠小桃紅。」*58 作〈舟中閱親舊書〉：「……我生三十有六歲，今年始別父母行。……」*59 附：〈李浦道中得家信〉：「李浦江邊路，星沈日未生；逢人送家信，借火讀天明；上說兒曹健，中言客路晴；促歸仍勸緩，反覆見慈情。」*60

宋　紀	歲次	西元	行　　　實
			△淳熙戊申八月二日，廬陵楊萬里誠齋先生，撰成《易傳》二十卷。*61 案：自乾道七年（1171）始撰，至此已積十七年之功力，可謂深篤！ △朱熹、陸九淵太極之辯，往返七書，發微探幽，朱熹不能辯。（朱子時年五十九，陸子年五十。）*62 △八月，以朱熹除兵部郎官，未上而罷，林栗劾晦庵奏狀。葉適水心先生爲晦庵辯誣，及論陳賈封事。貶侍郎林栗知泉州。*63
十六年	己酉	1189	項安世三十七歲。 三十七歲初見白髮，賦詩：「親朋相見忽相驚，綠髮朝來白兩莖；若比商州王副使，預先攙得一年生。」*64 △二月，帝傳位於太子惇，太子即位，尊帝爲壽皇聖帝。（孝宗內禪，光宗立。）*05
光宗紹熙元年 （名惇，葬永崇陵，在位五年。）	庚戌	1190	項安世三十八歲。 紹熙至嘉泰年間，撰集《平菴悔稿》詩卷。時方待潭學闕。*65 △正月起，陳傅良爲吏部員外郎。*31 附：〈送潭州陳運使二首傅良〉：*66 一、「薄命眞如此，茲行始識公；從來半生願，不界數旬月；官事理頭過，江船轉眼空；可能傾蓋地，直作急流中。」 二、「惜分頻卜夜，此意我知公；古事多疑信，今人足異同；何年操棐几？三月坐春風；但記忽忽字，深題大帶中。」註：公每謂予赴事太忽忽。 △二月，殿中侍御史劉光祖乞禁譏議道學者。*48 △四月，詔今後臣庶命名，並不許犯祧廟正諱，如名字見有犯者，並合改易。*67
二年	辛亥	1191	項安世三十九歲。 冬，光宗不豫，繼而以疑畏得疾，於是過重華宮之禮始簡。益之李后妬悍不孝，帝惑之，遂不朝重華宮。安世上書言：「陛下仁足以覆天下，而不能施愛於庭闈之間；量足以容群臣，而不能忍於父子之際。以一身寄於六軍、萬姓之上，有父子然後有君臣，願陛下自入思慮：父子之情，終無可斷之理；愛敬之念，必有油然之時。聖心一回，何用擇日？早往則謂之省，暮往則謂之定；即日就駕，旋乾轉坤，在返掌間爾。」疏入不報，安世遺宰相留正書求去，尋遷校書郎。*68 壬子日，朱熹（年六十二）〈答項平父〉書云：「錄寄啓書，尤以愧！荷稱許之過，皆不敢當。但覺難兩字著題耳！至論爲學次第，則更盡有商量。大抵人之一心，萬理具備，若能存得便是聖賢，更有何事？然聖賢教人，所以有許多門路節次，而未嘗教人只守此心者，蓋爲此心、此理雖本完具，卻爲氣質之稟不能無偏。若不講明體察，極精極密，往往隨其所偏，墮於物欲之私而不自知。近世爲此說者觀其言語、動作，略無毫髮近似聖賢氣象，正坐此耳。是以聖賢教人，雖以恭敬持守爲先，而於其中又必使之即事即物，考古驗今，體會推尋，內外參合。蓋必如此，然後見得此心之眞，此理之正，而於世間萬事，一切言語，無不洞然，了其白黑。《大學》所謂知至意誠，《孟子》所謂知言、養氣，正謂此也。若如來喻，乃是合下只守此心，全不窮理。故此心雖似明白，然卻不能應事，此固已失之矣！後來知此是病，雖欲窮理，然又不曾將聖賢細密言語，向自己分上精思熟察，而便務爲涉獵書史，通曉世故之學。故於理之精微，既不能及，又并與向來所

宋　　紀	歲次	西元	行　　　　實
			守而失之，所以倀倀無所依據，雖於尋常淺近之說，亦不能辨，而坐為所惑也。夫謂不必先分儒釋者，此非實見。彼此皆有所當取，而不可偏廢也。乃是不曾實做自家本分功夫，故亦不能知異端詖淫邪遁之害，茫然兩無所見，而為是依違籠罩之說，以自欺欺人耳！若使自家日前曾做得窮理功夫，此豈難曉之病耶？然今所謂心無之體之物，物無不至之心，又似只是移出向來所守之心，便就日間，所接事物上比較耳！其於古今聖賢，指示剖析，細密精微之蘊，又未嘗入思議也。其所是非取舍，亦據己見為定耳。又何以察夫氣稟之偏，物欲之蔽，而得其本心理之全耶？便謂存誠愈固，養氣愈充，吾恐其察之未審，而自許過高，異日忽逢一夫之說，又將為所遷惑，而不能自安也。中間得葉正則書，亦方似此依違籠罩；而自處甚高，不自知其淺陋，殊可憐憫。以書告之，久不得報，恐未必能堪此苦口也。《大學章句》一本謾往，其言雖淺，然路脈不差，節序明審，便可行用，幸試詳之。」*69
三年	壬子	1192	項安世四十歲。 賦〈頭顱四十有感〉詩：「學古光陰惜寸分，濟時心膽慕華勛；少年有意不稱意，暮景欲云何所云？行矣未能真不惑，歸與長恐遂無聞；朝來不敢看清鏡，怕有輕霜下碧雲。」*70 三月一日入襄州界，先寄吳待制琚詩：「兒時夢到漢南州，四十頭顱未省遊；此段風流愧人物，今年行役籍君侯；仲山甫有遺墟在，諸葛公存舊事不？欲借虀驢醉駃帽，從公一一訪前修。」*71 △朱熹始築室於建陽之考亭，成韋齋先生（父朱松）之志也。*02 △十一月，羅向書點，尤給事袤，黃舍人裳，黃御史度，葉郎官適等，請光宗朝重華宮，不從。*72 △十二月十四日（1193），陸九淵象山先生卒於荊門軍官任，時年五十四。（生於高宗紹興九年己未二月。）*73
四年	癸丑	1193	項安世四十一歲。 時在館閣，樓尚書鑰為平甫言〈晉卦〉曰：「《釋文》云：『鼫鼠，螻蛄也。』今俗稱土狗者，是先儒多以毛氏《詩·碩鼠》為說，誤矣！」*74 淳熙己亥歲，傅子淵勸平甫無弄文墨，自是絕意筆研十四年矣，非應用不得已不作也。今年，胡季隨復勸予為之，曰：「文可不溺也，其可廢乎？」遂賦詩以寄傅子淵（名夢泉，建昌人，象山弟子）：「兒時月露與風雲，半世詞場罷策勳；老子今年新有興，良朋嗔我久無文；不妨翰墨鳴斯事，聊遣篇章記所云；不見衡州傅文學，春來雲詠滿湘濆。」*75 三月，太學正顏棫，知常州無錫縣吳獵，潭州教授項安世召試並除秘書正字──「敕具官某等：國家開館閣以待天下士，若必循次而進，非所以示招延之廣也。博採公言，取以數路。爾棫：由舍法官學省，爾獵：方宰壯縣，爾安世：客授湖南，一聞其賢，俱命給札，前此殆未有也。指陳時務，蔚然可稱，登之冊府，遂列英躔，豈惟養有用之才，抑以為多士之勸，庶幾巖穴之彥，亦將樂從吾游焉。」*76 五月，平甫恭和御製賜陳亮以下詩一首。*77 △五月，賜進士陳亮龍川先生第一，授建康簽判，未至卒。*78
五年	甲寅	1194	項安世四十二歲。 八月，秘書省正字顏棫、秘書郎項安世、吳獵並校書郎，制曰：「敕具官某等：比歲一日給札而得三俊，館閣之盛舉也。然秀穎之才，將於此乎？養之以待用，若棫之聲名，發于上庠；獵之才略，著于劇縣；安世之節概，又士論之所推。是三人者，不惟老于文學，又俱練于世故。舉而用之，何所不可？況年皆自強，而艾固無俟乎菁莪之育也。茲命棫典中秘書，獵與安世為校讎之職，姑以序遷，朕將有以用汝焉。」*79

宋　　　紀	歲次	西元	行　　　　　　　　　　實
			八月，召朱熹至，除煥章閣待制兼侍講，閏月，內批罷煥章閣待制兼侍講朱熹。安世率館職上書留之，言：「御筆除熹宮祠，不經宰執，不由給舍，徑使快行，直送熹家。竊揣聖意，必明知熹賢，不當使去，宰相見之必執奏，給舍見之必繳駁，是以爲此駭異變常之舉也。夫人主患不知賢爾，明知其賢而明去之，是示天下以不復顧公議也。且朱熹本一庶官，在二千里外，陛下即位未數日，即加號召，畀以從官，俾侍經幄。天下皆以爲初政之美，供職甫四十，即以內批逐之，舉朝驚愕，不知所措。臣願陛下謹守紀綱，毋忽公議，復留朱熹，使輔聖學，則人主無失，公議尚存。」不報。俄爲言者劾去，通判重慶府，未拜，以僞黨罷。吳文定讞入箚子乞留，不報。晦庵在朝甫四十六日，自是陳文節傅良、吳文定讞、劉文節光祖各先後斥去。*80 項安世感賦〈迓朱侍講〉及〈次韻路德章、吳斗南同迓朱侍講〉詩二首：*81 一、「欲就前賢去不如，幾年功力在三餘；終然覺我多金鑛，幸甚逢翁侍玉除；函丈中間親覓訣，殘編裡許細觀書；自憐舊習如塵汙，入髮成膠未易梳。」 二、「兩年京路筆生埃，忽見清詩眼爲開；蕭洒併將秋色寫，雄豪更帶夜潮來；可憐拄腹五千卷，誰與澆愁三百盃？莫遣晦翁聞世事，怕教興盡卻思回。」 十一月，平甫以校書郎兼實錄院檢討官。十二月，撰〈祝淑妃張氏辭〉。*82 △壽皇有疾。六月，壽皇崩（孝宗年六十八）。七月，寧宗即位。尊光宗，授爲太上皇。*05 △陳亮龍川先生卒，年五十二。（生於高宗紹興十三年）。*78 △楊簡刪定《己易》。*83
寧宗慶元元年 （名擴，葬永茂陵， 在位三十年。）	乙卯	1195	項安世四十三歲。 寧宗即位，詔求言，安世應詔言：「管夷吾治齊，諸葛亮治蜀，立國之本，不過曰：量地以制賦，量賦以用制而已。陛下試披輿地圖，今郡縣之數，比祖宗時孰爲多少？比秦漢、隋、唐時孰爲多少？陛下必自知其狹且少矣。試命版曹具一歲賦入之數，祖宗盛時，東南之賦入幾何？建炎、紹興以來，至乾道、淳熙，其所增取幾何？陛下試命內外群臣有司，具一歲之用，人主供奉、好賜之費幾何？御前工役、器械之費幾何？嬪嬙、宦寺、廩給之費幾何？戶部、四總領養兵之費幾何？州縣公使迎送、請給之費幾何？陛下必自知其爲侈且濫矣！用不量賦而至於侈且濫，內外上下之積，不得而不空，天地山川之藏，不得而不竭，非忍痛耐謗，一舉而更張之，未知其所以終也。今天下之費，最重而當省者，兵也。能用土兵則兵可省，能用屯田則兵可省，其次莫如宮掖。兵以待敵國，常畏而不敢省，故省兵難；宮掖以私一身，常愛而不忍省，故省宮掖難。不敢省者，事在他人；不忍省者，在陛下。宮中之嬪嬙宦寺，陛下事也；宮中之器械、工役，陛下事也，陛下肯省則省之。宮中既省，則外廷之官吏，四方之州縣，從風而省，奔走不遑，簡樸成風，民志堅定、民生日厚，雖有水旱蟲蝗之災，可活也。國力日壯，雖有夷狄盜賊之變，可爲也。復祖宗之業，雪人神之憤，惟吾所爲，無不可者。」*84 五月，項安世添差通判池州。（陳振孫《直齋書錄解題》稱爲「太府卿」，則所終之官也。）*85 項安世賦詩〈五月七日乞池州添倅得請〉一首：*86 「群玉峰前罷校書，九華山下試題輿；三年飽共鉛黃語，一日去從朱墨居。秋浦謫仙臨賦後，齊山小杜醉吟餘；薄才漸愧風流地，繭紙新抄雪不如。」 附：姜夔〈送項平甫倅池陽〉詩：*87 「項君聲名天宇窄，與君俱是荊湖客，向來相聞不相值；長安城中乃相識，論文要得文中天，邯鄲學步終不然。如君筆墨與性合，妙處特過蘇李前；

宋　　紀	歲次	西元	行　　　　　實
			我如切切秋蟲語，自謂平生用心苦；神凝或與元氣接，屢舉似君君亦許。西湖一曲古牆陰，清坐論詩夜向深，見謂人間有公等，不知來者不如今。乾坤雖大知者少，君不見古人拙處今人巧，我徂山林口挂壁，如君合救狂瀾倒。石渠春水綠泱泱，閣下無人白日長；萬里江湖入歸夢，子雲不願校書郎。九華山色梅根渡，半日風帆即秋浦；六條察吏安用許？幸有千巖作詩侶。」 △朱熹自筮，得〈遯〉之〈同人〉，更號遯翁。十二月，晦庵罷待制，仍舊宮觀。（閏月二十一日，有旨晦翁宮觀。）*02 △程大昌卒，年七十三。（安世有詩挽之，見《悔稿》頁522。）*88
二年	丙辰	1196	項安世四十四歲。 《丙辰悔稿》成於此時。《項氏家說》、《周易玩辭》亦始撰於此年前後。*89 △二月，以端明殿學士葉翥知貢舉，翥與劉德秀同知貢舉，奏言偽學之魁，以匹夫窮人主之柄，鼓動天下。故文風未能丕變，乞將語錄之類，盡行除毀，故是科取士稍涉義理者，悉皆黜落。《六經》、《語》、《孟》、《中庸》、《大學》之書，為世大禁。八月，禁用偽學之黨，「偽學」之稱自此始。十二月，秘閣修撰，朱熹削官，竄蔡元定於道州。*48
三年	丁巳	1197	項安世四十五歲。 十二月，王沇乞置偽學，於是「偽學逆黨」得罪著籍者：宰執則有趙忠定汝愚等四人，待制以上則有朱晦庵熹等十三人，餘官則有安世等三十一人，武臣三人，士人八人，凡五十九人。*48
四年	戊午	1198	項安世四十六歲。 秋九月，自序《周易玩辭》曰：「《大傳》曰：『君子居則觀其象，而玩其辭；動則觀其變，而玩其占。』讀《易》之法，盡於此矣！《易》之道四，其實則二，象與辭也。變，則象之進退也；占，則辭之吉凶也。不識其象，何以知其變？不通其辭，何以決其占？然而，聖人因象以措辭，後學因辭而測象，則今之讀《易》，所當反復紬繹，精思而深味者，莫辭若也。於是作《周易玩辭》。」*90 △詔嚴偽學之禁。蔡季通元定卒，年六十四。十二月，晦庵朱熹乞致仕。*91
五年	己未	1199	項安世四十七歲。 朱熹〈與項平父書〉云：「熹老病死矣！無復可言。今漫遣人去，下致仕文字。念公平生故人，不可無數字之訣。時論一變，盡言者得禍，求全者得謗，利害短長之間，亦明者所宜審處也。」*92 乙卯日，朱熹又〈答項平父〉書云：「熹一病四、五十日，危死者數矣！今幸粗有生意，然不能飲食，其勢亦難扶理。杜門屏息，聽天所命，餘無可言者。所幸一生辛苦讀書，微細揣摩，零碎括別。及此暮年，略見從上聖賢，所以垂世立教之意。枝枝相對，葉葉相當，無一字無下落處。若學者能虛心遜志，游泳其間，自不患不見入德門戶。但相見無期，不得面講，使平父尚不能無疑於當世諸儒之論，此為恨恨耳！」*93 酬答賦詩〈得桃源丁知縣書〉：「為報桃川老令威，病夫三歲不開帷；窗中見日知晨暮，瓶裡看花記歲時；新讀子書多乙者，舊吟詩藁盡丁之；無人肯共閑人語，滿腹閑情獨自知。」*94 △五月，賜進士得真西山德秀、魏鶴山了翁。*95 △十二月，朱熹依所乞守朝奉大夫致仕。*02

宋　　紀	歲次	西元	行　　　　實
六年	庚申	1200	項安世四十八歲。 十月五日，平甫先生臥病江陵，南城人包楊以朱熹爲吳氏兄弟所作記來求詩，適與朱氏哀疏同至，讀之心折，不敢以病爲解，遂作四韻寄二吳，臨筆汪然涕泗交下，賦〈寄題吳氏社倉〉詩：「淹劇無惊易愴神，社倉新記重關心；前朝詔在恩淪骨，遺老書存淚滿襟，永念君仁多善稼，肯因師死下喬林；皇天老眼明於鏡，勉植書樓萬桂陰。」*96 △三月甲子，朱熹卒於考亭，年七十一。(生於高宗建炎四年。)十一月，葬建陽縣唐石里大林谷。*02 △八月，太上皇(光宗)崩，年五十四。*05
嘉泰元年	辛酉	1201	項安世四十九歲。 賦〈遊白鹿洞書院〉詩：*97 「晦翁一別遂千秋，跨鹿乘雲何處遊？人隨流水去不返，各與好山空自留；峰巒戕戕田園淨，藤刺深深磴道幽；寶匣塵生弦索斷，遺音重撫淚雙流！」
二年	壬戌	1202	項安世五十歲。 二月朔，弛僞學黨禁，項安世復官自便。*48 五月甲子，書〈爲建昌南城包顯道題光風霽月之閣并跋〉曰：「扁以槐堂之鉅筆，銘以雲谷之高辭，鎮以平園之籤帙，照以太極之肝脾。千巖萬壑轉芳氣，青天碧海流清規；春晨畫出舞雩詠；夜景看成彭澤詩；勉哉此事要眞積，昔者所聞無坐馳，願追策驥予陶子，勿但嘐嘐如牧皮。『暮春者，春服既成，冠者五六人，童子六七人，浴乎沂，風乎舞雩，詠而歸』，此曾晳之言也。其志嘐嘐然曰：『古之人，古之人。』夷考其行，而不掩焉者，曾晳之事也，吾徒戒之。『涼風起將夕，夜景湛虛明；昭昭天宇闊，皛皛川上平。』淵明之言也。『脂我名車，策我名驥；千里雖遙，孰敢不至。』淵明之事也，吾徒勉之。嘉泰壬戌五月甲子書。」*98 秋，重修《周易玩辭》，自述曰：「嘉泰二年，壬戌之秋，重修《周易玩辭》十六卷。章句粗定，因自歎曰：『安世之所學，蓋伊川程子之書也。程子平生所著，獨《易傳》爲全書，安世受而讀之三十年矣！今以其所得於《易傳》者，述爲此書，而其文無與《易傳》合，合則無用述此書矣！世之友朋以《易傳》之理觀吾書，本末條貫，無一不本於《易傳》者；以《易傳》之文觀吾書，則未免使西河之民疑汝於夫子之怒。知者謂此書也，罪我者，此書也。』九月丙午安世謹書。」*90 附：江陵後學樂章跋《周易玩辭》曰：「《易》說以玩辭名，蓋識其居閒所作也。〈繫辭〉曰：『君子居則觀其象而玩其辭。』平菴項公昔忤權臣，擯斥十年，杜門卻埽，足跡不涉限。耽思經史，專意著述，成書數編，此其一焉。逮兵端既開，邊事告急，公被命而起，獨當一面，外禦憑陵，內固根本，成就卓然，皆是書之功也。則知公動而玩占，措諸事業，應變不窮，蓋動靜不失其時矣！豈直曰玩其辭而已哉？嘉定辛未(四年)歲，閏 2月中澣，江陵後學樂章書。」*99
三年	癸亥	1203	項安世五十一歲。 安世向得巴郡，今十年矣。賦〈和劉子野見賀韻〉詩一首：*100 「汗青久別如山歷，頭白重分占斗城；靜著《易林》師子貢，共評《詩品》得鍾嶸；忽驚蒙水新銜寵，恍憶巴山舊印榮；翠幕紅燈莫相問，風流何似十年情？」 正月十二日，子寅孫生朝，寄以蜀果，兼賦詩爲賀：「老來夫婦喜如顚，遙舉生朝白玉船；多作時文充上賦，深持僞學繼家傳。九年伏枕吾何恨？五子通經汝更專。嘉實送將知有意，且須成熟味方全。」*101

宋　　紀	歲次	西元	行　　　　　實
四年	甲子	1204	項安世五十二歲。 項母立春日慶七十（生朝二月十八日），安世賦詩以壽：「土牛門外打春鞭，綵鳳堂前慶壽箋。西母東公俱得歲，古稀今有見雙全；群仙別演長生籍，大歷重開甲子年；更值圜壇雞救出，兩封花誥一般鮮。」*102 賦〈答張功甫寺丞〉詩：「張叟至今憐項叟，杭州依舊憶荊州。亥年詩到子年答，十月書來正月收。了女了男多已過，半飢半飽不須愁；且圖今日勝前日，一任黑頭成白頭。」*103 △四月八日，楊萬里後序《易傳》。*104 △陸游致仕，以下數年皆家居。*09
寧宗開禧元年	乙丑	1205	項安世五十三歲。 安世素善吳獵，二人坐學禁久廢。開禧定議伐金，用兵北圖，獵起帥荊渚，安世方丁內艱。*105 賦《贈石首李令》詩： 「老子頭顱新似雪，元兄邱隴舊成陰；莫談三十年前事，愁損河陽一縣心。」註云：「淳熙乙未，三人同試南宮。」*106 △楊萬里聞北伐，憂憤不食。*107 △蔡淵自序《周易經傳訓解》。*108
二年	丙寅	1206	項安世五十四歲。 開禧用兵，安世復起知鄂州。俄淮漢師潰，薛叔似以怯懦為侂胄所惡，安世因貽侂胄書，其末曰：「偶送客至江頭，飲竹光酒，半醉，書不成字。」侂胄大喜曰：「項平父乃爾開暇。」遂除戶部員外郎、湖廣總領。冬十月，金兵大舉南下，會薛叔似（京湖宣撫使）罷，金兵圍德安益急，諸將無所屬。安世不俟朝命，逕遣兵解圍。後朝命安世權宣撫使，又升太府卿。安世與吳獵素相善，及安世招軍，名「項家軍」，多不逞，好虜掠，獵斬其為首者，安世憾之。至是斬獵客宣撫幕官王度於大別寺，獵聞于朝，安世坐免。*109 △楊萬里因憂憤不食，卒於五月二日，年八十三。（〈慶元黨案〉作：「七月，楊誠齋萬里卒。」）*09
三年	丁卯	1207	項安世五十五歲。 安世以直龍圖閣為湖南轉運判官，未上，用台章奪職而罷。*110 △辛棄疾卒，年六十八。*09 △張鎡謀殺韓侂胄。*111 △冬十一月，禮部侍郎史彌遠誅韓侂胄於玉津園，詔暴侂胄罪惡於中外。侂胄專政十四年，威行宮省，權震宇內，及籍其家，多乘輿服御之飾。*05
寧宗嘉定元年	戊辰	1208	項安世五十六歲。 項安世卒於是年，所著《周易玩辭》、他書多行于世。*112 賦〈立春前一日書事〉詩：「明日天車始建寅，今朝猶是今年人。江城半夜傳黃紙，嘉定新書下紫宸。山雪多情來送臘，湖波著色去迎春；旋烘寒餅纏生菜，想見家貧憶路貧。」*113 ※項安世〈自贊〉詩：*114 「將軍下筆枉施功，羽箭賢冠子不同；桐柏宮中狂道士，枚回洲上病漁翁。」

備 註

*01 參見本章第一節〈生平考述〉。

*02 見《朱子年譜》。年譜表中作△記號者，所以示同年人物事蹟，用資參較。

*03 見《宋史》卷四三三。

*04 並見《處州府志》卷九，及《松陽縣志》卷六。

*05 《歷代帝王年表》。

*06 參見《呂東萊文集》附王崇炳撰〈呂東萊先生本傳〉。

*07 《宋史》卷四三七。

*08 董真卿《周易會通‧周易經傳歷代因革》。

*09 參見《歷代名人年譜》。

*10 參見《疑年錄彙編》卷十四。

*11 《真德秀真文忠公文集》卷四十二。

*12 參見《南宋館閣續錄》卷八。

*13 參見《誠齋易傳》自序。

*14 詳見項氏《周易玩辭‧自序》。案：嘉泰二年（1202），上推三十年而知此年之事。

*15 《陸象山先生全集》卷三十六〈年譜〉。

*16 《張南軒先生文集》。

*17 參見《張南軒先生文集》卷二。

*18 並見《宋史》卷三九七，《館閣續錄》卷八，《平菴悔稿》卷五、頁 269～270

*19 《悔稿》頁 54。

*20 《悔稿》頁 151。

*21 《悔稿》頁 111、156。

*22 《悔稿》頁 157～158。

*23 《悔稿》頁 177～178。

*24 《悔稿》頁 401。

*25 《悔稿》頁 422～423。

*26 《悔稿》頁 465。

*27 《悔稿》頁 554。

*28 《悔稿》頁 522～523。

*29 《悔稿》卷四、頁 212。案：據該詩紀年而歸入，詩不備錄。

*30 並見《朱子年譜》、《象山先生全集》、〈年譜〉。

*31 《歷代名人年譜》。

*32 《宋人傳記資料索引》。

*33 《鶴山先生大全文集》卷六十九。

*34 《悔稿》卷四，七律，頁 175～176

*35 《柳待制文集》卷十八〈跋江陵項平甫爲李文定公作盤居詩〉。

*36 《呂東萊文集》卷五。

*37 俱見《歷代名人年譜》、《朱文公文集》卷八十九。

*38 《悔稿》卷九，五律，頁 421～422。

*39 參見《松陽縣志》卷六〈人物志——理學〉及《荊州志卷》五〈儒林列傳第三〉。

*40 參見《朱子大全》文集卷五十四，及《朱子年譜考異》附錄卷一〈朱子論學切要語〉。并參見《象山先生全集》卷三十六〈年譜〉。

*41 《悔稿》頁 483〈寄題吳氏社倉〉。

*42 參見王崇炳撰〈呂東萊先生本傳〉。

*43 參見《象山先生全集》卷二十三，及《宋元學案·象山學案》。

*44 參見《象山先生全集》卷三十六〈年譜〉、《宋元學案補遺》。

*45 《象山先生全集》卷三十六〈年譜〉。案：據此以上推項安世生年，定在紹興二十三年。論見本章第一節。

*46 《悔稿》卷十，七律，頁 450。

*47 《歷代名人年譜》、《朱子年譜》。

*48 〈慶元黨案〉。

*49 《玉海》卷四十。

*50 參見《朱子大全》文集卷五十四及《朱子年譜》。

*51 《悔稿》卷四，頁 206～207；卷九，頁 431～432。

*52 《象山先生全集·年譜》。

*53 《悔稿》，卷九，五言排律。

*54 《悔稿》，五古，頁 54。

*55 《歷代名人年譜》；《悔稿》卷三，頁 91。

*56 《宋史》卷四五九。

*57 《後村先生大全集》卷一二四、一二五。

*58 《悔稿》，卷四，七律，頁 210。

*59 《悔稿》，卷一，五古，頁 35。

*60 《悔稿》，卷九，五律。

*61 《誠齋易傳》、〈自序〉。

*62 《朱子年譜》、《象山先生全集·年譜》。

*63 《宋元學案·慶元黨案》。

*64 《悔稿》，卷五，七絕，頁 262。

*65 《四庫未收書目提要》，《悔稿》頁 465。

*66 《悔稿》卷六，五律，頁 294～295。

*67 《宋史》卷一〇八〈禮志〉。

*68 參見《歷代帝王年表》、《宋史》卷三九七〈列傳〉第一五六。

*69 《朱子年譜》卷三上，《朱子大全》文集卷五四。

*70 《悔稿》，卷四，七律，頁 192。

*71 《悔稿》，卷十，七律，頁 476～477。

*72 《歷代帝王年譜》。

*73 《象山先生全集·年譜》。

*74 參見《周易玩辭·晉卦》條。

*75 《悔稿》，卷四，七律，頁 175～176。

*76 樓鑰《攻媿集》，卷三十五，頁 331。

*77 《中興館閣錄》，卷五，〈進詩〉。

*78 《陳亮年譜》。

*79 樓鑰《攻媿集》，卷四十一，頁 395。

*80 《朱子年譜》、《宋史》卷三九七〈吳獵、項安世傳〉下。

*81 《悔稿》，卷十，頁 451。

*82 並見《中興館閣續錄》卷八，《中興館閣錄》卷五。

*83 《慈湖先生年譜》，卷一。

*84 《宋史》，卷三九七，〈項安世傳〉。

*85 《中興館閣續錄》，卷八。

*86 《悔稿》，卷六，頁 303。

*87 《白石道人全集》，卷上，七古，頁 11〜12。

*88 《宋史》，卷四三三。

*89 並參《宋史・藝文志》、《四庫未收書目提要》。

*90 《周易玩辭》序。

*91 〈慶元黨案〉、《朱子年譜》。

*92 《朱文公文集》卷二十九，並見《荊州志・藝文志》。

*93 《朱子大全》文集卷五十四，並見《朱子年譜・朱子論學切要語》卷一。

*94 《悔稿》，卷十，七律，頁 482。

*95 《館閣續錄》卷八。

*96 《悔稿》，頁 483〜484。

*97 《悔稿》，卷三，頁 95。

*98 《悔稿》，卷八，七古，頁 383〜384。

*99 見通志堂本《周易玩辭》卷十六後。

*100 《悔稿》，卷十一，頁 495〜496。

*101 《悔稿》，頁 211。

*102 《悔稿》，卷四，頁 202。

*103 《悔稿》，卷十，頁 468。

*104 《誠齋易傳》。

*105 《宋史》，卷三九七，〈項安世傳〉下。

*106 《悔稿》，卷十二，頁 554。

*107 《宋史》，卷四三三。

*108 《周易會通・周易經傳歷代因革》。

*109 《宋史》，卷三九七，本傳。

*110 《宋史》，本傳。

*111 《齊東野語》，卷三，〈誅韓本末〉。

*112 《宋史》，卷三九七。

*113 《悔稿》，卷十，七律，頁 447。

*114 《悔稿》，卷六，七絕，頁 318〜319。

第二章　項安世之交游

　　項安世學本經誼，披根摘葉，必極蘊奧〔註1〕，是以論學取友，咨決多參。淳熙登第以後，仕途騰達，光、寧兩朝，且以直諫著聲〔註2〕，同道僚友，廣結交焉。方其時，群賢雅集，若理學鴻儒，文獻英傑，與夫事功俊士，爭鳴而唱和，漪歟盛哉！故元・虞集〈周易玩辭序〉曰：

> 項公實與朱子同時，當時則又有江西陸先生者，各以其學為教；又有聰明文學過人之士，興於永嘉。項公嘗從而問辨咨決焉。其遺文猶有可徵者，朱、項往來之書至六七而不止，其要旨直以程子「涵養須用敬，進學則在致知」之說以告之。於是，項公之學，上不過於高虛，下不陷於功利，而所趨、所達，端有定向。〔註3〕

觀乎此，而項氏論學取友之資，可以知其梗概矣！是以每研讀項氏之書，偶有會意處，輒筆錄條列，分部類居。今以所得於諸文集者，敘其交游師友，姑以朱熹、陸九淵、呂祖謙、張栻及永嘉學者為綱領，輔以文學詞客、時相僚友為網目，然後項氏輔仁文會之盛況，如在目前矣！

第一節　朱、陸及其門生

　　全祖望〈奉臨川帖子〉云：「項平甫來往于朱、陸之間，然未嘗偏有所師。」〔註4〕二先生文集中，屢見〈答項平父〉問學辨論之書函，提攜切磋甚洽，故項安世能獨

〔註1〕引見元・柳貫《柳待制文集》卷十八〈跋江陵項平甫為李文定公作盤居詩〉。
〔註2〕有關項安世之仕宦事蹟，詳參第一章、第一節〈年譜〉繫年資料，茲不細贅。
〔註3〕引見通志堂經解本《周易玩辭》元・虞集序。原序本文，參見虞集《道園學古錄》卷三十一。
〔註4〕引自《宋元學案》——「晦翁學侶：龍圖項平庵先生安世」下，馮雲濠謹案語。

得二先生之理要。朱、陸答書情理俱富，謹附錄本章之後，以備考焉。朱、陸學脈不同，朱熹得程頤之眞傳，集北宋理學之大成，下開「程朱」一系；陸九淵冥合孟子之心傳，獨樹別幟，展佈「陸王」一系。而所謂「朱、陸異同」者，朱熹道問學，說性即理；陸九淵尊德性，闡心即理，學脈雖兩歧；實殊途而同揆！道術分裂至此，而聖哲氣象益爲超絕，故朱、陸二先生爲理學巨擘，於時人、後學影響深遠。項安世緣逢其會，問學論道尤多，故檢索資料，論次與朱、陸二先生及其門生之交游，並略述簡傳，知爲同志相求者也。

一、朱熹晦庵先生

《宋元學案・晦翁學案》以項安世爲「晦翁學侶」並敘其傳略，〈補遺〉中又增補諸說，益明其宗旨。〔註5〕《平菴悔稿》卷五詩云：「少時矗矗著新功，老去蕭蕭漸禿翁；辜負平生好師友，納湖、雲谷兩仁翁。」〔註6〕納湖，張栻號也；雲谷，朱熹號也。可知，項安世與朱熹、張栻二先生，誼屬師友而特崇其道，尊其齒也。

朱熹（1130～1200），字元晦，一字仲晦，號晦庵，晚號晦翁。婺源人，寓建州，父朱松。紹興十八年進士，主泉州同安簿。孝宗初，召爲武學博士，未就。淳熙初，以薦召爲秘書郎，擢知南康軍，講求荒政，全活無算；遷提舉江西常平茶鹽公事，歷江西提刑，入爲侍講。光宗末，除寶文閣待制，知江陵府；旋以煥章閣待制提舉南京鴻慶宮。慶元二年爲御史所劾，落職罷祠；六年三月九日卒，年七十一。嘉定初，謚曰：「文。」寶慶中，贈「太師」，追封「信國公」。淳祐中，從祀孔廟。

熹歷仕高、孝、光、寧四朝，凡所奏聞，皆以正心誠意、脩齊治平之道。平生好古敏求，每以所學者教人。居崇安時，牓廳事曰：「紫陽書堂。」故稱紫陽。又創草堂於建陽之雲谷，自稱「雲谷老人」。晚卜築於建陽之考亭，作滄洲精舍，自號「滄洲病叟」，又號「遯翁」。考亭爲講學之所，故人稱爲「考亭學派」。其學出於李侗、羅從彥，盡得程氏之傳，大抵窮理以致其知，反躬以踐其實，而以居敬爲主。所著經史子集諸書，多傳於世。〔註7〕。

〔註5〕詳參《宋元學案》卷四十九〈晦翁學案〉「晦翁學侶：龍圖項平庵先生安世」下。並《宋元學案補遺》卷四十九節引「項平庵語」、《項氏家說》、《孝經說》、《中庸臆說》，及該卷內「附錄」之相關資料。

〔註6〕見宛委別藏本《平菴悔稿》卷五，頁235〈次韻衡山徐監酒同考府學試八首〉之二，自註云：「納湖張先生（按：張栻南軒先生），雲谷朱先生（按：朱熹晦庵先生）。」同書卷十，頁451，項安世又有〈迓朱侍講〉、〈次韻路德章、吳斗南同迓朱侍講〉詩，已書於第一章第二節〈年譜〉中。

〔註7〕引見資料，率以《宋人傳記資料索引》所載者爲本，有關朱熹《宋史》本傳，及《宋元學案》〈晦翁學案〉、《朱文公文集》等皆曾研閱，但以內容繁富，故節略生平以明

二、朱熹門生

陳榮捷先生《朱子門人》一書，考索朱熹門生、師友綦詳，並敘其傳略、出處，足資稽參。案讀《平菴悔稿》，欣得項安世所交游朱熹門生數人，史傳皆有記載，遂引述以存其情實。

1. 李燔弘齋先生

項安世賦〈盤居〉詩六章，題云：「爲山居主人李敬子作。」〔註8〕李敬子者，即朱熹門生李燔也。《宋史·道學傳》曰：「（李敬子）名燔，南康建昌人。舉進士。從朱子學，以弘名齋。終直秘閣主管至道宮，諡文定。」嘗有言云：「凡人不必待仕宦方有功業，但隨力到處，有以及物，即功業矣！」蔡念成稱李燔「心事如秋月」，史臣李心傳論當時高士屢召不起者，以李燔爲海內第一，學者宗之。《宋史》言其居家講道，與黃榦勉齋先生並稱，曰：「黃李」。〔註9〕

2. 黃灝西坡先生

項安世〈黃寺丞挽詩灝〉曰：

> 識面山陰道，論心德化堂；後來俱罪籍，歸去各吾鄉；晚歲欣同寓，
> 平生謂可償；來遲三兩月，淚落幾多行？
> 白鹿人先去（晦菴朱先生），西坡事又非（黃自號西坡）；客情何所向？老
> 淚不禁揮；日短輀車急，山寒冢未腓；猶聞辭楚辟，來救越民飢。（註曰：
> 「黃以不受時相入蜀之辟得怒，遂坐擅蠲飢民租遷謫。」）〔註10〕

黃灝，字商伯，一字景夷，號西坡，南康都昌人，擢進士第。光宗即位，歷太常寺簿，論今禮教廢闕，請勅有司取政和冠、婚、喪葬儀，及司馬光、高閌等書，參訂行之。出知常州，提舉本路常平；既歸里，幅巾深衣，騎驢匡山間，若素隱者。灝性行端飭，以孝友稱；朱熹守南康，灝執弟子禮。熹歿，黨禁方厲，灝單車赴往，徘徊不忍去。熹嘗嘉其講論精密，以此道有望期之，諡文簡，有《西坡集》行世。〔註11〕

其本末，知其大要耳。

〔註8〕《平菴悔稿》卷五〈盤居〉六章詩曰：
「寶峰之陰，其山深深；有美一人，瓊弁玉簪。雲居之陽，其水洋洋；有美一人，霞衣月裳。山之纖纖，密雲厥廬；彼盤之人，亦豐厥儲。山之營營，眾流所經；彼盤之人，亦溥厥成。〈漸〉以中上，〈屯〉以正行；匪盤之異，惟物之情。行止盤盤，其樂孔多；請以是居，子如之何？」

〔註9〕此段傳記資料，係以陳榮捷先生《朱子門人》，及李滉《朱子書節要》卷十七〈諸子目錄〉所見爲據。

〔註10〕見《悔稿》卷九，頁420。

〔註11〕參考《宋史》卷四三○本傳，及《宋元學案暨補遺》卷六十九之生平資料。

3. 楊方淡軒老叟

《悔稿》有酬贈詩四首，情誼頗篤，爲至性交。〔註12〕

楊秘書方，字子直，號淡軒老叟，長汀人。清修篤孝，行己拔俗；登隆興元年進士，調弋陽尉。道崇安，謁朱熹，面授所傳。趙汝愚帥蜀，辟機宜文字；紹熙末，除編修官，首乞朝重華宮，辭甚懇切。未幾，坐趙汝愚、朱熹黨罷。黨禁解，終廣西提刑，卒年七十八，有《寒泉語錄》傳世。〔註13〕

4. 李修己成州先生

項安世有〈送李邕州修己字思永〉詩一首。修己，永豐人，亦云豐城人。乾道進士，參興國軍事；從朱熹、張栻遊，兩令寧鄉、遂鄉皆有聲。將召用，以哭趙汝愚忤宰相，通判成都，尋知成州，又以忤韓侂冑不得召。有《李成州集》。〔註14〕

5. 張以道茗溪先生

張以道，名堯臣，以字行，號茗溪。詩人張武子之弟，名里不詳。《悔稿》有詩六首酬答。〔註15〕

6. 周椿伯壽先生

周椿，字伯壽，長安人，朱子教以誠敬爲主。《悔稿》有詩三首〈送周伯壽赴省二首〉、〈餞周伯壽得枝字〉。〔註16〕

7. 楊長孺伯子先生

楊長孺，字伯子，別號東山潛夫，諡文忠，吉州廬陵人，楊萬里子。《悔稿》有詩二首酬送。〔註17〕

三、陸九淵象山先生

《悔稿》中無與陸九淵酬答詩作，現存交游資料唯有《象山先生全集》可見答書一封、來書二封。雖鳳毛麟角，卻甚爲可觀，頗具價值。文見本章〈附錄〉，茲不贅述。

〔註12〕分見《悔稿》頁51、頁344～345、頁433～435、及頁462。另《項氏家說》卷四有引其說如下：「嘗見秘書楊方云：『《周書》多用己字發辭云云。……』」

〔註13〕詳參《考亭淵源錄初稿》卷九、《閩南道學源流》卷十二及《閩中理學淵源考》卷二十七。

〔註14〕詩見《悔稿》卷一，頁29；生平資料，引見陳榮捷先生《朱子門人》頁121，並參《宋元學案暨補遺》卷七十二。

〔註15〕參見《悔稿》頁7、162～163、175、293～294及443～444；並見《朱子門人》頁190。

〔註16〕參見《朱子門人》頁139，及《悔稿》頁54、435，詩二首。

〔註17〕參見《朱子門人》頁270，《悔稿》卷五〈送楊主簿〉及卷七〈又用韻酬贈潘、楊二首〉詩作。

陸九淵（1139～1192），字子靜，江西撫州金谿人。少朱熹九歲，而早卒八年，享壽五十四歲。晚年講學於貴谿之應天山，以其形似巨象，改名象山，自號象山翁，學者稱「象山先生」。其行實事蹟，俱見《宋史》、《宋元學案・象山學案》及《象山先生全集》中，學者多耳熟能詳，尋參可也。

四、陸九淵門生

陸先生氣象弘闊，風格特標，學者多從之遊，以辨發志、明本心爲講學宗旨。項安世廣交其及門高材，沾渥良多。今以所能考見者，略次如下，不能詳載。

1. 傅夢泉曾潭先生

傅夢泉，字子淵，號若水，南城人。陸九淵高弟子，淳熙進士，教授衡陽；宰寧都，邑號難治，夢泉一化以道，不踰年，俗大變。遷清江判，卒於官。嘗講學曾潭之滸，學者稱「曾潭先生」。《悔稿》卷四有〈寄傅子淵〉詩一首，可以參看。〔註18〕

2. 包揚顯道先生

《悔稿》卷八有〈爲建昌南城包顯道題光風霽月之閣并跋〉詩，已錄見項安世〈年譜〉五十歲條下。包揚，字顯道，號克堂，南城人，一作建陽人。與兄約、弟遜，皆師陸九淵。九淵卒，揚率其生徒詣朱熹，執弟子禮，嘗輯熹〈語類〉爲四卷，其間有揚平日之言，託於熹者，後黎靖德編《朱子語類》始削去之。〔註19〕

3. 沈煥定川先生（1139～1191）

孝宗淳熙十三年丙午，項安世代沈煥作〈壽邱安撫二首〉，見《悔稿》卷四，而沈、項交游之情可以略知。

沈煥，字叔晦，號定川，諡端憲，定海人，師事陸九齡復齋先生。乾道五年進士，歷太學錄事，蚤暮延見學者，孜孜誨誘，同僚忌其立異；調高郵軍教授，後通判舒州。閒居雖病，猶不廢書。紹熙二年卒，年五十三，有《定川集》。〔註20〕

4. 劉孟容公度先生

《悔稿》卷九有〈送江陵劉縣丞得多字〉一首。〔註21〕想必項、劉二人於江陵故鄉，當有一段交往之時日。

〔註18〕《悔稿》頁175～176，有詩寄傅夢泉。《朱子門人》頁232錄其平生，皆可參見。《宋元學案暨補遺》卷七十七，資料不可不觀。

〔註19〕參見《宋元學案》〈槐堂諸儒學案〉、《考亭淵源錄初稿》及陳榮捷先生《朱子門人》頁69～70。

〔註20〕參見《宋史》卷四一〇，《宋元學案暨補遺》卷七十六，《朱子門人》頁133～134，《項氏家說》卷十「諫爭」條引沈煥叔晦之說。

〔註21〕〈送江陵劉縣丞得多字〉註曰：「孟容字公度，近詩云：『四海良朋能幾多。』故以爲韻。」

劉孟容，字公度，臨江軍清江人，龜年子。初從族人劉清之學，又學於陸九淵，嘗以書勸朱熹弗爲講學之爭。登淳熙八年進士，歷太常寺主簿、秘省正字，慶元元年添差遣。〔註22〕

5. 邕州教授高宗商

高宗商，字應朝，括蒼人。嘗任邕州教授，朱熹稱其留意學校；初從陸九淵學，有意爲己，足以開導後學。所爲講義，熹謂其發明深切，遠方學者得所未悉，必有感動而興起者。〔註23〕《悔稿》有酬贈詩三首，並見挽其父高通直詩一首。〔註24〕

6. 高象州商老

《悔稿》卷四有〈寄高象州商老〉詩一首。高商老，括蒼人，登進士，知宜興縣。朱熹稱其能教人從事於爲己之學。歷官至撫州守，辟黃榦爲清江令。師事象山陸先生，自號景賀堂，刻《象山集》，并其兄《復齋集》於郡學。〔註25〕

7. 陳正己

陳正己名剛，以輕財聞，生平未詳。《悔稿》有酬贈詩五首，足資參考。〔註26〕

第二節　湘、浙學者及其門生

南宋學派，除閩中朱學、江西陸學之外，尚有號爲「湘學」之張栻南軒先生。他如究心文獻、博涉史學，號爲「婺學」之呂祖謙東萊先生；倡言經制事功，稱爲「永嘉學派」之薛季宣艮齋、陳傅良止齋、葉適水心先生；專言事功，有「義利雙行，王霸並用」之說者，稱爲「永康學派」之陳亮同甫先生，凡皆浙中鉅子，統稱「浙學」。項安世與湘、浙學者同時而相往來，是以論其交游，分敘如后：

一、「湘學」——張栻及其門生

1. 張栻南軒先生（1133～1180）

《悔稿》卷九有〈挽荊南帥張左司詩栻〉五首，《張南軒先生文集》有〈答項秀才書〉一篇，俱已錄見第一章第二節〈年譜〉中，略可見其情誼之大較。

〔註22〕參見《朱子門人》頁307，《宋元學案暨補遺》卷六十九及《考亭淵源錄初稿》卷十一。
〔註23〕詳見《宋元學案暨補遺》卷七十七。
〔註24〕參見《悔稿》頁180、322～323，及頁418～419。
〔註25〕詳參《朱文公文集》卷八十〈常州宜興縣學記〉、〈常州宜興縣社倉記〉並《宋元學案暨補遺》卷七十七。另《悔稿》頁160、457可參考。
〔註26〕參見《朱子書節要》卷十四〈諸子目錄——知舊門人問答〉，及《悔稿》頁55、137、149～150、332～333、345～346。

張栻，字敬夫，一字欽夫，又字樂齋、傃齋，號南軒。四川綿竹人，徙居衡陽，浚子。穎悟夙成，長師胡宏，宏告以孔門論仁親切之旨，益自奮勵，以古聖賢自期。歷爲朝廷命官，淳熙七年二月卒，年四十八，諡宣。栻坦蕩明白，表裡洞然，尤嚴於義利之辨，學者稱「南軒先生」。有《南軒易說》、《癸巳論語解》、《癸巳孟子說》、《伊川粹言》及《南軒文集》等書行世。〔註27〕

2. 吳獵畏齋先生（1163～1233）

項安世與吳獵素相善，《悔稿》卷三有〈送吳察院赴江西運使，獵字德夫〉詩一首，《宋史》卷三九七亦同列並敘。交誼之篤，自不在話下。

吳獵，字德夫，號畏齋，潭州醴陵人。登進士第，光宗時，召試除正字，上疏請覲重華宮，以秘閣修撰知江陵府。金人犯境，分道夾攻，金人遁去。嘉定六年十一月卒，年七十一，諡文定。有《畏齋文集》等行世。〔註28〕

3. 胡大時季隨先生

胡大時，字季隨，號盤谷。胡宏季子，大壯之弟，崇安人。從張栻學，湖湘學者稱爲第一。栻卒，弟子歸陳傳良，大時亦受業焉。《悔稿》有胡季隨勸項安世，「文不可溺也，其可廢乎？」語。〔註29〕

4. 胡大壯季履先生

胡大壯，字季履，大時之兄。研究經術，不事科舉，躬耕自給，學者稱「西園先生」。帥臣提舉交薦於朝，本州延爲嶽麓書院堂長，皆力辭不就。《悔稿》有〈次韻答胡季履大壯二首〉、〈次韻答胡季履復荊門故宅〉及〈次韻胡季履鵝梨絕句〉詩等。〔註30〕

5. 范禮部仲黼先生

范仲黼，字文叔，華陽人，灌長子。淳熙五年進士，爲國子博士。初，張栻雖蜀產，而居湖湘；其學本行於蜀，仲黼從之學，杜門十年，不汲汲於進取。魏了翁謂其剖析精微，羅絡隱遁，直接五峰之傳。後以著作郎知彭州，學者稱「月舟先生」。晚年講學二江之上，栻教遂大行於蜀中。《悔稿》有〈送著作范禮部知彭州〉詩一首。〔註31〕

〔註27〕詳見《宋史》卷四二九本傳、《宋元學案》〈南軒學案〉。

〔註28〕參見《宋史》卷三九七本傳，《宋元學案暨補遺》卷七十一下。

〔註29〕參見《悔稿》頁175～176。《宋元學案》卷七十一及《朱子門人》頁167～168。

〔註30〕《悔稿》中頗見交游之情，參見頁26～28、446～447、555；《宋史翼》卷三十五、《宋元學案補遺》卷四十二及《朱子門人》頁166～167，並可參考。

〔註31〕《悔稿》卷四頁178～179，有〈送著作范禮部知彭州〉詩一首。其行誼參見《宋元學案暨補遺》卷七十二《宋史翼》卷二十五下。

二、「金華學派」——呂祖謙及其門生

1. 呂祖謙東萊先生（1137～1181）

《呂東萊文集》有〈答項平甫〉書一篇，文見本章〈附錄〉。《悔稿》中雖無詩作酬贈，然閱其鯉魚之製，已可略見獎掖深情。

呂祖謙，字伯恭，號東萊。開封人，寓居婺州。祖謙之學本之家庭，有中原文獻之傳。長從林之奇、汪應辰、胡憲游，既又友張栻、朱熹、講索益精。隆興進士第，仕至秘書省著作，諡成公，卒年四十五。祖謙學以關、洛爲宗，而旁稽載籍，不見涯涘。心平氣和，不立崖異，一時英偉卓犖之士，皆歸心焉。〔註32〕

2. 杜旟仲高先生

《悔稿》卷四有〈讀杜賢良文卷〉、〈答杜仲高來書〉二首，安世頗推重之。詩曰：「待制功名千古傑，賢良文字萬夫豪。」可知杜旟實爲文學事功豪傑，故項氏推譽若是！

杜旟，字仲高，號癖齋。蘭溪人，陵仲子。詩婉麗而尤工倚聲，陳亮稱其「半落半開花有恨，一晴一雨春無力。」著有《杜詩發微》、《癖齋稿》。〔註33〕

3. 鞏豐栗齋先生

《悔稿》有詩二首答贈，可以參看。〔註34〕

鞏豐，字仲至，號栗齋。婺州武義人，庭芝孫。少游呂祖謙之門。淳熙十一年，以太學上舍對策第進士，遷提轄左藏庫。嘉定七年卒，年七十。鞏豐片詞半牘，皆清朗得言外趣，尤工詩，有《東平集》二十七卷。〔註35〕

4. 路德章

《悔稿》卷三有〈次韻路德章石頭城弔古〉詩、卷十有〈次韻路德章、吳斗南同迓朱侍講〉詩，共二首。

路德章，名里未詳。呂祖謙門人，病處似楊方。〔註36〕

三、「永嘉學派」——陳傅良及其門生

1. 陳傅良止齋先生（1137～1203）

〔註32〕詳見《宋史》卷四三四本傳。

〔註33〕參見《宋元學案暨補遺》卷一下。又杜陵五子——杜旞伯高、杜旟仲高、杜斿叔高、杜遴季高、杜旛幼高皆博學，人稱爲「金華五高」。

〔註34〕見《悔稿》頁148〈十九日至都門，次鞏仲至立春日見寄韻〉，及頁171～172〈送漢陽軍鞏教授豐，字仲至，婺州人〉。

〔註35〕參見《宋元學案》卷七十三，《朱子門人》頁347。

〔註36〕引見《朱子書節要》卷十四〈諸子目錄——知舊門人問答〉。

《悔稿》卷六有〈送潭州陳運使傅良二首〉、卷十有〈送右史納官還鄉陳傅良〉、〈寄陳君舉舍人〉二首，交情匪淺。項安世謂其專以《左氏》作《春秋解》，又嘗造《周禮論》三篇。〔註37〕

陳傅良，字君舉，號止齋，溫州瑞安人。少為文自成一家，後師鄭伯熊、薛季宣，傳永嘉之學。乾道八年登進士甲科，累遷起居舍人；時光宗以疾不朝重華宮，傅良抗疏忠懇，至引帝裾；不聽，挂冠徑行。寧宗即位，召為中書舍人，兼侍讀直學士院。嘉泰初知泉州，進寶謨閣待制致仕；嘉泰三年卒，年六十七，諡文節。所著諸書，皆行於世。〔註38〕

2. 倪教授千里

倪千里，字起萬，東陽人。學於陳傅良，傳其《春秋》之學，中淳熙十四年進士；累官監察御史，有清名。遷右正言，以論事忤大臣，除起居舍人，至侍講卒。〔註39〕

3. 吳琚雲壑先生

《悔稿》中項安世與吳琚酬答詩甚多，琚官拜少保，居「雄楚樓」，冠蓋雲集，其氣象不凡。〔註40〕

吳琚，字居父，號雲壑。開封人，益子。陳傅良在太學時，琚執弟子禮，惜名畏義，不以戚畹自驕。尤工翰墨，孝宗常召之論詩作字。與趙汝愚定策立寧宗，黨事既起，多所保全，為韓侂冑所忌。歷守荊、襄、鄂三州，終鎮安軍節度使，判建康府。嘉泰二年遷少保，卒諡忠惠，有《雲壑集》。〔註41〕

4. 周勉明叔先生

《悔稿》卷二有〈送周明叔從陳運使東歸得能字〉詩一首，以師友相稱，亦學道之同志也。

周勉，字明叔，溫州人。從陳傅良、于桂、于衡、于潭等受經。及《春秋後傳》且就，陳傅良每語友朋將面授之，使盡質所疑而後出；傅良病革，其書遽出。後免官江陵還，始得友朋訂正之。〔註42〕

〔註37〕參見《悔稿》頁294～295、443、468～469，項安世語見頁469詩註下。

〔註38〕參見《宋元學案》卷五十三〈止齋學案〉。

〔註39〕參見〈止齋學案〉，另《悔稿》頁172有〈用韻送倪教授千里〉詩一首。頁460，亦有〈和平江府倪教授送行十里〉。案：十里應為「千里」之訛。

〔註40〕參見《悔稿》頁69、69～70、120～121、178、377～378、500、546～547。另頁13、126～127、324～325及360～361〈送吳襄陽〉詩五首，疑即酬贈「吳琚」之詩。

〔註41〕吳琚生平，詳見《宋史》卷四六五、《宋史新編》卷一八三、《宋元學案》〈止齋學案〉及《書史會要》卷六下。

〔註42〕參見《宋元學案補遺》卷五十三下。

四、「永嘉學者」——葉適水心先生（1150～1223）

《宋元學案》卷五十四〈水心學案〉以「龍圖項平庵先生安世」爲「水心學侶」，亦師友之交也。《悔稿》卷五有〈田間觀雨憶葉正則舊話〉詩一首，惺惜可知。

> 風中晚稻離離長，雨後高田刮刮流；
>
> 此樂世間誰共賞？淮西使者正防秋。

葉適，字正則。溫州永嘉人，光祖子。志意慷慨，雅以經濟自負，舉淳熙五年進士，召爲太學正，遷博士。嘗薦陳傅良等，皆召用，時稱得人。寧宗時，累官寶文閣待制，兼江、淮制置使。初，韓侂胄欲開兵端，以葉適有大讐未復之言，重之；適屢以審慎爲言。開禧三年侂胄誅，中丞雷孝友劾適附侂胄，遂奪職。杜門著述，自成一家。嘉定十六年卒，年七十四。學者稱「水心先生」，諡忠定，有《水心文集》二十九卷。〔註43〕

第三節　文學師友與時相同僚

一、文學師友

南宋詩壇，陸游、楊萬里、范成大、尤袤，號稱四大家，領袖群倫；辛棄疾以豪壯之氣，姜夔以清婉之姿，風騷詞林，俱一時上選，鳴放當代。項安世文材高卓，學海悠游，復親承謦欬，故沾溉良多。撰成《悔稿》，英華偉麗，亦足爲後式矣！案檢全帙，安世博學多師，文學交游之盛，宛然浮現，甚可觀焉。

1. 陸游放翁先生（1125～1210）

《悔稿》卷七〈與鄭檢法、莊賢良往三山訪陸提舉不值〉詩云：

> 好客漢内史，著書蒙漆園；肯從一先生，共訪三神山。行循古塘上，
>
> 步入青林間；不見荷篠人，但與二子言。非干海風引，意足我自還；古來
>
> 剡溪上，興盡明月天。亦有好事人，稽山回酒船；茲游雖不逢，賴古多此
>
> 賢。作詩解嚴鄭，相視各欣然。

《劍南詩稿》卷十六有〈答鄭虞任檢法見贈〉詩，中有云：「鏡湖歲暮霜葉空，乃聞載酒同諸公。」亦係未晤之詞，與此詩若合。卷十六又有〈莊器之作招隱閣，項平父諸人賦詩，予亦繼作〉七律一首，則文學詩友，皆性情中人。

陸游，字務觀。山陰人，宰子。早有文名，孝宗稱其力學有聞，言論凱切，除樞密院編修。范成大嘗奏游爲參議官，以文字交，不拘禮法，人譏其頹放，因自號

〔註43〕詳見《宋史》〈本傳〉，及《宋元學案》〈水心學案〉上下。

放翁。游才氣超逸，尤長於詩。以寶章閣待制致仕，嘉定二年卒，年八十五。游嘗愛蜀道風土，題其生年所爲詩曰《劍南詩稿》，其詩清新刻露，而出以圓潤，能自闢一宗。著作多種，皆行於世。〔註44〕

2. 楊萬里誠齋先生（1127～1206）

《悔稿》卷三〈題劉都幹所藏楊秘監詩卷〉、〈送楊主簿〉二詩，皆已錄見第一章第一節〈圖像述〉內。另卷十一〈二十四日省宿次楊文公集賢宿直韻兼擬其體〉七言排律，其中詩云：「史藁堆床殊未已，詩材滿地欲焉如？倦投東觀中郎筆，起讀西崑病監書。節想清忠侔汲直，詞欽雅麗出唐餘；高情炯炯軒裳外，長向金門憶飯蔬。」項安世之感懷，殆可追想！

楊萬里，字廷秀。吉水人，芾子。紹興二十四年進士，調零陵丞，時張浚謫居永州，勉以正心誠意之學，萬里服其教終身。孝宗時，召爲國子監博士，後以寶文閣待制致仕，進寶謨閣學士。寧宗朝，韓侂冑用事，築南園，屬萬里爲之記，許以披垣，萬里曰：「官可棄，記不可作。」及家居，侂冑專僭日甚，萬里憂憤成疾；開禧二年聞侂冑用兵事，慟哭失聲，呼紙書其罪狀，又書十四言別妻子，擲筆而逝，年八十。贈光祿大夫，諡文節。光宗嘗爲書「誠齋」二字，學者稱「誠齋先生」。有《誠齋易傳》、《誠齋集》、《詩話》等行世。〔註45〕

3. 尤袤遂初居士（1127～1194）

《悔稿》卷九〈尤尚書挽詩〉曰：

> 今歲何邊次？乾坤失巨人；老生啼壞木，後學嘆迷津；四海人才譜，
> 三朝禮樂臣，併將文獻去，誰與覺斯民？
> 舊學淵衷記，新阡玉色疑；似聞形嘆慨，未忍失容儀；海道空齋志，西州
> 只貯悲；平生謝公願，後世子雲知。

項安世歎惋之情，如是深重，則交誼之篤，自匪淺矣。

尤袤，字延之，自號遂初居士。常州無錫人，時亨子。中紹興十八年進士，累遷太常少卿；光宗即位，言者以爲周必大黨，遂與祠。紹熙初起知婺州，改知太平州，召除給事中，終禮部尚書。上屬疾，國事多舛，袤積憂成疾卒，時紹熙四年秋，年七十，諡文簡。有《遂初小稿》六十卷、《內外制》三十卷；今僅存《梁溪遺稿》，及《遂初堂書目》各一卷。〔註46〕

4. 姜夔白石道人（1163～1203）

〔註44〕參見《宋史》卷三九五〈陸游傳〉。
〔註45〕見《宋史》卷四三三〈楊萬里傳〉。
〔註46〕詳見《宋史》卷三八九〈尤袤傳〉。

《悔稿》卷三〈謝姜夔秀才示詩卷從千嵓蕭東甫學詩〉云：

> 千巖一派落都城，承露金盤爾許清；古體黃陳家格律，短章溫李氏
> 才情；等閑又得詩人處，咫尺相遇故將營；相見紅塵烏帽底，幾多懷玉
> 未知名？

所謂「古體黃陳家格律，短章溫李氏才情。」項安世褒許姜夔，若是其高也！而姜
夔〈送項平甫倅池陽〉（見〈年譜〉四十三歲條）詩譽以「項君聲名天宇窄」，推重
之情，豈多讓焉？

《白石道人全集》卷下，有二詩酬報安世者。其一，〈平甫見招不欲往〉二首
曰：

> 老去無心聽管絃，病來杯酒不相便；人生難得秋前雨，乞我虛堂自在眠。
> 樓閣萬重秋雨裏，峰巒四合暮湖邊；鳳城今夕涼如水，多少人家試管絃？

其二，〈平甫放三十二鷗於吳松，余不及與盟〉詩云：

> 橋下松陵綠浪橫，來遲不與白鷗盟；知君久對青山立，飛盡梨花好句成。

詩人酬贈，頡頏高下，若項、姜二先生，則比志同心矣！

姜夔，字堯章。鄱陽人，寓居武康，與白石洞天為鄰，因號白石道人，又號石
帚。工詩詞，其詩風格高秀，詞尤精深華妙，音節文采，冠絕一時。有。《白石詩集》、
《詞集》、《白石道人歌曲》等行世。〔註47〕

5. 張鎡約齋先生（1153～？）

《悔稿》中所見酬贈詩作多達十五首，詩友深情，自然不凡！〔註48〕試引卷十
〈謝張直閣示南湖編，鎡字功父〉詩一首，藉窺豹斑：

> 少時機杼入思惟，老去工夫更不疑；二十卷詩除我讀，一生心事更
> 誰知？字逢生處安逾穩，語到平時出轉奇；直與誠齋分坐席，定知傳習
> 是宗師！

細味詩旨，安世固張鎡之知音也。而特許分誠齋坐席，定知傳習之宗師，則揄揚何
其高尚耶？

張鎡，字功甫，號約齋。成紀人，俊曾孫。官奉議郎，直秘閣。開禧初，謀誅
韓侂胄，未成，謫桐川，再謫象台。嘉定四年以後卒，善畫竹石古木，著有《仕學
規範》、《南湖集》。〔註49〕

〔註47〕詳見《宋史翼》卷二八〈姜夔傳〉。
〔註48〕參讀《悔稿》頁76～77、87、93、145～146、175、230～231、445、468、473、498。
〔註49〕參見《誠齋集》卷八十〈約齋南湖集序〉，及卷九十七〈張功父畫像贊〉。

6. 胡榘仲方先生

《悔稿》中酬答胡榘詩有十一首，交情想必匪淺。〔註50〕茲舉卷十〈題胡仲方詩編〉詩一首，以觀大較：

> 讀君百二十新篇，句句停勻字字妍；秀似南風吹竹粉，潤於春水濕花煙；斯文貴盛看如此，前路飛騰諒果然；東野長江寒到骨，一生憔悴豈關天？

胡榘，字仲方。廬陵人，銓孫。淳熙間，監慶元府比較務，嘗攝象山縣，入爲樞密院編修官。累官工部尙書，改兵部，出知福州。寶慶二年，除煥章閣學士知慶元府，兼沿海制置使，以直龍圖閣直學士致仕。〔註51〕

二、時相同僚

項安世於孝宗淳熙二年，登進士第，光、寧兩朝以直諫著聲。內廷外朝，輾轉赴任；與官宦顯達之間，往來頻繁，酬酢投贈，情誼彌親。爰以《悔稿》所集者，述其交並簡其傳焉。

1. 王丞相淮（1127～1190）

王淮，字季海，金華人。紹興十五年進士，孝宗初爲右正言，論事頗切，訓詞深厚，得王言體。淳熙二年，除端明殿學士，簽書樞院，進同知兼參政；八年，拜右丞相，旋遷左相。淮因不喜朱熹，且以熹劾唐仲友，故怨之；引陳賈爲監察御史，力攻道學，慶元僞學之禁，實肇於此。貽禍後世，爲清議所擯。十六年卒，享壽六十四，贈少師，諡文定，封魯國公。〔註52〕《悔稿》卷一有〈水圖詩壽王丞相〉詩一首，發揮理情，清新可讀；古體長製，茲不具錄。

2. 湯丞相思退（？～1164）

安世與其子碩同年進士，俱官客會稽，而丞相夫人病矣。《悔稿》卷九有〈挽湯丞相夫人二首〉詩，可知長幼僚誼。

湯思退，字進之，處州人。紹興十五年，博學宏詞，由正字登郎曹貳中秘，遷禮部侍郎，除端明殿學士。以附秦檜，晉參知政事，拜右僕射，尋罷。隆興初，復相；金人索四郡，思退許之，爲言者所論，遂罷相，太學士張觀等上書請斬之，憂悸死。〔註53〕

〔註50〕參讀《悔稿》頁8～9、23～24、62～63、91、159、182、444～445、452、463、473
～474、558。

〔註51〕參見《宋詩紀事》卷六十一下，及《寶慶四明志》卷一下。

〔註52〕參見《宋史》卷三九六〈王淮傳〉。

〔註53〕詳見《宋史》卷三七二〈湯思退傳〉。

3. 趙丞相汝愚（？～1196）

趙汝愚，字子直。居餘干，善應子。早有大志，乾道二年，擢進士第一，除秘書省正字，尋以集英殿修撰帥福建。紹熙初，召為吏部尚書，除知樞密院事。孝宗崩，光宗疾，不能執喪，汝愚遣韓侂胄以內禪請於憲聖太后，奉嘉王即位。即喪次，命朱熹待制經筵，悉收召士君子之在外者，進右淨丞相，侂胄忌之。慶元二年，誣以謀危社稷，謫寧遠軍副使，至衡州暴卒，年五十七。後追諡忠定，封周王。有《詩文集》十五卷，《太祖實錄舉要》若干卷、《諸臣奏議》一百五十卷。〔註54〕《悔稿》卷九有〈代趙丞相作黃尚書挽詩三首〉，代筆之交，其情可喻。

4. 周丞相必大（1126～1204）

《悔稿》卷三有〈對雪呈判府周丞相〉詩，參見〈年譜〉三十五歲條；卷四又有〈題周丞相壽沙亭〉詩一首。卷十二〈胡仲方送周退傳、楊待制二像〉有句云：「九霄仙鶴平園像」自註曰：「退傳，自號平園老叟。」蓋有歸嚮之意也。

《項氏家說》卷八「《文苑英華》」條下引周丞相云：「禁中有舊本《文苑英華》一千卷。」亦可附參。

周必大，字子充，一字洪道，號省齋居士。江西廬陵人，紹興二十一年進士。孝宗時，除起居郎，應詔上十事，皆切時弊；後拜右丞相，封益國公。慶元初，以少傅致仕，晚號平園老叟；嘉泰四年卒，年七十九，諡文忠。著書八十一種，有《文忠公集》二百卷行世。〔註55〕

5. 許狀元奕（1170～1219）

許奕，字成子，簡州人。慶元五年進士第一，歷起居舍人。韓侂胄議開邊，奕貽書論之，侂胄不樂；後使金，金人聞奕名久，禮迓甚恭。還奏；和不可恃，宜葺紀綱，練將卒，使屈伸進退之權，復歸於我。權禮部侍郎，條六事以獻；擢給事中，論駁十有六事，皆貴族近習之撓政體者，士論韙之。進顯謨閣直學士致仕，嘉定十二年卒，年五十。奕性孝友，通籀隸書。有《毛詩說》，《論語》、《尚書》、《周禮講義》等行世。〔註56〕《悔稿》卷十有〈送許狀元奕赴召〉詩七律一首，可資參讀。

6. 樓尚書鑰（1137～1213）

光宗紹熙四年，項安世時在館閣，樓尚書鑰為安世言〈晉卦〉，參見前章〈年譜〉四十一歲條，則同朝論學之友也。

樓鑰，字大防，舊字啓伯，自號攻媿主人。鄞縣人，璩第三子。隆興元年進士，

〔註54〕詳參《宋史》卷三九二〈趙汝愚傳〉，及《宋元學案》卷四十六〈玉山學案〉下。
〔註55〕參見《宋史》卷三九一〈周必大傳〉。
〔註56〕參見《宋史》卷四〇六〈許奕傳〉。

歷知溫州。光宗時，擢起居郎，兼中書舍人，繳奏無所迴避。禁中或私請，帝曰：「樓舍人朕亦憚之，不如且已！」遷給事中，乞正太祖東嚮之位。朱熹論事忤韓侂冑，除職與郡，鑰請還講筵，不報。彭龜年攻侂冑，出知外郡，鑰奏留不得，尋告老。侂冑誅，起翰林學士，歷同知樞密院、參知政事。嘉定元年四月卒，年七十七，謚宣獻。鑰通貫經史，文辭精博，善大字，有《范文正年譜》、《攻媿集》一百二十卷行世。〔註57〕

7. 其他僚友（詳見附表）

項安世廣游俊彥，見諸《平菴悔稿》、《項氏家說》、《周易玩辭》三書者，歷歷可數。茲以姓名、字號已知，或生平可考者，依姓氏筆畫多寡，列表記述。其有詩作可觀者，亦選錄之。以備查並資吟覽焉。〔註58〕

姓　名	字　號	傳　　略	備　　註
丁朝佐		生平未詳，有「教授」之名。〈直州次韻丁教授送行二首〉之二：「送行第一要君詩，一路看詩慰所思。可吏可儒仍可將，吾兄吾友亦吾師。暫移馬舫仿亭樹，小簇螺盤話別離。指點方壺門外柳，歸來須及欲黃時。」	見《悔稿》卷四，頁171；並參見卷十〈丁教授家，貓狗皆相乳二首〉詩。
王叔簡		蜀人，任官校書郎。往詣項安世曰：「人之過有可見者，有不可見者；可見者真也，其為惡也小；不可見者偽也，其為惡也大。」時王方欲趨裝赴闕。	詳見《項氏家說》卷十八〈過說〉。
王　容	南　強	王容，長沙湘陰人，淳熙十四年，進士第一。官正字，除校書郎，遷著作佐郎。嘉泰二年，以中書舍人，兼同修國史；開禧初，直煥章閣，出帥靜江，累官禮部侍郎。卒贈銀青光祿大夫。	引見《宋人傳記資料索引》，並參《悔稿》頁124～125及184～185。
王　淮（與時相王淮字季海者異。）	少　清（伯清）	王撫幹兌之子，慶元六年，官零陵令。〈次韻王少清見贈〉：「王謝風流在，千年故不磨；子孫奇俊甚，生長見聞多；容易三千首，鏗鏘十二和；故家文物盛，寒士得同科。」	見《金石萃編》卷一三四〈零陵縣陽朝巖題名〉及《悔稿》頁401、409～410、57～58、89、150、223、430。
王　兌	伯　喻	王撫幹兌，王淮父。能詩，好從方士遊。〈次韻江陵王撫幹送行〉：「江西回首白雲深，磊石山邊問水程；少日經行嗟老大，壯心零落笑平生；官曹無計逃寒冷，書冊惟堪記姓名；悔不早師王處士，藥爐琴軫自關情。」	《悔稿》卷十一，頁490。
王　轂	君　行　號：牧齋	潼川人，居江陵。〈次韻答荊南王君行見寄七首〉之七：「錦城雖好劣吾廬，作吏不如歸讀書；千羨萬羨王隱居，有田可耕湖可漁。」	《悔稿》頁363～364、417～418、542～544。

〔註57〕參見《宋史》卷三九五〈樓鑰傳〉。

〔註58〕臺中中興大學中文系江乾益教授曾參考筆者本書所述，撰〈宋儒項安世之生平交遊及學術〉一文，刊於《興大中文學報》第十六期，民國93年6月，頁51～91。可以匡補闕遺。

姓　名	字　號	傳　　　略	備　　註
王國正	齊　卿	蜀人，去國爲成都通判。〈輯句招王國正四首〉之三：「投老歸來一幅巾，翛然三月閉柴荊；固知貧病人須棄，客至從嗔不出迎。」項安世時遭黨禁，杜門著書，不涉戶限，故有是言。	《悔稿》卷十二，頁 536。
王佐才		洪州人，官主簿。	《悔稿》頁 92、117。
方翔仲		饒州人，爲撫州陸梭山（九韶）婿。	《悔稿》頁 380～381。
司馬伋	季　思	夏縣人，居江南，司馬光從曾孫。乾道二年，官戶部員外郎，淮西總領；淳熙間，知泉州。按〈行狀〉：公陛對，引溫公故事，陳正心謹始之說；公使北，遺民知公家世，觀者塞途。	《悔稿》頁 420～421，兼見《宋元學案補遺》卷八，《宋詩紀事》卷四十六。
李　燾 （1115 ～1184）	仁　甫 、子　眞 號：巽巖	丹稜人。年甫冠，憤金讎未復，著《反正議》十四篇。登紹興八年進士，博極群書，作《續資治通鑑長編》。累官禮部侍郎，進敷文閣學士，同修國史。淳熙十一年卒，年七十，諡文簡。李燾以學術、名節知名海內，《長編》一書，用力十四年始成；又有《易學》、《春秋學》、《六朝通鑑博議》、《說文解字五音韻譜》、《巽巖文集》等，總千數百卷。	《悔稿》頁 378，《宋史》卷三八八本傳。 △詩註曰：「李侍郎燾，時知常德府。」
李　璧 （1159 ～1222）	季　章 號：石林 、雁湖居士。	眉之丹稜人，李燾第六子。少英悟，日誦萬餘言，屬辭精博。紹熙元年第進士，爲正字。寧宗時，附和韓侂胄用兵，拜參知政事，後謫居撫州，又起知遂寧府。嘉定十五年六月卒，年六十四，諡文懿。有《雁湖集》、《中興奏議》、《王荊公詩註》等凡數百卷，又嘗得旨許進《高宗長編》。	《悔稿》頁 5～6、95、107、108、118、149、153～154、395、459～460，《宋史》卷三九八本傳。
李處全	粹　伯 號：晦庵	淑曾孫，本豐縣人，遷居溧陽。紹興三十年進士，乾道六年，除秘書丞，遷殿中侍御史，出知袁州。淳熙間，官權發遣處州軍事。能文章，亦善書，官至朝請大夫，淳熙十六年卒，年五十六，有《晦庵詞》。	《悔稿》卷七〈再過溧陽縣見李侍御二首〉；傳引自〈宋人傳記資記索引〉。
李唐年	晉　老	生年未詳。〈李萬州挽詩〉之四：「公今南面樂，我自涕滂沱；十載還鄉社，三君逐波逝；樂郊荒水檻（李晉壽六丈），巢室閟煙蘿（查仲父五丈）；前輩風流盡，吾生奈老何？」	《悔稿》頁 374、412～413、448。
吳　芾 （1104 ～1183）	明　可 號：湖山居士	仙居人。紹興二年進士，遷秘書正字。及檜與政，芾退，然如未嘗識檜，諷言者論罷。後除監察御史。兩淮戰不利，芾勸高宗親征；帝至建康，請馳蹕以繫中原之望，終不能用。孝宗即位，累遷禮部侍郎，以剛直見忌出外，終龍圖學士致仕。淳熙十年六月卒，年八十。諡康肅，有《湖山集》。	《悔稿》卷十一〈吳給事芾挽詩〉、及《宋史》卷三八七〈吳芾傳〉。
沈繼祖	述　之	興國人。乾道五年進士，知當陽縣，官至監察御史。	《悔稿》卷一〈次韻當陽沈知縣送行〉，《宋元學案》卷九十七下，《宋詩紀事》卷五十九。

姓　名	字　號	傳　　略	備　　註
周義山	子　問 季　隱	樞密周望之子，隱居東湖。〈次韻贈東湖周子問〉：「玉鑱凌空不可攀，臥聽車馬日三竿；以湖拜命官名散，把酒封君國號歡；父祖詩家三世將，弟兄文陣兩秦難；年豐母健無餘事，長作人間謝客蘭。」	《悔稿》頁 20、55～56、88、146、165、385～386、400～401、495。
胡泳	季　永	胡銓長子。年六歲，隨銓調新州，詩人陳元忠目爲春秋生。及歸廬陵，講道家塾；學有家法，官至庶務部。淳熙二年卒，年三十八。	《悔稿》卷五〈南嶽路口懷胡氏兄弟〉、頁 115～116、179～180、459。傳引見《宋人傳記資料索引》。
胡浹		胡銓子，官承務郎。	
胡箕	斗　南	廬陵人，銓從子。幼而志趣不群。既長，貫穿經史，尤精於《春秋》。爲文下筆千言，袞袞不休。官迪功郎監潭州南嶽廟。紹熙五年卒，年七十三。有《春秋三傳會例》三十卷。	
查藻	仲　文 號：巢室	海陵人。居江陵時，張監丞有書欲薦之於朝。父，名國，號傃軒。「學古無不探，詁訓尊六經；文章妙瞿曇。」大兄，名密，號今是，「思若春波涵，最長作千百，時用經訓參。」藻爲猶子，號巢室，「清甚寒泉甘，尤善賦五七，每于禪悅耽，各得一翁體，與翁名字三（傃軒、今是齋、巢室也）。」	《悔稿》頁 7～8、192、399～400、404～405。引詩見卷一〈謝查元吉借示傃軒、今是齋、巢室三書〉五古詩。
柳世南		乙未同年柳世南，爲教授之官。〈送江陵柳教授歸潭州〉：「上苑歸來十六年，青山相對各無氈；道林說法非吾坐（予方待潭學闕），絳帳談經覺子賢（江陵有馬融絳帳臺）；舉世不爲寒畯地，先生未改腐儒天；親朋莫訝知音少，直道傳家自祖先。」	《悔稿》卷十，頁 465。
姚憲	令　則	會稽嵊縣人，寬弟。乾道八年進士，歷權戶工部侍郎，進端明殿學士，簽書樞密院事。淳熙元年四月，拜參知政事；六月，罷改端明殿學士，在外宮觀。尋責居南康軍，起知江陵。淳熙五年卒，年六十三。	《悔稿》卷九〈荊南帥姚參政挽詩，憲〉，傳引見《宋人傳記資料索引》。
徐起		衡州人。以特奏名出官。〈次韻衡山徐監酒同考府學試八首〉之一：「詩裡無愁久自知，意來聊復寄於斯；要知風節高多少？萬事如今總似詩。（徐詩云：「古人風節古人詩。」）」	《悔稿》卷五，頁 235～236。
徐嗇	用　之	生平未詳。任縣丞官，善賦詩。項安世稱云：「君詩靳不作，作則千夫開；情自屈、賈來，聲自黃、陳來。」	《悔稿》卷一〈次韻徐縣丞送行〉。
高夔	仲　一	其先登州人，家於海州朐山。恥仕敵廷。紹興三十一年，奉母航海來歸，特免文解。乾道五年，賜將仕郎出身，調荊門軍長材尉；六年，上封事陳方略，上大喜，添差安豐軍簽判，累擢司農少卿。除直秘閣，知江陵府。淳熙九年，丁母憂去官；服除，改知揚州兼淮東安撫使，加秘閣修撰移帥襄陽。進右文殿修撰，改知廬州。紹熙五年，以提舉宮觀致仕，慶元四年卒，年六十一。有集十卷，奏議三十卷。	《悔稿》頁 29～33、119～120。傳引見《宋人傳記資料索引》。

姓　名	字　號	傳　　　略	備　　註
孫元卿	東　伯	樂清人。淳熙八年進士，官至國子監丞。項安世與鄭檢法舜卿、孫察推元卿皆從事郎。	《悔稿》卷十一〈紹興孫察推席上〉，傳略見《宋元學案》卷九十七、《宋詩紀事》卷五十五。
孫洧攝	號：黃堂	沙市稅務，生平未詳。〈重九以棗糕伙餉孫司戶〉：「滿城風雨近重陽，應爲征塵墮渺茫；要看詩來壓奇字，試拈公案示孫郎。」	《悔稿》頁 274、387～388、456～457。
袁　倚	彥　安	生平未詳，爲主管之職。	《悔稿》頁 454、464。
馬大同	會　叔	建德人。紹興二十四年進士，自爲小官，即以剛介聞。孝宗時，每對上，輒陳恢復大計。歷中、外要官必求盡職，以洗冤澤物爲己任。官至戶部侍部，學者稱「鶴山先生」。	《悔稿》頁 133～134。傳引見《宋人傳記資料索引》。
莊　治	器　之	福州人，生平未詳。酬贈多見。〈賦莊賢良招隱樓三首〉之三：「士憂不能晦，不患名不章，垂老有降忘，當年寡身藏；古來經世人，皆抱邱壑志，王官待罪耳，敢有欲爲意？細兒詎如許，謂是詭與崖；吾豈鳥獸群？寶櫝義當懷；如作市門優，可作君子配；男兒補袞日，招隱意終在。」	《悔稿》頁 146～147、330～331、337～338、396、431～432。
曹　盅（1143～1202）	困　明　仲　明　號：牧庵	定海人，粹中仲子。少穎悟力學，既有家傳，而又源流外門，以氣節自許；詞章煥發，落筆千言。以父致仕恩補官，歷授福建轉運司主管文字，官至朝請大夫。嘉泰二年卒，年六十八。	《悔稿》頁 128、357～358。傳略引見《宋人傳記資料索引》。
梁世榮	伯　仁	生平未詳。〈次韻謝臨川梁知縣寄詩〉：「友散萍分浪，師亡木拱阡；年深多棄井，道遠欠加鞭；不寐思同社，何時共一塵；瑟琴希舊曲，雲淡覓前川。」	《悔稿》頁 59～60。
梁恩科		衢州人，生平未詳。	《悔稿》卷一〈酬紹興梁監酒〉。
張昌基		生平未詳。《項氏家說》卷七「論誠敬」條曰：「夷陵張昌基來，項子問之曰『郭先生謂程子言敬，不若子思言誠，有諸？』張曰：『有之。』項子曰：『立之以爲如何？』曰：『天下之至言也。』……」	詳參《家說》頁 538。
張　會		休寧人，父震。靖康出使，死於虜中。博聞強記，登紹熙元年進士，授饒州鄱陽尉，調金陵糾曹，平反甚眾。仕滿不復出仕，家居十餘年而卒。	《悔稿》卷九〈張澧州挽詩會〉、傳見《宋元學案補遺》卷五十八。
張　翰	雲　卿　號：坎翁	福州寧德人。乾道二年進士，居官菇民，所至有聲，年七十致仕歸，著《觀過錄》三十四章。項安世酬詩曰：「……但祈張夫子，早作漢郎從；展盡黃石書，歸來赤松洞；此時從之游，必與我伯仲。」蓋皆有仙隱之意邪？	《悔稿》卷七〈次韻江陵張書記送行〉五古；傳參《宋元學案補遺》卷四十五下、及《閩中理學淵源考》卷三十二。
張　泌	唐　英	吳人。器字粹和，文辭工致。與其弟濤俱有令名，前輩稱「吳中二張」。	《悔稿》卷一〈次韻張通判遊釣隱園〉，傳參《淳熙薦士錄》下。

姓 名	字 號	傳 略	備 註
張貴謨	子智	遂昌人。乾道五年，鄭橋榜進士，歷知江山縣，會亢旱，遂蠲其賦大半，陳其害於郡守，守不能奪。光宗時，累疏言時弊，帝皆嘉納之。官至朝議大夫，封遂昌縣開國男，奉祠歸。有《九經圖述》、《韻略補遺》。	《悔稿》卷一〈送張寺丞知常州貴謨〉，傳引見《宋人傳記資料索引》。
張淵	叔潛	福州人。生平未詳。〈次韻張秘書春日憶莊賢良〉：「卿家客子幾當歸，問訊頻煩守舍兒。篋笥蠹魚穿故帙，壁間漏雨濕殘碑。夢魂欲往春迷路，心事相望月到題。樵斧丁丁上雲谷，有齋何用慰斯飢？」	《悔稿》頁146～147。
張孝芳	庭芬	江陵人。生平未詳。《悔稿》中多見酬酢往來之詩。	《悔稿》頁24～26、121～122、137～138、317～318、378～379。
張珧	君玉	生平未詳。《悔稿》有〈賦運使張大監道州石山，以張詩「平地風瀾險於水，此心鐵石聽之天」爲韻〉七古詩一首。	《悔稿》頁374～376。
章升之	以初	漢州綿竹人。治《尙書》，登紹熙四年陳亮榜進士；歷司農寺主簿，屢遷太府寺丞，兼國史院編修官及實錄院檢討官。〈送章升之料院自魚關還闕〉二首之二：「此別迢迢更莫言，向來一別已茫然；自從內使蘭亭歲，直到東坡赤壁年；吳下故人如見問，楚中狂士不須憐。欲知病後食何藥，《三百篇》和《上、下篇》。」讀此詩，可知項安世以《詩三百篇》、《易上、下篇》爲療病養心之劑也。	《悔稿》頁107～108，傳引見《宋人傳記資料索引》。
曾煥	文卿 少卿	吉州吉水人。紹熙元年，余復榜進士，歷任秘書郎，著作佐郎，秘書監、廣西運判。嘉定十七年，除秘書少監，官至廣西漕。曾宣幹煥謂項安世貌似楊萬里誠齋先生。（請參第一章第一節〈圖像述下〉）	《悔稿》頁441、497、501。傳引見《宋人傳記資料索引》。
黃裳	文叔 號：兼山	普成人。乾道五年進士，累官嘉王府翊善。每勸講，必援古證今，即事明理，凡可以開導王心者無不言。時光宗以憂疑成疾，不過重華宮，裳上疏極諫。寧宗即位，改禮部尚書，兼侍讀，復上奏數千言。紹熙五年卒，年四十九，諡忠文。有《王府春秋講義》、《兼山集》行世。	《悔稿》頁414～415。傳參見《宋史》卷三九三〈黃裳傳〉，並見《宋元學案》卷七十二下。
程大昌 （1123 ～1195）	泰之	休寧人。紹興二十一年進士，孝宗時累官吏部尚書，出知泉、汀等州，以龍圖閣學士致仕。慶元元年卒，年七十三，諡文簡。大昌篤學，於古今事靡不考究，有《禹貢論》二卷、《詩論》、《易原》十卷、《雍錄》十卷、《易老通言》十卷、《考古編》十卷、《演繁露》六卷、《北邊備對》六卷、《書譜》二十卷等書。	《悔稿》頁522，《宋史》卷四三三〈程大昌傳〉。
程迥	可久 號：沙隨	應天寧陵人，避亂徙居餘姚。隆興元年進士，歷宰諸縣，政寬令簡，所至有異績，卒官朝奉郎。嘗受經學於崑山王葆等，有《古易考》一卷、《古占法》一卷、《古易章句》十卷、《易傳外編》一卷；又有《春秋傳顯微例目》、《淳熙雜志》、《南齋小集》等書。其婿董	《悔稿》頁111～112；《宋史》卷四三七〈程迥傳〉。

姓　名	字	號	傳　　　略	備　　註
			焆，著《壽國脈書》及《救荒活民書》傳世，有〈送董焆歸鄱陽〉詩曰：「沙隨程子九州聞，獨擁經綸謝世紛；傳業只今惟董祀，愛人於古似鄡君；活民鴻寶方書備，壽國靈樞脈絡紛；欲服上醫何物是？他時種杏滿青雲。」	
程　仁	堯	仲	生平未詳。〈讀程仁秀才淳熙奏稿〉：「孝皇當寧納髦英，志士擔簦入鳳城；直犯晬顏知主聖，敢譏當路見時清；文章不用施花草，情實都如告父兄，老白窮櫚知不恨，曾披閶闔吐崢嶸。」	《悔稿》頁 114、303。
彭世昌			道士，居廬陵永豐沙溪，宮曰：「酉陽。」	《悔稿》頁 253、392、496。
葉南叔	叔	昭	生平未詳，為「教授」之官。	《悔稿》頁 249～250、315。
義太初	沖仲	遠遠	營道人。淳熙五年進士，先以詞賦名，尋舍去，宗濂溪之學。周必大、朱熹皆與之遊，屢表其能。歷官知高、瓊州，俱有聲。有《冰壺詩》、《易集註》等書行世。	《悔稿》頁 540、《宋元學案補遺》卷十二下。
楊　輔	嗣	勳	遂寧人。乾道二年進士，擢利西安撫使。吳挺病，輔以吳氏世帥武興，久恐生變，密白二府，早擇人望以鎮方面。累官至寶謨閣學士，四川制置使等。卒於官，諡恭惠。	《悔稿》頁 183～184、《宋史》卷三九七〈楊輔本傳〉。
楊　潛			浙江義烏人，乾道八年進士。	《悔稿》頁 113～114、181～182，《宋詩紀事・小傳補正》卷四下。
楊　祖	敷	仲	生平未詳。官樞密，治《尚書》之學。	《悔稿》頁 269～270、358～360。
董　焆	季繼號：南隱尚隱	興興	德興人。紹熙四年進士，授筠州新昌尉，歷知應城、瑞安，改辰溪。值歲饑，行救荒策，民賴以蘇，寧示詔褒之。有《救荒活民書》、《抱膝藁》等。	《悔稿》頁 111～112。傳引見《宋人傳記資料索引》。
虞　萬	宗	道	寧海人。淳熙十四年進士，終宣教郎國子錄。	《悔稿》頁 62、《嘉定赤城志》卷三十三。
趙師龍（1143～1193）	舜德	臣言	德昭七世孫，居餘姚。隆興元年進士，淳熙間，知邵武軍，邦人刻石記之。紹熙四年卒，年五十一。	《悔稿》頁 413、《宋詩紀事・補遺》卷九十二。
趙　炳	公	明	江州德安人。淳熙八年進士，為池州貴池尉，調崑山丞，改長壽令。嘉定十六年卒，年八十。	《悔稿》頁 327～328，《宋人傳記資料索引》。
趙希明			伯圭孫，嘉定元年累官至處州守。	《悔稿》頁 180～181，《全宋詞》卷四。

姓　名	字　號	傳　　　略	備　　註
趙汝玽		生平未詳。爲南康司戶之職。	《悔稿》頁 135、225～226。
鄭　鈞	平　國 亨　叔	閩縣人，沆子。慶元二年進士，官至樞密院修撰。	《悔稿》頁 271～272，《淳熙三山志》卷三十一下。
鄭舜卿	虞　任 號：陶隱	長樂人。生平未詳。《悔稿》中酬答甚多，交情想必不淺。	《悔稿》頁 79、126、139、263、296～297、337～338、405、407～408、493～494、553～554。
劉光祖 （1142 ～1222）	德　修 號：後溪 　　　山堂	簡州陽安人，寓居德清。乾道五年進士，爲潼川提刑司檢法。淳熙中，召對論恢復事，除太學正，召試祕書省正字。光宗時爲侍御史，極論道德所係之大，官終顯謨閣直學士。嘉定十六年五月卒，年八十一，諡文節。有《後溪集》十卷、《山堂疑問》一卷。	《悔稿》頁 99～100、352～353，《宋史》卷三九七本傳下，及《宋元學案暨補遺》卷七十九下。
劉　翰	武　子 號：小山	長沙人。紹興間，遊于張孝祥及范成大之門，以詩名，著有《小山集》一卷。	《悔稿》頁 88～89，159～160，552～553。《宋元學案補遺》卷四十一，《宋詩紀事》卷四十三，《全宋詞》卷四。
劉　策	叔　驥	生平未詳。爲知錄之官。《悔稿》中酬答頗多。	《悔稿》頁 123、253～254、453～454、554～555。
蔡　鎬	慶　遠 正　之	臺州臨海人。以武學登第，授鹽城尉，詔特用爲武學諭，遷爲博士。丁父憂歸，服喪垂畢，而於紹熙二年卒，年四十九。	《悔稿》頁 410～411。《水心文集》卷十四下〈武學博士蔡君墓誌銘〉。
蔣　介		淳熙進士，紹熙四年，累官閣門宣贊舍人，出爲明州觀察使，充賀金萬壽副使，除知利州。	《悔稿》頁 177～178，《宋詩紀事·補遺》卷五十四下。
盧彥德	國　華 號：雙峰	處州人。生平未詳。	《悔稿》頁 104、537。
龔師旦	周　卿	平江人，鍇子。年十七，登紹興十八年進士第，歷知富陽、秀州，賑荒邱災，多所全活。慶元初，以左司郎中遷顯謨閣學士，提舉萬壽觀兼侍讀。卒於常州，累官顯謨閣學士，封咸安郡開國侯。	《悔稿》頁 162～163，《宋元學案·慶元黨案》下。
顏　度	魯　子 號：如山	崑山人。歷臨海令，有循績，拜監察御史，終祕閣修撰；孝宗謂度每出一言，毅然不可奪，因以如山自號。	《悔稿》頁 526、《宋元學案補遺》卷四十九、《吳中人物志》卷五。
蘇十能	千　之 號：鹿門 　　　居士	興化人。乾道五年進士，歷官太常博士，太常丞，兼考工郎中，知江陰軍，被論放罷。〈次韻蘇教授飯鄭教授五首〉——蘇十能字千之，鄭鈞字平國——之五：「三生杜牧垂緄手，渠自長安障日頭；我意從來端易敗，分司御史莫來休。」	《悔稿》頁 257～259、271～272、364～366、396，傳見《全宋詞》卷三下。

附錄：朱熹、陸九淵、張栻、呂祖謙〈答項平父〉書

一、朱熹〈答項平父〉書九篇

1.〈與項平父書〉（《朱文公文集》卷二十九）

熹老病死矣，無復可言。今漫遣人去，下致仕文字。念公平生故人，不可無數字之訣。時論一變，盡言者得禍，求全者得謗，利害短長之間，亦明者所宜審處也。

2.〈答項平父安世〉（以下俱見《文集》卷五十四）

示喻。此心元是聖賢，只要於未發時，常常識得；已發時，常常記得，此固持守之要。但聖人指示爲學之方，周遍詳密。不靠一邊，故曰：「敬義立而德不孤。」若如今說，則只恃一箇敬字，更不做集義工夫，其德亦孤立，而易窮矣！須是精粗、本末隨處照管，不令工夫少有空闕不到之處，乃爲善學也。此心固是聖賢本領，然學未講、理未明，亦有錯認人欲作天理處，不可不察。識得、記得，不知所識、所記指何物而言。若指此心，則識者、記者復是何物？心有二主，自相攫拏，聖賢之教恐無此法也。持守之要，大抵只是要得此心，常自整頓惺惺了了，即未發時不昏昧，已發時不放縱耳。愚見如此，不知子靜相報如何？因風錄示，或可以警所不逮也。伊川先生云：「涵養須用敬，進學則在致知。」此兩句與從上聖賢相傳指訣，如合符契。但講學更須寬平其心，深沈詳細，以究義理要歸處，乃爲有補。若只草草領略，就名數、訓詁上著到，則不成次第耳。

3.〈答項平父〉

所喻曲折。及陸國正語，三復爽然，所警於昏惰者爲厚矣！大抵子思以來教人之法，惟以尊德性、道問學兩事爲用力之要。今子靜所說，專是德性事，而熹平日所論，卻是問學上多了。所以爲彼學者，多持守可觀，而看得義理全不子細，又別說一種杜撰道理，遮蓋不肯放下。而熹自覺：雖於義理上不敢亂說，卻於緊要爲己、爲人上，多不得力。今當反身用力，去短集長，庶幾不墮一邊耳。

4.〈答項平父〉

官期遽滿，當復西歸，自此益相遠，令人作惡也。罵坐之說，何乃至是？吾人爲學別無巧妙，不過平心克己爲要耳。天民聞又領鄉邑賑貸之役，不以世俗好惡，少改其度，深可敬服！朋友論議不同，不能下氣虛心，以求實是，此深可憂！誠之書來，言之甚詳，已略報之，可取一觀，此不復云也。聞宗卿、子靜蹤跡，令人太息，然世道廢興，亦是運數，吾人正當勉其在己者，以俟之耳。不必深憤歎，徒傷和氣、損學力，無益於事也。

5. 〈答項平父〉

所論讀書次第甚善！但近世學者，務反求者，便以博觀爲外馳；務博觀者，又以內省爲隘狹。左右佩劍，各主一偏，而道術分裂，不可復合，此學者之大病也。若謂堯、舜以來，所謂「兢兢業業」，便只是讀書程課，竊恐有一向外馳之病也。如此用力，略無虛閒意思、省察工夫，血氣何由可平？忿欲何由可弭耶？無由面論，徒增耿耿耳。

6. 〈答項平父〉

錄寄啓書，尤以愧！荷稱許之過，皆不敢當，但覺難用兩字著題耳。至論爲學次第，則更儘有商量。大抵人之一心，萬理具備，若能存得，便是聖賢！更有何事？然聖賢教人，所以有許多門路節次，而未嘗教人只守此心者，蓋爲此心、此理雖本完具，卻爲氣質之稟，不能無偏，若不講明體察，極精、極密，往往隨其所偏，墮於物欲之私而不自知。近世爲此說者，觀其言語、動作，略無毫髮，近似聖賢氣象，正坐此耳。是以聖賢教人，雖以恭敬持守爲先，而於其中，又必使之即事即物，考古驗今，體會推尋，內外參合。蓋必如此，然後見得此心之眞、此理之正。而於世間萬事、一切言語，無不洞然，了其白黑！《大學》所謂「知至意誠」，《孟子》所謂「知言養氣」，正謂此也。若如來喻，乃是合下，只守此心，全不窮理，故此心雖似明白，然卻不能應事，此固已失之矣。後來知此是病，雖欲窮理，然又不曾將聖賢細密言語，向自己分上精思熟察，而便務爲涉獵書史、通曉世故之學，故於理之精微，既不能及，又并與向來所守而失之，所以悢悢無所依據。雖於尋常淺近之說，亦不能辨，而坐爲所惑也。夫謂不必先分儒、釋者，此非實見，彼此皆有所當取，而不可偏廢也。乃是不曾實做自家本分功夫，故亦不能知異端、詖、淫、邪、遁之害，茫然兩無所見，而爲是依違籠罩之說，以自欺而欺人耳！若使自家日前曾做得窮理功夫，此豈難曉之病耶？然今所謂心無不體之物，物無不至之心，又似只是移出向來所守之心，便就日間所接事物上比較耳。其於古今聖賢，指示剖析，細密精微之蘊，又未嘗入思議也。其所是非取舍，亦据己見爲定耳。又何以察夫氣稟之偏、物欲之蔽，而得其本心正理之全耶？便謂存誠愈固，養氣愈充，吾恐其察之未審，而自許過高。異日，忽逢一夫之說，又將爲所遷惑，而不能自安也。中間得葉正則書，亦方似此依違籠罩，而自處甚高，不自知其淺陋，殊可憐憫！以書告之，久不得報，恐未必能堪此苦口也。《大學章句》一本謾往，其言雖淺，然路脈不差，節序明審，便可行用，幸試詳之！

7. 〈答項平父〉

所論義襲，猶未離乎舊見。大抵既爲聖賢之學，須讀聖賢之書，既讀聖賢之書，

須看得他所說本文上下意義；字字融釋無窒礙處，方是會得聖賢立言指趣，識得如今為學功夫，固非可以懸空白撰而得之也。如孟子答公孫丑問氣一節，專以浩然之氣為主，其曰：「是集義所生者。」言此氣是積累行義之功，而自生於內也。其曰：「非義襲而取之也。」言此氣非是所行之義，潛往掩襲而取之於外也。其曰：「行有不慊於心則餒矣」者，言心有不慊，即是不合於義，而此氣不生也。是豈可得而掩取哉？告子乃不知此而以義為外，則其不動心也，直彊制之而頑然不動耳！非有此氣而自然不動也。故又曰：「我故曰：『告子未嘗知義，以其外之也。』」然告子之病，蓋不知心之慊處，即是義之所安；其不慊處，即是不合於義。故直以義為外而不求，今人因孟子之言，卻有見得此意，而識義之在內者，然又不知心之慊與不慊，亦有必待講學省察，而後能察其精微者。故於學、聚、問、辨之所得，皆指為外，而以為非義之所在，遂一切棄置而不為，此與告子之言雖若小異，然其實則百步、五十步之間耳！以此相笑，是同浴而譏裸裎也。由其所見之偏如此，故於義理之精微、氣質之偏蔽，皆所不察，而其發之暴悍狂率，無所不至。其所慨然自任，以為義之所在者，或未必不出於人欲之私也。來喻敬義二字，功夫不同，固是如此。然敬即學之本，而窮理乃其事，亦不可全作兩截看也。〈洪範〉皇極一章，乃九疇之本，不知曾子細看否？先儒訓皇極為大中，近聞又有說保為存心者，其說如何？幸推詳之，復以見告，逐句詳說，如注疏然，方見所論之得失。大抵為學，但能於此等節目處看得十數條，通透縝密，即見讀書凡例；而聖賢傳付不言之妙，皆可以漸得之言語之中矣！

8. 〈答項平父〉

所喻已悉。以平父之明敏，於此自不應有疑，所以未免紛紜，卻是明敏太過，不能深潛密察，反復玩味；只略見一線路可通，便謂理只如此，所以為人所惑，虛度光陰也。孟子之意須從上文看，「其為氣也，配義與道，無是餒也。是集義所生者，非義襲而取之也。」此上三句，本是說氣，下兩句是字與非字為對，襲字與生字為對，其意蓋曰：「此氣乃集義而自生於中，非行義而襲取之於外云爾。」非謂義不是外襲也。今人讀書不子細，將聖賢言語都錯看了，又復將此草本立一切法，橫說豎說，誑謼眾生，恐其罪不止如范甯之議王弼而已也。

9. 〈答項平父〉

熹一病四、五十日，危死者數矣！今幸粗有生意，然不能飲食，其勢亦難扶理。杜門屏息，聽天所命，餘無可言者。所幸一生辛苦讀書，微細揣摩，零碎括剔，及此暮年，略見從上聖賢所以垂世立教之意。枝枝相對，葉葉相當，無一字無下落處；若學者能虛心遜志，游泳其間，自不患不見入德門戶。但相見無期，不得面講，使平父尚不能無疑於當世諸儒之論，此為恨恨耳！

二、陸九淵〈與項平甫〉書一篇，來書兩篇

1. 〈與項平甫〉(《象山先生全集》卷五)

《孟子》揠苗一段，大概治助長之病，真能不忘，亦不必引用耘苗，凡此皆好論辭語之病。然此等不講明，終是爲心之累。一處不穩當，他時引起無限疑惑，凡此皆是英爽能作文、好議論者，多有此病。若是朴拙之人，此病自少，所以剛毅木訥近仁，而曾子之魯，乃能傳夫子之道。凡人之病，患不能知，若真知之，病自去矣！亦不待費力驅除。真知之，卻只說得勿忘兩字，所以要講論者，乃是辨明其未知處耳。

2. 淳熙九年壬寅，先生四十四歲。(《象山先生全集》卷三十六〈年譜〉)

項平甫來書略云：「安世聞陸先生之名言者不一，往得交於傅子淵，警發柔惰，自此歸向，取師之意始定。奉親之官越土，多見高第及門子弟，愈覺不能自已。雖未得親承於謦欬，然受沾濡渥亦已多矣！獨念心師之久，不可不以尺紙布萬一，伏乞加察。一二年來，數鉅公相繼淪落，任是事者，獨先生與朱先生耳！

3. 淳熙十年癸卯，先生四十五歲，在國學。(《全集》卷三十六〈年譜〉)

項平甫再書略云：「某自幼便欲爲善士，今年三十一矣！欲望尊慈，特賜指教云云。」答書不傳。按朱元晦〈答平甫書〉云：「所語陸國正語，三復爽然，所以警於昏者爲厚矣！大抵子思以來教人之法，尊德性、道問學兩事爲用力之要。今子靜所說尊德性，而某平日所聞，卻是道問學上多。所以爲彼學者多持守可觀，而看道理全不仔細。而熹自覺於義理上不亂說，卻於緊要事上多不得力。今當反身用力，去短集長，庶不墮一邊耳。」先生聞之曰：「朱元晦欲去兩短、合兩長，然吾以爲不可，既不知尊德性，焉有所謂道問學？」

三、張栻〈答項秀才〉書一篇

1. 〈答項秀才〉(《張南軒先生文集》卷二)

承來金華，從容師友間，當有進益。爲學之方，循循有序，要須著實趨約，自卑近始。度正字亦必常及此，在勉之而已。

四、呂祖謙〈答項平甫〉書一篇

1. 〈答項平甫〉(《呂東萊文集》卷五)

某往歲，侍郎舅氏自荊南歸，具道左右年雖少，而志操堅正，下至諸表弟，人人敬慕。是時，慨然有願見之意，今春聞分教山陰，相距離不遠，又以病廢，無從會面，爲恨！便中忽奉手筆，所以見屬者，雖非衰惰之所敢當；然詳味辭氣，懇切

質實，益知所存之不苟也。自張丈（按：張栻南軒先生也。）去世之後，至今心折，左右游從既久，講繹必甚精詳。然願深思力踐，體衣錦尚絅之義，卑以自牧，馴致充實光大之地，則吾道之幸！石天民、沈叔晦諸兄，莫能款聚否？萎痺不能多作字。秋暑，以時自重。

第三章　項安世著作考釋

　　兩宋三百餘年，時君獎崇道藝於上，輔治之臣則以經術弼政於下；外又有道德仕紳、理學俊彥講論心性，敦化右文，故儒風特盛。而智光高節，輝耀千古，豈不偉哉！〔註1〕

　　項安世生逢其會，師友切磋，學殖益富。雖厄錮慶元偽學黨禁，十年不涉戶限，杜門著書；卻能於老病之際，「禽魚上下《詩》三百，風雨陰晴《易》二篇。」〔註2〕芸編聽韻，聖經體玄，一派逍遙氣象，亦云尚矣！其機杼蘊發，經史子集諸作，猶得觀焉。故檢索書目，知其存佚，或詳、或略，試爲考釋，文分四節以述之。

第一節　書目及遺編

一、書　目

　　《宋史・藝文志》著錄項安世遺作如下：

　　（一）經　類〔註3〕

　　　　1. 《易》類：《周易玩辭》十六卷。存

　　　　2. 《詩》類：《毛詩前說》一卷。佚
　　　　　　　　　　　《詩解》二十卷。佚

　　　　3. 《禮》類：《中庸說》一卷。佚〔註4〕
　　　　　　　　　　　《周禮丘乘圖說》一卷。佚

〔註1〕有宋學術之超卓，及其文風盛況，詳參《宋史・藝文志》卷二○二～二○五。
〔註2〕參見《悔稿》卷三、頁116〈偶作〉詩。同卷頁107〈送章升之料院自魚關還闕〉詩，
　　　又有句云：「欲知病後食何藥？《三百篇》和《上下篇》。」
〔註3〕見《宋史》卷二○二，〈藝文志〉一「經類」。
〔註4〕《四庫全書》著錄《項氏家說》附錄卷二〈中庸臆說〉，或與《宋史》所載《中庸說》
　　　一書相同。

　　　4.《孝經》類：《孝經說》一卷。存〔註5〕

　　　5.《經解》類：《家說》十卷。存

　　　　　　　　　《附錄》四卷。存佚各半〔註6〕

（二）子　類〔註7〕

　　　1.《雜家》類：《項氏家記》十卷。存〔註8〕

（三）集　類〔註9〕

　　　1.《別集》類：《丙辰悔稿》四十七卷。〔註10〕

　　陳振孫《直齋書錄解題》著錄書目與《宋史》近似。唯《詩解》、《項氏家記》
未錄見；另《丙辰悔稿》改爲《平菴悔稿》十五卷、《後編》六卷。〔註11〕

　　《荊州府志・藝文志》著錄書目，率依《宋史・藝文志》所載，而略有不同：
〔註12〕

　　（1）《周易玩辭》十二卷。與《宋史》所載十六卷異。

　　（2）《毛詩前說》一卷。〔註13〕

　　（3）《詩解》二十卷。

　　（4）《孝經說》一卷。

　　（5）《周禮邱乘說》一卷。《宋史》「邱」作「丘」。

　　（6）《中庸說》一卷。

　　（7）《項氏家說》十卷、《附錄》四卷。《宋史》所記雜家類《項氏家記》十
　　　　卷，實同於《家說》，故未記錄之。

　　（8）《丙辰悔稿》四十七卷。

　　《江陵縣志・藝文・書目》所著錄者，與《荊州府志》所載書目相同，而稍異

〔註5〕《項氏家說》附錄卷一〈孝經說〉，想即此書。

〔註6〕今本《項氏家說》十卷，《附錄》二卷；與《宋史》所載《附錄》四卷者相較，蓋亡
　　　其二卷矣。

〔註7〕見《宋史》卷二〇五，〈藝文志〉四「子類」。

〔註8〕案疑此《項氏家記》十卷，即「經解類」所見《家說》十卷之書，《宋史》分記二處，
　　　殆其同邪？

〔註9〕見《宋史》卷二〇八，〈藝文志〉七「集類」。

〔註10〕項安世現存有《平菴悔稿》一書，版本、卷數稍不同：一爲清・趙魏手鈔十四卷本，
　　　一爲清・阮元《宛委別藏》手鈔十二卷本，殆爲《宋史》所錄《丙辰悔稿》四十七
　　　卷之殘餘。此註可與註23互參。

〔註11〕參見《直齋書錄解題》卷一、二、三、二十。

〔註12〕見成文出版社出版《中國方志叢書》《荊州府志》卷之七十四〈藝文志——書目〉。

〔註13〕按語云：《書錄解題》此書考定《風》、《雅》篇次，而爲之說。其曰「前說」者，末
　　　年之論，有少不同故也。

一、二：〔註14〕

 （1）《孝經說》一卷，未著錄於《江陵縣志・藝文・書目》內。

 （2）《項氏家說》六卷，與前志十卷異。

 （3）《悔稿》訛刻爲《梅稿》，「梅」乃字之誤也。

《松陽縣志・藝文志》著錄「藝目」之書有三：〔註15〕

 （1）《周易玩辭》十六卷。

 （2）《經史子傳疑難》，未書卷數。案：方志著錄，有不可信者，此書疑即《項氏家說》。

 （3）《平庵悔稿》一卷，卷數與他志皆異，想必訛漏。

 綜結以上史志、方志著錄之藝文書目，則項安世著作書目，可以《宋史・藝文志》所載「經類、子類、集類」爲主，共三類九種。若益之以《松陽縣志》所載《經史子傳疑難》一書，亦不過十種之數。雖然如此，項氏有功於學林，誠不虛耳。

二、遺　編

 （一）《字說》

 《悔稿》卷十二有贈〈盧智子〉詩一首，註曰：「余爲作《字說》。」諸書皆未見錄，殆遺佚也。詩云：

  聖門坦坦萬人行，欲入先須去路明；

  爲報只今盧智子，莫教辜負項先生。〔註16〕

 （二）《項平庵帖》

 南宋高斯得《恥堂存稿》卷三〈題池氏所藏四君子帖〉原註云：「朱文公、呂大愚、項平庵、袁絜齋。」固可知項安世有帖傳世，唯今不見耳。其題辭曰：

  熟觀四君子之帖，其于池君聖夫，切而磋之至矣！而朱文公之訓，尤凜乎其可畏焉。昔之所謂師友者蓋如此！池君既衣德言，以就德性；復寶是帖，以紹子孫，則其篤信好學之誠，亦可尚矣！嗚呼：狹隘而不能恢廣，昏陋而無所發明；朱門高第，猶有此病，而況吾儕？當今之世，猶有能訂而砭之者乎？否也。〔註17〕

〔註14〕參見學生書局印行《新修方志叢刊》，湖北方志之十二《江陵縣志》卷四十二〈藝文——書目〉。

〔註15〕參見臺北國家圖書館漢學研究資料暨服務中心，景照佚存古籍——清代方志《松陽縣志》卷八〈藝文志——藝目〉。該書前有「秘閣圖書之章」篆印文一方。

〔註16〕見《悔稿》頁538～539。

〔註17〕見商務印書館《叢書集成初編》第三二五冊，《恥堂存稿》卷三。

（三）〈信美樓記〉一篇

《江陵縣志》卷五十八〈外志——雜記〉錄有項安世〈信美樓記〉文一篇，蓋亦史志之遺文，茲鈔附以補其闕：

> 項平甫〈信美樓記〉：「王仲宣之言曰：『雖信美，非吾土兮，曾何足以少留？』自仲宣至今，千有餘年，文士一詞曰：『思歸之曲也。』曾未有考其文，而論其心者，蓋仲宣，漢貴公孫也，少依王室，世受其國恩，雖遯身南夏，而繫志西周。彼以爲俯清漳曲沮之流，不若灞滻涇渭之速清也；覽昭邱陶牧之勝，不若終峻吳華之悉平也。冀道路之一開，憂日月之逾邁，故戛然以是爲不可久留：蓋士之出處，不齊久矣！充仲宣之賦，當與子美〈岳陽樓〉五言，大白〈鳳凰臺〉長句，同帙而共編；不當與張翰思吳之歎，班超玉門之書，馬援浪泊西里之念，雜然爲一議狀也。」

> 嗚呼！平甫此論，可謂得仲宣之心；仲宣不依曹黃二袁，而依劉表，意亦可見。故仲宣之忠於漢，陶淵明之忠於晉，羅昭諫之忠於唐，皆詩人文士之識大義，有氣節者。樓乃胡仲芳（按：《悔稿》作「仲方」）爲荊南撫幹時所建。楊誠齋詩云：「大資孫子大參兄，磊魂胸中萬卷橫；樓上已堆千古憾，晚潮更作斷腸聲。」亦平甫之意也。〔註18〕

項安世著作書目及遺編，既如上述；而今卷帙尚完，篇次無缺者，唯《平菴悔稿》，《項氏家說》與《周易玩辭》三書。案索典藏善本，一一研讀，分節考釋，以窺門牆，而知項氏之富美，良有以也。

第二節 《平庵悔稿》考釋

《四庫未收書目提要》卷三著錄《平菴悔稿》十二卷，其提要云：

> 宋項安世撰。安世有《周易玩辭》，《四庫全書》已著錄。案：《文淵閣書目》日字號載《丙辰悔稿》十五冊，又月字號載《悔稿》三冊，又一部六冊，並殘缺之本。《宋史·藝文志》載《丙辰悔稿》四十七卷，近日傳本殊希。厲鶚《宋詩紀事》僅從《后村詩話》、《方輿勝覽》、《后村千家詩》，蒐采數首，此則依舊鈔過錄，合前後集，凡一千二百八十五首，分卷與〈宋志〉不合，即《后村詩話》所錄〈春日堤上〉、〈吹帽臺〉、〈拋

〔註18〕參見學生書局印行《新修方志叢刊》《江陵縣志》卷五十八〈外志——雜記〉，頁2914～2916。

毬〉、〈糟蟹〉、〈永州〉諸作，皆未見于是編。卷六以下，乃慶元丙辰謫
居江陵後所作，缺佚雖多，然就存者觀之，固紹熙、嘉泰間一作者也。
〔註 19〕
觀此，亦可略知其輯纂流傳之概況。今試擇要論之如后：

一、〈解題〉與〈自序〉

《直齋書錄解題》卷二十著錄《平菴悔稿》十五卷，《後編》六卷，案曰：「《宋
史・藝文志》作《丙辰悔稿》四十七卷。」其〈解題〉曰：

> 太府卿松陽項安世平父撰。《悔稿》者，以語言得罪，悔不復爲也。〈自
> 序〉當慶元丙辰，《後編》自丁巳終壬戌。

由〈解題〉可知項安世所以命書之用意，又〈自序〉當慶元丙辰（宋寧宗慶元二年，
西元 1196 年）所撰，唯今傳本已不復見矣！而《後編》六卷，仍見諸傳本，則其著
成年代，云自丁巳（寧宗慶元三年，西元 1197 年）終壬戌（寧宗嘉泰二年，西元
1202 年），凡六年之數。

案檢索《松陽縣志》卷八〈藝文志〉於〈藝目〉下得項安世著《平庵悔稿》一
卷，同卷〈記述〉下又得項安世《平菴悔稿・序》（按：雖同卷之中，「庵」、「菴」
並見，形義無異也。）一篇，竊疑此〈序〉即《直齋書錄解題》中，當慶元丙辰之
〈自序〉也。姑鈔錄以存其情實：

> 項子題所爲文稿曰：「〈滑稽篇〉。」客曰：「是所謂文似相如，殆類俳
> 之意。非耶？」曰：「非也。世之人無貴賤，皆畏人笑；獨滑稽者不畏人
> 笑，非獨不畏，且甚欲之。凡其貌服言動，皆欲得人之笑；人小笑之則小
> 愜，大笑之則大愜，人不笑之則大愧。若余之爲文，亦若是耳！人之笑予
> 之稿也，人小笑之，則余亡其小病矣！人大笑之，則予亡其大病矣！人不
> 笑之，則予之病其危哉！是與滑稽之技，無以異也。」客聞其說，觀其文，
> 大笑，冠帶盡脫！項子報然汗下，矍然神醒曰：「予病瘳矣！」再拜謝客，
> 書以爲序。〔註 20〕

然此〈自序〉所述命題旨趣，與《解題》所謂：「以語言得罪，悔不復爲也。」誠大
相逕庭，各異其趣矣！

〔註 19〕參見臺灣商務印書館發行《合印四庫全書總目提要及四庫未收書目、禁燬書目》冊五，
〈四庫未收書目提要〉卷三，頁 43～44。
〔註 20〕參見臺北國家圖書館景照佚存古籍──清代方志（清順治十一年刊本），《松陽縣志》
卷八〈藝文志〉。

二、傳世善本

案檢索《臺灣公藏善本書目、書名索引》〔註21〕、《中國歷代詩文別集聯合書目》等〔註22〕，得知項安世所著《平庵悔稿》傳世善本現況如下：

（一）國立故宮博物院《善本舊籍總目》下冊「集部」——別集類

《平菴悔稿》十二卷，宋項安世撰。清嘉慶間，阮元進呈影舊鈔本（宛委別藏本），六冊。

（二）臺北國家圖書館《善本書目》第四冊「集部」——別集類

《平庵悔稿》十四卷，《後編》六卷，《丙辰悔稿》一卷，共二十一卷，四冊。

宋項安世撰，清趙魏編，係手鈔典藏善本。

現此二善本分別珍藏臺北故宮、國家圖書館，有微卷可資閱讀，甚便學者；臺灣商務印書館為廣流行，且影印宛委別藏手鈔本《平庵悔稿》問世。秘閣御覽善本，書齋家玩珍籍，終見朗朗天日！

又日本東京《靜嘉堂文庫漢籍分類目錄》〔註23〕集部——別集類，著錄《平菴悔稿》十四卷、《丙辰悔稿》一卷、《後編》六卷、《補遺》一卷、《附錄》一卷，共二十三卷，南宋項安世撰寫。殆同於國家圖書館典藏清趙魏編之手鈔本耶？另京都大學人文科學研究所《漢籍目錄》上冊，集部——別集類，亦著錄相同資料，係景照靜嘉堂文庫藏鈔本。則《平菴悔稿》善本，乃可稽索於東瀛，雖文化之佳話，實亦吾族之恥辱。

三、〈附錄〉與〈題跋〉〔註24〕

〔註21〕參見臺北國家圖書館編印該書索引，《國立中央圖書館善本書目》增訂本一至四冊，及國立故宮博物院《善本舊籍總目》上、下二冊。

〔註22〕該書為聯合報文化基金會國學文獻館出版，王民信主編，係國學文獻館《書目叢刊》之一。

〔註23〕《靜嘉堂文庫》所藏，多清藏書名家陸心源皕宋樓舊藏，善籍流落外邦，世不能守之，誠民族之恥、文化之憾。案：陸心源，字剛父（甫），號存齋。晚年歸里，就城東蓮花莊北，築潛園以居，稱潛園老人。浙江歸安人，唐代名臣陸贄之後。心源酷嗜異書，太平軍興，江南倥傯；故家收藏，相繼散出，所得宋元版書，於斯為盛！陸氏樓名「皕宋」，惜不能世守。清光緒三十三年丁未，其子樹藩以十萬元，售諸日本三菱系財閥岩山奇彌之助（號蘭室，？～1908），島田翰為之介，島田撰有《皕宋樓藏書源流考》一卷。日人所編《靜嘉堂秘籍志》，即多節引陸氏原志。國族凌夷，子孫不孝，幸賴日人善而典之，亦可知中、日文化交流之跡，從來有自。有關陸心源所編《皕宋樓藏書志》、《續志》，詳閱廣文書局印行《書目續編》，前有望雲樓主人喬衍琯〈皕宋樓藏書志序〉，可知陸氏藏書流徙之現狀。又《文庫》所錄《平菴悔稿》等目，可以參考註10，以相疏通。

〔註24〕詳見臺北國家圖書館藏善本《平庵悔稿》，集部——別集類，一○六○八號微卷。

　　臺北國家圖書館典藏，清趙魏編手鈔善本《平庵悔稿》前有〈附錄〉及〈題跋〉，讀之可知編次、內容之大較。影讀此微卷，想前人撰述之用心，至爲嘆佩！故鈔錄以紀實焉。

（一）〈附　錄〉（清嘉慶朝，太初吳長元書）

1. 庚子除夕

　　　　予自臘月初旬錄《平庵詩稿》，暨除夕已過半矣，空囊羞澀，幸免索償！節物華靡，無關懷抱，亦一樂也。口占四絕句解嘲：

　　籌燈寒夜興如何？手自抄書敵睡魔；目力半昏憑靉靆，遺文多誤費吟哦。

　　窗函素雪光生白，爐撥殘灰火復紅；獨坐獨吟還獨嘯，清嚴風味許誰同？

　　振鐸鳴鉦已四更，四鄰雞犬寂無聲；都家但有書燈在，寄與偷兒勿浪行。

　　看囊多愧杜陵錢，與物無關作散仙；卻笑窮神不須送，生平難得此清閒。

　　太初呼凍，書于秋室京寓之疏華館中。

2. 辛丑穀日，抄《平庵詩稿》畢。其七言律詩，倩胡表弟分錄也。口占三絕句識之。是日辛祭祈穀，十一日立麻。

　　七人八穀古今同，又值祈年煙祀隆；食我農人天可告，硯田何事不登豐？

　　折卷分抄好自由，古云罪過屬風流；老夫別有關情處，聊使辛勤散客愁。

　　辛歲辛辰萬象新，帝都佳麗物華陳；天公大展開圭手，一桁東風四海春。

　　太初吳長元，書于京寓之疏華館中。

　　嘉慶乙丑知不足齋錄副訖，七月二十九日記。

（二）〈題　跋〉

1. 吳長元《平庵悔稿》跋：

　　　　右《平庵詩稿》，宋松陽項安世平甫著。按陳氏《書錄解題》載《平庵稿悔》（按：《悔稿》二字誤倒。）十五卷，《悔稿後編》六卷。《宋史·藝文志》作《丙辰悔稿》四十七卷，是其書在當時，已所見互異也。

　　　　御進（按：旁書「選」字，「進」字蓋訛寫也。）四朝詩，不列其名。厲鶚《宋詩紀事》有之，載《平庵悔稿》不著卷帙，其爲世所罕見可知矣！吾友姚訒齋天成中翰云：「乾隆三十八年掌處州書院，浙撫有採書之檄，時松陽項氏尚有舊藏刊本，惜殘缺不全，未送省局。是編爲余秋室集，太史分纂《永樂大典》摘出時，誤傳全集已抄入《四庫全書》，遂未經編錄。」

　　　　庚子秋冬，予寓秋室邸舍，愁病相侵，杜門不出。取案頭存稿粘貼成書、手錄副本。計《悔稿》、《丙辰悔稿》、《悔稿後編》凡三種、共詩一千

四百餘首，每稿輯成一卷。以《書錄解題》所載較之、《悔稿》十五卷，今丙辰以前共得八百六十餘首；《悔稿後編》六卷，今得詩五百五十餘首，知《悔稿》之所缺甚多也。且云《後編》自丁巳終壬戌，據〈本傳〉則《丙辰悔稿》正偶黨罷職之時，《後編》諸詩必終于壬戌以後，如七古內〈凱歌〉一首，此開禧間解德安圍也。七絕內〈贈石首李令〉云：「莫談三十年前事，愁損河陽一縣心。」自注：「淳熙乙未，予三人同試南宮。」是詩當在丙寅、丁卯之際，上溯乙未，方合三十餘年。平甫卒于嘉定戊辰，去壬寅又六年矣，安得無詩？

考平甫《後編》題辭，作于慶元戊午，但云：「安知異時，不復悔此？」不言止于何年，似《解題》所云，未可盡據也。又《解題》列于詩集，故前後共二十一卷。〈藝文志〉作四十七卷，大約舉全集而言；《直齋》威（旁書「或」，為正。）未之見耳！俟他日南旋，訪求殘本，校補完善，為書林之一大快！

是編出自禁垣，世間希有，當什襲藏之。乾隆辛丑立春日，仁和吳長元，書于秋室京邸之疏華館中。

2. 趙魏《平庵悔稿》跋：

右《平庵詩稿》從《永樂大典》錄去。傳宋詩者，多不列其名名（按：「名」字重覆。），讀其集中詩，材力富贍，每每以詩自豪，是亦宋季巨擘，迥出江湖諸派之上者！舊錄不分卷，編為三帙；有分體錯誤者，余為正其訛，輯《平庵悔稿》為十五卷，《悔稿後編》為六卷，仍《書錄解題》之舊，《丙辰悔稿》佚去多，為只為一卷。（按：前「為」字疑衍。）聞松陽尚有舊藏刊本，當訪輯之以為全璧也。嘉慶乙丑冬日，仁和趙魏借《知不足齋》本編記并識。

試觀原由，乃知《平庵悔稿》編輯傳世之不易；知不足齋主人吳長元與趙魏二先生，居功厥偉。又趙魏〈跋〉譽項安世詩，「材力富贍，每每以詩自豪，是亦宋季巨擘，迥出江湖諸派之上者」。案考其人、頌其詩，心服的論！

四、版本比對

案以臺北故宮所藏阮元《宛委別藏》《平庵悔稿》十二卷本，與臺北國家圖書館所藏趙魏借《知不足齋鈔——平庵悔稿》二十一卷本，相互比對，以明其卷次、詩題與詩篇之差異處。姑列表以為考據之資，詳情參見章末「附表一」，茲不細論。

五、內容分類

《平菴悔稿》詩題計一○二四之數，詩篇達一四八五首。逐卷分篇詠讀，各歸其類，總爲十一；復以所作十一種詩體，算其數之多少。經緯交錯，列表比觀，足窺全豹。數據參見「附表二」，亦不贅述。

史載：項安世七歲能詩，鄉人稱奇，詩學之基奠於是焉！長應科舉，中進士第，宦海浮沈，師友夥頤；或游歷四方，廣見博聞；或蟄居江陵，鴻鴈翩飛。雅製交酬，性靈所鍾，雖不得意，而志不孤！是以撰爲《平庵悔稿》，乃情志之蘊發，材力之薈萃也。噫！古風流韻，典型凤昔，筆者不敏，其見賢思齊乎！

第三節　《項氏家說》考釋

《宋史・藝文志》「經解類」著錄《家說》十卷，《附錄》四卷；《直齋書錄解題》因之，其〈解題〉曰：

> 項安世撰。《九經》皆有論著，其第八卷以後，雜說文史政學，附錄
> 《孝經》、《中庸》、《詩篇次》、《邱乘圖》，則各爲一書，重見諸類。〔註25〕

然經查考《臺灣公藏善本書目書名索引》，知現存《項氏家說》十卷尚在，而《附錄》唯餘二卷矣。國立故宮博物院《善本舊籍總目》下冊——「子部：儒家類」，著錄如下：

一、《項氏家說》十卷，《附錄》二卷。

　　宋・項安世撰。

　　清・乾隆間武英殿聚珍本，六冊。

　　（乾隆四十七年，故宮二一二。）

二、《項氏家說》十卷，《附錄》二卷。

　　宋・項安世撰。

　　清・文淵閣《四庫全書》本，四冊。

　　（性理之屬，故宮一一三。）〔註26〕

今以故宮所藏文淵閣《欽定四庫全書》本《項氏家說》爲據，分項述之，以明其大體。

〔註25〕參見陳振孫撰《直齋書錄解題》卷三。《荊州府志》卷之七十三所載同。

〔註26〕參見該書頁655。又廣文書局出版丁仁編《八千卷樓書目》卷十「子部——儒家類」
　　　　著錄：《項氏家說》十卷，《附錄》二卷，宋項安世撰，聚珍版本，杭刊本，閩刊本。

一、提　要

　　《欽定四庫全書總目》、《提要》，著錄《項氏家說》十卷，《附錄》二卷，謂出於《永樂大典》本內。其〈提要〉云：

　　　　宋項安世撰。安世有《周易玩辭》已著錄。此蓋其讀經史時條記所得，積以成編者也。案：嘉定辛未樂章撰《《周易玩辭》後序》曰：「項公昔忤權臣，擯斥十年；杜門卻掃，足跡不涉戶限。耽思經史，專意著述，成書數篇。迫兵端既開，邊事告急，被命而起，獨當一面！外禦憑陵，內固根本，成就卓然。」陳振孫《書錄解題》亦稱其當慶元中得罪時，謫居江陵，杜門潛心，起居不出一室；送迎賓友，未嘗踰閾，諸書皆有論說。然則，是書乃慶元閒斥居江陵時所作也。

　　　　安世學有體用，通達治道；而說經不尚虛言，其訂覈同異，考究是非，往往洞見本原，迥出同時諸家之上。是書見於《宋史‧藝文志》者十卷，《附錄》四卷；又別出《孝經說》一卷、《中庸說》一卷，《書錄解題》並同。自明初以來，其本久佚，今惟散見《永樂大典》各韻內，核其所載，多兼及說經、說事、說政、說學等篇名，而逐條又各有標題。其原書體例約略可見，篇帙亦尚多完善，謹依類排纂，經則案各經之文次之，卷一、卷二並《易說》，卷三《書說》，卷四《詩說》，卷五《周禮》，卷六《禮記》，卷七《論語》、《孟子》等，是為〈說經篇〉，凡七篇。其八、九、十三卷，則先以〈說事篇〉，次〈說政篇〉，次〈說學篇〉，雖原目無存，未必悉符其舊。然陳振孫言是書有云：「《九經》皆有論著，其第八卷以後，雜說文史政學。」則序次大致，當亦不甚懸殊。振孫又云：「附錄《孝經》、《中庸》、《詩篇次》、《邱乘圖》則各為一書，重見諸類。」似《附錄》之四卷，本分為四種單行，而復取以附於《家說》後也。今檢《永樂大典》，但有《孝經說》、《中庸臆說》二書，而《詩篇次》、《邱乘圖》未經收入，疑當時即已散佚，無可考補。謹據其存者，仍合為《附錄》二卷，次之於末，以略還原書之舊焉。〔註27〕

二、內　容

　　案讀《欽定四庫全書》子部一──儒家類《項氏家說》一書，分卷逐篇，條計其數，大要如下：

〔註27〕見上海大東書局出版《欽定四庫全書總目》第五冊「子部上」，卷九十二──子部：儒家類二，頁11。

（一）〈易說〉，計二卷三十五條。

　　卷一，〈說經篇一〉，二十條。

　　卷二，〈說經篇二〉，十五條。

（二）《書說》，計一卷，三十六條。

　　卷三，〈說經篇三〉，三十六條。

（三）《詩說》，計一卷，三十五條。

　　卷四，〈詩經篇四〉，三十五條。

（四）《周禮》，計一卷，三十九條。

　　卷五，〈說經篇五〉，三十九條。

（五）《禮記》，計一卷，二十六條。

　　卷六，〈說經篇六〉，二十六條。

（六）《論語》、《孟子》，計一卷，二十三條。

　　卷七，〈說經篇七〉，二十三條。

（七）卷八，〈說事篇一〉，二十五條。

（八）卷九，〈說事篇二〉，十六條。

（九）卷十，〈說政篇〉，四條。

　　〈說學篇〉，八條。

（十）附錄卷一、《孝經說》。

（十一）附錄卷二、《中庸臆說》。

　　項安世著作此書，用意實深，誠如《四庫全書總目提要》云：「安世學有體用，通達治道；而說經不尚虛言，其訂覈同異，考究是非，往往洞見本原，迥出同時諸家之上。」味斯言，固知項安世實爲經世致用，辨章學術之通才達儒。

第四節　《周易玩辭》考釋

　　朱彝尊《經義考》卷二十八著錄：「項氏安世《周易玩辭》，《宋志》十六卷，存。」內引〈安世自序〉、〈館閣續錄〉、陳振孫《解題》、〈樂章後序〉、〈馬端臨序〉、〈徐之祥序〉、〈虞集序〉及董眞卿之言，皆詳密妥帖，足資參考。〔註28〕〈安世自序〉前後，已分別引見〈年譜〉慶元四年，嘉泰二年中。茲引陳振孫《直齋書錄解題》，以明其著作之旨趣，並概其餘：

────────────

〔註28〕詳參：中華書局據揚州馬氏刻本校刊，《四部備要》經部──《經義考》卷二十八，
　　　　秀水朱彝尊編，男昈田校。

　　《周易玩辭》十六卷。太府卿松陽項安世平甫撰。當慶元中，得罪時
論，居江陵。杜門潛心，起居不出一室，送迎賓友，未嘗踰閾，諸書皆有
論說，而《易》爲全書。其〈自序〉以爲讀《程易》三十年，此書無一字
與之合，合則無用乎此書矣！世之君子，以《易傳》之理觀吾書，則本末
條貫，無一不本於程氏者；以《易傳》之文觀吾書，則恐有西河疑女之誚。
大抵程氏一於言理，盡略象數，而此書未嘗偏廢；程氏於小象頗欠發明，
而此書爻象尤貫通。蓋亦遍攷諸家，斷以己意，精而博矣！〔註29〕
試以遍考諸籍所得，羅縷條敍，以明其實焉。

一、提　要

　　《四庫全書總目》經部著錄《周易玩辭》十六卷，爲兩江總督採進本，其〈提
要〉云：

　　　　宋項安世撰。安世字平甫，松陽人。《館閣續錄》載其淳熙二年，同
進士出身；紹熙五年，除校書郎；慶元元年，添差通判池州。陳振孫《書
錄解題》稱爲太府卿，則所終之官也。事蹟具《宋史》本傳，振孫又稱：
安世當慶元時，謫居江陵，杜門不出，諸經皆有論說，而《易》爲全書。
然據其自述，蓋成於嘉泰二年壬戌之秋，〈自序〉謂：「《易》之道四，其
實則二，象與辭是也。變則象之進退也，占則辭之吉凶也；不識其象，何
以知其變？不通其辭，何以決其占？」又自述曰：「安世之所學，蓋伊川
程子之書也。今以其所得於《易傳》者，述爲此書，而其文無與《易傳》
合者，合則無用述此書矣！」蓋伊川《易傳》惟闡義理，安世則兼象數而
求之；其意欲於《程傳》之外，補所不及，所謂各明一義者也。

　　　　馬端臨、虞集作序，皆盛相推挹，而近時王懋竑《白田雜著》中，有
是書跋，獨排斥甚力，至謂端臨等未觀其書。其殆安世自述中，所謂以《易
傳》之文觀我者歟？安世又有《項氏家說》，其第一卷亦解《易》，董眞卿
嘗稱之，世無傳本，今始以《永樂大典》所載裒合成編，別著於錄。合觀
兩書，安世之經學深矣；何可輕詆也？〔註30〕

二、版　本

1. 宋刻本

〔註29〕參見《直齋書錄解題》卷一。
〔註30〕引見武英殿本《四庫全書總目提要》第一冊「經部——易類三」，卷三，頁 19～20。

－60－

　　宋寧宗時，江陵項氏建安書院刊本，原藏北平圖書館，今藏於臺北國家圖書館善本書室。共八冊，每頁十行，一行二十字。特商借微卷影印全帙，校勘今行諸本，見彼此差訛頗多，益知此本之善，詳見〈斠讎〉第四。〔註31〕

　　2. 通志堂刻本〔註32〕

　　清康熙十九年（1680），納蘭性德《通志堂經解》本，乾隆五十年（1785）修補本，四冊。現藏國立故宮博物院，參見《善本舊籍總目》上冊，頁13。按：通志堂刻本翻元大德本，而大德本翻宋刊本；雖大德本已亡佚，仍可據此知其全貌。

　　3. 《四庫全書》本

　　清乾隆間寫，《文淵閣四庫全書》本，十六冊。見國立故宮博物院《善本舊籍總目》，此本與現行通志堂本相同，應據為底本，手鈔而得者。

　　4. 《四庫全書薈要》本

　　清乾隆間寫，摛藻堂《四庫全書薈要》本，十冊。同見國立故宮博物院《善本舊籍總目》，此本當與《四庫全書》本同源而異出。

　　5. 大字精寫本，葉郋園（德輝）舊藏

　　見莫伯驥撰《五十萬卷樓群書跋文》經一，著錄《周易玩辭》十六卷，其跋文曰：

> 前題宋直龍圖閣，江陵項安世平父撰。慶元四年自序，嘉泰二年重題。平父學《易》於程子，此書自言無一字與之合；陳氏振孫謂伊川專言理而略象數，此書未嘗偏廢，而於爻象尤貫通，遍考諸家，斷以己意，至為精博。又葉適〈上西府書〉及〈執政薦士書〉所舉陳傅良以下三十四人，如劉清之、陸九淵、章穎、呂祖謙、楊簡、項安世，皆一時賢傑，則項氏固不僅以經學名矣！
>
> 錢氏大昕曰：「說《易》之書，莫盛於南宋。（伯驥按：前人謂：「自

〔註31〕據《國立中央圖書館特藏選錄》〈版刻〉宋代刻本曰：「宋版書之精美，可謂空前絕後，無論是紙張、墨色、書法、繪圖和刻工，均無與倫比。當時的雕印事業，西起四川，東達浙江、福建，舉凡國監、官廨、公庫、郡齋、書院、祠堂、家塾、坊肆等，皆競相刻書，使我國典籍，日趨普及。自明末錢謙益藏書專重宋版，毛晉收書以宋刻是尚，開闢了藏書的新境界，於是宋刻競為藝林所重。清代以來的藏書家，以藏宋版著名的，首推吳縣黃丕烈士禮居，次如常熟瞿鏞鐵琴銅劍樓，歸安陸心源皕宋樓，所藏宋本皆在百部以上。館藏宋版收藏之富，遠非前代公私收藏所能比擬。其中不少海內僅存孤本，尤具文獻上的意義。」

〔註32〕廣文書局印行，盧靖輯刊《四庫湖北先正遺書提要》上冊：《靜嘉堂文庫漢籍分類目錄》《經部——易類》、《尊經閣文庫漢籍分類目錄》及丁仁編《八千卷樓書目》卷一「經部——易類」著錄同此。

漢以來，說經者惟《易》義最多，《隋經籍志》六十九部，《唐志》增至八
十八部，《宋志》則二百一十三部，今之存者十之一二而已。」）紹興、乾
道、淳熙之間，以《易》義進者，令秘書看詳，敕所司給筆札繕寫。上者
除直館閣，次者仲一官，或差充文學教授，今其書多不傳。蓋其中未必無
空疏雷同，希世以求知者，班孟堅所謂利祿之路然也。」若項氏此作，則
非其倫矣！

　　　全書用極精之紙，端楷寫錄，大字嚴整；審其紙墨，斷非百年以內
之物。舊藏長沙葉氏德輝家，有：「觀古堂郋園過目」朱文章捺於卷首。
按：許崇熙〈郋園墓志〉云：「德輝，字奐份，號直山，一號郋園，長沙
湘潭人。光緒間成進士，以主事用觀政吏部；戊戌政變將作，與王祭酒
先謙訟言孔子改制之誣，幾蹈不測。壬子以後，不常厥居，北覽燕雲，
東遊吳會。藏書既富，著述滋多，所著及校刻書凡數百種，多以行世。」
〔註33〕

此本是否現存於世，不得而知，無法相讎。

三、鑒　藏〔註34〕

　　案：有幸影讀宋刻本《周易玩辭》，又見王重民先生撰《中國善本書提要》曰：
「卷內有『延古堂李氏珍藏』、『讀易樓圖書記』、『醒齋真監』、『白石山房書畫印』
等印記。」〔註35〕乃興發逐卷、逐頁辨其印記，考其藏家，而善本之輾轉傳世，脈
絡分明。論次如下：

1. 宋・俞琰、子仲溫、孫貞木家藏印記（歷宋、元、明三朝）

　（1）「俞氏家藏」篆印記，分見卷前項安世〈自敘〉題下，及卷十六書末，凡二，
　　　皆陽文。卷十六書終又有「易學傳本」陰文篆印乙方。以上二款印記，皆
　　　俞氏家藏之明證。

　（2）卷前〈自敘〉題下有「石澗書巢（隱也）」篆印乙方，卷十三首行下有「俞
　　　琰玉吾」篆印乙方。

〔註33〕葉德輝事略，該跋文復有引述，不再贅錄。又莫伯驥曰：「葉氏藏書，吾家得之頗多，
　　　其章有曰：『麗廔。』，有曰：『觀古堂藏。』，有曰：『郋園過目。』，有曰：『觀古堂
　　　鑒藏善本。』，有曰：『葉德輝奐彬甫藏閱書。』……」皆可參據。

〔註34〕案：為考索宋刻本《周易玩辭》鑒藏圖記，以明其流傳源本，雖費週章，然頗有心得。
　　　及今思之，不免喟歎前人薪傳之苦心！又搜集資料之後，反省傅斯年先生所謂：「上窮
　　　碧落下黃泉，動手動腳找東西。」乃知學問固無捷徑，惟實踐始可獲寶。

〔註35〕見該書，「經部──易類」，頁2，明文書局出版。

案：俞琰（1258～1314），字玉吾，號石澗，又號林屋山人，宋‧吳郡長洲人。寶祐間以詞賦稱，宋亡，隱居吳之南園，老屋數椽，自號林屋山人；古書金石充牣其中，傳四世，皆讀書修行，號南園俞氏。又居傍石澗，學者稱爲石澗先生。至大四年（1311）猶存，卒年七十。精於《易》，著有《周易集說》、《讀易舉要》、《易外別傳》、《易圖纂要》、《陰符經注》、《書齋夜話》、《席上腐談》、《林屋山人集》諸書。子仲溫，克承其志，孫貞木。〔註36〕

（3）卷一首行下有「讀易樓圖書記」篆印乙方，卷終有「仲溫」、「子玉」篆印各乙方。案：「讀易樓」爲俞仲溫之室名，「子玉」爲其字，史載仲溫仕爲平江路醫學錄，明初卒。〔註37〕

（4）全書卷終有「俞楨之印」篆印乙方。案：俞貞木（1331～1401）初名楨，字貞木，後以字行。更字有立，號立菴，吳郡人。少篤志問學，尤工古文詞。元季不仕，洪武初薦爲樂昌令，歷都昌，請歸。爲人清苦，敦行古道。太守姚善方向學，尊爲有道，以風民俗。靖難時勸守舉兵，因逮赴京師論死，年七十一。有《立菴集》。〔註38〕

2. 清‧李振裕珍藏印記

（1）前敘題下有「延古堂李氏珍藏」篆印乙方。案：「延古堂」，是李振裕書堂之名。

（2）卷一首行下有「醒齋眞監」鐘鼎文印乙方，又有「醒石圖書」篆印乙方、「白石山房書畫之記」篆印乙方，皆李振裕之字、號及書房名。

（3）又除卷三、卷五、卷九、卷十一、卷十三及卷十五外，每卷文末都有「白石山房書畫之記」篆印乙方，顯然李氏鑒覽之證。案：李振裕，字維饒，號醒齋，又號醒石，吉水人。康熙庚戌進士，官至兵部尙書。有《白石山房稿》二十六卷及《群雅集》十二卷，皆著錄《四庫全書總目提要》總集存目四及別集存目十，並有提要，可以參考。〔註39〕

3. 國立北平圖書館收藏印記

〔註36〕參考《宋人傳記資料索引》、《元人傳記資料索引》、《中國文學、藏書家攷略》、《宋史翼》卷三十五及《宋元學案》卷四十九〈晦翁學案下〉——「朱學續傳」所見傳記資料。傳見《新元史》卷二百三十四，及《元史類編》卷三十四。

〔註37〕參考《中國歷朝室名索引、別號索引彙編》、《元人傳記資料索引》等書。

〔註38〕引錄《明人傳記資料索引》頁37。傳詳見《國朝獻徵錄》卷八十七，錢謙益《列朝詩集》〈小傳甲〉。

〔註39〕李振裕傳略，參見《清代傳記叢刊索引》、《四庫全書總目提要》總集存目四、別集存目十，及老古出版社出版陳乃乾編《中國歷朝室名索引、別號索引彙編》諸書。

（1）前敘首行下有「國立北平圖書館收藏」篆印乙方。

（2）全書卷終有「國立北平圖書館收藏」篆印乙方。皆可知此本終歸國家所有，乃得傳世不絕。而宋本之如何歸入該館，未見記載，不得而知。

4. **國立中央圖書館典藏**（未鈐蓋典藏印記，今改名「國家圖書館」）

由以上敘述，則宋刻善本之鑒藏，可以得其始末——原宋寧宗時，江陵項氏「建安書院刊本」，首歷宋元明，俞氏三代家藏（俞琰、俞仲溫、俞貞木三代），繼由清李振裕白石山房家藏，復傳國立北平圖書館收藏，終歸國立中央圖書館典藏。善本之傳世不易，由是可知；而文化興滅繼絕之機，其寓乎歷史世變之逢會耶？

四、斠 讎

案：既影得宋刊《周易玩辭》微卷全帙，與印行通志堂經解本《周易玩辭》，又影印文淵閣《四庫全書》本《周易玩辭》。分別持斠，而文淵閣本與通志堂經解本幾同，遂以宋刻本與經解本相讎，觀其同異，正其訛脫，製成「斠勘表」如後。故《周易玩辭》可以得其本來面目，並知其繁簡、名諱之軌跡。

宋刊建安書院本與清刊通志堂經解本《周易玩辭》，二者互異、脫漏、避諱缺筆……處頗多，蓋雕版刻印，舛訛難免。既斠讎之，復考其正誤，而傳世佳構終於完善；乃不計繁複逐卷比對，庶幾還其全璧，歸其本眞。

考釋至此，已見端倪，所謂項氏之學，其備乎是！袁清容厚齋先生以詩借《玩辭》次韻曰：「項子沈冥，學古芸芸；萬變觀爻，閉閣清香；宴坐斯人，端可神交。」[註40] 清夜孤燈下，靜思默詠，潛心究學之功，亦云得矣！項安世平菴先生風神巍巍，雖數百年之時空遙隔，後生猶得神交焉。可謂至幸！豈非緣乎？

[註40] 引自《宋元學案補遺》卷四十九〈附錄〉頁34。

附表一：《平菴悔稿》版本比對

阮元「宛委別藏」十二卷本			趙魏，借「知不足齋」二十一卷本		
「嘉慶御覽之寶」篆印乙方			補　　遺	詩題五則	詩篇五首
《宋史》本傳節略			附錄：吳長元記二則		
			跋：吳長元、趙魏各一篇		
卷　　　次	詩 題 數	詩 篇 數	卷　　　次	詩 題 數	詩 篇 數
一	四九	六三	一	二四	三九
二	八七	一一四	二	二六	三〇
三	一三〇	一四六	三	八三	一一〇
四	一三九	一八〇	四	四	四
五	一五六	二七九	五	四九	五四
六	四八	九六	六	四四	五一
七後編	四四	五四	七	四六	五〇
八後編	三六	四〇	八	四四	五八
九後編	七八	一二四	九	四六	五五
十後編	九五	一一一	十	四〇	五七
十一後編	七六	九九	十一	二七	四七
十二後編	八二	一七四	十二	五二	七五
補遺	五	五	十三	四二	八〇
※總計	一〇二四	一四八五	十四	三三	七一
四言詩	三	一五	後編一	四六	六三
五言絕句	三一	三八	後編二	三六	四〇
五言律詩	一六二	二三二	後編三	七八	一二四
五言排律	一四	二〇	後編四	九八	一一四
五言古詩	七三	九三	後編五	八七	一一四
六言絕句	一一	六四	後編六	六九	一五一
七言絕句	二〇九	三九三	《平菴丙辰悔稿》		
				四九	九七
七言律詩	四五四	五五五	※總計	一〇二八	一四八九
七言排律	一	一			
七言古詩	六五	七三			
雜言詩	一	一			
附註：每卷下皆書「括蒼項安世平甫著」，但除卷前「嘉慶御覽之寶」印記外，無其他藏書印記。 此本內容與二十一卷本相同，除分卷不同，及二十一卷本缺錄或重覆數首詩外，此本鈔錄精善完整，非二十一卷本可及，故引用時皆以此本爲依據。			卷十四缺五首詩，重覆四首詩； 後編卷五重覆四首詩； 後編卷六重覆一首詩。		
			實際	一〇一四	一四七五
			附註：每卷首下皆書「括蒼項安世平甫著」；卷一下並有「藝風審定」及「烏程張氏適園藏書印」陽篆乙方。		

附表二：《平庵悔稿》內容分類：

類別	詩體	四言詩	五言絕句	五言律詩	五言排律	五言古詩	六言絕句	七言絕句	七言律詩	七言排律	七言古詩	雜言詩	總計
酬答	詩題	一	二	五二	五	二九	七	四五	一八二	一	二四		348
	詩篇	六	五	六四	十一	三七	五三	一一六	二二一	一	二九		543
游歷	詩題		一五	一九	二			六四	三四		四	一	141
	詩篇		一五	二二	二	一	一	七四	二五		四	一	155
感懷	詩題		三	一九		六		四一	四四		九		122
	詩篇		四	二四		八		六八	四九		九		162
寫景	詩題		七	二七	二	一三	一	二六	三八		三		117
	詩篇		八	三三	二	一三		四一	三八		三		139
送別	詩題			一五	三	一三		五	四九		八		94
	詩篇			二五	三	一八	五	二一	六七		一一		150
賀壽	詩題			二	二	二		六	六一		四		77
	詩篇			六	二	二		三二	九一		四		137
詠物	詩題	二	一			二		一二	一四		三		36
	詩篇	九	二	一		四	四	一四	一四		三		51
挽詩	詩題			二五					七				32
	詩篇			五四					一三				67
題辭	詩題		一			六		一	一四		八		30
	詩篇		二			九		一	一五		八		35
偶得	詩題		二	二		一		一〇	四				17
	詩篇		二	二		一		一七	四				26
詠史	詩題			一				一	六		二		10
	詩篇			一				一〇	七		二		20

斠勘表：

卷次	子目	宋寧宗時刊本	清通志堂經解本	備考
		△皇宋慶元四年歲次戊午秋九月己未，嘉泰二年壬戌之秋九月丙午，項安世〈周易玩辭敘〉。	1. 康熙丙辰納蘭成德容若〈周易玩辭序〉。 2. 虞集〈周易玩辭序〉。 3. 大德丁未孟秋冷椽徐之祥〈周易玩辭序〉。 4. 大德丁未菊月馬端臨〈周易玩辭序〉。 5. 宋慶元四年歲次戊午秋九月己未，嘉泰二年壬戌之秋九月丙午，項安世〈周易玩辭序〉。	△《四庫全書》刊本有〈提要〉一篇，他序皆未引入。

卷次	子目		宋寧宗時刊本	清通志堂經解本	備考
	自序		1.「敘」曰（以下同） 2.「皇」宋 3.「無」（以下同） 4.「則」本末條貫	1.「序」曰（以下同） 2.「宋」 3.「无」 4. 本末條貫（脫「則」字）	△《四庫全書》刊本鈔自通志堂經解本，除非二本有異，否則不另作說明。 △「以下同」者，再見多不書。
一	乾／39	條次	△ ䷀乾 乾上 乾下	△ ䷀乾 乾上 乾下	△〈乾卦〉，《玩辭》分三十九條解說，持本逐條校勘，以下諸卦皆然。
		1	1.「大」和（「太」多作「大」） 2.「貞」（缺末筆避仁宗名「禎」之諱）	1.「太」和 2.「貞」	△避諱之名，請參見後附「宋本避諱字表」。
		2	1. 一「畫」	1. 一「晝」（誤）	
		3	1. 元「氣」（誤）	1. 元「象」	
		8	1.「楨」「榦」（楨字缺末筆避諱） 2.「墻」（以下同）	1.「楨」「幹」 2.「牆」（以下同）	△「楨」字缺末筆亦避宋仁宗名「禎」之諱。
		10	1.「天成」之位	1.「天地人」之位	△「天成」與「天地人」義皆可通，當是書辭之異。
		11	1. 進「修」（以下同） 2.「間」（以下同）	1. 進「脩」（以下同） 2.「閒」（以下同）	△《四庫全書》刊本「間」字，同宋刊本。
		12	1.「它」卦（以下同）	1.「他」卦（以下同）	
		13	1.「摠」論（以下同）	1.「總」論（以下同）	
		14	1.「巳」 2.「施者」（脫「普」字）	1.「也」 2.「施普者」	△「巳」、「也」皆語助詞，並可通曉。
		15	1.「無」咎	1.「无」咎	△宋本與經解本互有脫漏、增刪、文字差異者頗多，皆一一比對，查考便知，不擬細論。
		21	1. 君子「之」所以 2.「九三」在下卦之上	1. 君子所以（脫「之」字） 2.「九五」在下卦之上（誤）	
		22	1. 或「得」	1. 或「躍」	
		24	1.「喜下貴中」 2. 惟上九	1.「貴下喜中」 2. 惟「在」上九	
		29	1.「焰」 2.「如」此	1.「燄」 2.「若」此	
		30	1. 曰「昊」（以下同）	1. 曰「昃」（以下同）	
		33	1.「于」（以下同）	1.「於」（以下同）	

卷次	子目		宋寧宗時刊本	清通志堂經解本	備　考
	坤／26	條次	（缺）	△☷ 坤上 坤下 坤	△宋刊本〈乾卦〉第三十八條「君子以成德爲行至其唯聖人乎」第六行下全缺；又〈乾卦〉第三十九條「學問居行」下全缺。
		4	1. 含「乩」光大（避太祖匡胤父名「弘」之諱）	1. 含「弘」光大（《四庫》本作「含弘」，缺末筆避乾隆「弘曆」名諱）	△宋刊本，「☷ 坤上 坤下 坤」缺，又〈坤卦〉第一條條目「象」字缺。
		6	1. 君子攸行「者」	1. 君子攸行	
		7	1. 「卤」者（内書文） 2. 微「孔」子 3. 「從」主（誤） 4. 「而」愈明	1. 「凶」者 2. 微「夫」子 3. 「後」主 4. 「則」愈明	
		8	1. 「几」（一點在上，以下同） 2. 皆自下而人道以下 3. 「氷」（以下同）	1. 「凡」（以下同） 2. 皆自下「而上」人道以下 3. 冰（以下同）	△宋刊脫「而上」二字。
		11	1. 「恊」（以下同） 2. 衍文	1. 「協」（以下同） 2. 「作」衍文	
		12	1. 「它」卦（以下同）	1. 「他」卦（以下同）	
		15	1. 其「習」「無」不利 2. 地道「全」六二（誤）	1. 其「不習」「无」不利 2. 地道「主」六二	
		16	1. 「智」（以下同）	1. 「知」（以下同）	
		17	1. 「皆」純陰	1. 「非」純陰（誤）	
		19	1. 「惡」（以下同） 2. 「玄」黃（缺末筆避諱）	1. 「惡」（以下同） 2. 「玄」黃（缺筆避諱）	△宋刊避始祖名「玄」之諱，經解本殆避康熙名「玄燁」之諱。
		25	1. 蓋「地」之良能 2. 不以「尊」言 3. 然「獨」以	1. 蓋「世」之良能（誤） 2. 不以「事」言（誤） 3. 然「猶」以	
		26	1. 田取「得」博施普	1. 田取「德」博施普	
二	屯／14	條次	△☵ 坎上 震下 屯	△☵ 屯 坎上 震下	△宋刊本與經解本所書六十四卦每卦卦名，及其上、下卦，皆顚倒順序，不知其故？或刊刻時所定體例互異。
		3	1. 不「具」卦辭（誤）	1. 不「見」（卦辭）	

卷次	子　目		宋寧宗時刊本	清通志堂經解本	備　考
		5	1. 規「摹」 2. 象雷之「振」 3. 象雲之合	1. 規「模」 2. 象雷之「震」 3. 象雲之合「也」	△經解本應爲脫「三與」三字。
		6	1. 「磐」桓（以下同）	1. 「盤」桓（以下同）	
		8	1. 皆「是」陰爻 2. 中孚「三與」四爲匹馬	1. 皆陰爻 2. 中孚四爲匹馬	
		9	1. 十年「不」字（誤） 2. 「屯」邅	1. 十年「乃」字 2. 「迍」邅	
		12	1. 「主」義	1. 「王」義	△《四庫》本作「主」義。
		13	1. 坎爲水「爲血」	1. 坎爲水	
		14	1. 陳「涉」	1. 陳「陟」（誤）	△《四庫》本作陳「涉」。
	蒙／14	條次	△☶艮上 ☵坎下 蒙	△☶ 蒙 艮上 ☵坎下	
		2	1. 眂「之」 2. 「玄」坤（以下多同） 3. 「洎」（誤）	1. 眂「也」 2. 「互」坤 3. 「汩」	△《四庫》本作「眂」也。
		3	1. 庶「證」	1. 庶「徵」	
		6	1. 吝「脫」則	1. 吝「說」則	
		8	1. 可「昏」也（以下同）	1. 可「婚」也（以下同）	
		9	1. 「弃」上（以下同） 2. 不躬	1. 「棄」上（以下同） 2. 不「有」躬	△《四庫》本作「棄」上。
		11	1. 「說而不改」,「說」而不繹。	1. 「悅」而不繹	△經解本脫「說而不改」一句。
	需／12	條次	△☵坎上 ☰乾下 需	△☵ 需 坎上 ☰乾下	
		1	1. 「慬」（避孝宗名「眘」之諱）	1. 「慎」	△《四庫》本作「慎」。
		4	1. 「後」用	1. 「復」用	
		6	1. 「燕」樂	1. 「宴」樂	
		7	1. 「恒」（避眞宗名「恒」之諱）	1. 「恒」	
		8	1. 「六」三（誤）	1. 「六」三（誤）	△「六三」,二本皆誤,應改爲「九三」。
		11	1. 「佳」賓	1. 「嘉」賓	
		12	1. 處「于」	1. 處「乎」	△「于」、「乎」皆介詞,詞義互通。

卷次	子目	條次	宋寧宗時刊本	清通志堂經解本	備　考
	訟／14	條次	△ ䷅ 乾上坎下 訟	△ ䷅ 訟 乾上坎下	
		1	1. 情「效」 2. 「辯」明（以下同）	1. 情「狀」 2. 「辨」明（以下同）	
		3	1. 「餙」地 2. 七「筯」之「間」	1. 「飯」地 2. 七「箸」之「閒」	
		7	1. 不「求」所事 2. 「爭辨」	1. 不「永」所事 2. 「爭辯」	
	師／11	條次	△ ䷆ 坤上坎下 師	△ ䷆ 師 坤上坎下	
		2	1. 天下 2. 「惟時」鷹揚	1. 「乃」天下 2. 「時維」鷹揚	
		5	1. 初六六四	1. 初六「初」四	△「初四」為「六四」之訛。
		7	1. 「征」伐商	1. 伐商	
		8	1. 輿「尺」	1. 輿「尸」	△「尺」為「尸」之誤。
		9	1. 將「氏」（誤）	1. 將「民」	
二	比／13	條次	△ ䷇ 坎上坤下 比	△ ䷇ 比 坎上坤下	
		12	1. 「六」五（誤） 2. 「人」爻（誤）	1. 「九」五 2. 「本」爻	△「六」為「九」之誤。
	小畜／9	條次	△ ䷈ 巽上乾下 小畜	△ ䷈ 小畜 巽上乾下	
		1	1. 不「优」	1. 不「亢」	
		6	1. 大「畜」（誤）	1. 大「畜」（誤）	△「大畜」為「大有」之誤。
		7	1. 輹「脫」	1. 輹「說」	
		8	1. 不「以」自居	1. 不「能」自居	
	履／11	條次	△ ䷉ 乾上兌下 履	△ ䷉ 履 乾上兌下	
		4	1. 不可亂「也」	1. 不可亂	
		5	1. 「龕」暴	1. 「粗」暴	△以下皆同。
		8	1. 以下卦言	1. 以下卦言「之」	
三	泰否／24	條次	△ ䷊ 坤上乾下 泰 △ ䷋ 乾上坤下 否	△ ䷊ 泰 坤上乾下 △ ䷋ 否 乾上坤下	

卷次	子目		宋寧宗時刊本	清通志堂經解本	備考
		1	1. 道皆消 2. 加亨字	1. 道「者」皆消 2. 加「一」亨字	
		6	1.「夫」地（誤） 2.「辟」難	1.「天」地 2.「避」難	
		10	1. 追「限」	1. 追「恨」	
		12	1. 疇離「祉」	1. 疇離	△經解本脫「祉」字。
		13	1.「包」桑 2. 下「戴」上（誤）	1.「苞」桑 2. 下「載」上	
		14	1. 二「至」五成坎	1. 二「致」五成坎	
		15	1. 得尚「于」中行 2.「降」心	1. 得尚「於」中行 2.「同」心	
		16	1. 十干也	1. 十「足」干也	△《四庫》本作「十干也」。
		22	1. 平「栢」（避欽宗名「桓」之諱）	1. 平「桓」	
		24	1. 天「耶」（以下同） 2. 君「耶」	1. 天「邪」（以下同） 2. 君「邪」	
		25	1.「勢」必不行	1.「令」必不行	
	同人 大有 ／22	條次	△ ䷌ 乾上離下 同人 △ ䷍ 離上乾下 大有	△ ䷌ 同人 乾上離下 △ ䷍ 大有 離上乾下	
		1	1. 故名曰「同」	1. 故名曰「同人」	△宋刊脫「人」字。
		4	1. 以德爲故曰	1. 以德爲「主」故曰	△宋刊脫「主」字。
		5	1. 以一柔爲徒柔	1. 以一柔爲「主」徒柔	△宋刊脫「主」字。
		7	1. 否之「初九」（誤）	1. 否之「初六」	△「初九」爲「初六」之訛。
		8	1. 伏坎「坎」在下	1. 伏坎在下	
		11	1.「非」治之（誤）	1.「而」治之	
		13	1. 三歲不「與」（誤）	1. 三歲不「興」	
		15	1.「遜言」	1.「言遜」	
		18	1.「享」獻（以下同）	1.「亨」獻（以下同）	
		21	1. 爾卦 2.「無」不利「尔」 3. 全「卦」取義	1. 爾「他」卦 2.「无」不利「爾」 3. 全「爻」取義	
		22	1.「天」字（誤）	1.「大」字	

卷次	子目	條次	宋寧宗時刊本	清通志堂經解本	備 考
	謙／10	條次	△☷坤上艮下謙	△☷謙坤上艮下	
		4	1. 得「志」	1. 得「吉」（誤）	
		6	1.「隆」謙 2.「下」言謙（誤）	1.「降」謙 2.「不」言謙	
		8	1. 二「緣」（以下同）	1. 二「爻」（以下同）	△「緣」「爻」形異而義同。
		10	1. 奪甲「以」予乙 2. 不可「爾」	1. 奪甲予乙 2. 不可「耳」	
四	豫／13	條次	△☳震上坤下豫	△☳豫震上坤下	△改「姤」爲「遇」乃避高宗名「構」，同音之諱。 △「險」、「坎」同義。 △「弦」缺末筆，蓋避康熙名「玄燁」之諱。
		4	1.「遇」旅 2.「險」	1.「姤」旅 2.「坎」	
		8	1. 不「忘」	1. 不「亡」	
		9	1.「弦」黃（避諱）	1.「弦」黃（避諱）	
		10	1. 齊「威」（避欽宗名「桓」之諱）	1. 齊「桓」	
		11	1.「咎犯」	1.「姜氏」	
	隨／12	條次	△☱兌上震下隨	△☱隨兌上震下	△「正」殆避仁宗名「禎」之諱。
		5	1.「而」「相」隨之失道者也	1.「則」隨之失道者也	
		6	1. 非有所抑揚也	1. 非有所「謂」抑揚也	
		7	1. 三之「於」四 2. 元亨利「正」（避諱） 3. 陽相「隨」	1. 三之「與」四 2. 元亨利「貞」 3. 陽相「應」	
		11	1. 西「山」 2.「享」西山	1. 西「岐」 2.「亨」西山	
	蠱／13	條次	△☶艮上巽下蠱	△☶蠱艮上巽下	
		1	1.「悅」隨	1.「說」隨	
		7	1.「迁」久	1.「遷」久	
		8	1. 言自	1. 言「其」自	
		12	1.「爻」位	1.「柔」位（誤）	
	臨／12	條次	△☷坤上兌下臨	△☷臨坤上兌下	

卷次	子　目		宋寧宗時刊本	清通志堂經解本	備　考
		2	1. 將「反」	1. 將「及」	△宋刻「智」、經解本皆作「知」。
		10	1. 必以刻下	1. 必「有」以刻下	
		11	1.「智」臨	1.「知」臨	
		12	1. 以「下」臨「上」 2.「智」臨相「知」	1. 以「上卦」臨「下」 2.「知」臨相「知」	
	觀／11	條次	△☴ 巽上 坤下 觀	△☴ 巽上 坤下 觀	
		3	1. 大觀則	1. 大觀「也」則	
		6	1.「未」敢	1.「不」敢	
五	噬嗑／9	條次	△☲ 離上 震下 噬嗑	△☲ 噬嗑 離上 震下	△《四庫》本作「☲噬嗑 離上 震下」上、下卦顛倒，須糾正之。
		1	1. 噬「合」	1. 噬「嗑」	
		2	1.「勑」法	1.「勅」法	
		3	1. 不能	1.「終」不能	
		4	1. 乘剛爲「厄」	1. 乘剛爲「危」	
		6	1.「有小」吝	1.「小有」吝	
		8	1. 坎火「王」（以下同）	1. 坎火「旺」（以下同）	
	賁／12	條次	△☶ 艮上 離下 賁	△☶ 賁 艮上 離下	
		8	1.「伏」貌（誤）	1.「狀」貌	
		11	1. 賁「之」上 2.「朴」素（以下同）	1. 賁上 2.「樸」素	
		12	1. 自三「以上」（誤） 2. 自四「以上」 3. 當「上」（誤） 4. 以「止」天下（誤）	1. 自三「以下」 2. 自四「以下」（誤） 3. 當「止」 4. 以「正」天下	
	剝／8	條次	△☶ 艮上 坤下 剝	△☶ 剝 艮上 坤下	△「桓」缺筆爲「亘」，殆避欽宗名「桓」之諱邪？
		4	1. 中正尙可 2. 故「蔑」 3.「掌」官府 4.「佑」晉（以下同） 5.「亘」溫（避諱） 6.「催」氾	1. 中正「而」尙可 2. 故「曰蔑」 3.「當」官府 4.「祐」晉（以下同） 5.「桓」溫 6.「淮」氾	

卷次	子目		宋寧宗時刊本	清通志堂經解本	備　考
		5	1.「非然則有之字者」	1.（無此句）	
		8	1. 亦「可」作	1. 亦「可以」作	
	復／15	條次	△ ䷗ 坤上震下 復	△ ䷗ 復 坤上震下	
		5	1.「要之」皆是天命	1. 皆是天命	
		12	1.「敦」（缺末筆避諱以下同） 2. 久「矣」	1.「敦」復 2. 久「也」	△「敦」缺末筆，乃避光宗名「惇」之諱也，以下皆同例。
		13	1.「敦」臨、「敦」復、「敦」艮（缺末筆避諱）	1.「敦」臨、「敦」復、「敦」艮	
	无妄／9	條次	△ ䷘ 乾上震下「無」妄	△ ䷘「无」妄 乾上震下	△「正」乃爲避仁宗名「禎」之諱而改書。
		2	1. 元亨利「正」（避諱）	1. 元亨利「貞」	
		3	1. 剛自外來爲主於內 2.「遁」	1. 剛自外來「而」爲主於內 2.「遯」	
		5	1. 不「蓄」畬（誤） 2.「繇」「辝」	1. 不「菑」畬 2.「爻」「辭」	
		6	1.「併」穫	1.「并」穫	
六	大畜／10	條次	△ ䷙ 艮上乾下 大畜	△ ䷙ 大畜 艮上乾下	
		1	1. 皆「即受」畜	1. 皆「受其」畜	
		2	1. 非其「詞」也	1. 非其「義」也	
		3	1. 聖賢在「已」（誤）	1. 聖賢在「下」	
		7	1. 宜「同」	1. 宜「用」（誤）	
		10	1.「可」其大也（誤） 2.「恠」其	1.「何」其大也 2.「怪」其	△「恠」與「怪」同。
	頤／14	條次	△ ䷚ 艮上震下 頤	△ ䷚ 頤 艮上震下	
		3	1.「六」象（誤）	1.「大」象	△「恒」缺筆，避眞宗名「恒」之諱。
		5	1.「恒」陽（避諱）	1.「恒」陽	
		8	1. 以柔「而」顛 2.「以」自養 3. 解「拂」之訓	1. 以柔顛 2. 自養 3. 解「拂拂」之訓	△「拂拂」疑衍一「拂」字。
		9	1. 卦「彝」	1. 卦「辭」	

卷次	子目		宋寧宗時刊本	清通志堂經解本	備　考
		11	1.「耽耽」 2.專「一」	1.「眈眈」 2.專「壹」	△宋本脱一「難」字。 △經解本脱「剛而」二字。
		14	1.非「濟」之才 2.上九「剛而」養人	1.非「濟難」之才 2.上九養人	
	大過／14	條次	△☷ 兌上巽下 大過	△☷ 大過 兌上巽下	
		5	1.象「也」	1.象「焉」	
		10	1.輔以「此」言（誤） 2.不橈「于」	1.輔以「比」言 2.不橈「乎」	
		11	1.「木」身	1.「本」身	
	習坎／15	條次	△☵ 坎上坎下 習坎	△☵ 習坎 坎上坎下	
		1	1.加習「者」	1.加習「字」	
		6	1.而已「亦」未能	1.而已「然」未能	
		12	1.瓶「體而」子	1.瓶「而體」子	
		15	1.「陰」中（誤） 2.身不「乎」（誤）	1.「險」中 2.身不「上」	
	離／13	條次	△☲ 離上離下 離	△☲ 離 離上離下	
		10	1.嗣位「者」	1.嗣位	
		11	1.定國之「美」	1.定國之「譽」	
七	咸／13	條次	△☶ 兌上艮下 咸	△☶ 咸 兌上艮下	△「恒」缺筆，避眞宗名「恒」之諱。 △宋刊本顯脱「上六」二字。 △宋刊所缺之字，蓋即「剛」。 △宋刊脱「言下不爲」四字。
		3	1.咸「恒」（避諱）	1.咸「恒」	
		5	1.柔上剛下 2.九三二爻	1.柔上「而」剛下 2.九三，上六二爻	
		6	1.「比」其（誤）	1.「此」其	
		12	1.趾「」（缺一字） 2.上不爲思故靜 3.「五」在外而剛爲腓	1.趾「剛」 2.上不爲「言，下不爲」思故靜 3.「三」在外而剛爲腓（誤）	
	恆／13	條次	△☳ 震上巽下 「恆」	△☳ 恆 震上巽下	△「恆」字缺末筆，避宋眞宗名諱。
		1	1.可久之道	1.可久之道「也」	
		6	1.「振」動	1.「震」動	

卷次	子目		宋寧宗時刊本	清通志堂經解本	備考
		13	1.「增」者 2.謂之「增」	1.「益」者 2.謂之「益」	△「益」宋刊改書「增」，殆避太宗「光義」同音之名諱耶？
	遯／11	條次	△(卦)乾上艮下 遯	△(卦)遯 乾上艮下	
		1	1.脫「穎」	1.脫「穎」	△「穎」方爲正字。
		2	1.「枝」（以下同）	1.「枝」（以下同）	△《四庫》本作「支」。
		6	1.纏「綿」 2.疾「而」（誤）	1.纏「綿」 2.疾「儞」	△經解本「綿」字左右移位。
		8	1.與初	1.「四」與初	△宋刊脫「四」字。
		11	1.季「扎」（誤）	1.季「札」	
	大壯／14	條次	△(卦)震上乾下 大壯	△(卦)大壯 震上乾下	
		1	1.大者壯「者」 2.「被」惡敢（誤）	1.大者壯「也」 2.「彼」惡敢	
		4	1.消「息」卦（誤） 2.「其其」事 3.主「堅」	1.消「長」卦 2.「其」事 3.主「宣」（下有「主堅」詞，「宣」字誤）	△宋刊應衍一「其」字。
		12	1.「麤」很	1.「粗」很	△「麤」與「粗」同。
	晉／11	條次	△(卦)離上坤下 晉	△(卦)晉 離上坤下	
		1	1.「亨」王（以下同） 2.「亨」禮「匹」馬 3.致「亨」	1.「亨」王（以下同） 2.「亨」禮「四」馬 3.致「亨」	△「匹」爲「四」之訛。
		2	1.明之至	1.明之至「也」	
	明夷／13	條次	△(卦)坤上离下 明夷	△(卦)明夷 坤上離下	△宋刊上下卦畫皆誤，正確卦畫應如經解本所畫者爲是。
		2	1.在「家國」	1.在「國家」	
		7	1.禍「直」其身	1.禍「及」其身	
		8	1.「歛」翼	1.「斂」翼	△《四庫》本作「歛」翼，同宋刊本。
		9	1.用拯「　」壯吉 2.「肱」在下（誤）	1.用拯「馬」壯吉 2.「股」在下	△宋版缺「馬」字。
		10	1.救禍者莫若「順達而能順」，可以救世窮。	1.救禍者莫若「壯」，「用壯者莫若順，達而能順」可以救世窮。	△通志堂經解本語義完整，應爲正確之本，宋刊疑即脫漏而不全。

卷次	子目	條次	宋寧宗時刊本	清通志堂經解本	備　考
八	家人／11	條次	△ ䷤ 家人〔巽上／離下〕	△ ䷤ 家人〔巽上／離下〕	△宋刊脫「風」字。
		3	1. 火爲家人之象	1.「風」火爲家人之象	
		4	1. 下「卦」矣	1. 下「爻」矣（誤）	
	睽／15	條次	△ ䷥ 睽〔離上／兌下〕	△ ䷥ 睽〔離上／兌下〕	
		4	1. 於異中	1. 於異「之」中	
		12	1. 險「恠」 2. 所疑者	1. 險「怪」 2. 所疑者「也」	
		13	1.「三」以兌金	1.「二」以兌金（誤）	
		15	1. 稱塗稱鬼	1.「稱豕」稱塗稱鬼	△宋刊脫「稱豕」二字。
	蹇／14	條次	△ ䷦ 蹇〔坎上／艮下〕	△ ䷦ 蹇〔坎上／艮下〕	
		5	1. 不利日	1. 不利「者」日	
		7	1. 先「止」	1. 先「來」	
		12	1. 象獨喜往「以」一卦	1. 象獨喜往「者」「總」一卦	
	解／8	條次	△ ䷧ 解〔震上／坎下〕	△ ䷧ 解〔震上／坎下〕	
		6	1. 而悖亦	1. 而悖「者」亦	
	損／7	條次	△ ䷨ 損〔艮上／兌下〕	△ ䷨ 損〔艮上／兌下〕	
		2	1. 物微	1. 物「莫」微	
		7	1. 上「六」（誤）	1. 上「九」	
	益／11	條次	△ ䷩ 益〔巽上／震下〕	△ ䷩ 益〔巽上／震下〕	
		1	1.「常」之立	1.「恒」之立	△宋本書「常」殆避眞宗名「恒」之諱乎？
		7	1.「昌」圭（誤）	1.「冒」圭	
			1.「爲」躁	1.「性」躁	
		11	1.「六」之益	1.「六三」之益	△宋本脫「三」字。
九	夬／8	條次	△ ䷪ 夬〔兌上／乾下〕	△ ䷪ 夬〔兌上／乾下〕	
		1	1.「楊」于	1.「揚」于	
		2	1. 下者 2. 故惕 3. 上雖號「三而」不應 4.「勢」窮	1. 下者「也」 2. 故「曰」惕 3. 上雖號「而三」不應 4.「必勢」窮	

卷次	子目		宋寧宗時刊本	清通志堂經解本	備　考
		5	1.「善」積 2. 居訓爲積德也	1.「喜」積 2. 居訓爲「積，居德猶」積德也	△宋本脫漏數字、經解本爲確。
		6	1. 上六應 2. 遽發 3. 強「很」 4.「夬」以九五「之正」，「一」與上比，猶「爲」未光	1. 上六「正」應 2. 遽「然」發 3. 強「狠」 4.「夫」以九五「以」與上比，猶「未」爲光	△《四庫》本作「夫以九五之正，以與上比，猶未爲光。」當爲正確之說。
		7	1.「莧」陸	1.「莞」陸	△《四庫》本作「莧」同宋刊本。
姤／11	條次		△☰乾上巽下 姤	△☰ 姤 乾上巽下	
		4	1. 相遇「相」後，知其爲「某」方之風	1. 相遇「而」後，知其爲「四」方之風	
		5	1. 四「以以」遠	1. 四「以」遠	△宋本重覆一「以」字。
		6	1.「跗」	1.「附」（誤）	△《四庫》本同宋本，經解本誤爲「附」。
		11	1. 能「含」其剛（誤） 2.「嘗」謂	1. 能「舍」其剛 2.「常」謂	
萃／13	條次		△☵兌上坤下 萃	△☵ 萃 兌上坤下	△宋本「下卦」卦畫應爲「☷坤」，誤爲「☳震」。
		6	1. 而「發」之	1. 而「聚」之	
		10	1. 私「狹」（誤）	1. 私「挾」	
		11	1.「玄」巽（誤） 2.「嘆」 3. 五上「爻」	1.「互」巽 2.「歎」 3. 五上「交」（誤）	
		12	1. 九四「上九」（誤） 2. 非人所能	1. 九四「上六」 2. 非人「之」所能	△宋本「上九」爲「上六」之誤。
升／10	條次		△☷坤上巽下 升	△☷ 升 坤上巽下	△《四庫》本作「升以二爲大人」，同宋刊本，以義考之，經解本爲確。
		1	1. 初「凡」升者（誤） 2. 升以「二」爲大人	1. 初「九」升者 2. 升以「一」爲大人	
		8	1. 媚「疾」	1. 媚「嫉」	
		9	1.「亯」上也	1.「亨」上也	
		10	1. 王用「亯」「于」岐山 2. 潔齊 3.「亯」于岐山	1. 王用「亨」「於」岐山 2. 潔齋 3.「亨」于岐山	

卷次	子目		宋寧宗時刊本	清通志堂經解本	備　考
	困／13	條次	△ ䷮ 兌上坎下 困	△ ䷮ 困 兌上坎下	
		1	1. 「無」在困之時（誤） 2. 否之「六二」（誤）	1. 「方」在困之時 2. 否之「六三」	△《四庫》本同宋本作「因」。
		2	1. 能「因」汙隆（誤）	1. 能「困」汙隆	
		5	1. 蕨「藜」（以下同） 2. 棺「梆」（以下同）	1. 蕨「藜」（以下同） 2. 棺「椁」（以下同）	
		8	1. 「係辭」	1. 「繫辭」	
		10	1. 二方捄於	1. 二方「見」捄於	
		11	1. 「故以君臣言之，至三上無應」		△宋本此句重覆，宜刪。
		12	1. 志皆「謂所」應	1. 志皆「所謂」應	
		13	1. 牽「辥臬兀」 2. 漸之吉在於	1. 牽「辭觬詭」 2. 漸之吉「吉」在於	
	井／13	條次	△ ䷯ 坎上巽下 井	△ ䷯ 井 坎上巽下	△經解本「井」字宜刪，衍字也。
		1	1. 井井養 2. 今「接」（誤）	1. 井井「井」養 2. 今「按」	
		5	1. 「強」侯	1. 「彊」侯	
		6	1. 「併」禽	1. 「并」禽	
		7	1. 勿「羃」（以下同）	1. 勿「幕」（以下同）	
		9	1. 「虫」	1. 「蟲」	
		11	1. 第「伍」倫	1. 第「五」倫	
		13	1. 中正	1. 中正「也」	
十	革／11	條次	△ ䷰ 兌上離下 革	△ ䷰ 革 兌上離下	
		4	1. 火「王」於「离」 2. 己「乃革之」	1. 火「旺」於「離」 2. 己「日乃革」	
		5	1. 此說「亦」美	1. 此說「甚」美	
		7	1. 六爻變「儀」	1. 六爻變「義」	
		8	1. 初九何 2. 「固」曰	1. 初九何「也」 2. 「故」曰	
	鼎／11	條次	△ ䷱ 離上巽下 鼎	△ ䷱ 鼎 離上巽下	

卷次	子目		宋寧宗時刊本	清通志堂經解本	備考
		2	1. 亨以「享」上帝「太」亨 2. 耳「鉉」（缺末筆） 3. 火「齊」	1. 亨以「亨」上帝「大」亨 2. 耳「鉉」（避諱） 3. 火「氣」	△經解本作「鉉」蓋避康熙「玄燁」名諱。
		4	1. 大庇天下之「士」	1. 大庇天下之「志」	
		5	1. 本上有火「鼎」	1. 木上有火	△經解本脫「鼎」字。
		6	1. 形「污」	1. 形「汙」	
		8	1. 雉膏之「之」美	1. 雉膏之美	△宋本「之」字爲衍，宜刪。
		10	1. 「冪」「鼎」	1. 「冪」「鼎」	
震／15		條次	△☳ 震上 震下 震	△☳ 震上 震下	
		8	1. 笑「日」啞啞 2. 其中	1. 笑「言」啞啞 2. 其中「矣」	
		9	1. 「警」戒	1. 「驚」戒（誤）	△《四庫》本作「往來者，往而四來，五无與焉。」當以經解本爲全。
		10	1. 往來「四五無」與焉	1. 往來「者二往而四來，五无」與焉	
		11	1. 「玄」艮（誤）	1. 「互」艮	
		13	1. 「六」卦（誤） 2. 其餘「五」卦（誤）	1. 「五」卦 2. 其餘「四」卦	
		14	1. 惟「當」	1. 惟「安」	
艮／11		條次	△☶ 艮上 艮下 艮	△☶ 艮上 艮下	
		6	1. 靜不失其道光明。 2. 「但」見	1. 靜不失「其時」，其道光明。 2. 「得」見	△經解本爲確，宋本疑脫字。
		10	1. 「敦」艮（避光宗諱，缺末筆。）	1. 「敦」艮	
		11	1. 「上上」兌	1. 「上」兌	△宋本多一「上」字。
漸／9		條次	△☴ 巽上 艮下 漸	△☴ 巽上 艮下	
		4	1. 至「于」其進 2. 「盤」去	1. 至「于于」其進 2. 「磐」去	△經解本多一「于」字。
		5	1. 「表儀」 2. 儀「形」	1. 「儀表」 2. 儀「刑」	
		7	1. 征「孕」 2. 三年	1. 征「凶」 2. 三年「也」	

卷次	子目		宋寧宗時刊本	清通志堂經解本	備　考
		8	1. 卦「繇」辭「協」韻 2. 九「遝」	1. 卦「爻」辭「協」韻 2. 九「達」	△「協」字，宋本從「心」部。 △「遝」、「達」相通。
	歸妹／10	條次	△ ䷵ 震上兌下 歸妹	△ ䷵ 歸妹 震上兌下	△宋本、經解本，「恒」缺末筆避諱。
		2	1. 咸「恒」漸「歸」	1. 咸「恒」漸「歸妹」	
		6	1. 「無」不然	1. 「无」不然「者」	
		7	1. 五之「妹」也 2. 履「征」吉 3. 眇視跛履	1. 五之「娣」也 2. 履吉 3. 眇「能」視跛「能」履	△經解本脫「征」字。
十一	豐／12	條次	△ ䷶ 震上離下 豐	△ ䷶ 豐 震上離下	△宋本脫「月」字。 △二本所書互異，義皆可通。
		2	1. 日爲高矣	1. 日「月」爲高矣	
		7	1. 見「斾」 2. 見「昧」 3. 小「明」	1. 見「沛」 2. 見「沬」 3. 小「用」	
		10	1. 爲藋斗	1. 爲藋「爲」斗	
	旅／14	條次	△ ䷷ 離上艮下 旅	△ ䷷ 旅 離上艮下	△宋本「貞」缺末筆避仁宗名諱。
		2	1. 「旅」「貞」吉	1. 「貞」吉（脫「旅」字）	△宋本所引文字疑衍。
		7	1. 「在二爲得者也」，在二爲得，在三爲喪者。	1. 在二爲得，在三爲喪者	△《四庫》本作「六自三而上」同宋本，經解本作「王」爲訛刻之誤。
		9	1. 六自「三」而上	1. 六自「王」而上	
		13	1. 兌性「說」	1. 兌性「悅」	
	巽／8	條次	△ ䷸ 巽「止」巽下 巽	△ ䷸ 巽 巽上巽下	△宋本巽「止」，爲「上」之誤。
		6	1. 之用「矣」 2. 始「享」	1. 之用「也」 2. 始「亨」	△《四庫》本作「固守其」。
		7	1. 固守於	1. 固守於	
	兌／12	條次	△ ䷹ 兌上兌下 兌	△ ䷹ 兌 兌上兌下	△宋本上下卦畫誤爲「巽」，宜改成「兌」。
		2	1. 「未乃見」亨	1. 「象不言」亨	
		6	1. 謂「三」也	1. 謂「二」也（誤）	
		8	1. 「愛」疾（誤）	1. 「受」疾	

卷次	子目		宋寧宗時刊本	清通志堂經解本	備　考
		9	1.「小」介丘 2.「大」大 3.九四所守	1.「介」介丘 2.「介」大 3.九四「之」所守	△「小、介」與「大、介」未審何是？
	渙／11	條次	△ 〔巽上坎下〕渙	△ 〔卦象〕渙 巽上坎下	
		1	1.得位「于」外	1.得位「乎」外	
		4	1.自「救」	1.自「拔」	
		6	1.「有」悔	1.「可」悔	
		7	1.然而渙散	1.然而「雖在」渙散	
		8	1.渙汗之於	1.渙汗「渙」之於	
		11	1.滯「嚳」	1.滯「鬱」	△宋本下書如「爵」。
十二	節／9	條次	△ 〔坎上兌下〕節	△ 〔卦象〕節 坎上兌下	
		1	1.「知」此	1.「如」此	
	中孚／9	條次	△ 〔巽上兌下〕中孚	△ 〔卦象〕中孚 巽上兌下	
		1	1.二陽函四陰，則謂之「中孚」，皆美名也。二陰函四陽，則謂之大過；四陰函二陽，則謂之小過，皆非美名也。	1.二陽函四陰，則謂之「頤」；「四陽函二陰，則謂之中孚」；皆美名也。二陰函四陽，則謂之大過；四陰函二陽，則謂之小過，皆非美名也。	△經解本為確，宋本有誤。
		2	1.登「于」天	1.登「乎」天	
		4	1.則與時行也	1.「乃應乎天也，過而用此」，則與時行也。	△宋本脫漏所引文字。
		5	1.既決 2.「正」聽（誤） 3.三月而上之緩死也	1.既決「之」 2.「王」聽 3.「三旬而職聽」三月而上之緩死也	△宋本脫漏所引文字。
		8	1.求「多」	1.求「孚」	
		9	1.稱馬「其」	1.稱馬「者」	
	小過／9	條次	△ 〔震上艮下〕小過	△ 〔卦象〕小過 震上艮下	
		1	1.「大小」	1.「小大」	
		6	1.久「此哉」	1.久「居此乎」	
		8	1.「霍山」之時	1.「霍禹、霍山」之時	
		9	1.「离」「之畜」牝	1.「肖離之」牝	△宋本「離」字缺「佳」。

卷次	子目		宋寧宗時刊本	清通志堂經解本	備　考
	既濟／10	條次	△ ䷾ 坎上離下 既濟	△ ䷾ 既濟 坎上離下	
		6	1. 柔「慮」之（誤）	1. 柔「應」之	
		8	1. 剛「爲」蔽也 2. 必「此本」也	1. 剛蔽也 2. 必「本此」也	
	未濟／10	條次	△ ䷿ 離上坎下 未濟	△ ䷿ 未濟 離上坎下	
		3	1. 六五「巳」升 2. 「貞」者（缺末筆避諱）	1. 六五升 2. 「貞」「字」者	△「貞」字避仁宗名諱。
		5	1. 見「洪」（避諱） 2. 「爲三年鬼方南夷也，故屬離九四，至離之上」亦爲三年，至上則飲酒策勳，故言有賞。	1. 見「弘」 2. 亦爲三年，至上則飲酒策勳，故言有賞。（宋本所引文字，經解本缺漏）。	△宋本作「洪」，殆避太祖之父名「弘」之諱？ △《四庫》本作「弘」缺末筆，蓋避乾隆名諱。
		6	1. 君子光 2. 則「是」五以二	1. 君子「之」光 2. 則五以二	
		9	1. 「既」自	1. 「既濟」自	△宋本脫「濟」字。
十三	繫辭傳上／38	1	1. 「變化者」易之大業也 2. 而已 3. 斷之「以」	1. 易「簡」之大業也 2. 而已「矣」 3. 斷之「於」	
		4	1. 有「之卦」	1. 有「卦象」	
		7	1. 上文象	1. 上文「之」象	
		9	1. 「緼」	1. 「蘊」	
		10	1. 常「逐」	1. 常「遂」	△審文義，當以經解本「遂」字爲當。
		12	1. 「天」之性（誤） 2. 配一「奇」以成萬形，則耦也者 3. 所能	1. 「犬」之性 2. 配一「耦」以成萬形，則耦也者 3. 所「以」能	△其前有「觀其畫一奇以開萬象，則奇也者」句，則宋本「奇」爲誤。
		13	1. 「刑」對象	1. 「形」對象	
		14	1. 易之書	1. 易之「爲」書	
		16	1. 智之所也	1. 智之所「知」也	
		17	1. 第二「第」三章 2. 學自繫辭 3. 隨時之「禮」 4. 各當「其理議者」	1. 第二「章」三章 2. 學「易者」自繫辭 3. 隨時之「理」 4. 各當「於理議其」	△宋本脫「易者」二字。 △審前後文，以經解本「各當於理，議其所合之爻」爲當。

卷次	子目	宋寧宗時刊本	清通志堂經解本	備　　考
	21	1. 各有合「也」 2. 天地之數「五」所以（誤） 3. 言之 4. 地「備數」（倒文） 5. 地之數爲「六者五」	1. 各有合 2. 天地之數「五十有五此」所以 3. 言之「也」 4. 地「數備」 5. 地之數爲「五者六」	△經解本爲當。
	22	1. 「無」當於「五」少三多	1. 「无」當於「三」少三多	△經解本前有「三少三多之變」，以前後文觀之，經解本爲是。
	24	1. 爲「四」四者（衍「四」字） 2. 十八之（脫「變」字）	1. 爲四者 2. 十八「變」之	
	25	1. 推「演」 2. 「天地」萬物之情	1. 推「衍」 2. 萬物之情（脫「天地」二字）	
	26	1. 四「尚」（誤） 2. 「三」「五」 3. 「錯此」綜（文倒之誤）	1. 四「者」 2. 「參」「伍」 3. 此「錯綜」	△宋本「錯此」當爲倒文，經解本爲確。
	28	1. 人所以 2. 此「即」	1. 人「之」所以 2. 此「則」	
	30	1. 決之者也（少「先」字） 2. 以「貢」（誤） 3. 自「立」（誤）	1. 決之「先」者也 2. 以「贊」 3. 自「此」	
	31	1. 叡「智」	1. 叡「知」	
	32	1. 神而「之明」也（誤倒） 2. 用言之 3. 自明而「之神」也（誤倒）	1. 神而「明之」也 2. 用「而」言之 3. 自明而「神之」也	
	33	1. 「易書」	1. 「言易」	
	34	1. 「後」山	1. 「后」山	
	35	1. 「皷」之 2. 乾坤	1. 「鼓」之 2. 乾坤	△宋本「皷」字，右從「皮」。 △宋本「乾」「坤」分列。
	36	1. 一「偶」 2. 伏輕「怠」 3. 行會通 4. 盡「趣」	1. 一「耦」 2. 伏輕「重」 3. 行「其」會通 4. 盡「趣」	
	37	1. 「偶」象 2. 通定之	1. 「耦」象 2. 通「也」定之	

卷次	子目		宋寧宗時刊本	清通志堂經解本	備考
		38	1. 使之「赾」也 2. 爻之「通」 3. 備「則」易之「無」思無「思」寂 4. 「則」易之	1. 使之「趨」也 2. 爻之「動」 3. 備「即」易之「无」思「无」「爲」寂 4. 「即」易之	△宋本「思」旁加寫一「爲」字,殆「思」爲訛刻,「爲」爲其正。
十四	繫辭傳下／36	1	1. 二「言」 2. 「仁義」而	1. 二「者」 2. 「仁與義」而	
		2	1. 象其中 2. 變其中	1. 象「在」其中 2. 變「在」其中	
		4	1. 「外一之靜爲柔」,外一而言剛柔,外剛柔而言變通。	1. 外一而言剛柔,外剛柔而言變通	△宋本所引之文,通志堂經解本未見。
		9	1. 坎爲弓	1. 「互」坎爲弓	△宋本應脫「互」字。
		10	1. 象「曰」	1. 象「言」	
		12	1. 屈「伸」(以下同) 2. 天下「國家」之用	1. 屈「信」(以下同) 2. 天下之用	△經解本應脫「國家」二字。
		13	1. 萬「化」	1. 萬「物」	
		14	1. 龍「虵」之蟄 2. 致「利」(誤) 3. 「縱」心 4. 聖神之「地」	1. 龍「蛇」之蟄 2. 致「慮」 3. 「從」心 4. 聖神之「境」	△宋本「蛇」字,右從「也」。
		17	1. 各「生」其類	1. 各「成」其類	
		21	1. 「未」推	1. 「末」推	
		23	1. 「入」不見	1. 「人」不見	
		24	1. 「辯」義	1. 「辨」義	△宋本作「辯」,經解本作「辨」,所見皆同。
		25	1. 「上往來入」行止	1. 「出入往來」行止	
		27	1. 「爻六」(誤倒) 2. 爻有等 3. 物相雜 4. 文不當 5. 「剛柔」也	1. 「六爻」 2. 爻有等「者」 3. 物相雜「者」 4. 文不當「者」 5. 「柔剛」也	
		30	1. 天下之務	1. 天下之務「也」	
		31	1. 「求」物者	1. 「來」物者	
		32	1. 辭所以諭人	1. 辭「之」所以諭人	
		33	1. 上下爲	1. 上下「變」爲	

卷次	子目		宋寧宗時刊本	清通志堂經解本	備考
		34	1. 末「句」	1. 末「章」	
		35	1. 六仁者	1. 六「者蓋」仁者	
		36	1. 「愽」	1. 「博」	△宋本「博」從「心」部。
十五	說卦／55	3	1. 而「立」也	1. 而「言」也	△二字於文義可通。
		4	1. 「次」當「爲」（誤）	1. 「須」當「於」	
		6	1. 至「故」曰 2. 「自神也者」至既成萬物	1. 至曰 2. 「自萬物出乎震」至既成萬物	△二本互異。
		8	1. 數往者順至坤以藏之 2. 雷兌乾	1. 數往者順，「知來者逆」至坤以藏之 2. 雷「曰」兌乾	△經解本多此句。
		10	1. 「此」其序	1. 其序	
		11	1. 「皆有」說	1. 「故曰」說	
		16	1. 崔「璟」 2. 虞「飜」	1. 崔「憬」 2. 虞「翻」	△宋本誤。 △宋本「翻」字，右從「飛」。
		17	1. 「土」浮（誤） 2. 說「澤」而可愛	1. 「上」浮 2. 說而可愛	
		18	1. 「無」體「而」伏羲	1. 「无」體伏羲	
		20	1. 變卦之「法」	1. 變卦之「說」	
		26	1. 「虵」軫	1. 「蛇」軫	△宋本「蛇」字右從「也」。
		30	1. 九家曰：「三主斗。」	1. 九家「易」曰：「艮主斗。」	
		31	1. 土之「恠」爲「獝」	1. 土之「怪」爲「䝴」	△宋本「怪」字右從「在」。
		32	1. 睛「附」外	1. 睛「射」外	
		34	1. 膀「胱」脈 2. 「肺」脈	1. 膀「光」脈 2. 「肝」脈	△《四庫》本同宋本。 △不知何者爲是。
		39	1. 就「坤」之	1. 就「地」之	
		41	1. 決躁 2. 前「者」（誤） 3. 「鹿」立	1. 「爲」決躁 2. 前「首」 3. 「虛」立	
		42	1. 「敷」	1. 「薮」	
		43	1. 「畢」	1. 「罼」	
		44	1. 「市利」 2. 「宣」髮	1. 「利市」 2. 「寡」髮	△「宣」疑爲「寡」之誤。

卷次	子目		宋寧宗時刊本	清通志堂經解本	備考
		46	1.「青」（缺筆） 2. 勞「之」象也	1.「青」 2. 勞象也	△宋本「青」缺末筆，避「慎」同音之諱。
		47	1.「棟」（誤） 2. 高「痺」而爲之平 3.「湯中」之象（誤）	1.「棟」 2. 高「卑」而爲之平 3.「陽」之象	△實爲「棟」之訛。 △經解本「卑」爲正。
		48	1.「鱉」 2.「立」則中空而上橋也，「之」者其形，橋者其性也。	1.「鼈」 2.「空」則中空而上橋也，「空」者其形，橋者其性也。	△以經解本爲當，宋本「立」、「之」二字疑爲刊刻之誤。
		50	1.「枸」 2.「啄」 3. 切陽	1.「拘」（誤） 2.「喙」 3. 切「坎」陽	
		52	1. 鄭氏作「陽」 2. 故亦「故」決	1. 鄭氏作「羊」 2. 故亦「爲」決	
		53	1.「鹹」 2. 情之「說」	1.「醎」 2. 情之「悅」	△經解本從「酉」。
		54	1. 商字出兌	1. 商字出兌「卦」	
十六	序卦／29	4	1. 卦「耳」	1. 卦「爾」	
		6	1.「而」不相妨	1.「兩」不相妨	△文義皆通。
		9	1.「急」矣	1.「微」矣	
		13	1.「傳」氣	1.「傅」氣（誤）	
		14	1. 知禮之本矣	1. 知禮「義」之本矣	
		21	1.「蓄」者	1.「畜」者	
		26	1. 有節者	1. 有「其」節者	
		28	1. 繼以	1. 繼「之」以	
		29	1.「二」而後 2. 其合乾者一上	1.「四」而後 2. 其合乾者「亦」一上	△「二」、「四」各有其解，文義皆通。
	雜卦／37	1	1.「楊」雄（誤）	1.「揚」雄	
		5	1. 屯「象」（誤）	1. 屯「象」（誤）	△「象」爲「蒙」之誤，二本皆誤。
		6	1. 艮之「上」而終也（誤）	1. 艮之「止」而終也	

卷次	子目	宋寧宗時刊本	清通志堂經解本	備考
	8	1. 二（缺一字）	1. 二「陰」	
	10	1.「栽」來	1.「災」來	
	16	1.「羈」旅	1.「羇」旅	
	24	1.「遘」夬（以下同）	1.「姤」夬（以下同）	△宋本避高宗名構之諱。
	25	1.「耶」	1.「邪」	
	跋		△嘉定辛未歲閏二月中澣 江陵後學樂章書跋。	

宋本避諱字表〔註41〕

始祖	玄	眩眩縣懸絃畜泫	后父	通	
	朗	恨浪狼埌烺	仁宗	禎	貞徵楨禎
遠祖	軒		英宗	曙	署樹屬
	轅		父	允	
高祖	朓			讓	
曾祖	珽		神宗	頊	勗旭
祖	敬	擎檠驚儆	哲宗	煦	朐
父	弘		徽宗	佶	吉姞佶
	殷		欽宗	桓	垣完丸皖瑗源莞
太祖	匡	筐劻境鏡獍竟	高宗	構	媾購覯溝姤觳
	胤	酳	孝宗	眘	慎蜃
太宗	炅	耿憬炯	光宗	惇	敦墩鶉
又光義			寧宗	擴	郭廓鞟樟
真宗	恒	姮	理宗	昀	馴

〔註41〕引錄臺北國家圖書館善本室藏《靜嘉堂宋本書影》內所附表；又世界書局出版陳垣新
　　　會先生《史諱舉例》〈宋諱例〉所述類同，不具引。

第四章　項安世《易》學之淵源

　　項安世經學宏富，嘗謂必遍通《五經》，而後歸本於《易》；且自言窺其門牆，而未極其奧突，將盡心焉，著爲《周易玩辭》一書。〈自序〉其學出於伊川程子，而其言則不必皆同；又於象變之際，紬繹尤精，明暢正大，無牽合附會之弊，是可以見其講明之指歸。〔註1〕

　　平菴項公自謂《周易玩辭》全書，義理淵源伊洛，既從來有自；又考其生平及傳世遺作，窮源竟委，亦可以明其傳受之脈絡。文分三節，羅縷以述，則項氏《易》學之淵源及其思想背景，昭晰如在目前！蓋學之必有所本，誠非虛言耳。

第一節　荊州《易》學遺風之濡染

　　荊州，兩湖之鎖鑰，江漢之樞紐，自古即爲兵家險勝之地。而山川毓秀，著作之才，代有其人，藝文溘盛，世傳美譚。夫承明卷帙，列於史乘，固堪不朽；而懷鉛握槧，淹沒弗彰者，亦正不乏，此荊州學風特卓之徵。〔註2〕

　　項安世生長於荊屬江陵壯縣，雖非祖居之地，然自幼濡染荊州先賢之流風遺韻，不免沈潛悠游其中，影響之深，可想而知。而荊州學術，《易》學爲最，劉表倡之於前，王弼揚之於後，歷代名家，踵事增華，粲然觀止矣！職是，如欲追溯項氏《易》學之淵源，便須先行了解荊州《易》學之實際，以爲項氏象數、義理並重之《易》學特色，尋索出歷史地緣之定位。爰依搜得資料，論列敘之：

〔註1〕此段隱括馬端臨〈周易玩辭序〉，及項安世〈周易玩辭自序〉之內容，詳參通志堂經
　　　解本《周易玩辭》卷前。
〔註2〕有關荊州藝文之盛況，請參閱成文出版社出版《中國方志叢書》《荊州府志·藝文志》
　　　所載內容。

一、「荊州學風」

有關「荊州學風」（或「荊州學派」）之實際內容，因王弼書仍存，他家亦有佚文可考，史籍、名士多見敘述，故依稀可知當時盛況。其學風之緣起與特質，實不難考見。大約在東漢獻帝初平元年（190）至建安十三年（208）之十八年間，劉表為荊州牧守，駐節襄陽；時中原大亂，群雄競逐，唯荊州獨安，中原人士視荊州為託庇之所。〔註3〕當時荊州盛況，史稱：

> 萬里肅清，大小咸悅而服之。關西兗豫學士歸者，蓋有千餘，表安慰賑贍，皆得資全。遂起立學校，博求儒術，綦毋闓、宋忠等撰立《五經章句》，謂之「後定」。〔註4〕

〈劉鎮南碑〉載當時荊州學風之盛云：「洪生巨儒，朝夕講論，誾誾如也。」又言當時整理《五經》之情形曰：

> 君（指劉表）深愍末學，遠本離質，乃令諸儒改定《五經章句》，刪剟浮辭，芟除煩重。〔註5〕

王粲〈荊州文學記〉亦言：

> 荊州牧劉君，命五業從事宋衷（或作忠），所作文學，延朋徒焉。宣德音以贊之，降嘉禮以勸之。五載之間，道化大行。耆德故老綦毋闓等負書荷器，自遠而至者，三百有餘人。〔註6〕

由此可知，劉表在東漢末年天下擾攘之際，不僅治理荊州成中原學士避亂之樂土，又提倡經學，且領導來歸之碩學鴻儒重新研討、整理和改定《五經》，可見劉表在漢、魏之交，實具有學術之領袖地位。而劉表本人、五業從事宋忠及其外曾孫王弼，皆為荊州學風之代表人物，在《易》學之造詣上，同享盛名，故荊州學風之特色，由此表露無遺！〔註7〕

二、荊州《易》學代表人物

（一）劉表（144～208）

劉表，字景升，山陽高平人。後漢鎮南將軍、荊州牧、南城侯。為《易》九家之一，漢末荊州學派之代表人物，在漢末《易》學界頗享盛名。焦循〈周易補疏敘〉

〔註3〕參閱《三國志》《魏書》〈劉表傳〉，集解本卷六，頁80～86。

〔註4〕參閱《後漢書》〈劉表傳〉，集解本卷七十四下，頁9。

〔註5〕參閱《後漢書》〈劉表傳〉，王先謙《集解》引〈劉鎮南碑〉，卷七十四下，頁9。

〔註6〕參閱《後漢書》〈劉表傳〉，王先謙《集解》引惠棟之言，卷七十四下，頁9。

〔註7〕此段內容，多參照高懷民先生《兩漢易學史》，頁233～234；及林麗真先生《王弼及其易學》，國立臺灣大學文史叢刊版，頁25～27。

曰：「東漢末，以《易》學名家者，稱荀（荀爽）、劉（劉表）、馬（馬融）、鄭（鄭玄）。」〔註8〕又據現代《易》學名家高懷民先生考證：

> 劉表字景升，為《易》九家之一。荀勗《中經簿》載有其《易傳》十卷。《隋書・經籍志》有「《周易》五卷，漢荆州牧劉表章句。」是劉氏《易》在隋唐時已失其半，今更無傳。李氏《集解》引劉表《易》注僅有〈謙卦象傳〉與〈頤卦象傳〉兩處，馬國翰合此與《釋文》、《正義》等書所引輯為一卷，所見都是些短缺殘文，不足以窺知大體。勉強據以推論，似是持甚穩健的態度解釋經文，有些文字解說與今本異。如〈屯象傳〉：「君子以經綸」，作「經論」；〈損象傳〉：「君子以懲忿窒欲」，作「澂忿愼欲」，注云：「澂，清也；愼，止也。」〈繫辭傳〉：「知以藏往」，作「知以臧往」，注云：「臧，善也。」這些也許就是所謂「後定」的成績吧！〔註9〕

（二）宋忠（約170～210）

宋忠，或作宋衷，字仲子，南陽章陵人，在劉表幕下官五業從事，是荆州學風之實際領導人物。《經典釋文》著錄：「宋衷《周易注》九卷。」《七志》、《七錄》云十卷。可惜其《易》注已亡佚大半！〔註10〕據吳承仕先生《經典釋文序錄疏證》曰：

> 《三國志注》，劉表為荆州牧，「開立學官，博求儒士，使綦毋闓、宋忠等撰《五經章句》，謂之『後定』。」，即此是也。宋衷自《易注》外，於《七經》秘緯、《世本》、《太玄》皆有訓釋。張惠言曰：「虞仲翔（翻）表云：『北海鄭玄、南陽宋忠，雖各立注，忠小差玄，而皆未得其門。』今以殘文推之，仲子（宋衷字）言〈乾〉升〈坤〉降、卦氣動靜，大抵出入荀氏（爽）。景升《章句》尤闕略難考，案其義於鄭為近。大要兩家皆《費氏易》。」

> 劉氏《章句》，《七錄》九卷，《目》一卷，《序錄》及《隋、唐志》並云五卷，蓋非完書。宋《注》九卷，王、阮、陸及《唐志》並作十卷，而《隋志》云亡，疑《隋志》偶失之。

> 「五等」字（案：《序錄》作「後漢荆州五等從事。」），《隋志》作「五

〔註8〕焦循〈周易補疏敍〉，見《皇清經解》第十六冊，卷一千一百四十七，頁1。
〔註9〕引見高懷民先生《兩漢易學史》，頁234。又吳承仕先生《經典釋文序錄疏證》〈注解傳述人〉頁39「劉表《章句》五卷」下云：「《中經簿錄》云注《易》十卷，《七錄》云九卷，《錄》一卷。」並可互參。
〔註10〕參閱《經典釋文序錄疏證》〈注解傳述人〉，頁39。

業」，盧文弨、張惠言等不能定其是非。馬國翰云：「『五業』不可解，當是『五等』之誤。」按：《三國志注》引《魏略》云：「樂詳少好學，五業並受。」五業謂《五經》之業也，「等」為「業」字形近之訛。〔註11〕

高懷民先生《兩漢易學史》所見略同，茲不具引。然高先生考證云：

> 李氏《集解》中時見宋氏《注》，從中可看出他的《易》學風格為重義理兼採象數，與馬融之重訓故兼採象數者不同。〔註12〕

除《周易》外，宋忠更以《太玄》之學名世，曾作《太玄解詁》一書。其影響所及，吳地虞翻、陸績都因而習《太玄》（見《三國志・陸績傳集解》）；魏地王肅也從宋忠受《太玄》及《周易》。其弟子李譔著有《太玄指歸》〔註13〕，王肅亦撰《太玄經注》〔註14〕。而宋忠又精於古學，蜀中李譔、尹默，並從他受古學（見《三國志・劉表傳》）。是宋忠坐居荊州，而其學風影響，遍及於魏、蜀、吳三國，其學術地位，可謂高崇！〔註15〕

（三）王弼（226～249）

王弼，字輔嗣，三國魏山陽高平人（故城在今山東兗州府鄒縣西南）。《三國志》無傳，其事蹟附見〈鍾會傳〉之末，云：

> 初，會弱冠，與山陽王弼並知名，弼好論儒道，辭才逸辯，注《易》及《老子》，為尚書郎，年二十餘卒。〔註16〕

傳文下裴松之注文引據頗詳，可資參考。《裴注》又引《博物記》曰：

> 初，王粲與族兄凱，俱避地荊州，劉表欲以女妻粲，而嫌其形陋而用率，以凱有風貌，乃以妻凱。凱生業，業即劉表外孫也。蔡邕有書近萬卷，末年載數車與粲，粲亡後，相國椽魏諷謀反，粲子與焉。既被誅，邕所與書悉入業。業字長緒，位至謁者僕射，子宏字正宗，司隸校尉。宏，弼之

〔註11〕引見《經典釋文序錄疏證》〈注解傳述人〉，頁39。

〔註12〕高懷民先生《兩漢易學史》，頁234～235。

〔註13〕《三國志》《蜀書》〈李譔傳〉云：「李譔，……與同縣尹默，俱遊荊州，從司馬徽、宋衷等學，譔具傳其業。……著《古文易》、《尚書》、《毛詩》、《三禮》、《左氏傳》、《太玄指歸》，皆依準賈、馬，異於鄭玄，與王氏殊隔，初不見其所述，而意歸多同。」見集解本，卷四十二，頁12。

〔註14〕《三國志》《魏書》〈王肅傳〉云：「肅字子雍，年十八，從宋衷讀《太玄》，而更為之解。」此下盧弼《集解》引《隋書》〈經籍志〉稱：「《太玄經注》九卷，宋衷撰。」又：「梁有揚子《太玄經》七卷，王肅注，亡。」見集解本，卷十三，頁36。

〔註15〕此段文字多參引高懷民先生《兩漢易學史》，頁236；及林麗真先生《王弼及其易學》，頁27。

〔註16〕見《三國志》《魏書》卷二十八，集解本，頁60。

兄也。〔註17〕

此段記載，對王弼《易》學之淵源，提供一難得之線索，亦可知王弼與荊州劉表與王粲之關係。故焦循〈周易補疏敘〉便據《裴註》而引申說明之，曰：

> 東漢末，以《易》學名家者稱荀、劉、馬、鄭，荀謂荀明爽，劉謂景升表。表之受學於王暢，暢爲粲之祖父，與表皆山陽高平人。粲族兄凱，爲劉表女婿，凱生業，業生二子：長宏，次弼。粲二子既誅，使業爲粲嗣。然則王弼者，劉表之外曾孫，而王粲之嗣孫，即暢之嗣玄孫也。弼之學蓋淵源於劉，而實根本於暢。亦撰《易義》，王氏兄弟皆以《易》名，可知其所受者遠矣！〔註18〕

王弼幼承《易》學之教，其父祖兩代居住荊州有年，又爲劉表至親，雖非本籍，但深受荊州學風之洗禮；荊州學脈，輾轉而歸王弼，其博覽閎通，淵源有自，謂之「荊州《易》學」傳承之代表人物，誰曰不宜？而項安世祖籍括蒼，客居江陵，耳濡目染於荊州富厚之《易》學風氣中，著爲《周易玩辭》，又豈非荊州學脈之流衍耶？

三、《周易玩辭》中引見內容

（一）劉表《周易章句》，未見引於《玩辭》一書。

（二）宋衷《周易注》，唯有一條見於《玩辭》卷九〈姤卦〉「羸豕」條下曰：

> 《易》中羸字，皆與儡通用，羸其瓶亦然。故鄭康成作虆、宋衷作縲，陸績作纍。〔註19〕

（三）王弼《周易注》、《周易略例》，《玩辭》中頗見引述，條次如下：

1. 卷四，〈豫卦〉「勿疑朋盍簪」條下曰：「王弼作《易傳》盡廢先儒之說，獨簪字仍訓爲疾，蓋古訓有不可易者，此類是也。」

2. 卷六，〈大過〉「過字」條下曰：「王弼訓爲相過，王肅音爲戈，蓋古義如此。」

3. 卷七，〈晉卦〉「鼫鼠」條下曰：「王弼注〈晉卦〉謂鼫鼠爲無所守，則亦以五技目之也。」

4. 卷九，〈萃卦〉「萃亨」條下曰：「按《釋文》：馬、鄭、陸、虞本，並無亨字，獨王肅本有之，王弼遂用其說。」

5. 卷十一，〈豐卦〉「旆昧沛沫」條下曰：「旆與昧，皆王弼本，今從之。」

〔註17〕見《三國志》《魏書》卷二十八，集解本，頁62～63。

〔註18〕見焦循〈周易補疏敘〉，《皇清經解》第十六冊，卷一千一百四十七，頁1。

〔註19〕見無求備齋本《易經集成》，第一一一冊，《周易玩辭》頁402。以下所引，俱同此本。

6. 卷十二，〈節卦〉「又誰咎也」條下曰：「〈同人〉初九，又誰咎也，以爲褒辭；〈解〉六三，又誰咎也，以爲貶辭；〈節〉之六三，王弼從〈解〉。」

7. 卷十二，〈既濟〉「六二」條下曰：「茀車之蔽也，王弼以爲婦人首飾者，蓋董遇《易》，茀字髴，弼之所注，必本此也。」

8. 卷十四，〈繫辭下〉「知險知阻章第十一」條下曰：「能研諸侯之慮，王弼《略例》作能研諸慮。」

以上所見，訓故爲多，不見義理之援引，實未足以觀其傳受特色。然則，就荆州學風而言，其重《周易》，研《太玄》、尚簡要、重義理、標新說之特質，其於項安世《易》學思想之啓發，自有深刻之影響。〔註20〕何況，項安世不僅治《易》而有所樹立；又習《太玄》，以廣多方。〔註21〕故項氏之《易》學，上溯荆州，濡染三家，祖述遺風，而能申張、建立義理與象數並重之新《易》學，自是前承荆州學風而來！

第二節 歷代《易》學先進之沾溉

項安世《平菴悔稿》卷一〈次韻答胡季履大壯〉七言古詩中，有句云：「吾《易》不師房與雄，吾筮不占方與功；日生一字有餘矣！萬有二千無隱爾。」〔註22〕味斯言，似不師習象數、占驗之《易》學，而以「生生之謂易」爲義理之匯歸。然稽考其所著作，則又不然，其徵引宋代以前《易》學先進智慧之結晶者，不在少數，固沾溉多矣！案以查檢所得諸家系聯之，則其象數《易》學之淵源，實奠基於兩漢象數《易》之成就上，轉益多師，乃能脫胎換骨，而獨樹一幟！矧又承啓自王弼以來，盡掃象數而歸義理之菁華。因此一方面汲引李鼎祚《周易集解》象數《易》之總匯，另一方面吸納孔穎達《周易正義》義理《易》之內涵，融會貫通，統攝含弘，故其《易》學之淵源，可謂深而長也。爰據《玩辭》及《家說》所見之資料，逐家敘說，以時爲序，俾考徵焉。

〔註20〕有關荆州學風之特質，參見林麗眞先生《王弼及其易學》第三章第二節，其歸納凡四：「（一）《周易》見重，並及《太玄》；（二）、《荆州八帙》，有契玄理；（三）、刪劃浮辭，芟除煩重；（四）、喜張異議，不守舊說。」

〔註21〕有關項安世習《太玄》之線索，可由《項氏家說》卷一，頁482；《周易玩辭》卷九〈升卦〉，頁416；卷十五〈說卦〉，頁655；卷十六〈雜卦〉，頁681，引見資料考溯而得。《家說》據《文淵閣四庫全書》本頁碼，《玩辭》據《易經集成》本頁碼，翻檢甚便。

〔註22〕見《悔稿》，頁26～28。同卷，頁57。又有詩云：「不識田何《易》，空然愧項生；學文經子厚，評品得鍾嶸；內省無他技，誰欺有雋聲？後來資汲引，因見古人情。」並可互參。

一、兩漢、魏、晉象數《易》學之流衍

（一）子夏《易傳》

　　卜商（B.C.507～B.C.400），字子夏，衛人，孔子弟子，魏文侯師。子夏《易傳》一書，始見於《隋書・經籍志》，而不見於《漢書・藝文志》，著錄云：「《周易》二卷，魏文侯師卜子夏傳，殘闕。梁六卷。」而《經典釋文・序錄》曰：「子夏《易傳》三卷。」則代有闕遺也。然而，各古籍中均未見有子夏傳《易》之記載，故高懷民先生考證曰：

> 　　總之，我們今日敢於斷言的，就是子夏《易傳》一書，與子夏本人無
> 關，乃西漢象數《易》興起前的儒門《易》家所僞造。後人疑爲丁寬或韓
> 嬰所傳，有此可能，但不能肯定。〔註23〕

張心澂《僞書通考》上冊，「《易》類・《子夏易傳》」下，博引旁徵，辨僞甚詳，斷爲西漢韓嬰字子夏所作，今本僞作，不可信。

　　《玩辭》中引見子夏《易傳》者三處，或唐宋後之僞作，亦姑存錄之。條述如下：

　　1. 卷九，〈姤卦〉「包」條下曰：「包，古苞苴字，後人加草以別之。故《子夏傳》與虞翻本，皆作苞字。」

　　2. 卷十二，〈既濟〉「三四」條下曰：「繻，《子夏傳》作襦，短衣也。」

　　3. 卷十五，〈說卦〉「狗」條下曰：「子夏曰：『斗主狗，斗止而動，艮之象也。』」
　　　　〔註24〕

　　以上三條，但文字訓詁之異，亦可略窺其中消息。

（二）焦延壽（B.C.70～A.D.10）《易林》

　　《漢書》卷七十五〈京房傳〉載焦延壽生平事：

> 　　（房）治《易》，事梁人焦延壽。延壽字贛，贛貧賤，以好學得幸梁王，
> 王共其資用，令極意。學既成，爲郡史察舉，補小黃令，以候司先知姦邪，
> 盜賊不得發。愛養吏民，化行縣中，舉最當選，三老官屬上書願留贛，有
> 詔許增秩留，卒於小黃令。贛常曰：「得我道以亡身者，必京生也。」其說
> 長於災變，分六十四卦更直日用事，以風雨寒溫爲候，各有占驗。〔註25〕

〔註23〕詳參高懷民先生《兩漢易學史》第一章、第三節〈易僞書的問題〉，頁23～28。

〔註24〕同註19書，頁644。今本《子夏易傳》未見此內容。

〔註25〕有關焦延壽事略及其《易》說，詳參高懷民先生《兩漢易學史》，頁126～138，茲不贅述。《易林》十六卷，張心澂《僞書通考》上冊，頁128～130，博徵諸說，並可互參。

《家說》卷一，第十九條「焦氏卦法」下引其說曰：

> 〈乾〉、〈坤〉至〈既〉、〈未濟〉，並依《易》書本序，以一卦直一日，
> 〈乾〉直甲子，〈坤〉直乙丑；至〈既濟〉直壬戌，〈未濟〉直癸亥，乃盡
> 六十日。而四正卦，別直二分、二至之日；〈坎〉直冬至，〈離〉直夏至，
> 〈震〉直春分，〈兌〉直秋分，不在六十卦輪直之數。此即上文六十卦氣
> 之法，但彼主六日七分，此但主一日；彼用《太玄》之序，此用《周易》
> 之序爾。〔註26〕

焦氏著《易林》一書，今傳於世，雖或後人僞託之作，但為象數《易》留傳後世少
數著作之一，甚是難得！項安世引見惟此一處，雖然，亦可以知焦氏通達隱幾《易》
道之一隅，項氏蓋有得矣。

（三）京房（B.C.77～B.C.37）《周易章句》

西漢《易》學家有兩京房，一為楊何弟子，梁丘賀之師，宣帝以前人；本段所
論之京房，為焦延壽弟子，元帝年間人，前一京房為儒門《易》家，此一京房則為
漢象數《易》之重要人物。〔註27〕京房，字君明，東郡頓丘人也。《漢書》卷八十
八〈儒林傳〉中〈京房傳〉曰：

> 京房受《易》梁人焦延壽，延壽云：「嘗從孟喜問《易》。」會喜死，
> 房以為延壽《易》即孟氏學，翟牧、白生不肯，皆曰：「非也。」至成帝
> 時，劉向校書，考《易》說，以為諸《易》家說皆祖田何、楊叔、丁將軍，
> 大誼略同，唯京氏為異黨。焦延壽獨得隱士之說，託之孟氏，不相與同。
> 房以明災異得幸，為石顯所譖，誅，自有傳。房授東海殷嘉、河東姚平、
> 河南乘弘，皆為郎、博士，由是《易》有京氏之學。

焦贛說《易》長於災變，分六十四卦更直日用事，以風雨寒溫為候，各有占驗，京
房用之尤精。自京氏長於占候，《易》家世應、飛伏、六位、十甲、五星、四氣、六
親、九族、福德、刑殺之法，皆以京氏為本，後世治京《易》者頗能言之。項安世
引述甚詳，茲記其出處，備檢原文。

1. 《玩辭》卷十六，〈雜卦〉「〈序卦〉、〈雜卦〉」條下曰：「《易》之用無所不通，
   京房、揚雄之以卦氣直日，其序復與〈雜卦〉不同。」
2. 《家說》卷一，頁481，詳述「京氏卦法」。

〔註26〕見《欽定四庫全書》第七〇六冊，《項氏家說》卷一，頁481。以下所引見諸條，皆
　　　　同此本。

〔註27〕詳參高懷民先生《兩漢易學史》，頁138、頁140；並見吳承仕先生《經典釋文序錄
　　　　疏證》〈注解傳述人〉頁30～31。

3. 《家說》卷二，頁 486～488，發揮京房《易》者計五條：
　　（1）京房《易》法以八卦變六十四卦。
　　（2）納甲法。
　　（3）世應例。
　　（4）飛伏例。
　　（5）術家七變法。

4. 《家說》卷三，頁 498，「日貞日悔」條下曰：「京氏《易》謂：『發爲貞，靜爲悔。』則合于筮法。……」

　　京房《易》在象數《易》中最爲繁複，名目多，牽涉廣，實爲包羅萬象之占驗《易》學，項氏玩習既深，沾漑多矣！

　　漢象數《易》家集中興起於兩漢末葉，截然爲前、後兩期，而《易》風又各不同。據高懷民先生研究稱：「前期《易》學以『占驗』爲主，所重在『術』；後期《易》學以『注經』爲主，所重在『文字』。」〔註28〕前述焦延壽、京房師徒，正是前期占驗派象數《易》家中之翹楚，其影響最爲深遠。

（四）鄭玄（127～200）《周易注》

　　東漢中葉，經學家馬融、鄭玄、荀爽等以經學而治《易》，象數《易》遂由「占驗」而轉上「注經」之路，是爲後期注經派象數《易》家之濫觴。高懷民先生《兩漢易學史》，固言之詳矣。此期以鄭玄、荀爽、虞翻三人爲領袖，而以虞翻最爲突出，其他如劉表、宋衷，前已述及，而王肅、董遇、陸績等人，亦皆以象數《易》學知名當時，線索分明，脈絡暢達，可得而說解，誠一快事！

　　鄭玄，字康成，北海高密人。師事馬融，大司農徵不至，還家。所著書凡百餘萬言，今存者有《毛詩箋》、《周禮注》、《儀禮注》、《禮記注》。其《易注》及《春秋》之《箴膏肓》、《發墨守》、《起廢疾》、《駁五經異義》皆後人所輯佚書，殘缺不完。經學家稱鄭眾爲「先鄭」，鄭玄爲「後鄭」，先後輝映，豈不偉哉？〔註29〕

　　鄭玄「爻辰」，爲象數《易》中新說之一；其「爻體」之例，又爲鄭玄注經之特色。〔註30〕項安世於鄭氏《易》說，雖未能突顯其象數《易》之見地，然於訓注中，卻頗見引述：

1. 《玩辭》卷二，〈訟卦〉「三褫」條下曰：「褫字，鄭康成本作拕，言三加之也。」

〔註28〕見《兩漢易學史》，頁 104～249。
〔註29〕鄭玄事略，詳見《後漢書》〈鄭玄傳〉。
〔註30〕詳參《兩漢易學史》，頁 177～188。

2. 《玩辭》卷八，〈蹇卦〉「往蹇來譽」條下曰：「有譽宜待也，鄭康成作宜待時也。」

3. 《玩辭》卷九，〈姤卦〉「臝豕」條下曰：「鄭康成作藟。」

4. 《玩辭》卷十五，〈說卦〉「兌」條下曰：「羊，虞氏作羔，鄭氏作羊，皆訓為女使。然則妾也，羊也，少女也，皆女之末者也。」

5. 《玩辭》卷十六，〈序卦〉「〈比〉必有所畜，有〈無妄〉然後可畜」條下曰：「鄭康成本云：『有〈無妄〉，物然後可畜。』」

清張惠言曰：「傳費《易》者，前漢王璜、後漢陳元、鄭眾皆無書，有書自馬融始。馬融為《易傳》授鄭玄，玄為《易注》，馬融喟然謂門人曰：『鄭生今去，吾道東矣。』鄭《易》之於馬，猶《詩》之於毛，然注《詩》稱『箋』而《易》則否，則本之於馬者蓋少矣。今馬《傳》既亡，所見僅訓詁碎義，就其一隅而反之，大抵以〈乾〉、〈坤〉十二爻論消息，以人道政治議卦爻，此鄭所本於馬也。馬於象疏，鄭合之以爻辰，馬於人事雜，鄭約之以《周禮》。此鄭所以精於馬也。」〔註31〕觀此，則馬、鄭師徒之授受，固同源而異出，而項安世自有所取法。

（五）荀爽（128～190）《周易注》

荀爽，字慈明，一名諝，幼而好學，有《禮》、《易》、《詩》諸傳。〔註32〕荀爽行世耿正，深思篤學，虞翻論及荀爽、馬融、鄭玄、宋忠（衷）四家《易》學曰：

> 漢初以來，海內英才，其讀《易》者，解之率少，至孝、靈之際，潁川荀諝號為知《易》，臣得其注，有愈俗儒。……又南郡太守馬融，名有俊才，其所解釋，復不及諝。……乃北海鄭玄，南陽宋忠，雖各立注，忠小差玄，而皆未得其門，難以示世。〔註33〕

虞翻所論，許為四家之勝，可見荀爽於後漢象數《易》中之地位。而荀爽著《易傳》，據爻象承應、陰陽變化之義，以十篇之文解說經意，由是兗豫之言《易》者咸傳荀氏之學。〔註34〕

《玩辭》中見引後人所集者二處，碎義片詞，實未足觀其大要。〔註35〕

（六）虞翻（164～233）《周易注》

〔註31〕引錄《經典釋文序錄疏證》〈注解傳述人〉，頁37。原文見《皇清經解》張惠言《易義別錄》「《周易》馬氏」條下，頁1185～1186。

〔註32〕荀爽事略，詳見《後漢書》〈荀爽傳〉。

〔註33〕見《三國志》〈虞翻傳〉注引〈翻別傳〉。

〔註34〕引見《經典釋文序錄疏證》，頁38，荀悅《漢紀》之言。荀爽《易》學見《兩漢易學史》，頁190～200。

〔註35〕見《易經集成》本《周易玩辭》卷十五〈說卦〉，頁649、頁658～659。

　　虞翻，字仲翔，會稽餘姚人，後漢侍御史，其事略詳見《三國志》《吳書·虞翻傳》。《經典釋文》著錄其《周易注》十卷，《隋書·經籍志》載九卷，原書早佚，幸唐李鼎祚《周易集解》中保存資料頗豐，觀其注《易》，雜出多方，現有輯本傳世。吳承仕先生《經典釋文序錄疏證》曰：

　　　　《吳志注》引《翻別傳》曰：「翻初立《易注》，奏上曰：『臣高祖父故零陵太守光，少治《孟氏易》；曾祖父故平輿令成，纘述其業；至臣祖父鳳，爲之最密；臣亡考故日南太守歆，受本於鳳，最有舊書。世傳其業，至臣五世。前人通講，多玩章句，雖有祕說，於經疏闊。臣蒙先師之說，依經立注。所覽諸家解，不離流俗，義有不當實，輒悉改定，以就其正。』」……張惠言曰：「漢儒說《易》，大悄可見者三家：鄭氏、荀氏、虞氏。鄭、荀，費氏《易》也；虞，孟氏《易》也。自王弼以空虛之言解《易》，唐立之學官，而漢世諸儒之說微。李鼎祚作《集解》，頗采古《易》家言，而翻《注》爲多。然則求七十子之微言，田何、楊叔、丁將軍之所傳者，舍虞氏之《注》，其何所自焉？」按：張說三家興衰之跡是也，其謂商瞿、田、楊之緒寄於孟喜，而孟喜之學備於仲翔，恐非其實，證以《史》、《漢》明文及上來所述，可以明其故矣。〔註36〕

據史傳所載，虞翻持身狂直，於《易》學目空當世，洵爲當時天下知名之士。就〈別傳〉所載，可知其家學淵源，五世傳孟氏《易》，而虞翻《易》學又別創新義，論卦變、反對、旁通、互體、半象等說，不囿一家，兼採眾體，後世《易》家譽爲兩漢象數《易》說之總匯、發展之高峰，誠爲的當之論。〔註37〕項安世引述頗多，可以略見虞氏卦變、旁通、互體、逸象及詁訓之大體面貌，而項氏《易》學之特色，實亦取資於此。謹條列於后，以觀一斑。

1. 《家說》卷二，《四庫》本，頁485，引「虞氏旁通卦法」略曰：「虞翻《易》專用旁通說，以解爻義，其法皆取相反之卦，陰反陽，陽反陰，即以反爲通。」

2. 《玩辭》卷七，〈咸卦〉「初六、上六」條下曰：「滕字，虞翻本作騰，蓋傳布之義。」

3. 《玩辭》卷七，〈晉卦〉「柔進而上行」條下曰：「虞翻以爲〈無妄〉之二進爲〈睽〉五。」

〔註36〕《經典釋文序錄疏證》〈注解傳述人〉，頁40。又《兩漢易學史》，頁200～203，可互見。

〔註37〕虞翻《易》說，詳參《兩漢易學史》，頁203～231，以文繁義奧，恕不引錄。

4. 《玩辭》卷九，〈姤卦〉「包」條下曰：「《子夏傳》與虞翻本，皆作苞字。」

5. 《玩辭》卷十三，〈繫辭上〉《易》之序也」條下曰：「虞翻本序字作象，以與下文合。」〔註58〕

6. 《玩辭》卷十五，〈說卦〉「神也者妙萬物至既成萬物也」條下曰：「〈乾〉主變，〈坤〉主化，言能變化則〈乾〉、〈坤〉備矣。此虞翻說也。」

7. 《玩辭》卷十五，〈說卦〉「龍字、駹字」條下曰：「〈震〉為龍，虞翻謂當為駹，蒼色也。」

8. 《玩辭》卷十五，〈說卦〉「〈巽〉」條下曰：「宣髮者，白髮也。虞翻謂馬君不當改宣為寡，然寡亦脫髮之象，與廣顙同類也。」

9. 《玩辭》卷十五，〈說卦〉「〈艮〉」條下曰：「虞翻謂狗當為拘，亦多節之類也。」

10. 《玩辭》卷十五，〈說卦〉「〈兌〉」條下曰：「羊，虞氏作羔。」

11. 《玩辭》卷十六，〈雜卦〉「末章八卦不對說」條下曰：「虞翻謂〈大過〉死象，而兩體〈姤〉、〈夬〉，故自〈大過〉而下，次以〈姤〉，而終於〈夬〉，言君子之決小人也。」

虞翻總匯兩漢象數《易》學，其注《易》或承襲前人舊見，或自創新說，雜出多途。項安世徵引既多，或非親見原書，而采錄李鼎祚《集解》所集虞氏注，然多中肯綮，蓋亦有得其道者，本此探源，庶亦近之。

（七）陸績（188～219）《周易述》

陸績，字公紀，吳郡吳人，後漢偏將軍、鬱林太守。吳承仕先生《經典釋文序錄疏證》曰：

> 《吳志》本傳曰：「虞翻舊齒名盛，與績友善。意存儒雅，雖有軍事，著述不廢，作《渾天圖》，注《易》釋《玄》，皆傳於世。」績既述《易》十三卷，更注京氏《易》，則陸為京氏學也。又與虞翻撰《日月變例》六卷，則又兼治孟氏學者也。張惠言曰：「京氏《章句》既亡，存于唐人所引者僅文字之末。而京氏自言即孟氏學，由公紀之說，京氏之大恉庶幾見之。」〔註38〕

觀此，可知陸績於天文、星歷、《周易》及《太玄》之學深造有得，故能會通京氏《易》而為之注，洵可稱為一代才士。《玩辭》所見，唯有一處：卷九，〈姤卦〉「羸豕」條下曰：「陸績作累。」〔註39〕戔戔異文，雖未足以言其承受，然陸績《易》學，會

〔註38〕見該書〈注解傳述人〉，頁40～41。

〔註39〕同注35書，頁402。

通《易》理、天文、曆算，故馬國翰玉函山房輯《周易陸氏述》三卷，序文稱其有所師承，不主一家，擇善而從，項安世之象數《易》學，殆亦追法於斯乎！

（八）王肅（195～256）《周易注》

王肅，字子雍，東海蘭陵人，魏衛將軍、太常、蘭陵景侯。黃師慶萱先生於所著《魏晉南北朝易學書考佚》書中，論其事蹟，考證綦詳，足資參驗。〔註40〕茲引史傳所載，明其崖略。《三國志·魏書·王肅傳》曰：

> 肅少承家學，年十八，復從宋忠讀《太玄》，而更爲之解。初，肅善賈、馬之學而不好鄭氏，采會同異，爲《尚書》、《詩》、《論語》、三《禮》、《左氏》、《孝經解》。及撰定父朗所作《易傳》，皆列於學官。

吳承仕先生《經典釋文序錄疏證》按語曰：

> 漢儒說經各守師法，至鄭君徧治經緯，兼通古今，擇善而從，不執一說，蔚爲大師，其學足以易天下。子雍繼起，遠紹賈、馬，近傳父業，乃專與鄭學爲讎；其言心之精神是謂聖，又爲玄學之宗。然則偏孔之傳、清言之緒，亦自子雍啓之。其關於學術升降者蓋亦大矣。張惠言曰：「肅注書務排鄭氏，故于《易》義，馬、鄭不同者則從馬，馬與鄭同者則並背馬。然其訓詁大義則出於馬、鄭者十七，蓋《易注》本其父朗所爲，肅更撰定。疑其出於馬、鄭者，朗之學也；其掊擊馬、鄭者，肅之學也。王氏父子竊取馬、鄭，而棄其言禮、言卦氣、爻辰之精切者；王弼祖述王肅，而棄其比附爻象者；於是空虛不根，而道士之圖書作矣。」愚謂漢師拘虛迂闊之義，已爲世人所厭，勢激而遷，則去滯著而上騫玄遠。二王之《易》，因世則然。張氏所談，誠所謂拘牽漢學，不知魏、晉諸師有刊綴異言之跡者也。因說王《易》而附著學術流變之故於此。〔註41〕

可見王肅《易》學，一承自宋忠（衷），一承於父朗。《隋書·經籍志》有「《周易》十卷，魏衛將軍王肅注。」馬國翰《玉函山房輯佚書》有「《周易王氏注》二卷，《周易音》一卷。」王弼注《易》，自荊州《易》學而來，深受宋忠之學影響，而王肅受學於宋忠，是王弼與王肅學脈有同源之誼。張惠言《易義別錄》卷十一謂：「王朗父子竊取馬、鄭而棄其言禮、言卦氣、爻辰之精切者。王弼祖述王肅，而並棄其比附爻象者。於是空虛不根，而道士之圖書作矣。」以今本輯佚王氏《注》殘卷觀之，張氏之言，可謂有據。〔註42〕《玩辭》中引見者二：

〔註40〕黃師慶萱先生《魏晉南北朝易學書考佚》：二、魏·王肅《周易注》，頁22～25。
〔註41〕見該書〈注解傳述人〉頁42。
〔註42〕《兩漢易學史》頁237，高先生引論如是。

1. 卷六，〈大過〉「過字」條下曰：「王弼訓爲相過，王肅音戈，蓋古義如此。」
2. 卷九，〈萃卦〉「萃亨」條下曰：「按《釋文》馬、鄭、陸、虞本並無亨字，獨王肅本有之，王弼遂用其說。」

以此二條觀之，亦可以略見王肅與王弼《易》學之淵源，項安世皆有所取資，故能固其根本，而立其規模。

（九）董遇（約 190～240）《周易章句》

董遇，字季直，弘農華陰人，魏侍中、大司農，性質訥而好學。《隋書‧經籍志》載：「梁有魏大司農董季直注《周易》十卷，亡。」《三國志》《魏書》無其傳，僅〈王肅傳〉末附有數語，今馬國翰輯本有董氏《章句》一卷，只零星二十餘節。黃師慶萱先生《魏晉南北朝易學書考佚》首列其人，考佚精詳，可藉窺其《易》學之大略。

《三國志‧王肅傳》裴松之注引《魏略‧儒宗傳》述其學術傳授，謹錄備參：

> 初，遇善治《老子》，爲作訓注，又善《左氏傳》，更爲作《朱墨別異》。
> 人有從學者，遇不肯教，而云：「必先讀百遍，而義自見。」又言：「學當
> 以三餘。」或問三餘之意，遇言：「冬者，歲之餘；夜者，日之餘；陰雨
> 者，時之餘也。」由是諸生少從遇學，無傳其《朱墨》者。

董遇於魏明帝時最爲老師，而旁治《老子》，馬融亦然。後來競尚玄學，《老》、《易》並稱，則開其先導者也。張惠言曰：「遇著書在王肅前，故無與肅合者，於鄭、荀則多同，義雖不可考，要之爲費氏《易》也。」今以並注《老子》一事證之，或與王弼爲近。〔註 43〕《玩辭》見引僅一處：卷十二，〈既濟〉「六二」條下云：「茀，車之蔽也，王弼以爲婦人首飾者，蓋董遇《易》茀字作髢。弼之所注，必本此也。」王弼《易注》有本於董遇者，項氏則兼而用之，亦蒙其惠而宗之者歟！

（十）管輅（208～255）數術《易》

管輅，字公明，三國魏平原人。年八、九歲，便喜仰視星辰；及成人，風角占相之道，無不精微。體性寬大，每欲以德報怨，自知不壽，果四十八而卒。〔註 44〕高懷民先生以學術思想之立場，予以極高之評價：

> 我們今天站在二千年之後，回頭綜觀漢代《易》學的流衍發展，實不
> 得不在學術思想上給管輅一席重要的地位。他的不屑於文字注《易》，實
> 爲時代對象數《易》注經派所產生的反動；他的以數術合《易》，實爲自

〔註 43〕此段節引《經典釋文序錄疏證》頁 41「董遇《章句》十二卷」下吳承仕先生語。又張惠言之說，可參閱其《易學十書》，茲不備註。

〔註 44〕管輅傳略，詳見《三國志》《魏書》〈方伎傳〉及裴松之注引輅弟辰所撰〈輅別傳〉。

兩漢以來數術家的最高成就，而對《易》學來說，毋寧說是一個新的開創；
尤其是對後世而言，遙接後世宋邵雍一派的《易》學。這一位不可多得的
奇才，應是《易》學史上關鍵人物之一。〔註45〕

管輅以數術合《易》，在漢象數《易》中別具創格，獨有通靈神秘之感。〔註46〕《玩辭》所引僅一處：卷十二〈未濟〉「六五」條下云：

> 管輅曰：『日中爲光，朝日爲暉。』夫中則日在上，朝則日在下；在
> 上之光，以在下之暉而獲吉。則五以二而獲吉明矣！

片羽吉光，雖未足以窺其全貌；然項安世玩辭觀象之餘，多有見於數術之道者，當亦旁獲啓發之功。

（十一）干寶（320前後）《周易注》

干寶，字令升，新蔡人，東晉散騎常侍領著作。《隋書·經籍志》載所撰《周易注》十卷，及《周易爻義》一卷。黃師慶萱先生《魏晉南北朝易學書考佚》於其人、其書，論之精當；高懷民先生《兩漢易學史》亦頗有論述，皆可參考比較。〔註47〕

據《晉書》本傳稱：「寶性好陰陽術數，留思京房、夏侯勝等《傳》，爲《春秋左氏義》，注《周易》、《周官》凡數十篇，又撰集古今神祇靈異人物變化，名爲《搜神記》，凡二十卷，皆行於世。」《中興書目》云：「寶之《易》學，以卦爻配月，或配日時，傅諸人事，以前世已然之跡證之，訓義頗有據。」〔註48〕則亦以人事注《易》之濫觴。干寶生東晉以後，排遣玄言，專明象數；又傅以人事，訓解《易》理，此其《易》學之特異殊勝者。《玩辭》於卷三〈大有〉「〈大有〉中爻」條下引曰：「……故爲匪其彭，干寶云：『彭亨，盛滿貌也。』」〔註49〕以此詞訓孤證，繫其淵源，不免附會難安；若考以項氏《易》學人事、象數、義理統而言之者，則又與干寶《易》學之特色，不謀而合。

（十二）《荀爽九家集注》

《經典釋文·序錄》載十卷，不知何人所集。稱「荀爽」者，以爲主故。其〈序〉有荀爽、京房、馬融、鄭玄、宋衷、虞翻、陸績、姚信、翟子玄等九家。子玄不詳何人，著有《易義》一書。注內又有張氏、朱氏，並不知何人。清儒惠棟曰：「《九

〔註45〕見《兩漢易學史》，頁270。另有關管輅《易》說之實際，參閱該書，頁273~291。
〔註46〕高懷民先生謂：「『通靈』係來自他的不立文字、直造《易》道；『神秘』係來自他的精於數術，用數術於無形，人不見其跡象。」見《兩漢易學史》，頁273。
〔註47〕見《魏晉南北朝易學書考佚》，頁301~496；《兩漢易學史》，頁246~249。
〔註48〕引見《經典釋文序錄疏證》，頁46。
〔註49〕黃師慶萱先生《魏晉南北朝易學書考佚》頁304言：項安世《周易玩辭》所引干寶《易》注，其實皆自《集解》轉錄，不足爲據也。

家易》，魏晉以後人所撰，其說以荀爽爲宗。」蓋得其實。案魏、晉以後《易》學名家，每有集解之作，雜取眾說，合爲一編；時代各不相接，撰錄者亦無主名，此類多見。故《集注》之作，當是後學隱栝京、馬、鄭、虞等九家說，而以荀義爲依者。〔註50〕《玩辭》引見五例，皆未明言屬何家，其義甚普通，無特妙處，茲不贅錄。〔註51〕然而，項氏旁徵博引之功夫，亦足深矣！

　　由以上所述兩漢、魏、晉象數《易》學名家，及其《易》學之各擅勝場，項安世生於後代，承其學脈之流衍，蒙其道澤之沾溉；復能含英咀華，轉益多師，故深研象數《易》學，而卓然成家，自有樹立。

二、唐儒《正義》、《集解》、《舉正》注疏《易》學之造就

（一）孔穎達（574～648）《周易正義》

　　孔穎達，字仲達（仲遠；沖遠），衡水人。生於北周武帝建德三年，卒於唐太宗貞觀二十二年，年七十五。孔氏於學術界最大之貢獻，在於統一南北經學，曾奉詔作《五經正義》，列爲官學，科舉士子莫不奉爲圭臬，棄舊追新，竟爲傳世定本，今《十三經》中《易》、《書》、《詩》、《禮記》、《左傳》皆用其書，根深柢固，影響至爲深遠。其《易疏》專崇王弼注，而眾說皆廢，浸微殆絕，亦《易》學之「斲喪」乎？

　　〈自序〉稱《周易正義》十四卷，《唐志》作十八卷，《書錄解題》作十三卷，《欽定四庫全書總目提要》謂十卷，乃與王弼、韓康伯注本同，殆後人從注本合併歟！

　　《四庫簡明目錄》曰：

> 　　穎達諸經《正義》，皆元元本本，引據詳明。惟《周易》罕徵典籍，
> 蓋所疏者王、韓之注，而王、韓皆掃棄舊聞，自標新解，故不能以漢儒古
> 義與之證明，非其考訂之疎也。

孔《疏》詮釋文句，多用空言，不能如諸經《正義》，根據典籍，源委粲然，《目錄》、《提要》皆明其由矣。蓋因王注掃棄舊文，無古義之可引；又排擊漢儒，自標新學，故義理專門，而考證粗疏，實無可厚非。《玩辭》引見僅一處，實不足以觀其善美。〔註52〕幸今本尚在，兩相參讀，亦可知其義理學傳承之脈絡矣！

　　有關孔穎達《周易正義》之學術定位與價值，龔鵬程先生《孔穎達周易正義研究》論文，頗爲精善，論析透徹，誠爲參考、研究之佳構。

〔註50〕詳參《經典釋文序錄疏證》，頁48。
〔註51〕見《易經集成》本《周易玩辭》卷十一〈豐卦〉頁490，卷十五〈說卦〉頁643，頁644～645，頁649，頁658～659。
〔註52〕同前書卷十二〈既濟〉，頁540。

（二）李鼎祚《周易集解》

唐李鼎祚撰《周易集解》，《四庫》著錄十七卷。鼎祚《唐書》無傳，始末未詳，其時代亦不可考，當是唐中葉以後人。朱彝尊《經義考》卷十四引《中興書目》曰：

> 《集解》十卷，唐著作郎李鼎祚集子夏、孟喜、京房、馬融、荀爽、鄭康成、劉表、何晏、宋衷、虞翻、陸績、干寶、王肅、王輔嗣、姚信、王廙、張璠、向秀、王凱沖、侯果、蜀才、翟玄、韓康伯、劉瓛、何妥、崔憬、沈驎士、盧氏、崔覲、孔穎達等，凡三十餘家。附以《九家易》、《乾鑿度》，凡十七篇，其所取荀、虞之説爲多。

鼎祚〈自序〉稱「刊輔嗣之野文，補康成之逸象。」蓋發明漢學者，而隋、唐以前《易》家諸書逸不傳者，幸賴此書猶見其一二，是「眞可寶之古笈」。〔註53〕《玩辭》引見二處，又錄崔憬一説，皆參《集解》而有所採取。〔註54〕案：《集解》凡採《子夏易傳》以下三十五家之説，所取於荀、虞者尤多，而安世博稽兩漢、魏、晉象數《易》學名家，沾漑取資，蓋亦本於是書，故玩象辭而明《易》象者歟？

世稱孔穎達《正義》集魏晉南北朝義理《易》學之大成，李鼎祚《集解》則爲魏晉南北朝象數《易》學之大成。然李氏《集解》多兼漢《易》而言之，所取又以荀、虞爲多，實非南北朝學者之所尙，故其〈自序〉稱：

> 自卜商入室，親授微言，傳注百家，綿歷千古。雖競有穿鑿，猶未測淵深。惟王、鄭相沿，頗行於代。鄭則多參天象，王乃全釋人事，且《易》之爲道，豈偏滯天人者哉？……歷觀炎漢，迄今巨唐，採群賢之遺言，議三聖之幽賾，集虞翻、荀爽三十餘家。刊輔嗣之野文，補康成之逸象，各列名義，共契玄宗，先儒有所未詳，然後輒加添削。

由此可知，鼎祚之所述非鄭、王二家所規範，其用意可謂勤矣！而其書之群集，獨傳逸學，何可廢哉？

（三）郭京《周易舉正》

《宋志》著錄三卷，存。《四庫總目提要》云：

> 舊本題唐郭京撰。京不知何許人，《崇文總目》稱其官爲蘇州司戶參軍。據〈自序〉言：御注《孝經》，刪定《月令》，則當爲開元後人。序稱曾得王輔嗣、韓康伯手寫眞本，比校今世流行本及國、鄉貢學人等本，舉

〔註53〕引見《四庫全書總目提要》，有關《集解》之撰著及所採各家，詳參《提要》所載錄。

〔註54〕同註51書，卷十三〈繫辭上〉頁589，卷十五〈說卦〉頁653；崔憬之說，見〈說卦〉頁637，崔氏有《周易探玄》一書，已佚。羅振玉撰《經義考目錄校記》上冊有著錄，見廣文書局印行之《書目續編》內。

正其謬。凡所改定，以朱墨書別之。……疑其書出宋人依託，非惟王、韓手札不可信，併唐・郭京之名，亦在有無疑似之間也。顧其所說，推究文義，往往近理，故晁公武雖知其託名，而所進《易解》，乃多引用。即朱子《本義》，……亦頗從其說，則亦未嘗無可取矣！

《周易舉正》刊正今本訛脫一百三十五處二百七十三字，晁公武等雖多疑其依託，然當時大家頗採其說，使經傳不相混亂，殘闕復爲眞全，誠有益於學者。《玩辭》亦引其本以證，「履霜堅冰，陰始凝也」，「堅冰」二字爲衍文〔註55〕，則又有舉訛正誤之功。

縱觀以上兩漢、魏晉至唐代《易》學之遞嬗，江山代有才人出，各有創義，紛葳並放！大體而言，《周易》之學，可分「象數」、「義理」兩派；而說義理者，又有道家《易》和儒家《易》之不同。羲、文、周、孔之《易》，譬則崑崙之源也。兩漢以降，象數《易》學獨領風騷，而李氏《集解》傳之，集象數《易》之大成；王弼黜兩漢象數而專崇義理，以《老》、《莊》解《易》，開《易》玄之風氣，而孔氏《正義》承之，是爲道家《易》學之興，譬則河之眾流也。迨及趙宋，儒道彰明，程《傳》、朱《義》，皆淵源王學而沛然大行於世，是爲儒家《易》學之正，譬則海之匯歸。河海原委，務本之道。安世厚霑前賢之學澤，以義理、象數解《易》，著爲《玩辭》，徵溯考源，其端倪可測，而脈絡益明！

第三節　宋代《易》學名家之化成

《易》至宋代，沿漢、唐《易》學之遺緒，衍生多門。象數義理之奧，占筮機祥之術，圖書史事之風，鬱鬱彬彬，極一時之盛。所謂「兩派六宗」，備於兩宋；而道學大昌，擺落漢唐，獨研義理。故漢學之根柢漸疏，宋學之精微難彰。惟明達君子消融門戶，截長補短，博稽眾說，因而以理學解《易》之鴻儒，沛然興焉，遂成宋《易》之主流。

《欽定四庫全書總目》〈經部・易類・提要〉云：

　　……漢儒言象數，去古未遠也。一變而爲京、焦，入於機祥；再變而爲陳、邵，務窮造化，《易》遂不切於民用。王弼盡黜象數，說以《老》、《莊》，一變而胡瑗、程子始闡明儒理；再變而李光、楊萬里，又參證史事。《易》遂日啓其論端，此兩派六宗已互相攻駁。

〔註55〕同註51書，卷一〈坤卦〉頁52～53。

「兩派」者,漢、宋是也;「六宗」者,象數、機祥、圖象、老莊、儒理、史事是也。〔註56〕項安世生於南宋道學鼎盛之時,當代師友之鴻篇偉製,皆沾溉而親炙,獲益良多。而前宋先進之心血經營,碩果尤豐,故《易》學矗矗而可觀。項氏承而習之,以成《玩辭》者,胥源本可考。名家歷歷,茲簡其行略,並以諸儒流派為序,次第年齒,先後述之,以明兩宋《易》學彬彬之盛。

一、理學《易》家

(一)胡瑗(993～1059)《易解》

胡瑗,字翼之,泰州如皋人,祖籍安定,故學者稱為安定先生。以經術教授吳中,景祐初,更定雅樂,范仲淹薦之,以白衣對崇政殿,授校書郎。以保寧節度推官教授湖州,弟子數百人,置經義、治事二齋,諸生各就其志,以類群居。慶曆中,興太學,下湖州取其法,著為令。後在太學,其徒益眾;禮部所得士,瑗弟子十居四、五,隨材高下而修飾之。人遇之,雖不識,皆知為瑗弟子。以太常博士致仕歸,嘉祐四年六月卒,年六十七,諡文昭。〔註57〕《宋史・藝文志》著錄其《易解》一十二卷、《口義》十卷、《繫辭說卦》三卷,今《四庫全書》唯見其《周易口義》十二卷,為其門人倪天隱所筆錄。〔註58〕徐芹庭先生〈宋代之易學〉一文,稱胡瑗《易解》肇宋《易》以理學詮《易》之先河,其文曰:

> (胡瑗)其解《易》以義理為宗。宋仁宗皇祐中,胡安定主太學,得二程子伊川先生試文,大驚,即延見,處以學職。由是伊川《易》學深受其影響。嘗告謝湜,讀《易》須先觀王弼、胡瑗、王安石三家。今見程子《易》學多稱引胡安定之《易解》。如〈觀卦〉、〈大畜〉上九、〈夬〉九三、〈漸〉上九,皆引胡氏《易解》,可知程子《易》學,取資於斯者良多也。
>
> 然則安定之《易》學,為程朱之先河,良有以也。〔註59〕

項安世受讀程子《易傳》三十年,浸炙深篤,而程子《易》學又淵源於胡瑗,則其學脈元本分明。《玩辭》引見二處,皆訓解之說,不涉精義,茲不具引。〔註60〕

(二)張載(1020～1077)《易說》

張載,字子厚,父知涪州,僑寓鳳翔郿縣之橫渠,世稱「橫渠先生」,為程子之

〔註56〕《易》兩派六宗之說,徐芹庭先生〈宋代之易學(上)〉一文有說,參見《孔孟學報》第四十二期,頁173～176。

〔註57〕詳見《宋史》卷四三二〈儒林傳〉胡瑗本傳,並參《宋元學案》〈安定學案〉。

〔註58〕參閱《四庫全書總目提要》,其《周易口義》十二卷,原書俱在,甚便查考。

〔註59〕見徐芹庭先生〈宋代之易學(下)〉,《孔孟學報》第四十四期,頁79。

〔註60〕並見《周易玩辭》卷六〈大畜〉「告牙」條,卷十〈漸卦〉「于逵」條。

表叔。《宋志》錄其《易說》十卷,《四庫全書》著錄《橫渠易說》三卷,則或有闕遺。張載治學,深得力於《易》與《禮》,而以《中庸》爲行之的,以孔、孟爲道之極。嘗曰:「爲天地立心,爲生民立命,爲往聖繼絕學,爲萬世開太平。」自任若是其重,氣象宏闊!其《易說》見存三卷中,往往經文數十句中,一無所說,亦不全載經文。故其書實有未全,殆後人所編其講《易》之辭。〔註61〕故《四庫簡明目錄》評其《易說》云:

> 文頗簡略,蓋無可發揮新義者,即不橫生枝節,強爲敷衍,猶有先儒篤實之道。間有引用老、莊語者,蓋借以旁證,非祖其虛無之談。

張載治學,以《易》爲宗,其《正蒙》〈西銘〉、〈東銘〉二篇,多蘊《易》理之深妙,非有得於《易》者,不能爲也。《玩辭》引唯見一處,蓋訓詁耳,無有深義。〔註62〕

(三)程頤(1033～1107)《易傳》

程頤,字正叔,洛陽人,世稱伊川先生,與兄顥同學於周敦頤,世稱二程子。嘗游太學,胡瑗異其文,哲宗初,官崇正殿說書,以忤蘇軾,出管勾西京國子監。紹聖初,削籍竄涪州;徽宗即位,徙峽州。學本於誠,專主窮理,從學者多。〔註63〕《宋志》著錄其《易傳》九卷,又《易繫辭解》一卷。所作《易傳》,實立宋《易》之基礎。案《朱子大全集》〈書伊川先生《易傳》板本後〉云:

> 《易》之爲書,更歷三聖,而制作不同。若庖羲之象,文王之辭,皆依卜筮以爲教,而其法則異。至於孔子之贊,則文以義理爲教,而不專於卜筮也。然自秦漢以來,考象辭者泥於術,而不得其弘通簡易之法,談《易》理者淪於空寂,而不適乎仁義中正之歸。求其因時立教,以承三聖,不同於法而同於道者,則惟伊川先生程氏之書而已。

朱子推重《程傳》若是,蓋漢儒以後之《易》學,不言緯候者,惟王輔嗣弼;宋儒中不言圖書者,惟程子伊川先生,朱子《本義》每曰:「《程傳》備矣!」可知朱子實重《程傳》。又案陸游《渭南集》卷二十九云:

> 《易》學自漢以後寖微,晉後與《老子》並行,其說愈高,愈非《易》之舊。宋興,有酸棗先生(王昭素)以《易》名家,同時种豹林(种放)亦開門傳授,至傳邵康節遂大行於時。然康節欲以授伊川程先生,乃拒弗

〔註61〕文參徐芹庭先生〈宋代之易學(下)〉,頁82。又汪惠敏先生《宋代經學之研究》第三章〈宋代之易學〉頁71～72,敘「張載《橫渠易說》」,亦皆取徐先生文而成,可一併互見。

〔註62〕見《周易玩辭》卷十五〈說卦〉「〈離〉」條。

〔註63〕程頤伊川先生事蹟、學行,詳見《宋史》〈道學傳〉本傳。及《宋元學案》卷十五〈伊川學案〉上,卷十六〈伊川學案〉下。

受：而伊川每稱胡安定（瑗）、王荊公（安石）《易傳》，以爲今學者所宜讀。由是推之，則程子之不受邵雍《易》，與朱子之尊程子《易》，皆宋人經學史上之關鍵，不可不明。

項安世《周易玩辭》嘉泰二年重脩之序曰：「安世之所學，蓋伊川程子之書也。程子平生所著，獨《易傳》爲全書，安世受而讀之三十年矣！今以其所得於《易傳》者，述爲此書，而其文無與《易傳》合者，合則無用述此書矣。」故《玩辭》之書，義理淵源於程子《易傳》，可謂確鑿！又能袪伊川專言義理而略象數之弊，貫通爻象，遍考諸家，斷以己意，則精博之至矣！〔註64〕

（四）朱熹（1130～1200）《周易本義》

朱熹，字元晦，學者稱晦庵先生，諡曰文。其學集北宋五子理學之大成，事蹟學說詳見《宋史・道學傳》、《宋元學案・晦翁學案》，茲不具述。《宋志》載其《易傳》十一卷、《本義》十二卷、《易學啓蒙》三卷、《古易音訓》二卷。又撰《蓍卦考誤》，其孫鑑復據其《語錄》，編集《文公易說》。蘊程子、邵雍理學解《易》之精華，而集象、數、理之大成，摒棄門戶之私，義理涵泳既新，兼擅名物詁訓，故超邁漢、唐之徒事訓詁，復殊道學之空言義理，人以鄭玄擬之，實非過譽之論。

徐芹庭先生曰：「其《易》說主卜筮，兼取程子《易傳》之精要，而參之以己說，以成其《周易本義》之著作。……故聖人作《易》教民占筮，《易》有聖人之道四焉：辭、變、象、占是也。程子主辭，朱子主筮，程子得其本，朱子得其用。」〔註65〕項安世自謂讀程子《易傳》三十年，又與朱子爲學侶師友之交，往復論辨，其文猶存。而《玩辭》之作，成於《本義》二十年後，雖朱子未及見。然其淵源之深切著明，不喻可知。《玩辭》引見七處，《家說》一處，附註備參，不具引其原文。〔註66〕

（五）金華劉剛中

劉剛中，字德言，光澤人。嘗讀老、莊、荀、揚之書，有所得皆爲發明。及遊朱子之門，始篤志於道，熹爲易其字曰：近仁。與黃榦友善，切磋之益居多。既歸，築室講學，從遊甚眾，有《師友問答》，詳見《宋元學案》卷六十九〈滄洲諸儒學案〉。項安世與之同遊朱子門，蓋亦有所切磋。其書雖不見存，然讀《學案》，

〔註64〕《周易玩辭》引程子《易傳》二見：卷一〈坤卦〉「履霜堅冰，陰始凝也」條，卷九〈困卦〉「綏」條；前以「堅冰」二字爲衍文，後則以言「綏」者，義主於行也。

〔註65〕詳參〈宋代之易學（下）〉，頁85～86。

〔註66〕見《家說》卷一「象閏」條。《玩辭》卷五〈無妄〉「無妄之災」條，卷六〈習坎〉「六四爻句」條，卷七〈大壯〉「羊」條，卷十〈革卦〉「六爻變義」，卷十〈艮卦〉「時止則止，時行則行」條，卷十三〈繫辭上〉「大衍之數五十章第九」條、並「夫《易》何爲章第十一」條，凡八見。

可知其學之大要。

《玩辭》卷二〈屯卦〉「即鹿、往吝」條下曰：「金華劉剛中曰：鹿指上六，鹿之性善求其類；上者，三之類也。」存錄惟一見，而其《易》說未見傳世，實不詳其內容爲何，殆亦朱學之流亞。

二、圖書、象數《易》家

（一）李之才（？～1045）

李之才，字挺之，青社人。天聖八年同進士出身，師河南穆修，受《易》。初爲衛州獲嘉縣主簿、權共城令，邵雍從其學《易》。再調孟州法參，改大理寺丞，爲緱氏令，未行，辟澤州簽署判官，澤人劉仲更從其習曆法。轉殿中丞，慶曆五年（1045）卒於懷州。〔註67〕《宋史・儒林傳》謂：

> 師河南穆修，……卒能受《易》。……修之《易》，受之种放，放受之陳摶，源流最遠，其圖書、象數、變通之妙，秦漢以來，鮮有知音。……雍願受業，於是先示以陸淳《春秋》，意欲以《春秋》表儀《五經》：既可語《五經》大旨，則授《易》而終焉，其後雍卒以《易》名世。

李挺之淵源授受，由此可知。朱彝尊《經義考》著錄其《變卦反對圖》八篇、《六十四卦相生圖》一篇，見朱震《漢上易傳》〈易卦圖上〉。〔註68〕《家說》卷二〈說經篇二〉首條「李挺之反對法，以〈乾〉、〈坤〉變六十四卦」，推闡詳明，引申其說，錄以備參。〔註69〕其言曰：

> 李挺之反對法，其實即生卦法也。故世之言卦變者，皆自挺之出。其法以〈乾〉父、〈坤〉母爲二卦，不反對。又以〈乾〉、〈坤〉三交生六卦，亦不反對。〈頤〉交〈大過〉，一也；〈小過〉交〈中孚〉，二也；〈坎〉交〈離〉，三也。又以〈乾〉交一陰生六卦，反對：〈姤〉反〈夬〉，〈同人〉反〈大有〉，〈履〉反〈小畜〉，凡六也。〈坤〉交一陽生六卦，反對：〈復〉反〈剝〉，〈師〉反〈比〉，〈謙〉反〈豫〉，凡六也。又以〈乾〉交二陰生十二卦，反對：〈遯〉反〈大壯〉，〈訟〉反〈需〉，〈無妄〉反〈大畜〉，〈睽〉反〈家人〉，〈兌〉反〈巽〉，〈革〉反〈鼎〉，凡十二也。〈坤〉交二陽生十二卦，反對：〈臨〉反〈觀〉，〈明夷〉反〈晉〉，〈升〉反〈萃〉，〈蹇〉反〈解〉，〈艮〉反〈震〉，〈蒙〉反〈屯〉，凡十二也。又以〈乾〉交三陰生

〔註67〕詳參《嵩山文集》卷十九下，〈李挺之傳〉。
〔註68〕參見王基西先生《北宋易學考》，頁10。
〔註69〕見《欽定四庫全書》，子部儒家類《項氏家說》，頁483。

十二卦，〈否〉反〈泰〉，〈恆〉反〈咸〉，〈豐〉反〈旅〉，〈歸妹〉反〈漸〉，〈節〉反〈渙〉，〈既濟〉反〈未濟〉，凡十二也。又〈坤〉交三陽生十二卦，〈泰〉反〈否〉，〈損〉反〈益〉，〈賁〉反〈噬嗑〉，〈蠱〉反〈隨〉，〈井〉反〈困〉，〈未濟〉反〈既濟〉，凡十二也。三陰三陽數內，〈否〉、〈泰〉、〈既濟〉、〈未濟〉四卦相重，止各十卦爾。

　　右六十四卦，雖皆自〈乾〉、〈坤〉來，而〈乾〉、〈坤〉之交不出于三。故推卦變者，因〈乾〉、〈坤〉初交爲〈復〉、〈姤〉，而以爲一陰一陽者，皆自〈復〉、〈姤〉來；再交爲〈臨〉、〈遯〉，而以爲二陰二陽者，皆自〈臨〉、〈遯〉來；三交爲〈否〉、〈泰〉，而以爲三陰三陽者，皆自〈否〉、〈泰〉來。蓋〈乾〉、〈坤〉之變，自此六卦始，則繼此而變者，當推此六卦，而爲所從來之地，理或然也。

卦變之說，乃象數之要著，項安世於《玩辭》中多所發揮，實亦深明之。

（二）邵雍（1011～1077）《皇極經世》

　　邵雍，字堯夫，隱居蘇門山之百源，後徙河南洛陽，所居名安樂窩，追諡爲康節。《宋史・藝文志》云：「雍有《皇極經世》十二卷，又有《觀物外篇》六卷，《觀物內篇》二卷，今存。」昔李之才聞其孝行學養，造其廬，授以河圖、洛書、先後天八卦、六十四卦圖象，於是探賾索隱，妙悟神契多所自得。遂立圖畫象數學之基礎，宋、元、明、清諸儒，凡溯圖象者，多本之。朱子《易學啓蒙》、《周易本義》二書，且以之爲學《易》之基礎，其影響於後儒者至鉅！而究其所得，程顥明道先生以爲振古之豪傑，內聖外王之道者，實皆自《易經》得來。〔註70〕

　　《玩辭》、《家說》引見各一處，錄後存參。

1. 《玩辭》卷十六〈雜卦〉首條「〈序卦〉、〈雜卦〉」下曰：「《易》之用無所不通，京房、揚雄之以卦氣直日，其序復與〈雜卦〉不同；邵康節之以四象畫卦，其序復與卦氣不同。然則，《歸藏》、《連山》之序必與《周易》不同，無足疑矣！」

2. 《家說》卷二，「先天、後天卦位」條下曰：「邵先生曰：〈乾〉、〈坤〉縱而六子橫，《易》之本也。（謂伏羲先天之卦）〈震〉、〈兌〉橫而六卦縱，《易》之用也。（謂文王後天之卦）」

（三）鄭夬《周易傳》

　　鄭夬，字揚庭，江南人。與秦玠同師邵雍，夬志在口耳，多外慕。官孟縣主簿，

司馬光以其明《易》薦之，著有《周易傳》十三卷。〔註71〕其書已佚，《宋志》錄其《時用書》十二卷、《明用書》九卷，又《易傳辭》三卷，皆未見存。項安世述引數處，錄之備考：

1. 《家說》卷二「鄭夬說以〈復〉、〈姤〉生六十四卦」條下曰：「〈乾〉、〈兌〉、〈離〉、〈震〉、〈巽〉、〈坎〉、〈艮〉、〈坤〉以次相生，重一卦爲八卦，爲六十四卦，此重卦法也，而先天圖用之。其畫自一陰一陽始，左畫自〈復〉之一陽逆數而至〈乾〉，右畫自〈姤〉之一陰順數而至〈坤〉。故鄭夬謂：『〈乾〉、〈坤〉生八卦，爲大父母；〈復〉、〈姤〉生六十四卦，爲小父母。』其說蓋出于此。」

2. 《玩辭》卷一〈坤卦〉「黃中通理章」條下曰：「江東鄭夬謂：〈坤〉六五之臣，配〈乾〉九五之君。非也。」

3. 卷二〈師卦〉「小人勿用」條下曰：「鄭夬曰：『上六，〈師〉之極也，〈師〉不可極。大君有天命，可以開國承家，以正而成功也；小人無天命，則亂邦而已。』安世按：《易》中言小人弗克、小人否，皆言君子可用，小人不可用也。君子吝、大人否亨，皆言小人可用，君子不可用。當從鄭說。」

4. 卷六〈大過〉「獨立不懼，遯世無悶」條下曰：「江東鄭夬曰：獨立不懼，居大位，任大事者也。遯世無悶，有大德、無大位者也。」

5. 卷十〈革卦〉「治曆明時」條下曰：「鄭夬曰：『澤中有火，燼故根也；治曆明時，變前正也。』此說甚美。」

6. 卷十六〈雜卦〉首條「〈序卦〉、〈雜卦〉」下曰：「鄭夬《易》云：『〈雜卦〉解伏羲六十四卦，以其始於〈乾〉，而終於〈夬〉也。』」

朱彝尊《經義考》卷十九引沈括言曰：

> 江南人鄭夬，字揚庭。曾爲一書談《易》，其間一說曰：「〈乾〉、〈坤〉，大父母也；〈復〉、〈姤〉，小父母也。……〈乾〉、〈坤〉錯綜陰陽，各得三十二，生六十四卦。」夬之書皆荒唐之論，獨有此變卦之說，未知其是非。

則知夬著書談《易》變，其書雖不見存。然以《經義考》所載司馬光、沈括、邵伯溫、晁公武、吳仁傑與馬中錫諸說，亦可知其大較。而安世頗引其書，以卦變爲論，蓋亦有所取法，助成其《易》學。

（四）范諤昌

范諤昌，建溪人，天禧中爲毗陵從事。著《易證墜簡》一卷，其書酷類郭京《易

〔註71〕《宋元學案》卷三十三〈王、張諸儒學案〉，見引「主簿鄭揚庭夬」傳可參。

舉正》，自謂其學出於溢浦李處約，而李得於廬山許堅。〔註72〕《宋史・藝文志》著錄其《大易源流圖》一卷，又《易證墜簡》一卷，皆亡佚。〔註73〕《玩辭》見引一條，不知錄出何書。卷九〈井卦〉首條「象」下曰：「今按：巽乎水，作巽乎木，范諤昌言說也。」若以此衡之，則其書酷類《易舉正》，蓋非虛言也？

（五）劉牧（1011～1064）

劉牧，字先之，一作牧之，號長民，衢州西安人，舉進士第。牧受《易》學於范諤昌，諤昌本於許堅，實與邵雍同所自出。《宋史・藝文志》著錄《新注周易》十一卷，《卦德通論》一卷，又《易數鉤隱圖》一卷〔註74〕，《欽定四庫全書》載其《易數鉤隱圖》三卷，附《遺論九事》一卷，與《宋志》不同卷數。朱彝尊《經義考》卷十六中評論資料甚豐，可以參考。《四庫簡明目錄》略曰：

> 其說出於陳摶與邵子先天之學，異派同源，惟以九數爲河圖，十數爲洛書，與邵子異。宋人《易》數以此書爲首。其《遺論九事》皆奇偶陰陽之說，先儒之所未言者也。

劉牧之書，既爲宋人《易》數之首，又深研《易》圖，皆有創述，項安世亦習象數之學，當有啓於其人者。《玩辭》引見二處，安世並駁其說，非執守之。

1. 卷一〈乾卦〉「進無咎也，乾道乃革」條下曰：「彭城劉牧謂：在淵爲藏，非經意也。龍之得水，猶人之得時也。何謂藏乎？初九之藏，乃在地下，非在淵也，牧殆爲《小雅》『魚潛在淵』所誤爾。」
2. 卷十三〈繫辭上〉「河圖洛書」條下曰：「姚小彭氏曰：今所傳戴九履一之圖，乃《易》〈乾鑿度〉九宮之法。自有《易》以來，諸《易》師未有以此爲河圖者。至本朝劉牧長民，方以此爲河圖，而又以生數就成數，依五方圖之，以爲洛書，其言未足深據也。」

（六）朱震（1072～1138）《漢上易集傳》

朱震，字子發，荆門軍人。政和進士，累官翰林學士，紹興初，謝病丐祠，八年六月卒，年六十七，諡文定。震經學深醇，人稱爲「漢上先生」。精於《易》，著有《漢上易集傳》十一卷、《卦圖》三卷，《叢說》一卷，以象數爲宗。〔註75〕故《四

〔註72〕傳略引見《宋元學案補遺》卷九。
〔註73〕王基西先生《北宋易學考》頁12及頁117，考佚如下：《大易源流圖》——胡一桂引見一條，雷思齊《易圖通變考定》二條。《易證墜簡》——晁公武見引一條，朱震《漢上易傳》三條，可觀其說一二。
〔註74〕《北宋易學考》，頁54，輯佚《新注周易》如下：《周易義海》見引經注一九五條，〈繫辭注〉四條，《遺論九事》一條，《卦德通論》未見引。
〔註75〕朱震事蹟，詳參《宋史》卷四三五本傳，及《宋元學案》卷三十七〈漢上學案〉，茲

－113－

庫簡明目錄》曰：

> 其書以數爲宗，闡陳、邵河洛先天之學，而兼採漢以來卦變、互體、
> 伏卦、反卦諸説，頗爲蕪雜。然得失互陳，存之亦可資參攷。

由其現存書以觀，可知其遍採兩漢、六朝、唐及北宋之《易》學，故未免駁雜不專，
然歸宗於象數，總以「變動」爲言。詳其所述，蓋合孟、京、馬、鄭、荀、虞之漢
《易》，與陳、邵之圖象而一之者也。〔註76〕

項安世義理之外，亦宗象數，故稱引多見：

1. 《家説》卷二，「朱震《易圖》以六卦變六十四卦」條，言其變卦之説頗詳，
   茲不具引。

2. 《玩辭》卷十五〈説卦〉下見引五處：

   （1）「〈乾〉爲首至〈兑〉爲口」條下曰：「朱子發曰：足動股隨，雷風相
       與也。耳目通竅，水火相逮也；口與鼻通，山澤通氣也。」

   （2）「〈坤〉」條下曰：「朱子發曰：蕨葛苧曰布。」

   （3）「龍字、夤字考」條下曰：「〈震〉爲龍，……朱子發謂：當爲龏，東
       方尾星也。」

   （4）「〈巽〉，逸象爲揚，爲鸛」條下曰：「朱子發曰：〈震〉爲鶴，鶴陽禽
       也；〈巽〉爲鸛，鸛陰禽也。」

   （5）「〈兑〉，逸象爲常、爲輔頰」條下曰：「朱子發以爲：當屬〈坤〉，脱
       簡在此。」

朱氏《易》學於象變外，亦精於訓解刊正，項安世象數之學得於是道者，宜其多矣！

（七）鄭剛中（1088～1154）《周易窺餘》

鄭剛中，字亨仲，一字漢章，號北山，又號觀如，金華人。登紹興二年進士甲
科，累官四川宣撫副使，治蜀頗有方略，威震境內。紹興二十四年卒，年六十七，
追諡忠愍。撰《周易窺餘》十五卷，《經義考》卷二十四述其學行甚詳可參，又引其
〈自序〉明其命名、著作之意曰：

> 《窺餘》，竊窺《易》家餘意，綴集而成也。老來心志凋落健忘，自
> 覺所學漸次遺失，恐他時兒童輩有問，寢就荒唐，無以對，故取平日所誦
> 今昔《易》學與意會者，輒次第編錄，時自省覽，此《窺餘》之所作、所
> 爲名，序之所爲縷縷也。

不具引。

〔註76〕詳參〈宋代之易學（上）〉，頁197～198。朱震書有通志堂本、《四庫》本、《四庫薈
　　要》本、《湖北先正遺書》本；另《四部叢刊續編》，唯刊其《易傳》，版本凡五。

其書兼採象數、義理，唯以象數重於義理。故《四庫簡明目錄》曰：

> 其書以《伊川易傳》主理，《漢上易傳》主數，參取兩家，發所未盡，
> 故名曰：《窺餘》。大旨兼採漢學，而增以新義，不甚拘守成說；然往往愜
> 當於理。原本久佚，今從《永樂大典》錄出。

《玩辭》中見引四處，可與今行《四庫》本合校。〔註77〕其書不解〈乾〉、〈坤〉二卦；而從〈屯〉、〈蒙〉始，欲學者因象求爻，因爻識卦。故《玩辭》之作，亦以辭、象二者兼求並釋，沿流尋源，《窺餘》固其宗師。

（八）張行成

張行成，字文銳，一字文饒，臨邛人。紹興二年進士，由成都府路鈐轄司幹辦公事，丐祠歸。杜門十年，著書七十九卷。乾道中，表進其書，除直徽猷閣，官至兵部郎中。汪應辰帥蜀，薦其有捐軀殉國之忠，而又善於理財，學者稱為觀物先生，著述有《元包數總義》二卷，《述衍》十八卷，《通變》四十八卷等多種。〔註78〕

《家說》卷二「先天後天卦位」條下，引其說曰：「張行成曰：『先天，造化之初也。伏羲八卦，天位也，兼天上地下言之（天山水風、澤火雷地）。後天，生物之後也。文王八卦，地位也，獨據地上言之（〈離〉、〈坤〉、〈兌〉、〈乾〉，〈坎〉、〈巽〉、〈震〉、〈艮〉）。所以〈坎〉、〈離〉、〈震〉、〈兌〉，當二分、二至之中。』」

《玩辭》雖未見引其說，然由《家說》所引以觀，亦有所採取而得其《易》道一二。

三、老莊《易》家

（一）王昭素《易論》

王昭素，酸棗人。篤志有學行，為鄉里所稱，聚徒教授以自給。鄉人爭訟，不詣官府，多就昭素決之。博通《九經》，兼究《老》、《莊》，尤精於《易》，嘗著《易論》三十三卷。太祖召見，拜國子博士，致仕卒，年八十九。〔註79〕

《易論》一書，《宋史》既見著錄，而今未傳。王基西先生《北宋易學考》輯有佚文，略可備觀。〔註80〕《經義考》卷十六引《中興書目》云：「昭素以王、韓法

〔註77〕《玩辭》引見《窺餘》四處：卷五〈無妄〉「其匪正有眚」條、「不耕穫、不菑畬」條。卷六〈頤卦〉「六爻」條，及卷十二〈節卦〉「當位以節，中正以通」條。《窺餘》版本，除《四庫》本外，尚有「續金華叢書」本。

〔註78〕事蹟具見《宋元學案補遺》卷四，及《宋詩紀事》卷四十八下。

〔註79〕傳見《宋史》卷四三一〈儒林傳〉。本傳謂著《易論》三十三篇，《宋志》謂三十三卷。

〔註80〕王基西先生《北宋易學考》頁31，輯佚如下：《周易義海》得二十六條，《漢上易傳》十條，《經義考》、《周易玩辭》、《呂氏古周易》各得一條。

《易》，及孔、馬疏義，或未盡，乃著此論。」可以明其著作之由，及取材之本。

《玩辭》引見王昭素說二處；但王基西先生只考見一條，仍有闕遺，茲備錄以資參較：

1. 卷二〈比卦〉「比吉」條下曰：「王昭素云：多此也字。」
2. 卷十六〈序卦〉「序不言〈咸〉」條下曰：「王昭素本云：〈離〉者，麗也；麗必有所感，故受之以〈咸〉，〈咸〉者，感也。」

（二）李椿年《逍遙公易解》

李椿年，字仲永，號逍遙公，浮梁人。政和八年進士，歷司農丞，度支郎中、戶部侍郎，直學士院。後知婺州，紹興二十九年卒，有《逍遙公易解》八卷，《周易疑問》一卷及文集。〔註81〕胡銓序其書，謂椿年歐陽修之故人。歐陽修說《易》本於王弼，以爲《易》無王弼，則淪於異端。椿年潛心《易》學，衛道甚嚴，一日夢弼而有得，遂成是書，蓋與歐陽氏默契云。〔註82〕

《玩辭》卷十五〈說卦〉「〈艮〉爲手」條下，引其說曰：

> 李椿年侍郎，自號逍遙子，作《周易傳》曰：『一身之榮衛，還周會於手太陰；一日之陰陽，曉昏會於艮時。故艮時在人，其象爲手。』余以醫書攷之，信然。

《經義考》卷二十二引胡一桂曰：「其說專主王輔嗣。」王弼力掃象數，以《老》、《莊》解《易》，可知李氏《易解》之旨趣，而項安世《玩辭》取其長，殆同源而有所宗。

四、疑古《易》家

（一）歐陽修（1007～1072）《易童子問》

歐陽修，字永叔，謚文忠。《宋史・藝文志》著錄其《易童子問》三卷，見存於《歐陽文忠公集》卷七十六至七十八。由漢儒傳《易》至唐，於《易》之文與作者，罕有疑者；迨歐陽修爲《易童子問》，始疑及《十翼》之〈文言〉、〈繫辭〉、〈說卦〉以下，非聖人之言，亦非孔子所作，至是疑古派之《易》學乃肇其端。徐芹庭先生〈宋代之易學（下）〉論之曰：

> （歐陽修）其於《易》也，亦於善於文之道治《易》。夫爲文者主脈絡貫通，一氣呵成，而爲道則須多方闡述，未可一氣而通始末，起承轉合無間也。……歐陽修執爲文之道，以考異《十翼》之文，而因其叢脞，

〔註81〕參見《經義考》卷二十二。
〔註82〕胡銓序《易解》，詳見《經義考》卷二十二。徐芹庭先生〈宋代之易學（下）〉頁95，節引其文。

致謂非出孔子，此其敝在以《易》為文，非以《易》為道也。其《易童
子問》有三卷，首卷與二卷多論卦、彖、象之辭，尚有可取，……其第
三卷，以〈繫辭〉、〈文言〉、〈說卦〉、〈序卦〉、〈雜卦〉，繁衍叢脞，眾說
淆亂，非孔子所作。〔註83〕

要之，歐陽修果於行文，而未察夫至道，故有此誤，徐先生深不以為然。

《項氏家說》卷二第十一條「歐陽子《易》說」下云：

或曰：「歐陽子說《易》奈何？」曰：「其說以大衍為筮占，小事而
不之學。」夫謂大衍為止于筮占，是歐陽子又未知聖人之筮占也。彼既
以今世巫史之術待筮占，又以今世之筮占待大衍，則其以為不足學也。
又何難焉？

然則，項安世亦不是其說，而有所憤啟者。

五、考古《易》家

（一）晁說之（1059～1129）《錄古周易》

晁說之，字以道，一字伯以，又字季此。慕司馬光之為人，自號景迂，清豐人，
端彥子。元豐五年進士，蘇軾以著述科薦之；元祐中，以黨籍放斥，後終徽猷閣待制；
建炎三年卒，年七十一。說之博極群書，善畫山水，工詩，通《六經》，尤精於《易》。
事蹟詳見《書史會要》卷二下，《宋元學案》卷二十二〈景迂學案〉。《宋志》載其《錄
古周易》八卷，首先考定古《周易》之篇次，以為：〈卦爻〉一、〈彖〉二、〈象〉三、
〈文言〉四、〈繫辭〉五、〈說卦〉六、〈序卦〉七、〈雜卦〉八。《經義考》卷二十晁
說之〈自序〉言之甚明，復古《易》之篇第，後學繼踵，大有功於《易》學者。

項安世頗引其說，錄后備參：

1. 《家說》卷二「虞氏、晁氏旁通卦法」條下曰：「本朝晁說之據先天圖以通
六十四卦，今總而類之，其說有三。其一曰：以對相通。……其二曰：以
近相通。……其三曰：以類相通。……晁氏之說繁雜難曉，故類為三說，
而令其易通。」

2. 《玩辭》卷七〈大壯〉「喪牛于易」條下曰：「晁說之氏曰：易，古文疆場字
也。」

3. 卷十〈艮卦〉「艮其止」條下曰：「〈卦辭〉為艮其背，〈象〉為艮其止。晁說
之氏曰：〈象〉亦當為艮其背，自王弼以前，無艮其止之說。今按：古文背

字爲北，有訛爲止字之理。」

4. 卷十五〈說卦〉「〈兌〉，逸象爲常、爲輔頰」條下曰：「予按：晁以道《古易》，常即古文裳字。」

5. 卷十六〈序卦〉「物畜然後有禮，故受之以〈履〉」條下曰：「晁以道曰：王弼《略例》所引有『履者，禮也。』一句，但誤以爲〈雜卦〉爾。」

以此五例觀之，說之還原古《易》，安世後學述《易》，以正訛謬，蒙其惠深矣！

（二）晁公武《易詁訓傳》

晁公武，字子止，號昭德先生，鉅野人，公休弟。紹興二年進士，初爲四川總領財賦司幹辦公事；乾道中，以敷文閣直學士爲臨安府少尹，人以良吏稱之。有《昭德文集》、《郡齋讀書志》行世。〔註84〕《宋志》著錄其《易詁訓傳》十八卷，亡佚，《經義考》卷二十五引陳振孫、王應麟說，可知其大要。項安世引述頗多，足以考校，甚有文獻之價值。

1. 《家說》卷一「卦氣、序卦之異」條下曰：「晁公武氏曰：二者皆有爻數可攷。〈上篇〉反覆十八卦，陽爻五十二，陰爻五十六；〈下篇〉亦十八卦，陽爻五十六，陰爻五十二，此《周易》〈序卦〉以二百一十六，均在兩篇也。」

2. 《玩辭》中另引見者九處，文繁不及備錄，謹附註所從出，甚便查檢、互參。〔註85〕

其書博採古今諸家，附以己聞。議論精博，不主一家，雖略於象數，而安世固多所援引，亦裨益《易》道多也。

六、占筮《易》家

（一）程　迥

程迥，字可久，號沙隨，睢陽人，登隆興元年第，爲程子宗裔。著《易章句》十卷、《周易外編》一卷，《古易考》一卷，《古易占法》一卷。《經義考》卷二十八引述其序，及他家資料，皆可參考。據《四庫簡明目錄》曰：「其說用邵子加一倍法，據〈繫詞〉、〈說卦〉發明其義，用逆數以尚往知來。」其《占法古易考》一卷，考古《易》十二篇之次第爲：〈經〉上下、〈彖〉上下、〈象〉上下、〈文言〉、〈繫辭〉

〔註84〕晁公武事蹟見《宋元學案補遺》卷四，及《宋詩紀事》卷四十八下。《經義考》卷二十五，亦可參看。

〔註85〕見《玩辭》卷二〈屯卦〉「居貞行正」條、〈訟卦〉「〈訟〉上剛下險，險而健〈訟〉」條，卷四〈蠱卦〉「父母」條、「往見吝，裕蠱」條，卷五〈噬嗑〉「雷電〈噬嗑〉」條，卷五〈剝卦〉「象」條、〈復卦〉「出入無疾，朋來無咎」條，卷九〈井卦〉「勞民勸相」條，卷十一〈巽卦〉「卦辭」條，凡九見。

上下、〈說卦〉、〈序卦〉、〈雜卦〉，與邵雍所考訂之古本相同。又其撰著詳說，為朱熹所採用，可見朱子《易》學之原。蓋程迥為朱熹丈人行，熹以師禮事之，其《啓蒙》言占者本此，故源流可考而知。〔註86〕

《玩辭》引見三處，附註所從出，以利循檢參較。〔註87〕程迥其學經業宏深，朱子以師禮事之。安世為朱子學侶，迥又為其師友之交（已見第二章交游考），則其《易》學之琢磨切磋，自然深切矣！

七、其他《易》家

（一）王安石（1021～1086）《易解》

王安石，字介甫，號半山老人，臨川人。議論高奇，果於自用，能以辨博濟其說。《宋志》錄其《易解》十四卷，已亡佚。王基西先生《北宋易學考》，於《周易義海》中輯得其經注一三〇條，略可窺其說之一二。《家說》卷三「曰貞曰悔」條下，引其說曰：「人但知內卦為貞，外卦為悔，不知其何說也。王介甫謂：靜為貞，動為悔。亦臆之而已，此占家之事。」《玩辭》雖未見引，然安世殆亦讀其書乎！

《經義考》卷十九，引黃震曰：「荊公釋《易》中字義甚詳。卦名解，始於剛柔始交之〈屯〉；展轉次第，用〈序卦〉之法；而論其次，頗有牽強處。」由此以觀，其學稍明，而胡瑗嘗稱之，故可知其必有所善。

（二）姚小彭《周易內外傳》

姚小彭，字大老，五山人，官朝議大夫。其事蹟、著作皆未見錄史傳中，惟項安世《家說》引見二處，《玩辭》稱述凡十六處。由徵引內容可以略知其生平及著作大概。茲引錄《家說》所見二說，以窺豹斑；《玩辭》所載者，以附註明其出處，循檢即得，茲不具載。〔註88〕

1. 《家說》卷一「三正說」條下曰：「朝議大夫姚大老，名小彭，作《周易外傳》。辨三代及秦漢置正，皆不改夏時，其說博而有理，今錄之。（以下從略）」

〔註86〕文引見徐先生〈宋代之易學（下）〉，頁97～98。《孔孟學報》第四十四期。
〔註87〕參《玩辭》卷九〈井卦〉「無禽」條，卷十二〈節卦〉「又誰咎也」條，卷十五〈說卦〉「〈艮〉」條，凡三見。
〔註88〕見《玩辭》卷一〈乾卦〉「龍德正中，剛健中正」條、〈坤卦〉「不習」條，卷五〈賁卦〉「翰如」條，卷六〈習坎〉「往有功也」條、「樽酒，用缶，自牖」條，卷七〈晉卦〉「象」條，卷八〈益卦〉「為依」條，卷九〈夬卦〉「孚號，惕號，無號」條，卷十〈艮卦〉「不獲其身，不見其人」條、「以中正也」條二見，卷十一〈巽卦〉「卦辭」條，卷十二〈未濟〉「初六，九二」條，卷十三〈繫辭上〉「聖人見天下之蹟章第八」條、「大衍之數五十章第九」條、「河圖、洛書」條，凡十六處。

2. 《家說》卷三「曰貞曰悔」條下曰：「姚小彭氏作《易內外傳》，以吉凶悔吝
爲元亨利貞之反。其言亦有理，初聞者必訝其異，然不可不思也。」

《玩辭》引其說凡十六見，《家說》二見，皆逾邁他書，則姚氏《周易內外傳》
之作，當有其重要之參考價值，故安世引重若是。雖其人、其書，遺佚未傳，賴安
世有以存之，亦可推見其影響安世《易》學，必匪淺矣！然彼此之關係，殆同僚而
共治《易》者歟？

（三）蒲陽鄭厚

鄭厚，字景韋，一字景棠，又字叔文，號湘鄉先生。莆田人，博學工文詞，與
弟樵齊名，尤長於《易》。知潭州湘鄉縣，卒于官，年六十一。學者稱「溪東先生」，
有《六經雅言圖辨》（《六經奧論》）、《湘鄉文集》。其事蹟具見《宋史翼》卷二十七，
《宋元學案補遺》卷四十六下，循參可知，茲不贅引。

《玩辭》卷一〈坤卦〉「直方大」條下，引其說曰：「蒲陽鄭厚曰：『〈坤〉爻辭
皆協霜字韻，此當曰直方而已。大字衍文，不然則屬下句。』」

《經義考》卷二十五著錄《存古易》，亡佚。引《閩書》曰：「鄭厚……，著《存
古易》，削去〈彖〉、〈象〉、〈文言〉、〈大傳〉，以爲皆後之學《易》者所作。」由此
觀之，並以《玩辭》所引者並見，則其《易》說亦還原古《易》，而追本正謬之作，
如考古《易》學者然？

（四）鄭東卿

鄭東卿，字少梅，一作少海，號合沙漁父，侯官人。紹興二十七年特奏名，官
永嘉簿。著有《周易疑難圖解》二十五卷、《大易約解》九卷，又《易說》二卷（按：
《宋史・藝文志》著錄三卷。）〔註89〕《玩辭》錄其說三處，謹引述其一，以見梗
概：

卷十六〈雜卦〉首條「〈序卦〉、〈雜卦〉」下曰：「閩人鄭東卿少梅曰：〈上經〉
起〈乾〉、〈坤〉至〈坎〉、〈離〉三十卦，〈下經〉起〈咸〉、〈恒〉至〈既〉、〈未濟〉
三十四卦，此〈序卦〉所述，以爲二章也。〈雜卦〉雖合爲一章，無上、下經之分。
然自〈乾〉、〈坤〉至〈困〉，亦三十卦；自〈咸〉、〈恒〉至〈夬〉，亦三十四卦；由
是推之，則其雜之也，豈無說而苟然者哉？是必有如卦氣先天之說，而《易》師失
其傳矣！」〔註90〕此說發前人所未見，其間奧妙，值得深玩！

《經義考》卷二十五引錄資料頗豐，多爲其自序各書之文，並有他家評論，皆

〔註89〕鄭東卿事蹟，詳見《宋元學案補遺》卷六，《閩中理學淵源考》卷十四。
〔註90〕其餘二說，見卷十五〈說卦〉「〈乾〉」條、「剛鹵」條，可參《易經集成》第一一一冊，
頁 649 及頁 662。

可參考，讀之益明其《易》學之旨要。安世與其相交游，蓋得其朋友講習之會心哉！

（五）玉山徐煥

　　徐煥，生平不詳，或項安世同時之人。《玩辭》卷十〈漸卦〉「〈咸〉、〈漸〉」條下，引其說曰：「玉山徐煥曰：『〈漸〉以男下女，故吉。向使〈巽〉先〈艮〉動，不待男之先下，而〈巽〉入之，則為〈蠱〉矣！』安世謂：「〈損〉之反〈咸〉，亦猶是也。」其書未得見聞，而安世既引之矣，當亦時行之作，故博採之，觀以證《易》理。

（六）蜀人杜煓

　　杜煓，亦不詳其生平。《玩辭》卷八〈解卦〉「〈解〉利西南」條下，引其說曰：「蜀人杜煓曰：『〈解〉不言不利東北者，〈解〉以東〈震〉、北〈坎〉成卦，非不利也。』」則杜煓殆亦有解《易》之作，而安世乃擇其說之善者，以證成《玩辭》之義理，誠可謂「轉益多師是吾師」矣！

　　以上二十五位宋代《易》學名家，皆項安世《項氏家說》、《周易玩辭》所引見者，既臚列其說，博觀精取，而項安世象數、義理《易》學之造詣，可以知為兩宋《易》學名家精華之所化成。其崇象數者，如劉牧、朱震以象數為宗，鄭剛中兼取漢《易》之類；其以理學詮《易》之宋《易》主流，則胡瑗肇其先河，邵雍立圖象學之基礎，張載以《易》為宗，程頤宏其規模，朱熹集其大成；其以王弼玄學釋《易》者，則李椿年《逍遙公易解》參以老、莊；占筮之學，有程迥述古《易》之占法；考定古《易》，有晁說之《錄古周易》還其原；疑古之《易》學，則歐陽修《易童子問》啟其端。林林總總，兼收並納，如百川之匯海，渾融以浩瀚，探本尋源，安世之《易》學，可謂深造有得！

　　再者，《周易玩辭》之書，觀象玩辭之餘，多證以史事，幾乎卦卦有之，則又源於史學《易》者。考以史證《易》，漢之鄭玄、荀爽、虞翻已發其先端；至晉之干寶始成其學，惜其書不傳。有宋一代，李光讀《易》老人，撰《讀易詳說》十卷，以史事證《易》，欲致用於當世也。而楊萬里又接紹其續，撰《誠齋易傳》二十卷，以史傳輔程子《易傳》，蓋欲通萬變，明萬事，窮理盡性，修、齊、治、平而躋世於太和。項安世雖未曾見引史學《易》家之說，然生於同時，復官於一朝，推闡引喻，固已深切著明；其淵源來自，推敲可知。〔註91〕

〔註91〕有關宋代史學《易》之興起及其內容，參考黃忠天先生《楊萬里易學之研究》、《宋代史事易學研究》論文。國立高雄師範學院（今「高雄師範大學」）國文研究所七十六學年度碩士論文，黃慶萱教授指導。高雄師大國研所八十三學年度博士論文，應裕康教授指導。項氏引人事以證《易》諸例，詳見本文第五章〈項安世釋《易》之方法〉。

　　綜觀本章所敘三節內容，試從歷史縱面之觀察、橫向之剖析加以瞭解，可知項安世《易》學之淵源，一蒙荊州《易》學遺風之濡染，二得歷代《易》學先進之沾溉，三承宋代《易》學名家之化成，兼羅並蓄，紹漢儒之薪傳，薈宋《易》之菁萃，故其《易》學之取資，源頭活水，沛然興焉而不絕。是項安世之學術，於歷史脈動中，知其取捨涵養之道，其卓識慧眼之足以顯仁藏用、極深研幾者，《玩辭》之作，蓋發揮無遺，此之謂務本而有所自立者也。

第五章　《周易玩辭》釋《易》之方法

　　項安世遭慶元黨禁之禍，擯斥十年，杜門著述，成書數編。《周易玩辭》爲其彰明《易》理之作，宋季風行一時，雖未能如《程傳》、《朱義》之廣爲普及，但其觀象玩辭、觀變玩占之《易》學特色，亦深爲後來《易》學名家所稱道，故援引多矣！〔註1〕《玩辭》兼綜象數、義理，又遍考諸家，斷以己意，誠精且博。案讀既久，研而有味，遂筆記條列其書，得九七四條之數，卷分其數如下：

　　《周易》上篇六卷，〈乾卦〉至〈離卦〉三九九條。

　　《周易》下篇六卷，〈咸卦〉至〈未濟〉三八〇條。

　　〈繫辭〉兩卷，七四條。

　　〈說卦〉一卷，五五條。

　　〈序卦〉、〈雜卦〉一卷，六六條。

　　本此基礎，比類分析，引申紬繹，舉其犖犖大者，總爲四節，庶能明其崖略，觀其方法，以爲項氏《易》學入道之階耳。

第一節　釋名定義

　　《周易玩辭》因係筆記式記錄對《易》理見解之書，條分縷析，綱舉目張，作者以深入淺出之筆，寓《易》義於精簡之中，故讀者易入而有得。其於經、傳辭意之說解，往往先釋其名，以定其義理之旨歸，故初學求法，莫貴於是！茲舉《玩辭》所見釋名、定義各例，分別述之，以概其餘。

〔註1〕納蘭成德〈周易玩辭序〉謂：「吳草廬（澄，1249～1333）爲學得力於《易》，自注疏程、朱外，惟取是書及蔡節齋（淵，1156～1236）《訓解》，則是書之宜輔《傳》、《義》而行也，審矣！可不急爲傳之乎？」由此觀之，則項氏《玩辭》之爲世所重，從可知也。有關項氏《易》學之影響，將於第八章中詳述之，此不細說。

一、釋「彖」

《玩辭》卷第一〈乾卦〉首條「彖」下，開宗明義即釋其名、析其辭，並定全書之綱領，揭示《易》例。其文曰：

> 彖者，主釋卦下之彖辭也。「大哉乾元，萬物資始，乃統天。」以天道釋元字。「雲行雨施，品物流形。」言自元而亨也。「大明終始，六位時成。」以《易》象釋亨字也。「時乘六龍以御天。」言自亨而利也。「乾道變化，各正性命。」以天道釋利字也。「保合太和，乃利貞。」言自利而貞也。「首出庶物，萬國咸寧。」以人事釋貞字也。凡〈彖〉皆以《易》象與天道雜言者，見《易》之所象皆天道也；以人事終之者，見《易》以天道言人事也。六十四卦之例皆然，故今此書亦以天道、人事、《易》象三者合而言之。〔註2〕

由文義可知所謂「彖」者，實即〈彖傳〉之省稱。項安世首釋〈彖〉名，復定〈彖〉義，而《易》例、《易》法大體存焉。然在《周易》中，彖一名而二義：本指各卦下之卦辭，如〈繫辭傳上〉云：「彖者，言乎象者也。」所言之「彖」即卦辭也，故項安世於《玩辭》卷一〈乾卦〉「彖」條下曰：「凡卦辭皆曰彖。」亦同乎此義。又為〈彖傳〉之省稱，《玩辭》諸卦所見大率如是。案：〈彖傳〉乃綜合判斷一卦之意義者，分上、下兩篇，為〈十翼〉中之第一篇和第二篇。〔註3〕孔穎達《周易正義》曰：「夫子所作彖辭，統論一卦之義，或說其卦之德，或說其卦之義，或說其卦之名。故《略例》云：『彖者，何也？統論一卦之體，明其所由之主。』。」〔註4〕則〈彖傳〉之名、義，意涵具明。

《玩辭》卷十四〈繫辭下〉「彖、象、爻」條下又曰：「彖言上、下兩卦之材。」此所謂「彖」者，實包卦辭、〈彖傳〉二義。若案考全書明敘「彖」條諸卦：〈乾〉、〈坤〉、〈需〉、〈訟〉、〈師〉、〈小畜〉、〈泰〉、〈否〉、〈臨〉、〈噬嗑〉、〈剝〉、〈無妄〉、〈大畜〉、〈頤〉、〈大過〉、〈咸〉、〈恆〉、〈晉〉、〈明夷〉、〈損〉、〈益〉、〈夬〉、〈萃〉、〈困〉、〈井〉、〈革〉、〈漸〉、〈旅〉、〈巽〉、〈渙〉、〈中孚〉等三十一卦，即其餘未標

〔註2〕原文皆未分段、標明句讀，凡所引文並參宋刊本及通志堂經解本《周易玩辭》，自標句讀，自行分段，舛訛之處，想必不免也。

〔註3〕詳參黃師慶萱先生《周易讀本》頁8〈乾象傳釋義〉下注釋第一，其注又曰：「王弼作注，依經附傳，才割裂〈象傳〉、〈象傳〉、〈文言傳〉，附在經的後面。前標『象曰』二字，示與經文分別。王注〈坤〉以下六十三卦，〈象傳〉皆附卦辭之後。只有〈乾象傳〉獨在卦爻辭之後。」

〔註4〕參見《十三經注疏》本《周易正義》上經，〈乾傳〉第一〈彖傳〉下孔疏，其言詳贍，可資考較。

列之三十三卦，莫不同舉卦辭、〈象傳〉之辭，參較比觀而釋之。試舉卷十二〈未濟〉「卦辭」條以證：

> 〈既濟〉、〈未濟〉，皆以柔爲主。〈既濟〉自六二而達於上六，則濟之事已終，故爲〈既濟〉。〈未濟〉自初六而至於六五，幾於濟矣，而未能出中以至於上，則其事猶未終也，故爲〈未濟〉。知此義，則〈未濟〉之卦辭，不待解而自明矣。故曰：「〈未濟〉亨，柔得中也；小狐汔濟，未出中也；濡其尾，無攸利，不續終也。」其曰：「雖不當位。」亦指六五言之，雖六爻皆不當位，義但取五而已。曰：「小」、曰：「狐」，皆陰類也；「濡其尾」，即是不能全濟之象，險且未濟，他又何所利乎？故「無攸利」。於「無攸利」之後，復言「剛柔應」者，覆解上文「亨」字也。雖「無攸利」，利用其柔中以與剛應，自有致亨之理。此夫子所以有功於贊《易》也。〔註5〕

由卦辭與〈象傳〉之辭相互參釋，則六十四卦之卦主、爻義與全卦之理，甚易掌握。故項氏謂「夫子所以有功於贊《易》」者，〈象傳〉之作一也。項氏於〈象傳〉義例，頗有體會，詳參第六章第三節所論，茲不多贅。總之，項氏《玩辭》於六十四卦卦辭，皆以〈象傳〉明其義旨，而上下二卦之材德，六爻之時位，從可知也。項氏所以釋「象」爲全書之首者，即以示天道、人事、《易》象三者，乃讀《易》玩辭之綱領，必合而觀之，則《易》之象、變、辭、占四事備矣！

二、釋「象」

《玩辭》卷一〈乾卦〉「象」條下，釋其名義曰：

> 凡卦辭皆曰：「象。」凡卦畫皆曰：「象。」未畫則其象隱，已畫則其象著，故指畫爲象，非謂物象也。〈大象〉總論六畫之義，〈小象〉各論一畫之義，故皆謂之「象」。其曰「天」、曰「龍」者，自因有象之後，推引物類以明之爾。本稱「《易》象」者，非此之謂也。

此說精到，實爲「象」義之的解。黃師慶萱先生《周易讀本》〈乾卦象傳釋義〉謂：

> 《周易》以「象」爲現象、象徵的意思。在《周易》中，「象」一名而二義。本指爻辭，〈繫辭傳下〉：「爻也者，效此者也；象也者，像此者也。」又云：「爻象動乎內。」象就是爻，爻就是象。又是〈象傳〉的省稱。……〈象傳〉，正是說明卦、爻的現象或象徵的。分上下，爲〈十翼〉

〔註5〕案：〈未濟〉卦辭曰：「亨，小狐汔濟，濡其尾，無攸利。」象辭曰：「〈未濟〉亨，柔得中也；小狐汔濟，未出中也；濡其尾，無攸利，不續終也。雖不當位，剛柔應也。」

中的第三篇和第四篇。爻有大象、小象的分別，〈大象〉說明一卦的現象，
〈小象〉說明一爻的現象，其中多關人生的修養。〔註6〕

二說互有發明，可以參酌。然項氏以卦畫爲象，別其大、小，又推衍物象，可見卓
識。本其名義，項氏於明示「象」條諸卦：〈乾〉、〈坤〉、〈蒙〉、〈訟〉、〈師〉、〈小畜〉、
〈泰〉、〈否〉、〈同人〉、〈大有〉、〈謙〉、〈豫〉、〈隨〉、〈蠱〉、〈臨〉、〈噬嗑〉、〈賁〉、
〈剝〉、〈大畜〉、〈大壯〉、〈晉〉、〈明夷〉、〈家人〉、〈睽〉、〈益〉、〈夬〉、〈姤〉、〈升〉、
〈震〉、〈艮〉、〈漸〉、〈歸妹〉、〈巽〉、〈兌〉、〈渙〉、〈節〉、〈中孚〉、〈小過〉、〈未濟〉
等三十九卦，莫不以大象、小象兼綜並釋，分別說解。故於卦、象、象三者，皆能
豁然貫通之。姑引《玩辭》二例，以證成其義：

1. 卷三〈泰〉、〈否卦〉「〈泰〉、〈否〉二象」條：

> 天地變化，草木蕃，故〈泰〉之象曰：「后以財成天地之道，輔相天
> 地之宜，以左右民。」天地閉，賢人隱，故〈否〉之象曰：「君子以儉德
> 避難，不可榮以祿。」

案：此釋〈泰〉、〈否〉二卦〈大象傳〉之辭。陰陽所以成〈乾〉、〈坤〉，〈乾〉、
〈坤〉所以象天地，健、順、剛、柔、運蓄其中，以見〈泰〉、〈否〉之德，在
交、閉之間也。其下又分別以「〈泰〉象」、「〈否〉象」兩條，詳說二卦大象及
六爻小象諸義，層次深淺，內容精粗無不到，項氏《易》理之思路，可謂脈絡
分明。

2. 卷五〈剝卦〉「六爻本象」條：

> 〈剝〉之初六，於時爲〈姤〉。剝〈乾〉成〈巽〉，〈巽〉爲木，故有
> 牀象，所剝者下爻也。足者，牀之下木，故：「剝牀以足。」六二於時爲
> 〈遯〉，剝〈巽〉成〈艮〉，〈艮〉爲背，則牀剝而至背矣。辨者，牀之上
> 木，故曰：「剝牀以辨。」六三於時爲〈否〉，剝〈艮〉成〈坤〉，背已在
> 地，故不言牀。六四於時爲〈觀〉，亦剝〈乾〉成〈巽〉，〈巽〉爲本，復
> 有牀象，然所剝者人也，故曰：「剝牀以膚。」六五剝道成矣，剝〈巽〉
> 成〈艮〉，剝膚及背。背者，後宮之象，故曰：「貫魚，以宮人寵。」上九

〔註6〕詳見《周易讀本》頁10，註釋一，其文又曰：「〈象傳〉上下篇，本來與經分開。王
弼作注，才把各卦〈象傳〉附在各卦經文之後，並且加上「象曰」二字。王注〈坤〉
以下六十三卦，〈大象〉置於卦辭〈象傳〉之後；〈小象〉分置於六爻爻辭之後。只
有〈乾卦〉〈大小象傳〉合在一起，而放在卦爻辭和〈象傳〉之後。」黃師該書依清
儒朱駿聲《六十四卦經解》之體例，把〈乾象傳〉提前在卦辭之後，爻辭之前；把
〈乾卦大象〉附於〈乾象傳〉之後，把〈乾小象〉分附於各爻爻辭之後，以求全書
體例之一致。

不剝者也,〈艮〉在上為果、為廬;〈坤〉在下為輿、為民,陽復於下,則為得輿而載民之象;陰極於上,則為純坤,果食而廬剝矣。自膚而至宮人,自宮人而至廬,〈剝〉之序也。

案:此釋〈剝卦〉六爻本象,以時推移,各成其象俱蘊其義,而《易》之爻象時變,思過半矣!綜此二例以觀,大象、小象必一體求之,卦、爻之義乃可通透,項氏實深明之。

三、釋「爻」

《玩辭》卷十四〈繫辭下〉「彖、象、爻」條下曰:

> 象即卦也,卦著全卦之象;象言上、下兩卦之材;爻貢六爻之動。三者具,而吉凶悔吝明矣。

彖、象之義已如上述。此所謂「爻貢六爻之動」者,即所以顯示初、二、三、四、五、上六爻,因時(時間)、位(空間)之推移影響,變動之跡始定。爻畫、爻辭,卦畫、卦辭之間,〈象傳〉皆所以詮釋其義,故三者皆具,而吉凶悔吝之理,無不可明。然爻之萌動機微,最為關鍵!

項氏於六十四卦爻辭頗能發揮爻象至理,貫通六爻精義,逐爻闡釋,或參較同卦諸爻,或獨抒主爻之義,皆能貫串脈絡,於研讀者方便之法門。其於六爻總義,尤能綜結歸納,發揮各卦精蘊,苟能本末條貫,《易》道雖深幾,皆可迎刃而解。六十四卦中,總論六爻,標舉條目者如下:〈坤〉、〈屯〉、〈蒙〉、〈訟〉、〈比〉、〈履〉、〈小畜〉、〈泰〉、〈否〉、〈同人〉、〈謙〉、〈隨〉、〈蠱〉、〈賁〉、〈無妄〉、〈大畜〉、〈頤〉、〈坎〉、〈咸〉、〈遯〉、〈明夷〉、〈家人〉、〈姤〉、〈升〉、〈革〉、〈震〉、〈艮〉、〈漸〉、〈豐〉、〈兌〉、〈渙〉、〈中孚〉、〈既濟〉等三十四卦,比觀各卦六爻之析解,心領神會之餘,至為讚佩!試舉〈履卦〉「六爻」條,以窺豹斑:

> 〈履〉之六爻,皆以履柔為吉。故九二為坦坦,九四為愬愬終吉,上九為其旋元吉,皆履柔也。柔則不敢肆行,所以其行常吉。六三卦辭本善,終以履剛為凶,初九、九五所履皆正,然初僅能無咎,五不免於屬,皆履剛也。是故初則懼其失初心之正,而教之以保其素;五則懼其恃勢位之正,而教之以謹其決。蓋剛者,喜動而好決;任剛而行者,後多可悔之事也。

〈履〉之爻德以履柔為吉,九二、九四、上九皆在柔位,因而得吉;反之,履剛三爻,因此為凶,然因履正當位,所以稍釋而免之。由此可知剛柔之德與爻位之正,皆所以互動者。

其下「一陰一陽卦義」條下,又分析云:

　　一陰一陽之卦，在下者爲〈復〉、〈姤〉；在上者爲〈夬〉、〈剝〉，其義
主於消長也。在二五者，陽在二爲〈師〉之將；在五爲〈比〉之王；陰在
二爲〈同人〉之君子，在五爲〈大有〉之君子，其義主於得位也。在三四
者，陽在三，則以剛行柔爲勞〈謙〉；在四，則以剛制柔爲由〈豫〉；陰在
三，則以柔行剛爲〈履〉；在四，則以柔制剛爲〈小畜〉，其義主於用事也。
大抵用事之爻，在下者爲行己之事，在上者爲制人之事；行己以剛爲貴，
故行剛者曰：「謙。」制人者，柔易悅而剛難制，故制柔者曰：「豫。」制
剛者曰：「畜。」〔註7〕

陰陽之消長，可以判明各卦之義；陰陽之得位，可以判明各卦之德；陰陽之用事，
可以判明各卦之功。則六爻之陰陽、剛柔，其變無窮，其德無方矣！以上二條說解，
綜合分析，反覆比較，實在精彩！

四、釋「元、亨、利、貞」

　　元、亨、利、貞，乃〈乾卦〉之卦辭。〈文言傳〉於此四字有三種不同之解釋，
歷來知名學者皆有所取，各有歸嚮。〔註8〕項安世作《周易玩辭》，則有調和之說。
卷一〈乾卷〉「〈文言〉元、亨、利、貞」條下曰：

　　　　善也，嘉也，義也，皆善之異名也。在事之初爲善，善之眾盛爲嘉，
眾得其宜爲義，義所成立爲事，此一理而四名也。故分而爲四，則曰：「元
者，善之長也；亨者，嘉之會也；利者，義之和也；貞者，事之幹也。」
比而爲二，則曰：「乾元者，始而亨者也；利貞者，性情也。」混而爲一，
則曰：「〈乾〉始能以美利利天下，不言所利，大矣哉！」義之和，和謂能

〔註7〕黃師《周易讀本》〈履卦釋義〉釋上九爻辭，注二節錄此二條內容，並可互參，見該
　　　　書頁160。
〔註8〕黃師《周易讀本》〈乾卦釋義〉頁6～7，歸納如下：（一）四分法：〈文言傳〉：「元者，
　　　　善之長也；亨者，嘉之會也；利者，義之和也；貞者，事之幹也。」元、亨、利、
　　　　貞，都有獨立的意義。後來注《易》的，如韓嬰《子夏易傳》：「元，始也；亨，通
　　　　也；利，和也；貞，正也。」朱駿聲《六十四卦經解》：「始萬物爲元；遂萬物爲亨；
　　　　益萬物爲利；不私萬物爲貞。」都採取四分法。（二）、二分法：〈文言傳〉：「〈乾〉
　　　　元亨（本無「亨」字，據王引之《經義述聞》補。）者，始而亨者也；利貞者，性
　　　　情也。」那麼，元亨是一個單位，利貞是一個單位。後來注《易》的，如朱熹《周
　　　　易本義》：「言其占當得大通，而必利在正固。」就採取二分法。（三）、一分法：〈文
　　　　言傳〉：「〈乾〉始能以美利利天下，不言所利，大矣哉。」以始釋元；以美利釋亨；
　　　　以利天下釋利；以不言所利釋貞。合四字成一句，用「大矣哉」來贊美它。勞思光
　　　　《中國哲學史》第二卷論「易傳之思想」說：「凡言『元亨利貞』者，皆謂『在始祭
　　　　時占之則利』。」即採用一分法。宋代項安世作《周易玩辭》，曾爲之調和，說：（如
　　　　引文，從略。）所以這三種說法是可互相補足，分別成立的。

順之也：事之幹，幹謂能立之也。

本條綜釋「元、亨、利、貞」之名義。項氏復引據〈彖傳〉之文，分條釋元、自元而亨、亨、自亨而利、利、自利而貞、貞字諸義〔註9〕，而以天道、人事、《易》象三者合而言之，首尾呼應，甚富節奏，不禁拍案稱絕！

「《易》之全體，具於〈乾卦〉；觀《易》者，觀於〈乾〉足矣！乾者，純陽之名；元者，陽德發生之始。」項氏《玩辭》卷一〈乾卦〉第二條既有斯言，則以〈乾卦〉爲《易》之總匯，其義至明。故復闡其說曰：

> 凡物以一該眾曰：「統。」萬化皆始於元，故「元」之一字，足以統天之全德；萬變皆起於奇，故「奇」之一畫，足以統《易》之全象。此元之所以爲大也，所謂「善之長，仁之體」者如此。〔註10〕推其本統言之，則曰：「乾元。」極其變化言之，則曰：「乾道。」闡而生萬，則曰：「大明。」合而歸一，則曰：「大和。」皆元之異名也。始乎乾元，終乎大和；萬物出於元，入於元，此元之所以爲大也。〔註11〕

「物之所難者，始而已。物既始則必亨，既亨則必利，利之極，必復於元。貞者，元之復也。」而貞者，又乾道之極，萬物之終也，「故四德總以一言曰：『乾元。』又曰：『乾始。』而四德在其中矣！」〔註12〕項安世詮解「元、亨、利、貞」四字，反覆推敲，頗見心得。於〈文言傳〉下所列各條，亦復多所闡釋，循序揣摩而能漸入佳境，此其釋《易》之常法，又讀者識道之軌則。

五、「釋名定義」例證

《玩辭》一書，慣常於各卦條目下，訓釋字辭之義，而藉以發揮經、傳隱微之理。全書十六卷中所集見者，實逾百數，爰舉數例，略觀其大較，明其法式。

1. 卷一〈乾卦〉「時乘六龍以御天」條下曰：

> 龍者，物之能動者也。純陽之畫，能參能兩，能九能六，故取以爲象。

〔註9〕《玩辭》卷一〈乾卦〉首條「彖」，綜合〈彖傳〉大意；次以「大哉乾元，萬物資始，乃統天」條，以天道釋元字；「雲行雨施，品物流形」條，言自元而亨也；「大明終始，六位時成」條，以《易》象釋亨字；「時乘六龍以御天」條，言自亨而利也；「乾道變化，各正性命」條，以天道釋利字也；「保合太和，乃利貞」條，言自利而貞也；「首出庶物，萬國咸寧」條，以人事釋貞字也；終以「乾天乾道，大明大和」條，釋元之所以爲大。凡此九條義脈一貫，比而觀之，則「元、亨、利、貞」之奧蘊，思過半矣！

〔註10〕並見卷一〈乾卦〉「大哉乾元，萬物資始，乃統天」條下，此以天道釋「元」字也。

〔註11〕引見〈乾卦〉「乾元乾道，大明大和」條。

〔註12〕文義俱見〈乾卦〉「乾元、乾始」、「首出庶物，萬國咸寧」二條下。

作《易》者因六十四卦之時，用六龍之德，變化推移於三百八十四位之中，
以應天行之終始。

案：以龍之能動，變化莫測，故取以爲卦爻之象，所以化無形於有形。卦時、
爻德，總六十四卦三百八十四爻，以位之推移，龍動其中，而變化生焉。〈乾〉
以六畫純陽，六龍以御天行，此《易》制作之本，項氏特著明之。

2. 卷四〈觀卦〉「我」條下曰：

凡論全卦之義，皆以主爻爲我。〈蒙〉以九二爲主，故象辭稱我者，九
二也；〈小畜〉以六四爲主，故象辭稱我者，六四也。〈觀〉以九五爲主，
六三所稱之我，即九五也；〈頤〉以上九爲主，初九所稱之我，即上九也。
〈小過〉以六五爲我，〈中孚〉以六二爲我，皆統言一卦之義者也。獨〈需〉
三、〈解〉三、〈鼎〉二、〈旅〉四，自以本爻之吉凶而稱我，非一卦之事也。

案：論主爻之義，釋「我」之名義。所謂「卦主」者，總一卦之全體，統六爻
之主意者。

3. 卷九〈姤卦〉「包」條下曰：

〈姤〉之三爻皆稱包，凡稱包者，皆以陽包陰也。〈蒙〉之包蒙，〈泰〉
之包荒，〈否〉之包承、包羞、包桑，義亦同此。包，古苞苴字，後人加
草以別之，故〈子夏傳〉與虞翻本，皆作「苞」字。

案：《易》中稱包者，謂以陽包陰。項氏舉卦例以明之，益知凡例之義。

4. 卷一〈乾卦〉「六位，六龍」條下曰：

六位者，天、地、人之位，初、二、三、四、五、上是也。六龍者，
當位之人，或九、或六是也。不稱〈乾〉馬，而稱〈震〉龍，何也？稱馬
則止於〈乾〉，是用七也。〈震〉，動也，〈乾〉之動自〈震〉始，六十四卦
皆由動而生，故以〈震〉言之。按：卦象陽爻在初、在二皆成〈震〉；在五、
在上皆爲〈震〉之反；惟三、四兩爻正反皆〈震〉，故有反復上下之辭。

案：釋六爻之位、德，進而闡〈乾〉動自〈震〉始之理，以明六十四卦由動
而生，此即「生生之謂《易》」。

5. 〈乾卦〉「龍德正中，剛健中正」條下曰：

稱中正者，二事也：二、五爲中，陰、陽當位爲正。稱正中者，一事
也；猶言「〈兌〉，正秋」、「〈坎〉，正北方」，但取其正得中位，非以當位
言也。凡卦有九五者，皆稱中正，以其備二美也。獨〈需〉象及〈比〉、〈巽〉
九五，稱正中者，義在中而不在正也。〈艮〉之六五以中正也，五山姚小
彭曰：「〈小象〉上下文協韻，當作正中。」

案：此釋「中正」、「正中」二者之不同。前者當位得中，後者僅得中而已，所以辨二美之備否。

以上五例，或解名義，或析卦例，或論爻德，或闡《易》理，可知項安世作《周易玩辭》一書，其於名義訓詁，著墨精審。又能於綜合歸納，比較分析之後，發凡起例，疏通義理、象數之眞幾；故卦爻之辭，《十翼》之旨，無不朗現終始，體覽無遺。《玩辭》之作，首重釋名，所以破文字之迷障！名理既得，復定其義，所以立《易》道之規模。故循名以責實，體義以尋根，追本溯源，捨此何由？

第二節　引述考徵

本文第四章〈項安世《易》學之淵源〉嘗考載項氏《易》學傳承授受之名家凡二十五人，《周易玩辭》多有引徵，已如前述，茲不復贅。本節重點擬就其徵引經、子、史、小學諸書，以證《易》義之旨趣，以融《易》義於一貫者爲主，藉觀其方法，考其眞僞；而辨其意，歸其本。今分述如下：

一、博徵群經以釋《易》

《玩辭》中引見群經有下列數種：《石經古易》（含《歸藏》、《連山》）、《詩》、《書》、《禮》、（含《中庸》）、《春秋》、《論語》、《孟子》、《爾雅》等，內容豐富，或考、或述，皆有可觀者焉。而項安世經學之宏博，由此得證知矣！

（一）《歸藏》、《連山》引見一處

1. 卷十六〈雜卦〉「〈序卦〉、〈雜卦〉」條下曰：

> 有〈序〉必有〈雜〉。〈序〉者，天地之定體；〈雜〉者，天地之大用
> 也。……然則《歸藏》、《連山》之〈序〉，必與《周易》不同，無足疑矣。
> 然卦氣起〈中孚〉，先天陽起〈乾〉、〈兌〉，陰起〈巽〉、〈坎〉。《歸藏》初
> 〈坤〉，《連山》尚〈艮〉，其說尚可攷也。〔註13〕

〔註13〕唐儒孔穎達〈周易正義序〉：第二、論三代《易》名：「案《周禮》〈大卜〉三《易》云：『一曰《連山》，二曰《歸藏》，三曰《周易》。』杜子春云：『《連山》伏羲，《歸藏》黃帝。』鄭玄《易贊》及《易論》云：『夏曰《連山》，殷曰《歸藏》，周曰《周易》。』鄭玄又釋云：『《連山》者，象山之出雲，連連不絕；《歸藏》者，萬物莫不歸藏於其中；《周易》者，言《易》道周普，無所不備。』鄭玄雖有此釋，更無所據之文，先儒因此遂爲文質之義，皆煩而無用，今所不取。案《世譜》等群書，神農一曰連山氏，亦曰列山氏，黃帝一曰歸藏氏，既連山、歸藏並是代號，則《周易》稱周，取岐陽地名。《毛詩》云：『周原膴膴。』是也。又文王作《易》之時，正在羑里，周德未興，猶是殷世也，故題周別於殷，以此文王所演，故謂之《周易》，其猶《周書》、

案：《連山》、《歸藏》之名，首見《周禮》〈春官‧大卜〉，其內容如何，先儒之說未備，僅可參考，無以信據。馬國翰《玉函山房輯佚書》輯有佚文，其真僞亦尚待考證。項氏略述其初〈坤〉、尚〈艮〉之說，實本前人之論，想必不甚了了，但敘及之耳。

（二）《石經古易》引見四處：

1. 卷五〈噬嗑〉「雷電〈噬嗑〉」條下曰：

《石經》作電雷〈噬嗑〉。晁公武氏曰：「六十四卦〈大象〉無倒置者，當從《石經》。」

案：徐芹庭先生《周易異文考》〈噬嗑卦〉下引李黼沚曰：「《玩辭》引漢《石經》作電雷，張氏清子引同。案：晁公武云：『六十四卦〈大象〉無倒置者。』程、朱說同。據宋衷、侯果俱作雷電，宋在後，漢時亦不與《石經》同。」故知所引有誤。〔註14〕徐先生所引見李富孫黼沚著《易經異文釋》二。東漢《熹平石經》殘石已不見此卦原文，而項氏之言亦有理，所引是否有誤，姑存疑焉。

2. 卷十一〈渙卦〉首條「彖」下曰：

《石經》〈彖〉文「利涉大川」之下，亦有「利貞」二字。

案：徐先生《周易異文考》引郭京《周易舉正》曰：「郭氏以爲二句（〈彖〉曰：「利涉大川，乘木有功也。」）中間宜有利貞二字。云：『利涉大川下脫利貞字，審詳爻辭（卦辭）及彖註，定明脫矣。』案：諸本皆無『利貞』二字。郭氏多利貞二字，非漢《易》之正也。」〔註15〕參項、郭二家之說，皆以爲〈彖〉「利涉大川」下宜有「利貞」二字，項氏且舉《石經》爲證。然現存《石經》殘文不見原句，且諸本皆無「利貞」二字，徐先生之說，較可信靠。

3. 卷十二〈小過〉首條「亨利貞」下曰：

《石經》云：「是以可小事也。」象辭脫「可」字，羨「吉」字。

案：《周易異文考》〈小過〉「柔得中，是以小事吉也。」下曰：「郭京《周易舉正》以爲宜作『柔得中，是以可小事也。』云：『是是以下脫可字，小事下誤增

《周禮》，題周以別餘代。故《易緯》云：『因代以題周。』是也。先儒又兼取鄭說云：『既指周代之名，亦是普徧之義。』雖欲無可遐棄，亦恐未可盡通。其《易》題周，因代以稱周，是先儒更不別解。唯皇甫謐云：『文王在羑里演六十四卦，著七八九六之爻，謂之《周易》。』以此文王安周字，其《繫辭》之文，《連山》、《歸藏》無以言也。」

〔註14〕另參屈萬里先生《漢石經周易殘字集證》，聯經出版社；及黃彰健先生《經今古文學問題新論》一二〈論漢石經〉，中央研究院歷史語言研究所專刊之七十九。

〔註15〕參見《周易異文考》〈渙卦〉，頁109。

吉字，〈象〉舉爻（卦）辭，例無增損，若可小事下，合有吉，則不可大事下，合有凶，則小事不合有吉，斷可知矣。』案：諸本悉不如此，郭氏之言，乃為臆說也。非《周易》之正也。」又案：屈萬里先生《漢石經周易殘字集證》卷二〈下象第四〉所引《石經》殘字為「柔得中，是以小事吉也。」則郭、項二家之說，是不足為據！

4. 卷七〈晉卦〉「鼫鼠」條下曰：

　　古《易》「鼫」字：有一本作碩，彼自以碩鼠解之可也。

案：項氏於本條內徵引《釋文》、《說文》、《王弼注》及蔡邕〈勸學篇〉多有論證，其言可信。徐先生《周易異文考》〈晉卦〉「晉如鼫鼠」下曰：「《釋文》云：『鼫，音石，《子夏傳》作碩鼠。』《集解》本即所引《九家易》本及翟元本皆作碩鼠。《晁氏易》亦云：『翟元作碩鼠。』據此則鼫鼠，漢儒有作碩鼠者。《說文》云：『鼫，五技鼠也，從鼠石聲。』《詩疏》引作『碩鼠』。碩，《說文》云：『頭大也。從頁石聲。』《釋詁》、《毛傳》皆曰：『碩，大也。』蓋以二字同從石聲，義皆為鼠，可以通用；或傳承有異，因而殊焉。」徐先生所考義同於安世之說，可相參較。

（三）《詩經》引見十六處

　　《玩辭》中引見《詩經》者凡十六處，其原始出處檢索《十三經引得——毛詩引得》，書案說明，甚易核對。茲條列項安世引述各卷、各卦之原文，以便查考。

1. 卷一〈乾卦〉「進無咎也，乾道乃革」條：

　　……牧（彭城劉牧）殆為《小雅》「魚潛在淵」所誤爾。

案：此項氏辨劉牧謂「在淵為藏」，實非經意。所謂初九之藏，乃在地下，非在淵也。原文見《詩經·小雅》：「鶴鳴于九皋，聲聞于野。魚潛在淵，或在于渚。……」

2. 卷二〈師卦〉「大人吉無咎」條：

　　《詩》曰：「維師尚父，時維鷹揚。」用將如此，可謂得丈人之義矣！

案：見《大雅》〈大明〉第八章。

3. 卷六〈習坎〉「來之坎坎」條：

　　　　坎坎者，勞貌也。《詩》之「坎坎伐檀」是也。先儒以其有兩坎字，
　　便稱來往皆險，非也。

案：見《國風·魏風》〈伐檀〉第一章：「坎坎伐檀兮，寘之河之干兮。」

4. 卷六〈離卦〉「九三」條：

　　鼓缶而歌，古樂也。《詩》《陳風》用之。

案：見《陳風》〈宛丘〉第一章：「坎其擊鼓，宛丘之下。……坎其擊缶，宛丘

之道。」

5. 卷七〈大壯〉「君子罔也」條：

《詩》、《書》中，罔字與弗字、勿字、毋字通用，皆禁止之義也。

案：此《詩》、《書》中之通例，亦古人用字不一，其義則同，所以變化之也。

6. 卷七〈晉卦〉「王母」條：

介者，自守之象。介即貞也，福即吉也，與《詩》之「介爾景福」不
同。故曰：「受茲介福。」明福自此生也。

案：「介爾景福。」見《小雅》〈小明〉第五章：「神之聽之，介爾景福。」及《大
雅》〈既醉〉第一章：「既醉以酒，既飽以德。君子萬年，介爾景福。」

7. 卷七〈明夷〉「南狩」條：

《詩》曰：「肆伐大商，會朝清明。」南狩之謂也。

案：見《大雅》〈大明〉第八章最末。

8. 卷八〈家人〉「嗃嗃嘻嘻」條：

「嘻嘻」二字，在《詩》之「噫嘻」，《禮》之「嘻其甚矣」，《左氏傳》
之「譆譆出出」，陽虎從者曰「嘻」，皆為歎懼之辭，未有訓為笑樂者也。

案：《詩》之「噫嘻」，見《周頌》〈臣工之什〉第二：「噫嘻成王，既昭假爾。」

9. 〈家人〉「九五」條：

王在廟則尚敬，故《詩》曰：「肅肅在廟。」王在家則尚和，故曰：「雝
雝在宮。」

案：二句見《大雅》〈文王之什〉第六〈思齊〉：「雝雝在宮，肅肅在廟。不顯亦
臨，無射亦保。」

10. 卷九：〈姤卦〉「六爻」條：

舍字去聲，義與〈隨〉之「志舍下也」同。《鄭風》「舍命不渝」，《毛
氏》曰：「舍，處也。」

案：見《鄭風》〈羔裘〉第一章：「羔裘如濡，洵直且侯。彼其之子，舍命不渝。」

11. 卷九〈萃卦〉「致孝享也」條：

古語謂享之豐者為致孝，《詩》曰：「苾芬孝祀。」

案：見《小雅》〈谷風之什〉第九〈楚茨〉之四：「苾芬孝祀，神嗜飲食。」

12. 卷十〈漸卦〉「下三爻」條：

群醜，謂儕類也。《詩》「吉日從其群醜。」

案：見《小雅》〈南有嘉魚之什〉末章〈吉日〉第一：「吉日維戊，……從其群

醜。」

13. 卷十〈歸妹〉首條「卦名」：

　　《詩》「俔天之妹」是也。

案：見《大雅》〈文王之什〉第二〈大明〉五章：「俔天之妹，文定厥祥。」

14. 卷十二〈既濟〉「六五」條：

　　輝者，光中之氣。《詩》曰：「庭燎有煇。」

案：見《小雅》〈鴻鴈之什〉第二〈庭燎〉三章：「夜如何？其夜鄉晨。庭燎有煇，君子至止，言觀其旂。」

15. 卷十四〈繫辭下〉「其殆庶幾乎」條：

　　庶幾者，近辭也。……《詩》曰：「庶幾有臧式飲。」庶幾，皆近辭也。

案：見《小雅》〈甫田之什〉第七、八：「庶幾有臧。」及「雖無旨酒，式飲庶幾。」

16. 卷十五〈說卦〉「〈巽〉逸象爲揚爲鸛」條：

　　鸛，水鳥，能知風雨者。《詩》曰：「鸛鳴于垤。」

案：見《豳風》〈東山〉三章：「鸛鳴于垤，婦歎于室。」項氏以經學宏富，取擇逢源，引《詩》以證《易》義，《易》之旨歸益明。由此以觀，《易》理之注解，如能廣徵博引，更可推闡以濟其不足，廣其多方。

（四）《尚書》引見十四處

　　《玩辭》引《書》亦夥，或節引經文，或迻錄原句，或擷取經義，頗有變化，而項氏經學之博雅可知。茲列記卷次，案書出處，以備檢索。

1. 卷一〈乾卦〉「龍德而正中章」：

　　　庸言之信，庸行之謹，《書》之惟一也；閑邪存其誠，《書》之惟精也。

　　皆允執厥中之事也，此所謂君德也。

案：見《尚書·虞書》〈大禹謨〉：「人心惟危，道心惟微，惟精惟一，允執厥中。」此篇雖爲東晉梅賾《僞古文尚書》之一，但歷來儒者尊爲聖賢心傳之十六字訣，亦云尚矣！

2. 卷二〈蒙卦〉「蒙聖」條：

　　《洪範》〈庶徵〉聖之反爲蒙，然而蒙有作聖之功，不可忽也。

案：見《尚書·周書》〈洪範〉八〈庶徵〉曰：「曰聖，時風若。……曰蒙，恒風若。」

3. 卷四〈豫卦〉「〈謙〉九三，〈豫〉九四」條：

　　〈謙〉之九三，伊尹、周公之事也。《書》曰：「臣罔以寵利居成功。」

案：見《僞古文尚書》〈太甲〉下：「君罔以辯言亂舊政，臣罔以寵利居成功，邦其永孚于休。」

4. 卷四〈臨卦〉「〈大象〉」條：

　　放勳曰：「勞之，來之；匡之，直之；輔之，翼之；使自得之，又從而振德之。」禹曰：「戒之用休，董之用威，勸之以九歌，俾勿壞。」所謂教思無窮者，此之謂也。

案：放勳之語：見《孟子》〈滕文公〉。禹之語：見《僞古文尚書》〈大禹謨〉。屈萬里先生《尚書釋義》曰：「文公七年《左傳》引《夏書》之文。」

5. 卷五〈噬嗑〉首條「〈象〉」下：

　　舜之刑曰：「刑期于無刑，民協于中。」皋陶之刑曰：「好生之德，洽于民心。」曰：「制百姓于刑之中。」成王之刑曰：「寬而有制，從容以和，曰……惟厥中。」穆王之刑曰：「哀矜折獄，……咸庶中正。」皆以柔中為主也。

案：舜之刑，見〈大禹謨〉，皋陶之刑同。「制百姓……」見《周書》〈呂刑〉，穆王之刑同；成王之刑，見《僞古文尚書》〈君陳〉篇。

6. 〈噬嗑〉「噬胏得矢，噬肉得金」條：

　　舜、禹之待三苗，周公、成王之待商民，其得此義也。夫人臣當九四之艱，故曰：「遺大投艱于朕身。」人主當六五之屬，故曰：「邦之安危，惟茲殷士。」

案：前句見《周書》〈大誥〉，後句見《僞古文尚書》〈畢命〉。

7. 卷七〈咸卦〉「初六，上六」條：

　　滕字，虞翻本作騰，蓋傳布之義，《書》所謂播告之脩也。但專恃口說，亦不為美，故不得言吉。

案：見《商書》〈盤庚〉，屈先生《尚書釋義》作：「王播告之，脩不匿厥指。」謂「脩」，讀為「攸」，語詞也。

8. 卷七〈恒卦〉「利有攸往」條：

　　《書》曰：「終始惟一，時乃日新。」惟日新不已，然後能終始惟一也。

案：見《僞古文尚書》〈咸有一德〉。

9. 卷七〈大壯〉「君子罔也」條：

　　《書》中罔字與弗字、勿字、母字通用，皆禁止之義也。

案：此《詩》、《書》中之通例，項氏特著明之耳。

10. 卷八〈益卦〉「初二三四」條：

觀《盤庚》三篇，可見〈損〉、〈益〉之實矣！

案：見《商書》〈盤庚〉，有上、中、下三篇。

11. 卷十〈艮卦〉「不獲其身，不見其人」條：

黌字從肉，不從夕字，《書》作瞋。

12. 卷十〈漸卦〉「〈大象〉」條：

古書居皆訓積，如《書》之「化居」，《易》之「居業」皆是也。

案：見《虞夏書》〈皋陶謨〉：「暨稷播奏庶艱食、鮮食，懋遷有無化居。」此本屈先生《尚書釋義》，然《尚書孔傳》別爲〈益稷〉篇。

13. 卷十五〈說卦〉「雉」條：

《書》稱雉爲夏翟，以其色備五采，尾至夏則光鮮，此雉之陽也。

案：見《虞夏書》〈禹貢〉：「厥貢惟土五色，羽畎夏翟。」

14. 卷十六〈序卦〉「節而信之，有其信者必行之」條：

有其信，猶《書》所謂有其善之有言，其以此自負，而居有之也。

案：見《僞古文尚書》〈說命〉：「有其善，喪厥善，矜其能，喪厥功。」

觀項氏以上所引《尚書》，雜引《虞夏》、《商》、《周書》古文及僞古文各篇次，以義取之，以輔《易》旨，猶可見當時《尚書》學之概況。雖「斷章取義」，實大有功於《易》辭之理解。

（五）《三禮》引見九處

1. 卷二〈履卦〉首條「字義」：

〈序卦〉謂〈履〉爲有禮，非以禮訓履也。觀〈曲禮〉、〈少儀〉、〈鄉黨〉可見古人一舉手動足，無非禮者。故〈大壯〉曰：「非禮勿履。」亦以履爲行而已。

案：《三禮》，即《周禮》、《儀禮》、《禮記》之謂。〈曲禮〉見《禮記》，所以言制度也；〈少儀〉亦見《禮記》，明制度者也。〈鄉黨〉見《論語》第十篇。

2. 卷四〈豫卦〉「〈謙〉九三，〈豫〉九四」條：

《記》曰：「有庇民之大德，有事君之小心。」即《易》之勞謙也。

案：見《禮記》〈表記〉第三十二：「雖有庇民之大德，不敢有君民之心，仁之厚也。……小心而畏義，求以事君。」所引蓋櫽栝之。

3. 卷四〈觀卦〉「神道」條：

《記》曰：「天道至教，聖人至德。」味此二言，可以知〈觀〉道之神矣。

案：檢索《禮記》，未見是語，不知從出何處？

4. 卷六〈大畜〉「輿衛」條：

> 按：《考工記》周人之輿有六等之備：戈也，人也，殳也，戟也，矛也，并轂爲六。蓋輿衛之強如此，非〈乾〉何以當之？

案：見《周禮》《冬官・考工記第六》。

5. 卷七〈晉卦〉首條「〈象〉」：

康侯，猶《禮》言寧侯也。

案：康者，寧也，皆訓安。

6. 卷八〈家人〉「嗃嗃嘻嘻」條：

> 「嘻嘻」二字，在《詩》之「噫嘻」，《禮》之「嘻其甚矣」，……皆爲歎懼之辭，未有訓爲笑樂者也。

案：見《禮記》〈檀弓上〉：「夫子曰：『嘻其甚也。』」

7. 卷十〈鼎卦〉「剛柔節也」條：

> 〈文王世子〉曰：「食上必在視寒煖之節。」寒煖即剛柔也。〈食醫〉曰：「凡食齊視春時，羹齊視夏時，醬齊視秋時，飲齊視冬時。」〈烹人〉曰：「掌共鼎鑊，以給水火之齊。」齊即節也。水、火、冬、夏皆剛柔之號也。

案：〈文王世子〉見《禮記》，〈食醫〉、〈烹人〉二篇，見《周禮》《天官・冢宰第一》。

8. 卷十二〈未濟〉「六五」條：

> 輝者，光中之氣。《詩》曰：「庭燎有輝。」《周禮》〈眡祲〉以十暈爲十輝，皆謂光中之氣。

案：見《周禮》《春官・宗伯第三》〈眡祲〉曰：「掌十輝之法，以觀妖祥、辨吉凶。」

9. 卷十三〈繫辭上〉「制作之本」條：

> 是故《易》有太極，《易》之太極，即《禮》之太一也。有太一則有陰陽，是謂兩儀。

案：見《禮記》〈禮運〉第九曰：「是故，夫禮必本於大一，分而爲天地，轉而爲陰陽，變而爲四時，列而爲鬼神，其降曰命。」

（六）《春秋經傳》引見十處

1. 卷一〈乾卦〉「用九、用六〈文言〉」條：

用九爲〈乾〉之〈坤〉，見《左氏春秋傳》。

案：《左傳》閔公二年，「又筮之，遇〈大有〉之〈乾〉曰：『同復于父，敬如君

所。』」又昭公二十九年:「在〈乾〉之〈姤〉曰:『潛龍勿用。』……其〈坤〉
曰:『見群龍無首吉。』」

2. 卷二〈屯卦〉「乘馬班如」條:

　　《左氏傳》有班馬之聲,班亦旋也。《杜注》以爲分者,非。

案:《左傳》襄公十八年:「邢伯告中行伯曰:『有班馬之聲。』《杜預注》:「班,
別也。」

3. 卷二〈比卦〉「失前禽,邑人,三驅,使中」條:

　　《春秋傳》服則舍之:舍,置也,不必用上聲讀。

案:見《左傳》僖公十五年:「君子曰:『我知罪矣!秦必歸君,貳而執之,服
而舍之,德莫厚焉。』」

4. 卷三〈同人〉、〈大有〉「弗克攻」條:

　　《春秋》褒弗克納之義也。

案:見《春秋經》文公十四年:「弗克納。」《公羊傳》:「納者何?入辭也。其
言弗克納何?大其弗克納也。」

5. 卷三〈大有〉「公用亨於天子」條:

　　《左氏傳》卜偃以亨爲享。

案:見《左傳》僖公二十五年:「使卜偃卜之,……遇公用享于天子之卦。」

6. 卷八〈家人〉「嗃嗃嘻嘻」條:

　　　　「嘻嘻」二字,……《左氏傳》之「譆譆出出」,陽虎從者曰:「嘻」,
皆爲歎懼之辭,未有訓爲笑樂者也。

案:見《左傳》襄公三十年:「或叫于宋大廟,曰譆譆出出。鳥鳴于亳社,如曰:
譆譆。」

7. 卷九〈萃卦〉「六二,九五」條:

　　古語謂所親信爲孚,《春秋傳》曰:「夷伯者何?季氏之孚也。」

案:《公羊傳》僖公十五年:「(《經》:「震夷伯之廟。」)夷伯者,曷爲者也?季
氏之孚也。」《何休注》:「孚,信也。」

8. 卷九〈升卦〉「南征,禴享」條:

　　《春秋傳》:「晉與楚戰,筮之遇〈復〉。」亦以〈坤〉在上爲南征。

案:《左傳》成公十六年:「公筮之,史曰:『吉。』其卦遇〈復〉,曰:『南國且
蹙,射其元王,中厥目。國蹙王傷,不敗何待?』公從之。」

9. 卷十五〈說卦〉「說言、成言」條:

　　《春秋》:「楚遣黑肱成言於晉,晉遣向戌成言於楚。」

案:《左傳》襄公二十七年:「壬戌,楚公子黑肱先至,成言於晉。丁卯,宋向戌如陳,從子木成言於楚。」

10. 〈說卦〉「說萬物,潤萬象」條:

《傳》曰:「車甚澤,光可以鑑。」則澤者,光說之名爾。

案:《左傳》昭公二十八年:「昔有仍氏生女,鬒黑而甚美,光可以鑑。」襄公二十八年:「獻車於季武子,美澤可以鑑。展莊叔見之,曰:『車甚澤,人必瘁,宜其亡也。』」

(七)《論語》引見六處

項氏徵引《三禮》第一條,亦見《論語》〈鄉黨篇〉,以第五條不知出處,合計亦共引見六處。

1. 卷一〈乾卦〉「行事也」條:

乾乾者,終日之所從事也,顏子之「四勿」是也。或躍者,試之於用以自驗也,曾子之「三省」是也。

案:「四勿」者,「非禮勿視,非禮勿聽,非禮勿言,非禮勿動」也,見〈顏淵篇〉。「三省」者,「為人謀而不忠乎?與朋友交而不信乎?傳不習乎?」見〈學而篇〉。

2. 卷二〈師卦〉「初六,六四」條:

與其剛而偶勝,不若柔而不敗,故曰:「暴虎馮河而無悔者,吾不與也;必也能事而懼,好謀而成者也。」

案:此孔子戒子路之語,見〈述而篇〉。

3. 卷四〈豫卦〉「勿疑朋盍簪」條:

孔子曰:「相桓公,霸諸侯,一匡天下,民到於今受其賜。微管仲,吾其被髮左衽矣!」此正〈豫〉之九四也。

案:見〈憲問篇〉,孔子答子貢曰:「管仲非仁者與?」語。

4. 卷九〈萃卦〉「致孝享也」條:

《論語》以致孝對菲飲食,蓋以厚對薄也。

案:見〈泰伯篇〉:「子曰:『禹,吾無間然矣!菲飲食而致孝乎鬼神,惡衣服而致美乎黻冕,卑宮室而盡力乎溝洫。禹,吾無間然矣!』」

5. 卷十一〈豐卦〉首條「王假之」:

孔子曰:「嚴父莫大於配天。」

案:《論語》二十篇,未見是語,不知源出何處?

6. 卷十四〈繫辭下〉「其殆庶幾乎」條:

《論語》曰：「其庶乎！其幾也！」

案：〈先進篇〉：「回也其庶乎！」〈子路篇〉：「言不可以若是其幾也。」

（八）《孟子》引見五處

《尚書》引述之第四條，亦見《孟子》〈滕文公〉語，共合見五處。

1. 卷二〈師卦〉「丈人吉無咎」條：

孟子曰：「征之爲言正也，各欲正己也。」出師如此，可謂得師貞之義矣。

案：見〈盡心下〉：「征之爲言正也，各欲正己也，焉用戰？」

2. 卷十一〈豐卦〉首條「王假之」：

孟子曰：「尊親莫大乎以天下養。」

案：見〈萬章上〉：「孝子之至，莫大乎尊親。尊親之至，莫大乎以天下養。爲天子父，尊之至也。以天下養，養之至也。」

3. 卷十三〈繫辭上〉「一陰一陽章第五」條：

萬物之所各正也，成之者性。猶《孟子》言人之性，犬之性，牛之性。

案：見〈告子〉，「孟子曰：『然則犬之性，猶牛之性；牛之性，猶人之性與？』」

4. 卷十六〈序卦〉「物不可以終〈遯〉，故受之以〈大壯〉」條：

孟子曰：「我善養吾浩然之氣。其爲氣也，至大至剛，以直養而無害，則塞乎天地之閒。」其〈大壯〉之事乎！

案：見〈公孫丑〉：「（續）其爲氣也，配義與道，無是餒也。是集義所生者，非義襲而取之也。」

（九）《中庸》引見六處：

《中庸》本爲《禮記》之一篇，迨朱熹以《論語》、《孟子》、《大學》、《中庸》合爲《四子書》，明遂尊列科舉定本。茲爲標舉《中庸》爲宋儒理學之佐力，且項安世亦嘗留心於斯，特自《三禮》條抽出，置於《孟子》之後，所以明其典要。

1. 卷一〈乾卦〉「龍德而正中章」條：

《中庸》所謂：「小德川流，大德敦化，天地之所以爲大者。」即此爻也。

案：見《禮記》《中庸》。此釋〈乾〉九二爻辭：「見龍在田，利見大人。」

2. 〈乾卦〉「君子進德脩業章」條：

《中庸》所謂：「尊德性，道問學：居上不驕，爲下不倍。」即此爻也。

案：此釋〈乾〉九三爻辭：「君子終日乾乾，夕惕若，厲無咎。」

3. 〈乾卦〉「君子欲及時章」條：

《中庸》所謂：「本諸身，證諸庶民，庶幾夙夜，以永終譽。」即此爻也。

案：此釋〈乾〉九四爻辭：「或躍在淵，無咎。」

4.〈乾卦〉「聖人作而萬物覩章」條：

> 《中庸》所謂：「日月所照，霜露所墜，凡有血氣，莫不尊親。」即此爻也。

案：此釋〈乾〉九五爻辭：「飛龍在天，利見大人。」

5. 卷四〈豫卦〉「初六，六三」條：

> 《中庸》所謂：「前定之豫也，非中正之人，其孰能之？」

案：〈豫䷏〉初，柔不中正；三，不中正，所以有凶、悔之象也。《中庸》之語，蓋亦明解《易》道者。

6. 卷十四〈繫辭下〉「聖人之知能」條：

> 吉事有祥，即《中庸》所謂：「至誠之道，可以前知；見乎蓍龜，形乎動靜也。」

案：《中庸》以「誠」為其最高指導原則。誠者，聖人之本，宋儒周敦頤《通書》有云：「大哉乾元，萬物資始，誠之源也。乾道變化，各正性命，誠斯立焉。純粹至善者也。故曰：一陰一陽之謂道，繼之者善也，成之者性也。元亨，誠之通；利貞，誠之復，大哉《易》也，性命之源乎！」是「誠」妙諦之解。

（十）《爾雅》引見一處

1. 卷六〈習坎〉「樽酒，用缶，自牖」條：

> 《爾雅》小罍謂之坎，罍即缶也。

案：見《爾雅》〈釋器〉第六：「彝、卣、罍，器也。小罍謂之坎。」

援引群經以釋《易》，歷代說《易》大家最為常見。此因經學乃中華學術之源，故累世奕代之碩學鴻儒，莫不窮知究慮，以明其旨歸。〔註16〕《玩辭》中，所引群書以經籍為多，可見項安世博通經典之學殖，用功深厚。然而，援經以釋《易》之學風，實為宋代義理《易》學之特色，項安世留意經史，泛濫理學，援經證《易》，亦顯例耳。

二、參稽諸子以解《易》

《玩辭》中引見者，有未注名之「先儒」說，注名之老氏、管仲、荀子及蔡邕

〔註16〕班固《漢書・藝文志》〈諸子略〉云：「今異家者，各推所長，窮知究慮，以明其指，雖有蔽短，合其要歸，亦《六經》之支與流裔。」〈儒林傳〉復云：「《六藝》者，王教之典籍，先聖所以明天道，正人倫，致至治之成法也。」則經學於中華學術之地位，不言可知矣！

說，自不以「先秦諸子」爲限。茲臚舉其說，以觀大較。

（一）先儒之說引見六處

1. 卷四〈觀卦〉「盥而不薦」條：

     先儒謂：「盥則誠意方專，薦則誠意已散；盥而不薦，謂專而不散。」
非也，仁人孝子之奉祀也，豈皆至薦則誠散乎？

2. 卷五〈噬嗑〉「六爻本象」條：

     先儒皆以初、上爲受刑之人，二、三、四、五爲用刑之人。析六爻爲
兩說，故於所噬之象穿鑿紛紜，終不能合。殊不知六爻皆即本爻取象。

3. 卷十〈鼎卦〉「以木巽火，木上有火」條：

先儒於木上有火，亦以烹飪釋之，非也。凡〈彖〉與〈大象〉，無同用者。

4. 卷十〈震卦〉「出可以守宗廟社稷」條：

先儒謂君出而太子守者，非也。

5. 卷十一〈巽卦〉「初六，九二」條：

     先儒多以紛若爲致吉之道。以象辭攷之，紛若本不應吉，紛若之所以
吉者，以得中也。

6. 卷十二〈未濟〉「六五」條：

先儒謂暉爲揮，非也。

案：以上所引六說，項氏皆辨其訛誤，然不直指先儒姓名，亦可見其性之敦厚，
所以爲賢者諱。

（二）《老子》引見一處

1. 卷十一〈豐卦〉首條「王假之」：

老氏曰：「王亦大。」

案：見《老子》二十五章曰：「道大，天大，地大，王亦大。域中有四大，而王
處一。」

（三）《管子》引見一處

1. 卷四〈豫卦〉「勿疑朋盍簪」條：

     管仲曰：「宴安鴆毒，不可懷也。」姜氏曰：「懷與安，實敗名。」皆
明於由豫之機者歟？

案：此雖管仲語，實出於《左傳》閔公元年：「狄人伐邢。管敬仲言於齊侯曰：
『戎狄豺狼，不可厭也；諸夏親暱，不可棄也；宴安酖毒，不可懷也。』」姜氏，
不知何人，蓋亦訓解《左傳》者也？

（四）《荀子》引見一處

1. 卷七〈晉卦〉「鼫鼠」條：

《荀子》〈勸學篇〉鼫字作鼫，故後之學者，遂不知有鼫鼠之名。

案：〈勸學篇〉作：「螣蛇無足而飛，鼫（或作梧）鼠五技而窮。」「鼫」應為「鼫」（音石），據《大戴禮記》而改，詳參《荀子新注》里仁版。

（五）蔡邕〈勸學篇〉引見一處

1. 〈晉卦〉「鼫鼠」條：

余按：蔡邕〈勸學篇〉亦云：「鼫鼠五能，不成一技。」則《荀子》
書在漢時固未作鼫字也。

案：蔡邕，東漢時人，才學俱富。靈帝熹平四年，奏求正定《六經》文字，邕自書丹於碑，使工鐫刻，立於太學門外。於是後儒晚學，咸取正焉。世傳《熹平石經》，蔡邕之功，不可沒也。傳見《後漢書》卷六十下。

三、旁徵史書以證《易》

《玩辭》中明引史書之名，雖僅《漢書》與《魏書》二種，然所引史事則甚夥，將於下一節特為敘述，以明項氏以史解《易》之方法，亦有得於史事《易》學家。

（一）《漢書》引見二處

1. 卷六〈大畜〉「〈大象〉」條：

識，《漢書》作「志」，義同。

案：志謂識，記也，古文。《漢書》〈禮樂志〉、〈藝文志〉集注以為「在心為志」，蓋其本義如是。

2. 卷十〈漸卦〉「六爻取象」條：

磐石，《漢郊祀志》作般，孟康云：「水傍堆也。」堆固高於涯矣！

案：《漢書》〈郊祀志上〉：「鴻漸于般。」唐顏師古注曰：「般，山石之安者。」

（二）《魏書》引見一處

1. 卷一〈坤卦〉「履霜堅冰，陰始凝也」條：

安世按：《魏書》曹丕時許芝奏云：「《易傳》曰：『初六，履霜，陰始凝也。』」則是時猶未有此二字，明後人妄加也。

案：安世謂：「程子以此句『堅冰』二字為衍文。……郭京、徐氏本，亦皆無此二字。」然徐芹庭先生《周易異文考》論證詳密，以為非是，其說可信。〔註17〕

〔註17〕《周易異文考》頁13「履霜堅冰，陰始凝也」下曰：「阮元《周易注疏校勘記》：『《岳本》、《閩監》、《毛本》同。《石經》初刻無也字，後增。《古本》、《足利本》，冰下有

然項氏之說，亦不可廢，宜並參之。

四、廣稽小學訓解以注《易》

《玩辭》中本古文、古語、《說文》、《釋文》、《埤雅》，以求《易》義之旨歸者，考徵頗富，則項氏訓詁之造詣，足以詮《易》義之精微，闡《易》理之奧妙。

（一）古文引見八處

項氏所謂「古文」，蓋即漢武帝末發現之孔壁中書。其大部分采入於許慎《說文解字》之正文及重文中。魏《三字（體）石經》之古文，亦從此出。然「古文」一辭，於經學史上乃學派之名，所謂古文、今文經學者是也。又為字體之別，如〈說文解字序〉曰：「今敘篆文，合以古籀。」即指文字學上今文（篆），古文（籀）而言。

1. 卷三〈大有〉「公用亨於天子」條：

古文亨與享字同，但作享義解之，不必改字也。〔註18〕

案：亨、通也，《釋文》解〈大有〉如是。《說文》亨，篆文「享」，獻也。二形相近，引申義通，故項氏解之若此。

2. 卷四〈豫卦〉「初六，六三」條：

有字，即古文「又」字，古《周易》多作「有」。

案：古文「有」作「又」，讀為「又」，蓋音同而假借之。

3. 卷四〈隨卦〉「用亨」條：

古文亨，即享字。今獨〈益〉作亨讀者，俗師不識古字，獨於享帝不敢作亨帝也。若天子與山，則或以為無享理，不知賓禮自有享王，吉禮自有山川之祭也。凡稱享者，正謂其有以通之。雖作亨音，亦止言享禮爾。

案：清·阮元《經籍纂詁》以「亨」為「通」義，經籍多然。而「享」，本義為獻，見《說文》，亦有解作「通」者，則二字形近義通，故項氏互訓之。

至字。』據此則本句有異文二，一則無也字，作『陰始凝』，此有脫落也，故後又補上。一則作『履霜堅冰至，陰始凝也。』此則多一至字，涉上文而衍。今察《後漢書》〈魯恭傳〉與《漢石經》，亦與今注疏本同，則《漢易》經文與今同也。馬光宇云：『《十行本》、《李本》、《毛本》、《巾箱本》、《景宋本》、《涵芬樓本》、《集解》、《虞本》同，《漢石經》亦同。』（《周易經文注疏校證》）是也。又郭京《周易舉正》以為宜作：『履霜，陰始凝也。馴至其道，至堅冰也。』非也，《漢石經》正與今本同。至於《唐石經》（世界書局民國四十三年影印本）堅冰之『冰』作『水』，而較其餘各字為小，且偏居於右，則左邊脫誤『冫』，可確信也。惠定宇（棟）云：『冰當作仌，凝當作冰。』（《九經古義——周易》上）此不同於《漢石經》，殆非《漢易》之正也。』孰是孰非，以文獻不詳見，姑存疑焉。

〔註18〕「公用亨于天子」，徐芹庭先生《周易異文考》頁36，考辨「亨」意，徵考諸家之說，皆有見地。引見古文三、七二條，可並參較。

4. 卷六〈離卦〉「九三」條：

　　古文嗟下，無凶字。

案：《說文解字》其序曰：「其稱《易》孟氏，《書》孔氏……皆古文也。」項氏所謂「古文」，不知何本？以孟氏爲今文《易》，後世雖傳其學，但不傳其書。

5. 卷七〈晉卦〉首條「彖」：

　　古文晉作齊，子西反。

案：《釋文》：「晉，《孟本》作齊。」項氏殆本於《釋文》。

6. 卷八〈家人〉「九五」條：

　　古鼎彝之文，皆以君在廟爲假于廟，舜格于藝祖是也。

案：〈明夷〉：「王假有家。」註曰：「假，至也。」鐘鼎銘文多見，所以祭神祖，期其靈蒞而享之。

7. 卷九〈升卦〉「上三爻」條：

　　亨，古文享字，說具〈隨卦〉。

案：參見第一、三兩條，並參註 18，徐先生《周易異文考》所釋「亨」意。

8. 卷十〈艮卦〉「艮其止」條：

　　古文背字爲北，有訛爲止字之理。

案：項氏謂：「卦辭爲『艮其背』，〈彖〉爲『艮其止』。晁說之氏曰：『〈彖〉亦當爲艮其背，自王弼以前；無艮其止之說。』」徐先生《周易異文考》以「艮其趾」、「艮其止」解之，未有言及「背」者。若以義考之，則項說爲長。

（二）古語引見十處

　　項氏所謂「古語」，只是泛稱，未明示何指。以義考之，殆亦先秦、兩漢經籍訓詁之語耳。

1. 卷一〈乾卦〉「首出庶物，萬國咸寧」條：

　　古語謂牆中之榦木爲楨，今謂之永久木。

案：《說文》：「楨，剛木也。」《爾雅》〈釋詁〉：「楨，榦也。」舍人注云：「楨，正也。築牆所立兩木也。」《書》〈費誓〉：「幹。」馬注：「楨、榦，皆築具，楨在前。」項氏所引，實有所本。

2. 〈乾卦〉「時舍也」條：

　　古語舍，訓爲置。苟置於此，則舍於此，故傳舍亦爲傳置。

案：《說文》：「市居曰舍。」此其本義也。《易》〈屯〉，《釋文》：「舍，止也。」止亦置義，蓋引申之。

3. 卷二〈需卦〉「飲食宴樂」條：

古語燕客爲需，今人謂之待客，亦此意也。

案：需，原有「須（𦜝）待」之意。《易》〈需〉，《釋文》：「需，訓養。」〈序卦傳〉：「需者，飲食之道也。」其義可知。

4. 卷八〈損卦〉「初九、六四」條：

古語止疾曰已，故有名病已者。

案：《廣雅》〈釋詁一〉：「已，癒也。」《呂覽》〈至忠〉：「疾乃遂已。」注曰：「已，除愈也。」則已訓爲止疾者，義可曉矣。

5. 卷九〈萃卦〉「致孝享也」條：

古語謂：享之豐者爲致孝。

案：〈萃〉：「致孝享也。」虞翻注：「享，享祀也。」獻食物之祭，豐贍者謂之善事也，其「致孝」之意乎！

6. 〈萃卦〉「六二，九五」條：

古語謂：所親信爲孚。

案：《說文》：「孚，卵也。從爪，從子。一曰信也。」〈需〉：「有孚光亨。」《釋文》：「孚，信也。」故〈中孚〉者，信發於中之謂。

7. 卷十〈革卦〉「革面」條：

古語：面皆謂向。如牆面，王面，南面皆是。

案：《廣雅》〈釋詁四〉：「面，嚮也。」《國策》、《史記》、《孟子》，先秦、兩漢之書，皆作如是解。

8. 卷十三〈繫辭上〉「效法」條：

古語：法皆謂形也。形即刑字，故刑法通稱，皆言其成形而不可變也。

案：《說文》曰：「灋，刑也。平之如水，從水。廌所以觸不直者去之，從廌去。法，今文省。」

9. 卷十五〈說卦〉「說言、成言」條：

古語謂：交惡者爲有違言，交好者爲有成言。

案：見《左傳》襄公二十七年，楚、晉，陳、楚成言之事。《左傳》會盟戰伐最多，可以參證。

10. 卷十六〈雜卦〉「〈謙〉、〈豫〉」條：

豫怠二字，本是古語。

案：豫，樂也；怠，危也，經籍之古語。

（三）《說文》引見六處

《說文解字》爲東漢許慎所撰，爲小學之經典名作。許慎經學博雅，史稱「《五

經》無雙許叔重」。《玩辭》中引見者四處，《項氏家說》卷一〈易說〉引見者二處。合前述觀之，皆可略覘項氏小學之造詣，殊匪淺耳。

1. 卷四〈豫卦〉「〈大象〉」條：

《說文》曰：「作樂之盛稱殷。」崇與殷，皆盛大之意。

案：謂〈豫‧大象傳〉「先王以作樂崇德，殷薦之上帝，以配祖考。」之「崇」與「殷」，皆盛大之意，引《說文》八篇上「殷」篆下說解以證之。

2. 同上「六二，六三」條：

凡物之兩閒爲介，介所以分也。許氏《說文》曰：「介，分畫也。」

案：《說文》二篇上：「介，畫也。從人，從八。段玉裁注云：「介、界，古今字。分介則必有閒，故介又訓閒。」

3. 卷六〈大畜〉「告牙」條：

告，《說文》云：「牛角橫木也。」正引《易》「童牛之告」爲證。

案：《說文》二篇上：「告，牛觸人，角著橫木，所以告人也。從口，從牛。《易》曰：『僮牛之告。』」段注曰：「〈大畜〉爻辭僮牛，僮昏之牛也。告，《九家》同，王弼作牿。」然同條項氏釋「牿」曰：「《說文》云：『牛馬牢也。《周書》牿牛馬是也。』則此告不當從牛。」故告字從牛者，如《說文》二篇上所釋，則別是一字，不當同「告」。

4. 卷六〈頤卦〉「逐逐」條：

其欲逐逐，《說文》作「𨈭𨈭」，式六反，遠也。詳眈眈之義，則𨈭爲宜。眈眈，深也；𨈭𨈭，遠也，皆有沈厚專壹之義。

案：《說文》二篇下：「𨈭，疾也，長也。從足，攸聲。」段注曰：「二義相反而相成。《易》『其欲逐逐』，薛云：『速也。』《子夏傳》作『攸攸。』荀作『悠悠。』劉作『𨈭。』云：『遠也。』」則項氏本於劉表。

5. 《家說》卷一「上六振恆，凶」條：

《說文》云：「孟氏《易》：振作㮚，云柱砥也。」此陸氏《釋文》所不載也。

案：《說文》六篇上：「㮚，柱砥也。……《易》曰：『㮚恆凶。』是。」段注曰：「〈恆〉上六爻辭。《釋文》曰：『振恆。』張璠作『震。』今《易》皆同張。……許稱蓋《孟易》也。」項氏之說同段注之釋。

6. 卷一「八卦本字」條：

按：《說文》：益字從水，從皿。以水注皿，故謂之益。

案：《說文》五篇上：「益，饒也。從水、皿，益之意也。」《易》〈益・大象傳〉
曰：「風雷〈益〉。君子以見善則遷，有過則改。」深得此義。

（四）《釋文》引見十一處：

《經典釋文》，唐・陸德明撰，簡稱《釋文》。訓釋典籍音義，向爲學者所重。
其內容含《易、書、詩、三禮、春秋、孝經、論語、老子、莊子、爾雅》，弘益學者，
可謂章明昭著。項氏《玩辭》引見多處，亦推重也。

1. 卷二〈屯卦〉「經綸」條：

　　綸字，《釋文》作論，論亦綸也。

案：「經論」，《釋文》曰：「音倫。鄭如字，謂論撰《書》、《禮》、《樂》、施政事。
黃穎云：『經綸，匡濟也。』本亦作倫。」

2. 卷二〈小畜〉「輻字」條：

　　陸氏《釋文》云：「本亦作輹。」

案：《釋文》曰：「輻，音福。本亦作輹，音服。馬云：『車下縛也。』鄭云：『伏
菟。』」

3. 卷三〈大有〉「公用亨於天子」條：

　　陸氏《釋文》：「諸家《易》說，亦皆作亨獻之義。」

案：「用亨」，《釋文》曰：「許庚反，通也。下同。眾家並香兩反。京云：『獻也。』
于云：『亨，宴也。』姚云：『享，祀也。』」

4. 卷四〈豫卦〉「勿疑朋盍簪」條：

　　　　按：《釋文》：「簪字或爲撍：或爲寁音，或爲子甘反，或爲子感反。
　　其訓皆爲速也，疾也。」

案：《釋文》曰：「徐，側林反，《子夏傳》同。疾也，鄭云：『速也。』《埤蒼》
同。王肅又祖感反。古文作貸，京作撍，馬作臧，荀作宗，虞作哉，哉，叢合
也。蜀才本依京，義從鄭。」

5. 卷四〈隨卦〉「天下隨時，隨時之義」條：

　　　　《釋文》云：「王肅本作：『天下隨之，隨之時義大矣哉。』」按：此
　　則上時字爲聲之誤，下時字爲字之倒也。

案：以義考之，項說爲是，蓋本《釋文》所見王肅本而言。

6. 卷五〈剝卦〉「剝無咎」條：

　　　　按：《釋文》：「爻辭但曰剝無咎，有之字者非。」然則有之字者，蓋
　　因小象之字而誤增爻辭也。

案：《釋文》於「六三……剝無咎。」下曰：「一本作剝之無咎，非。」項說亦
是。

7. 卷六〈習坎〉「六四爻句」條：

> 安世按：簋缶牖咎，於古韻爲協。且陸德明《釋文》，及李鼎祚所集
> 先儒解，皆與此合。

案：簋，音軌；缶，方有反；牖，音酉，陸作誘；咎，其久反，皆協韻。

8. 卷七〈明夷〉「用拯馬壯吉」條：

> 《釋文》：「拯字作承。古文作抍，亦音承。」其訓曰上舉，蓋拯而出
> 之也。

案：《釋文》訓「用拯」曰：「拯救之拯，注同。《說文》云：『舉也。』鄭云：『承
也。』《子夏》作抍，《字林》云：『抍，上舉，音承。』」

9. 卷九〈萃卦〉首條「萃亨」：

> 按：《釋文》、馬、鄭、陸、虞本，並無亨字。獨王肅本有之，王弼遂
> 用其說，而孔子象辭初不及此字也。

案：「亨」，《釋文》云：「王肅本同。馬、鄭、陸、虞等，並無此字。」

10. 卷十五〈說卦〉「龍字、尃字」條：

> 安世按：《釋文》引王肅、干寶說，皆以薂爲花，則字之爲尃久矣！
> 古文花字爲華，爲蕚，爲敷，皆音薂。

案：「尃」，《釋文》曰：「王肅音孚。干云：『花之通名。』……本又作專，如字，
虞同。姚云：『專一也。』鄭，市戀反。」

11. 〈說卦〉「〈離〉」條：

> 〈離〉爲〈乾卦〉，火之燻也。陸德明訓科爲空，則中空而上槁也。

案：《釋文》訓「科」曰：「苦禾反，空也。虞作折。」

（五）《埤雅》引見三處

《埤雅》，宋·陸佃著。陸佃爲南宋名詩人陸游之祖父，字農師，號陶山，山陰
人。嘉定十六年爲淮東安撫制置使，知福州，爲項安世同朝之先輩，亦嫻雅於文字
者。〔註19〕

1. 卷六〈大畜〉「告牙」條：

> 牙，《埤雅》云：「以杙繫豕也。」胡翼之《易傳》，正用其說。

2. 卷七〈咸卦〉首條「脢字」：

〔註19〕陸佃傳記詳見《宋史》卷三四二，〈列傳〉第一百二。

查許國氏學於陸佃，謂：「脢在口下心上，即喉中之梅核。今謂之三
思臺者是也。」

3. 卷十五〈說卦〉「雉」條：

《埤雅》云：「雉不能遠飛，高不過一丈，長不過三丈。故高一丈，
長三丈爲一雉。」此雉之陰也。

案：以上三條，皆字義之訓解，項氏既有所取資，其價值自在。

項安世廣稽小學諸書，旁徵博引，嫺熟於文字詁訓，訂其正誤，辨其是非，所
謂明經自小學始者，此其驗也。

五、雜引各類他說以贊《易》

《玩辭》中除引見經、子、史、小學諸書眾說外，猶雜引各類資料以贊《易》；
雖微不足道，亦識而存之。

1. 卷四〈隨卦〉首條「天下隨時，隨時之義」：

或曰：古時字從之，故之、時二字易雜。然則，皆字之誤也。

案：《說文》七篇上：「旹，古文時，從日之作。」則項氏所引，亦有所本。

2. 卷九〈井卦〉「九三，上九」條：

收者，井口之名也。今俗閒謂之「收口」。

案：〈井卦〉：「井收。」虞註曰：「收，謂以轆轤收繘也。」《釋文》引馬注：「收，
汲也。」引陸注曰：「收，井幹也。」皆合此義。

3. 卷十〈鼎卦〉「大烹」條：

天下之聖賢非一人也，不廣且多，不足以養之。猶後之詩人，思得廣
廈以大庇天下之志也。

案：此引詩聖杜甫詩〈茅屋爲秋風所破歌〉：「安得廣廈千萬間，大庇天下寒士
俱歡顏？風雨不動安如山！」可見賢者胸懷之仁厚無私。

4. 卷十二〈小過〉「六二，六五」條：

臣不可言過其君，故《變文》曰：「不及其君。」言不相值也，其實
則過之矣！

案：此所謂《變文》，不知是否同敦煌莫高窟所發見之《變文》，以項氏未明其
目，實不易考索而得。

5. 卷十六〈雜卦〉「〈謙〉、〈豫〉」條：

自以爲少，故謙；自以爲多，故豫。少故輕，多故怠，怠或爲怡，蓋
以怡時災來，於韻爲協爾。然怠字何嘗不協？平上去入之分，自沈約始，

　　　贊《易》時，固未分也。

　　案：梁‧沈約始倡賦詩聲律之論，主四聲、去八病，人多譏之。此後自然脣脗，
　　因而凝滯，遂範限於機栝之中矣！

　　總結以上五項徵述要點，則項安世《周易玩辭》一書於《易》義之考辨，意旨
之探究，可謂深明。若從援引經、子、小學諸書之類目上觀，其學養之宏富，取資
之逢源，別擇之精審，筆者不敏，誠歎爲觀止！而先進大家之學術造詣，源頭活水
其來有自，實非朝夕之功，唯勤毅始能克竟厥成，粗陋如筆者，必深勉惕懼哉！

第三節　史事證《易》

　　清儒章學誠《文史通義》〈易教上〉曰：「《六經》皆史也。古人不著書，古人未
嘗離事而言理，《六經》皆先王之政典也。」〈易教下〉又云：「《易》以天道而切人
事，《春秋》以人事而協天道，其義例之見於文辭，聖人有戒心焉。」準此以觀，則
經、史之殊途同歸，良有以也。而《易》爲《六經》之原，《漢書‧藝文志》固嘗言
之，今《玩辭》一書以天道、人事、《易》象三者合而言之，尤爲深切著明。〔註20〕

　　案檢索《玩辭》中引史事以證《易》義者，粗略統計凡四十一卦，〈上篇〉二十
四卦：〈乾〉、〈坤〉、〈屯〉、〈蒙〉、〈需〉、〈訟〉、〈師〉、〈比〉、〈小畜〉、〈履〉、〈泰〉、
〈否〉、〈同人〉、〈大有〉、〈謙〉、〈豫〉、〈觀〉、〈賁〉、〈剝〉、〈復〉、〈頤〉、〈大過〉、
〈坎〉、〈離〉。〈下篇〉十七卦：〈恆〉、〈遯〉、〈晉〉、〈明夷〉、〈家人〉、〈益〉、〈夬〉、
〈姤〉、〈困〉、〈革〉、〈震〉、〈漸〉、〈歸妹〉、〈豐〉、〈中孚〉、〈小過〉、〈既濟〉。另〈繫
辭下〉、〈序卦〉、〈雜卦〉各一見，雖未至卦卦援史，爻爻論事之境，然其援史證《易》
之特色與方去，較諸史事《易》家，何遑多讓？

　　總其內容，有援引一般人事、上古三代、秦漢三國、兩晉南北朝及隋唐五代史
事，以證《易》義之例；是爲項氏之常法。又有從比較史觀，以印證並彰顯《周易》
之微言大義者，尤爲項安世以史證《易》之特點，讀之再三，觸類引申，啓悟最多！

　　爰據各卷所見史事，別爲二類，擇例說解，並迻錄原文，以觀法意，庶幾可以
探賾索隱焉。至其原始本末，事出史典，翻查諸史，甚易檢得，故不細案詳考，惟
備省覽，以資參較耳。

〔註20〕《玩辭》卷一〈乾卦〉首條「象」下曰：「凡〈象〉皆以《易》象與天道雜言者，見
　　　《易》之所象，皆天道也。以人事終之者，見《易》以天道言人事也，六十四卦之
　　　例皆然。故今此書，亦以天道、人事、《易》象三者合而言之。」

一、以平常史法以證《易》義之例

本小節擬就《玩辭》所見一般人事、各代史事，各略舉數條常例，明其援史證《易》之法。他卦所見史例甚多，不勝枚舉，一隅三反，可概其餘。

1. **引一般人事以證《易》之例：**

　　　　卷一〈乾卦〉「德施普也」條曰：「〈乾〉六爻，皆聖人之事也。聖人以身爲時，與賢者不同。聖人隱則天下暗，聖人見則天下明，不以位爲隱顯也。孔子何嘗有位？而天下化之，故德施普也。」

案：此引聖人以身爲時，不以位之隱顯爲說，以釋九二〈小象傳〉辭「德施普也」，並以孔子之德化喻之，使讀者易曉。

2. **引上古史事以證《易》之例：**

　　　　卷六〈離卦〉「上九」條曰：「六五，舜初繼堯，讓德不嗣；禹初繼舜，稽首固辭之時也。上九，誅四凶，征有苗之時也。嗣位之主，固當以憂畏爲先，然亦不可以不振也。有上窮而不服者，則動而用其明：去其首惡，安其黨與，則有正咸定國之譽，而無反側不安之咎矣！嗣位之初，不得已而用明於外，張皇六師，無壞我高祖寡命而已。若察見其黨，則人皆不安，咎孰大焉？出征言王，不言公者，公初嗣位，無得征伐之理。征伐者，王者之事也。

案：此引堯、舜、禹禪讓之事，以釋嗣位之主定國安邦之義，推闡至善，足以明卦爻之深蘊。

3. **引商、周史事以證《易》之例：**

　　　　卷七〈明夷〉「下三爻」條曰：「下三爻屬〈離〉，皆明者也。不在其位則去之，在其位則救之，終不可救則狩之。故初九者，海濱之二老也；六二者，伊尹、祖伊之事也；九三者，湯與武王之事也。六二守其常，九三遇其變也。」

案：此引商、周開國史事，以喻歸隱之士、在位之臣及鼎革之君，各有其守常通變之軌則。

4. **引兩漢史事以證《易》之例：**

　　　　卷二〈屯卦〉「居貞，行正」條：「昭德晁公武曰：『初九躁而往，則難愈深，陳勝、吳廣是也。怠而止，則難不息，隗囂、劉表是也。故跡當盤桓，志當行正，建侯所以定民志也；以貴下賤，所以得民心也。』安世按：陽貴陰賤，以初求四，即以貴下賤也。蕭何勸高祖勿攻項羽，就封蜀漢，養其人民，以收賢士，正得此爻之義者歟？」

案：此引兩漢史事，一藉昭德晁公武援史釋義之文，又以項氏自得之解，以喻〈屯卦〉初九爻、象之意。

5. 引唐代史事以證《易》之例：

　　卷四〈觀卦〉「觀我生，觀其生」條：「〈觀〉本是小人逼君子之卦，但以九五中正在上，群陰仰而視之，故聖人取之，以爲小人觀君子之象。象雖如此，勢實漸危，故五、上二爻皆曰：『君子無咎。』言君子方危，能如九五之居中履正，能如上九之謹身在外，僅可免咎爾。……明二陽向消，故道大而福小也。此即唐武宗之時，內之宦者，外之牛、李之徒，皆欲攻李德裕者也。但以武宗剛明在位，故仰視而不敢動，一日事變，則萬事去矣！」

案：此引唐代牛李黨爭之事，以釋〈觀卦〉九五、上九二爻之義，皆能洞見本旨，鑒察關鍵。

二、以比較史觀引史事以證《易》義之例

　　比較分析之法，乃項氏《玩辭》中注《易》之特色，下節將專題研討，此不多贅。本小節擬節引舉釋之例，藉觀其以比較史事印證《易》義之精彩，亦可略窺其高明特出之釋《易》方法。

1. 比較商、周、漢三朝史事，分釋六爻義理之例：

　　卷十〈革卦〉「六爻次序」條：「〈革〉之六爻，自初至終，其時序皆可推攷。

　　初九，在事之初，居卦之下。才雖可爲，而時與位皆未可革。……此伊尹耕莘，二老居海濱之爻也。

　　六二，已過初而得中，有中正之君與之相應，可以有爲矣。……此伊尹就湯，二老歸周之爻也。

　　九三，居下卦之終，世道將革，而強很自用，固有悔心，若是者動凶靜危，無一利者，將爲人所革者也。……此桀、紂之爻也。

　　至九四，則時已革，而成悅矣。夫革之而民悅則革之，湯、武是也。故曰：『改命之吉，信志也。』此南巢、牧野之事也。

　　九五，以天下文明之德，來居萬物咸覩之位。其文炳然，革不足以言之：未占有孚，孚不足以言之，此湯之有事於四方。若卜筮，固不是孚，武王之垂拱而天下治也。

　　至於上六，則〈革〉之終，說之極也。夫〈革〉之效，至於使君子蔚

然而成章，小人回心而向道，則王道成矣！當是時也，爲武帝之紛更諸事
則凶，爲成康之持盈守成則吉。故曰：『征凶，居吉。』此則周成康，漢
文景之爻也。」

案：此引商、周肇建之事說解，並以西周成康與西漢文景之治比而觀之。史證
斑斑，《易》義昭彰著明！

2. **比較孔孟教事，以其德盛仁熟之境，詮釋《易》義之例：**

（1）卷二〈蒙卦〉「不利爲寇」條：「此爻在教者言之，則孔子之不攻陽虎，而
攻冉求；孟子之不罪臧倉，而罪樂正子，皆禦寇而不爲寇者。吾徒畔道，
毫髮不容，乃所以爲師友之愛。莊周之徒，遂欲以是而施於盜跖，非大妄
乎？」

案：此引孔子、孟子教誨學生之史事，以詮證《易》義。

（2）卷十四〈繫辭下〉「天下同歸而殊途，一致而百慮，天下何思何慮」條：
「……其在人事，則精義所以利其用，利用所以崇其德。其致慮也，如尺
蠖之求信，未可以言無思也；其入神也，如龍蛇之存身，未可以言無慮也。
蓋猶有致、有崇、有求、有存也，必至於過此以往，而入於窮神知化之鄉，
未之或知，而安於德盛仁熟之境，乃可以言何思何慮。此夫子從心之時，
孟子聖神之境也。」

案：此引孔子從心之時，孟子聖神之境，以喻「何思何慮」之至義，實即二聖
德盛仁熟之具體寫照。

3. **比較秦、隋國祚之不久，以證《易》旨之例：**

卷十六〈序卦〉「窮大者，必失其居」條下，唯書四字以釋其義旨曰：
「秦、隋是也。」

案：此以秦、隋二朝，好大喜功，驕狂自恣，致國祚不繼，二世而亡。四字定
判，誠可謂一語中的、一針見血至論！

4. **比較秦末楚、漢爭霸史事，分釋六爻總義之例：**

卷二〈屯卦〉「六爻總義」條：「初九之磐桓，沛公在蜀漢、三秦時也。
居貞者，不取婦女貨財，約法三章，爲義帝發喪也；建侯者，立漢社稷也；
以貴下賤者，輟洗吐哺，以下賢也。

六二，守貞不嫁，四皓、兩生也。

六三，不見事幾，妄就而取窮；孔鮒之從陳涉，范增之事項羽也。

六四，明見事幾，求而後往；子房之迫而後言，韓信之拜大將而後留
也。

　　　　九五，有權有勢，而屯膏不下，失士民之心，非以貴下賤者。項羽之
　　為天下宰，而不與人功，不與人利也。
　　　　上六，無應，無與，泣血以待亡。秦王子嬰之爻也。」
　　案：此引秦末，楚漢之爭史事以證《易》義，爻與爻之間，歷史之脈動變化跳
　　躍其內，則經史之同揆一義，可以證之。

5. 比較漢、唐史事，以證《易》理之例：

　　　　卷十一〈豐卦〉「勿憂」條：「既豐矣，而言勿憂者，有大則患失其大，
　　無疆惟休，則無疆惟恤，此古今之至情也。漢高祖之除彭、韓，繫蕭何，
　　疑陳平；唐太宗之殺劉洎、李君羨，皆既豐之後，憂之深也。聖人曰：『是
　　不必憂，愈憂則愈惑，非保大之道也。』」
　　案：此引漢高祖、唐太宗之誅除異己為說，皆既豐之後，憂之深也。然項氏引
　　聖人之言以辨之，以為愈憂則愈惑，非保大之道，此歷史之智見，發人深省！

　　由以上比較史事諸例，可以推知項安世之《易》學，必深受宋代李光、楊萬里
二大家「史事《易》學」之影響。〔註21〕案：史事《易》蔚為《易》學之宗派，雖
自宋代始，然援史證《易》之法，自古有之，蓋源於卦爻辭中所載史事之啟示〔註22〕，
亦深得於經史互證之結果。夫引史證《易》，一以契合人事，彰顯鑑往知來之功效；
再者於窮究義理之餘，復佐以史事明證，開展經史濟民顯用之本質，此宋儒之大功。
而項安世於史事《易》學風氣之濡染下，博觀精取，所引史事，上迄太古鴻荒之世，
終於五代紛擾之際，其引史之富，闡論之善，擬諸李光、楊萬里二大家，許為巨擘，
亦實至名歸。

第四節　比較分析

　　《周易玩辭》十六卷，廣而言之，則義理、象數《易》解之匯歸；論其體例，
一言以蔽之，則比較、分析《易》法之樞機！試通觀全書，〈上篇〉六卷，〈下篇〉
六卷，〈繫辭〉兩卷，〈說卦〉一卷，〈序卦〉、〈雜卦〉一卷，莫不繫聯卦爻之義，經
傳之旨，反覆推闡，比較分析，充分突顯其釋《易》之方法。

〔註21〕宋代史事《易》學之興起及其名家，可參閱高師國研所碩士論文，黃忠天先生撰《楊
　　　　萬里易學之研究》第一章及第三章，民國七十七年五月出版。
〔註22〕有關《周易》卦、爻辭中所載之史事，詳參顧頡剛先生〈周易卦爻辭中的故事〉一
　　　　文，見於《古史辨》第三冊內。黃沛榮先生所編《易學論著選集》頁165～209亦選
　　　　錄此文，可並參閱。

　　《玩辭》中，比較之形式不一，有比觀同卦中各爻者，有比釋同卦中相似或相對之名詞者；有比觀異卦中同位之爻者，有比觀異卦中異位之爻者；有比釋異卦中相同或相對之名詞者，有比較相異二卦卦體者，有比較相異二卦卦象者，有比較相異二卦卦辭者……，體例多方，比類分析，精義易解而通達。茲依類舉例，明其法式，以觀後效。

一、比釋一卦之體及諸爻總義，兼論其象義之例

　　卷四〈蠱卦〉「卦爻總義」條：「〈蠱卦〉之體，巽伏而不動，外剛而內柔，有致蠱之象，而其諸爻乃有治蠱之才：九二，以柔行剛，能幹母之蠱者也。九三，以剛行剛，能幹父之蠱者也。初六、六五，皆資柔而志剛，亦有幹蠱之志：初在下而承乾，故爲意在承考臣之事也。五在上得中而應乎乾，故爲德足以承考君之事也。初當治蠱之始，故爲屬；五享治蠱之成，故爲譽。方承繼之初，驟有所改，以跡言之，但見其危，安得有譽？惟識者察之，知其意，非悖父爾。及事定之後，人被其德，乃始信其爲孝，而稱譽之。治蠱之難，蓋如此夫！」

　　案：此以〈蠱卦〉爲例，釋其卦體（䷑艮上巽下），以剛柔言之，並論其卦象；又分釋諸爻之義，以象解之，比較初、五位象，以詮其爻義。六十四卦之例，皆同然也。

二、論一爻之義，比較他卦爻義，並論其象義之例

　　卷六〈離卦〉「六二」條：「〈坤〉之六二，黃裳元吉，及索而成〈離〉，乃以六二爲黃離元吉者。自〈坤〉言之：六五，坤道之最盛者也，處盛而用柔中，故爲元吉。若〈離〉則〈乾〉之本體，而〈坤〉來文之，其義以明爲主。〈乾〉之九二，本自文明；而〈坤〉之六二，又以地道之光，來居其位。光明如此，而以柔順中正將之，故曰：『黃離元吉，得中道也。』六五，又加重明焉，居剛在上，而明熾於外，此固知道者之所憂也，安得爲元吉乎？」

　　案：此釋〈離卦〉六二爻義，而以成卦之體〈乾〉、〈坤〉爲言，舉其爻象之義，而益明六二爻旨所在。衡諸他爻及其餘諸卦，比釋之例，一致可知。

三、比較同卦上、下三爻，明其義旨之例

　1. 卷八〈睽卦〉「初、二、三」條：「初以正人無位而在下，本自與人無應，故雖在〈睽〉之時，而不涉于悔。二居中而有應，但時方睽乖，尚須委曲，未可直前爾。三有應而不正、不中，故相睽最甚，以居〈睽〉之極，故有復合之理也。」

案：〈睽卦 離上兌下〉，此例釋下卦三爻之義，同條敘述，比較其異同，觀其演變之跡，爻義甚明。此項氏釋《易》慣常之法。

2. 卷五〈賁卦〉「上三爻」條：「〈賁〉上三爻，皆若與卦相反，故其初皆不爲人所明。四以爲寇致疑，終以婚媾而無尤。五以務實見吝，終以成功而有喜。上以處〈賁〉而白，若當有咎，終以在卦之終而得志。蓋樸素篤厚之人，其初常若悖時而難合；及其久也，察其本心之相成，見其事理之當然，始足以免尤而致喜。蓋必至於終，而後得志也。」

案：此釋〈賁卦 艮上離下〉，上卦三爻之義。若與前條〈睽卦〉下三爻比觀之，上下之間三爻，其義貫串，脈絡相通，可以例諸卦。

四、比較〈彖〉、〈象〉之義，兼論他卦異同之例

1. 卷四〈臨卦〉「〈彖〉、〈象〉」條：「〈彖〉言以剛臨柔，自下而長，以臨上之四陰也。〈象〉言以高臨深，自上之〈坤〉以臨下之〈兌〉也。〈象〉取物象，與爻象不同，皆此類也。」

案：此釋〈臨卦 坤上兌下〉、〈彖〉、〈大象傳〉之義，別其內涵，所以明〈彖〉、〈象〉重點之不同，可以相輔相成全濟卦義。

2. 卷七〈咸卦〉「〈彖〉」下：「柔上而剛下，二氣感應以相與，亨也。止而說，利貞也；男下女，示取女之吉也。九三、上六二爻，〈艮〉、〈兌〉二卦，皆柔上剛下之象；山澤相感，六爻相應，皆二氣感應之象。〈恆卦〉亦雷風相與，剛柔皆應，而不爲感者。雷風以聲與氣相輔而行，非若山澤專以氣相感也。」

案：此釋〈咸卦〉象義，而兼論〈咸卦 兌上艮下〉、〈恆卦 震上巽下〉二卦卦象之異同，比較之下，可以舉隅。

3. 卷三〈泰〉、〈否〉「〈象〉具三義」條：「〈泰〉、〈否〉之〈象〉皆具三義：第一段曰：『天地交而萬物通也，上下交而其志同也。』此以重卦上下爲義。於陰陽二氣無所抑揚，但貴其交而已。第二段曰：『內陽而外陰，內健而外順，內君子而外小人。』此以卦體內外爲義。雖在內在外，各得其所；要是重內輕外，則已於陰陽有所抑揚矣。第三段曰：『君子道長，小人道消也。』此以六爻消長爲義。十月純坤既極，陽自復生，至三爲〈泰〉；〈乾〉三陽長，〈坤〉三陰消，所以成〈泰〉，至此則全是好陽而惡陰，以陽長陰消爲福，則不止於抑揚而已。〈否象〉則依此推之，大抵諸卦皆然。如〈小畜〉之〈象〉，柔得位而上下應之，是統論六爻五陽一陰也。健而巽，卻以兩卦

言之，剛中而志行，又以九二、九五兩爻言之，故〈彖〉之義，無所不備，不可以一說通也。」〔註23〕

案：此段甚精彩，足以例諸卦！〈泰^{坤上}^{乾下}〉，〈否^{乾上}^{坤下}〉二卦〈彖〉、〈象〉之推衍，項氏說解極善，靜觀自得，思過半矣！

五、比較二卦象義，析同以別異之例

1. 卷三〈同人〉、〈大有〉「〈同人〉、〈大有〉二象」條：「君子觀天火之同，則知天下之物雖曰萬殊，隨其類而觀之，則同於樂得其志而已。此君子之學，所以能同乎人也。辨謂明見其情而治之，觀天火之照，則知爲人上者，必明賞罰、章好惡，以恭行天命，此君子之政，所以能大有爲也。天命謂天討有罪，天命有德也。學以知之，故曰：『通天下之志。』政以行之，故曰：『應乎天而時行。』〈同人〉類族，屬〈乾〉之五；辨物，屬〈離〉之二；〈大有〉遏惡揚善，屬〈離〉；休命，屬〈乾〉也。」

案：此辨〈同人^{乾上}^{離下}〉、〈大有^{離上}^{乾下}〉二卦〈大象〉之義，以其相對而比釋之，可知同異所在，卦象易明。

2. 卷七〈明夷〉「〈晉・明夷・大象〉」條：「明出地上，君子以之自治；明入地中，君子以之治人。旨哉斯言，非聖人，其孰能脩之？」

案：比較〈晉卦^{離上}^{坤下}〉、〈明夷^{坤上}^{離下}〉二卦〈大象〉相反而相成，分析其義旨，簡單明白，理解無礙。

六、比較同卦二爻，並分析其義之例

《玩辭》中以此方式最爲常見，六十四卦皆然，而其形式又不外四種，茲各舉一例，以覘其大略。

1. 卷九〈井卦〉「初二」條：「初與二，爻辭皆具兩象：初在最下，而上無應，既如井中之泥水，而人不食，然泥猶有禽也；又如舊井之無水，而禽不居，則并禽無之矣！故〈象〉曰：『下。』曰：『時舍。』二亦在下之中，而上無應，既如井旁泉穴，止能下射泥中之鮒，又如敝漏之甕，不能載水以上出，故〈象〉以無與解之，明二爻皆無應。但初無水，二有水爲異爾：水屬陽，故卦內陽爻皆爲水，陰爻皆不爲水。谷者，井中之泉穴已離於泥，而未至於渫者也。渫且不食，而況於谷乎？況於井泥乎？三爻皆在下故也。謂之時舍，明非初之罪，時止在此爾。至三而渫，至四而甃，即此井也；

〔註23〕黃師慶萱教授《周易讀本》頁174，釋〈否象傳〉「小人道長，君子道消也。」下案語曰：「〈泰・否象傳〉，皆其三個層次。」並引項氏此段以說解之。

井未嘗變，變者，時也。」

案：此舉〈井卦☴☵坎上巽下〉「初、二」二爻，一陰一陽，論其爻象，比類觀之，法式至明，此其一也。

2. 卷二〈師卦〉「六三，上六」條：「初與四對，初戰四，不戰也；二與五對，二，將也；五，君也。三與上對，三敗事，上成事也。師之命在將，民所載也，乃使妄人爲之，猶載尸以行，言必敗死，故曰：『大無功也。』三以坎車載坤尸，故曰：『輿尸。』三在險之極，上在順之極，成敗之所以異也。」

案：此釋〈師卦☷☵坤上坎下〉「六二，上六」二爻之義，二陰相對，較其爻象，所以明義理者，此其二也。

3. 卷二〈比卦〉「六二貞吉，六四貞吉」條：「六二，自內不求於外，戒之曰：『貞吉。』六四，捨內比外，亦曰：『貞吉。』者，兩爻以柔居柔，懼其不能固也。正己而不求於人，與割所愛而從賢，斯二者，非有貞固之德，皆不足以守之。」

案：此釋〈比卦☵☷坎上坤下〉「六二、六四」二爻，比較「貞吉」之義，而論其爻德之守，此其三也。

4. 卷三〈謙卦〉「謙謙君子，勞謙君子」條：「初六、九三皆稱君子者，此二爻皆非小人之所宜處也。初在〈謙〉之下，過謙者也，小人用之，則爲柔佞矣！君子當不得已之時用之，以柔身濟難，則求吉之道也，故曰：『卑以自牧。』牧者，馴養六畜之名也。三有大功爲萬民所服，小人處之，則有不賞之禍；君子處之，致恭下人以保其終，則庶乎其獲吉矣！故二爻皆言吉，而〈象〉皆再言君子，其意深矣！」

案：此以〈謙卦☷☶坤上艮下〉「初六、九三」二爻爻辭、象辭比觀而釋之，揭其主意，證成其道，此其四也。

七、比較同卦中相似、相對之名詞，以釋其義之例

《玩辭》釋《易》之法中，此亦爲常見者，茲舉二例，明其二種不同之方式：

1. 卷一〈坤卦〉「德合無疆，行地無疆，應地無疆」條：「無疆，天德也。坤厚載物，德合無疆，言地之德，合乎天之無疆也；牝馬地類，行地無疆，言牝馬之德能行地之德，合無疆也；安貞之吉，應地無疆，言君子之德能應地之德，合無疆也。下兩無疆，皆指上一句言之，上一句又指其合者言之，故曰：『無疆者，天德也。』」

案：此比釋〈坤卦〉象辭三名詞，可見其分析比較之法。

2. 卷十〈歸妹〉「征凶，征吉」條：「六三，自全卦言之爲征凶
也；自初九言之爲征吉，要其終之反歸也。〈泰〉四動爲三而成〈歸妹〉，
故凶；〈歸妹〉三反歸四而成〈泰〉，故吉。」

案：此舉〈歸妹 ䷵ 震上兌下〉相對之名詞爲說，並以爻位之變，論與〈泰卦〉三、
四二爻生成之吉凶關係。

八、比較異卦中相似、相對之名詞，以釋其義之例

1. 卷三〈泰〉、〈否〉「以其彙，以其鄰，疇離」條：「陰陽皆以類而進退，故〈泰〉、
〈否〉之初，皆稱彙，以其主下三爻之進退也；〈泰〉之四稱鄰，〈否〉之
四稱疇，以其主上三爻之進退也。」

案：此以〈泰〉、〈否〉二卦初、四爻辭之同異，比較其關鍵，分析其義理，可
以知項氏釋《易》之常法。

2. 卷十一〈旅卦〉「先號後笑，先笑後號」條：「〈旅〉，〈離〉在上，故後號；〈同
人〉，〈離〉在下，故先號。離性炎，故多怒也，〈同人〉之五得二，而後成
〈兌〉，故後笑；〈旅〉之五先已成〈兌〉，故先笑；〈兌〉性悅，故多喜也。」

案：此以〈旅卦 ䷷ 離上艮下〉上九爻辭、〈同人 ䷌ 乾上離下〉九五爻辭比較異同之處，詮
其義旨，可以例諸卦。

九、比較相對、相反二卦之主爻，以闡其義之例

1. 卷一〈坤卦〉「〈乾〉、〈坤〉二五」條：「〈乾〉以九五爲主爻，〈坤〉以六二
爲主爻，蓋二卦之中，惟此二爻既中且正：又五在天爻，二在地爻，正合
〈乾〉、〈坤〉之本位也。〈乾〉主九五，故於五言〈乾〉之大用，而九二止
言乾德之美。〈坤〉主六二，故於二言〈坤〉之大用，而六五止言坤德之美。
六二之直，即至柔而動剛也；六二之方，即至靜而德方也。其大，即後得
主而有常，含萬物而化光也；其不習無不利，即坤道其順乎，承天而時行
也。六二，蓋全具坤德者，孔子懼人不曉六二何由兼有乾直，故解之曰：『六
二之動，直以方也。』言坤動也剛，所以能直也；又懼人不曉六二何由無
往不利，故又解之曰：『地道光也。』言地道主六二，猶〈乾〉之九五言『乃
位乎天德也。』六五不得其光明之大用，而得其德美之盛，故曰：『文在中
也。』又曰：『美在其中。』皆言體而不及用也。末句言發於事業，方微及
於用，猶〈乾〉九二但言龍德正中：末句言德博而化，方微及於用，然終
不及九五、六二爻辭之光大也。六三，在上下之間，兼有體用之微意。上
與五同功，故含章可貞，爲有其文。下與二同體，故或從王事，爲有其用

文，雖非在中，而亦足以發於事業，故曰：『以時發也。』用雖非正位之光大，而亦能以其智爲時用，故曰：『智光大也。』」〔註24〕

案：以〈坤〉六二之地道，與〈乾〉九五之天德，以及六三〈象傳〉和〈坤卦〉、〈文言傳〉一一比較說明，俾〈坤〉六二之爻義益明，項氏闡論精妙，誠大有功於《易》道。

2. 卷三〈泰〉、〈否〉「〈泰〉九三，〈否〉九四」條：「〈泰〉九三於無咎之下，言有福；〈否〉九四於無咎之下，言疇離祉者，二爻當天命之變，正君子補過之時也。〈泰〉之三知其將變，能脩人事以勝之，使在我者無可咎之事，然後可以勿恤小人之孚，而自食君子之福也。〈否〉之四因其當變，能脩人事以乘之，有可行之時，而無可咎之事。則不獨爲一己之利，又足爲眾賢之祉也。是二者，苟有咎焉，其禍可勝言哉？」〔註25〕

案：〈泰〉、〈否〉二卦相倒，〈泰〉九三與〈否〉九四爻辭有互通者，比較二爻之義，絲絲入扣。

十、比較同類、異相之卦，以綜其義之例

《玩辭》中比釋同類或異相之卦，雜糅參照，錯綜其義，以較其卦體、卦象者，於〈上、下篇〉十二卷及〈雜卦〉一卷中最夥，茲分別舉其二例，可以求卦體、象義之所以由。

1. 卷六〈大畜〉首條「〈大畜〉、〈小畜〉」下：「〈小畜〉初爻，皆不受畜，至終而畜道始成，所以爲〈小畜〉也。〈大畜〉初爻，皆受其畜，至終而畜道反通，所以爲〈大畜〉也。」

案：此以〈大畜 ䷙ 艮上乾下〉、〈小畜 ䷈ 巽上乾下〉二卦卦體，其基本架構近似，其成長之道亦復相近，所以比論之，知其命卦之由。他卦同此類者，釋例皆然。

2. 卷十〈艮卦〉末條「〈咸〉、〈艮〉」下：「〈咸〉、〈艮〉二卦，取象相類。〈咸〉主心，故言拇、言股、言心、言頰舌，皆在前者也。〈艮〉主背，故言趾、言限、言躬、言輔，皆在後者也。惟〈咸〉之二五，獨取〈艮〉之腓脢者，兩爻皆安居其位，有〈艮〉之象焉。二，〈艮〉之中爻；五，伏〈艮〉之中爻也。〈艮〉四爲背，故五爲輔；〈咸〉四爲心，故五爲背，肉上爲輔，又上兌爲口，則輔宜在上也。」

案：比釋〈艮卦 ䷳ 艮上艮下〉、〈咸卦 ䷞ 兌上艮下〉二卦卦象，其取象相類，錯綜而論，觸

〔註24〕參見《周易讀本》，頁56～57，黃師亦襲引項氏之說，略有所闡述。
〔註25〕《周易讀本》頁178～179，黃師亦引而釋之，可並參看。

類可通，此亦項氏釋《易》之常法。

3. 卷十六〈雜卦〉「〈損〉、〈益〉」條、「〈損〉、〈益〉，盛衰之始也。此句發明〈損〉、〈益〉之義最為親切。〈泰〉之變為〈損〉，〈損〉未遽衰也；然〈損〉而不已，自是衰矣！為人者能使惡日衰、善日盛，其為聖賢也，孰禦哉？為國者能使害日衰、利日盛，其為泰和也，孰禦哉？」

案：比釋〈損䷨ 艮上 兌下〉、「益䷩ 巽上 震下」二卦，論其盛衰之機，利害之道，而卦變之體，亦兼明之；此說甚善！

4. 〈雜卦〉「〈艮〉止也，〈節〉止也，〈大壯〉則止」條：「〈雜卦〉言止者三：〈艮〉止也，〈大壯〉則止，〈節〉止也。〈震〉一陽起於初，〈艮〉一陽止於終，此天道之起止，自東方而至於東北者也。〈大壯〉之止與〈遯〉之退相反，謂陽德方盛，故止而不退也。此止有向進之象，非若〈艮〉之止而終也。〈節〉之止與〈渙〉之離相反，謂過而止之，使不散也。此人止之，非若〈大壯〉之自止也。」

案：比釋〈艮䷳ 艮上 艮下〉與〈震䷲ 震上 震下〉，〈節䷻ 坎上 兌下〉與〈渙䷺ 巽上 坎下〉，〈大壯䷡ 震上 乾下〉與〈遯䷠ 乾上 艮下〉，六卦之間，兩兩印證，卦義益顯明，而能收以簡御繁之效。

由以上歸納之十類「比較分析」方法，筆者皆擇例而說解之，殊少推論引申之見，固才學之不足。苟自援例以求，提綱挈領，一隅三反，則項氏《周易玩辭》之精髓，人人自得而有餘！總結項氏釋《易》之方法，別為四節以例敘之，如能玩辭以測象，反復紬繹，精思而深味之，亦可以極天地之妙、通萬物之情！

第六章 《周易玩辭》《易》例發凡

　　《易》例之興，《十翼》實肇其端緒，以其爲說《易》最早之作。繼之《國語》、《左傳》說《易》例者，則有推衍卦象以求符合人事之習，又別創一格；至先秦漢初諸子說《易》例者，皆無異說，如《十翼》之例。迨西漢中葉之後，孟喜始以象數解《易》，自是象數之學大行於世，紛紜譸張之《易》例，遂目不暇給！後漢三國之際，象數之學，其弊已極；於是王弼奮起，盡掃象數之謬妄，著有《周易略例》一卷，粹然歸宗於《十翼》之純簡，廓清之功，不可沒也；而其影響，至爲深遠。〔註1〕

　　《玩辭》體例，本爲筆記傳說之屬，逐條演義，多見指撝。而其比類合誼之旨，則在推玩占辭以得象意；又觀其動變之幾，求能通象達理，明體適用，故於《易》道之精微，多有發凡起例者，雖不必盡發《周易》之本蘊；要之，皆有所見，亦有所爲。以此方之王弼《略例》，亦可謂「統之有宗，會之有元」，誠足以示後學之塗轍，渡來者以金針！茲以羅列歸納所得，總爲三節及附例一，庶幾以明項氏《易》例之大端。

第一節 《易》與陰陽凡例

　　《易》以道陰陽，先秦典籍固嘗言之，〈繫辭傳上〉曰：「一陰一陽之謂道。」〈說卦傳〉曰：「是以立天之道，曰陰曰陽。」則陰陽合德，《易》道始成，實不待辨而明。故陰陽爲《易》之體，剛柔爲《易》之用，通六十四卦三百八十四爻，莫

〔註1〕詳參聯經出版社《屈萬里先生全集八》《先秦漢魏易例述評》；又有關王弼《周易略例》一卷，可參考侯秋東先生《王弼易學之研究》（又名《周易略例疏證》），嘉新文化基金會研究論文第二八二種。

不皆然。項氏深知陰陽相薄，創生萬化之理，發爲《易》例，頡頏其義，足以啓導後學，揭示綱領。

一、《易》凡例

本小節擬依經、傳之序，凡以《易》字發首者，皆歸其內，逐條敘例。加案說明，多引項氏之辭以喩，或述文義，或言體例，詳略互見，但提綱挈領以明其旨趣，不煩衍釋。

1. 《易》中言順，皆自下而上。〔註2〕

   案：此例見於《玩辭》卷一〈坤卦〉「地勢坤」條下。項氏自釋曰：「重卦之法，皆自下而上；人道以下從上爲順。……如『履霜冰至，蓋言順也。』、『地中生木，〈升〉。君子以順德，積小以高大。』順，猶馴也，謂馴習而增，不能自覺也。以卦象與卦義，合而觀之，則爲地勢自下而高，以明積順之義，無可疑矣。君子法之，亦爲積厚其德，令可載物；若自上而下，則爲覆物，非載物也。」審項氏之言，則卦畫象義、天道人倫之間，以從順之德爲尚，皆中《易》理，不可移也。

2. 《易》中大字，與亨、利、貞同爲四德，皆附於爻辭之下，別自爲句也。

   案：見《玩辭》〈坤卦〉「直方大」條下。項氏引蒲陽鄭厚曰：「〈坤〉爻辭皆協霜字韻，此當曰『直方』而已，大字衍文。不然，則屬下句。」而項氏考辨曰：「今按：象辭曰：『直以方也。』又〈文言〉亦止釋『直方』二字，則其說近是。但謂大字作衍文者，非；大字自爲句，與〈既濟〉小字同。」此項氏解〈坤〉六二爻辭而有自見者，故地無物不載之大德，亦同於自強不息之元德乎！

3. 《易》中言「小人弗克，小人否。」皆言君子可用，小人不可用也。「君子吝，大人否亨。」皆言小人可用，君子不可用。

   案：引見《玩辭》卷二〈師卦〉「小人勿用」條。〈師〉上六「小人勿用」，與〈既濟〉九三「小人勿用」同，皆言小人得此爻，不可用也；此與〈大有〉九三言「小人弗克」，〈遯〉九四言「小人否」同義。而〈觀〉初六言「小人無咎，君子吝」，與〈否〉六二言「小人吉，大人否亨」，皆言小人得此爻可用，君子不可用。文例如此，義例亦然，項氏之說可以證成。

4. 《易》中載字，皆訓爲積。

   案：引見卷二〈小畜〉「載字」條。《易》中載字，唯見於〈坤〉、〈小畜〉、〈大有〉、

〔註2〕所見各條，皆以《易經集成》《周易玩辭》爲據，如有訛誤，參以宋建安書院本《玩辭》校之。又凡須引見經傳者，率以《周易引得》爲檢索之資。

〈剝〉、〈睽〉五卦，項氏自釋曰：「重〈坤〉之〈象〉爲厚德載物，象其積也。〈小畜〉之尚德載，〈象〉以德積載釋之。〈大有〉之大車以載，〈象〉以積中不敗釋之，則載之爲積明矣！今俗開舟車之積，亦謂之載，而音曰在。」〔註3〕積載同義，《易》中諸卦所見皆通。

5. 《易》中稱包者，皆謂陽包陰也。

案：引見卷三〈泰〉、〈否〉「包荒、包承，苞桑」條。包字，《易》中凡見十處〔註4〕：〈蒙〉九二言「包蒙吉」；〈泰〉九二言「包荒」，〈象〉曰「包荒得尚于中行」；〈否〉六二言「包承」，六三言「包羞」，〈象〉曰「包羞，位不當也」；〈姤〉九二言「包有魚」，〈象〉曰「包有魚，義不及賓也」，九四言「包無魚」，九五言「以杞包瓜」。若舉而釋之，則〈泰〉九二君子自內而包外，故曰「包荒」；荒者，遠外之名也。〈否〉六二君子自上而包下，小人在下承之，故曰「包承」；承者，下載上之名也。項氏因謂之曰：「〈否〉六二所稱之大人，即九五之大人也。凡木根眾而包土深者謂之包，九五以〈乾〉陽下包，而六二以〈坤〉土承之，故在五爲『苞桑』，在二爲『包承』，包字皆指五也。」故知〈泰〉之君子乃爲光大，〈否〉之小人亦足致吉者，皆以其得中，不爲已甚之事也。他卦「包」字之例，莫不皆然。

6. 凡《易》言窮者，皆謂其當變。

案：引見卷四〈隨卦〉「上六」條。〈繫辭傳下〉曰：「《易》窮則變，變則通，通則久，是以自天祐之，吉無不利。」最爲窮變之妙詮。若〈隨☲☲〉之極，當變爲〈蠱☲☲〉，在變卦、伏卦、反對卦三象皆然，故曰：「上窮也。」項氏云：「然窮而能變，是亦隨時，若與之俱窮，則非善隨者，此〈隨〉之義所以大也。」一隅三反，可例其餘。

7. 《易》之卦義，不專取字訓，但因事立義耳。

案：引見卷四〈臨卦〉「臨者大也」條。項氏自釋曰：「人之所需者，以飲食爲急，故需爲飲食，需不訓食也。人之所行，以禮爲重，故履爲禮，履不訓禮也。治蠱者必有事，故曰：『蠱者，事也。』蠱自訓壞，不訓事也。能臨物者必大，故曰：『臨者，大也。』臨自訓莅，不訓大也。」因事以立義，《易》通變之理，

〔註3〕載字凡八見。〈坤彖〉曰：「坤厚載物。」〈坤象〉曰：「君子以厚德載物。」〈小畜〉上九：「尚德載。」〈象〉曰：「德積載也。」〈大有〉九二：「大車以載。」〈象〉曰：「大車以載，積中不敗也。」〈剝〉上九，〈象〉：「民所載也。」〈睽〉上九：「載鬼一車。」又《玩辭》中〈大有〉訛刻爲〈大畜〉，一併改之。

〔註4〕另見包字者二處，〈繫辭傳下〉曰：「包義氏沒。」及「古者包義氏之王天下也。」此皆專名不列入。

自在其中。

8. 《易》之〈彖〉自取成卦之主，與兩卦之體及中爻為義；〈大象〉自取卦象為法；
爻辭自據逐爻論事，其取義極有相遠處。

案：引見卷六〈頤卦〉「〈彖〉」條。義例至明，凡六十四卦所見〈彖〉、〈大象〉、
爻辭，皆可準此以觀。

9. 《易》中柔爻之貞，皆訓從。

案：引見卷六〈頤卦〉「六五、上九」條。〈頤〉六五言「居貞吉」，〈象〉曰：「居
貞之吉，順以從上也。」蓋六五之居貞，非自守也，貞於從上也。〈恆〉六五言
「貞婦人吉」，〈象〉曰：「婦人貞吉，從一而終也。」皆以從訓貞，蓋坤為順，
而其德指六，謂陰柔也。

10. 《易》彖辭言柔上行者，皆謂六五。

案：引見卷七〈晉卦〉「柔進而上行」條。〈噬嗑䷔〉、〈象〉曰：「柔得中而上行。」
〈晉䷢〉、〈象〉曰：「柔進而上行。」〈睽䷥〉、〈象〉曰：「柔進而上行。」〈鼎
䷱〉、〈象〉曰：「柔進而上行。」故項氏按曰：「〈噬嗑〉自〈否〉初進五，〈晉〉
自〈觀〉四進五，〈鼎〉自〈遯〉二進五，皆為上行。獨〈睽卦〉以〈大壯〉三
上相易，五未嘗動，則於例不通。……然則當是〈離卦〉在上，即謂之『柔進
而上行』爾，蓋三女之卦，獨〈離〉柔在上為得尊位，大中而行之，故謂之上
行。」項說為是！

11. 《易》中贏字，皆與羸通用，贏其瓶亦然。

案：引見卷九〈姤卦〉「贏豕」條。「贏」字凡六見：〈大壯〉九三「贏其角」、
九四「藩決不贏」、〈象〉同；〈姤〉初六「贏豕孚蹢躅」；〈井卦〉「贏其瓶」、〈象〉
「贏其瓶，是以凶也」。贏即牽繫之義，項氏曰：「鄭康成作藟，宋衷作縲，陸
績作累，然贏義自明，不煩改字也。」

12. 凡《易》中節字，皆謂數度之宜，非若俗閒以裁減為節也。

案：引見卷十〈鼎卦〉「剛柔節也」條。此義甚善，《易》諸卦所見「節」義，
可作如是解。〔註5〕

13. 凡言《易》者，皆指《易》之書也。

案：引見卷十三〈繫辭上〉「《易》與天地準章第四」條。此蓋通言〈繫辭傳〉
所見《易》之名者，皆專謂《易經》本書。

14. 凡《易》之辭，其稱名取類，千彙萬狀，大要不越於二者；而其所以繫辭之意，

〔註 5〕節字，凡見以下諸卦：〈蒙、鼎、頤、家人、蹇、節、未濟〉，另〈說〉、〈序〉、〈雜
卦〉亦可見。

則為世衰道微，與民同患，不得已而盡言之爾，此斷辭之所以作也。〔註6〕

案：引見卷十四〈繫辭下〉「〈乾〉、〈坤〉《易》之門章第五」條。此例專論《易》之彖辭，《易》不過乾、坤二畫，乾、坤即陰陽、剛柔也。項氏謂：「六陰九陽，以象其德，故可以通神明所有之德；奇剛耦柔，以定其體，故可以體天地所具之物。神明，即天神地明也；神明以德言，天地以形言。」其闡論至精，又云：「彰往察來，微顯闡幽，《易》之道也；開而當名，辨物正言，〈象〉之功也；其所命之事，名極其當，故玩其名，即可以知其事；其所取之物，象極其辨，故觀其象，即可以明其意；其吉凶利害之言極其正，故誦其言，即可以決其效。因民之疑，而來問也，以是告之，則足以濟其可否之決，而定其吉凶之應矣。」要之，《易》道精微，〈象辭〉乃見諸文字以斷其義，而深切著明者也。

15. 《易》之〈彖〉、〈象〉皆取諸豕，所以探索隱伏也。

案：引見卷十五〈說卦〉「豕」條。此例釋〈坎〉之畜象，蓋豕所居為〈坎〉，〈坎〉為正北方之卦，主隱伏，循象以求微義，其例昭然。

16. 凡《易》之序，始於〈乾〉、〈坤〉，終於〈坎〉、〈離〉，而〈震〉、〈艮〉、〈巽〉、〈兌〉錯綜於其中。

案：引見卷十六〈序卦〉「〈序卦〉演義」條。項氏說解詳善，其言曰：「上下經之終，皆先列不相反對之卦四，而後以〈坎〉、〈離〉終之；其不相反對者，即〈震〉與〈艮〉合，〈巽〉與〈兌〉合之卦也。明四卦之變畢，而後〈坎〉、〈離〉之用終也。〈乾〉、〈坤〉相合於上經之內，而〈坎〉、〈離〉相合於下經之終，明〈乾〉、〈坤〉為體，〈坎〉、〈離〉為用也。〈震〉、〈艮〉之與〈巽〉、〈兌〉相合於上經者一，相合於下經者三；〈乾〉、〈坤〉之與〈坎〉、〈離〉相合於上經者三，相合於下經者一；明〈乾〉、〈坤〉、〈坎〉、〈離〉為上經之主，〈震〉、〈艮〉、〈巽〉、〈兌〉為下經之主也。……〈乾〉、〈坤〉者，形氣之成；〈坎〉、〈離〉者，精血之運，運則雖終而無窮，此終始之大義。上經首天地，下經首夫婦，意亦猶此。〈大過〉、〈小過〉，〈震〉、〈艮〉、〈兌〉、〈巽〉之肖〈坎〉者也；〈頤〉、〈中孚〉，〈震〉、〈艮〉、〈兌〉、〈巽〉之肖〈離〉者也。故上下經之終，各以二卦附〈坎〉、〈離〉者，明〈震〉、〈艮〉、〈兌〉、〈巽〉之體，亦未嘗外於〈坎〉、〈離〉也。」觀項氏之言，則《易》生生之道及井然之序，可以體會！

17. 凡《易》之剛爻，皆〈乾〉也。凡《易》之柔爻，皆〈坤〉也。

案：引見卷十六〈雜卦〉「〈乾〉剛、〈坤〉柔」條。項氏謂：「〈乾〉剛、〈坤〉

〔註6〕案：斷辭即彖辭，吾鄉客語斷、彖二字音義皆同，嘗深思之，亦知母語方音之可貴。

柔，與〈離〉上、〈坎〉下相類，語若淺近，而〈乾〉、〈坤〉、〈坎〉、〈離〉之性，盡於二語之中，不可以復加也。」六十四卦三百八十四爻，不過剛、柔二字而已，此語之深味，可以細玩。

以上為《玩辭》中可見之《易》通例十七條，具體而微，案語雖簡，然《易》之文義，及卦、象、爻之辭義，本此基礎，亦足以翹首門牆，略窺堂奧。

二、陰陽凡例

本小節彙集《玩辭》中所見以陰、陽為主體之義例，而陰陽之性，運變於卦爻之間，故其感應之動，化成之德，足以盡詮《易》六十四卦之妙諦。為便檢索，隨卦條列，讀者循序以觀，則《易》道之勝境，登覽何難哉？

1. 陰以在下為正，陽以在上為正。

案：見卷一〈坤卦〉「六爻總義」條。若以〈乾〉、〈坤〉二卦釋之，可辨而明：二、五皆上下卦之中爻，而〈乾〉之天德獨以屬五，〈坤〉之地道獨以屬二。蓋下非陽之正位，故〈乾〉之九二在下，雖具陽德，而不當其位；上非陰之正位，故〈坤〉之六五在上，雖秉陰德，亦不當其位，故二爻皆不為主。陰陽屬性，當中得位乃正，其歸趨各異，上下有別，所以定其體。

2. 凡爻，陰為虛，陽為實。

案：見卷二〈蒙卦〉「六四」條。〈蒙☷〉六四獨遠於陽，故〈象〉曰：「困蒙之吝，獨遠實也。」朱駿聲《六十四卦經解》曰：「陽稱實，四獨遠于陽也，困而不學，民斯為下，故吝。」〔註7〕由此思之，陰虛陽實之理，所以相待其成。

3. 凡陰閉之極，則陽氣蒸，而成雨。

案：見卷二〈小畜〉「〈象〉」條。陰陽消長，畜極則亨；而密雲不雨者，陰方上往，未至於極也。極則陰陽感通，雲化為雨，汨汨而下矣。

4. 陰陽相得為慶。

案：見卷二〈履卦〉「其旋元吉」條。〈履☰〉上九與六三為應，三為一卦之主，說而應乎我，相得以濡，故為大有慶。並參見例5、9、12、14與20諸例，其義互見之。

5. 《易》以陰陽相得為喜。

案：見卷三〈泰〉、〈否〉「〈泰〉、〈否〉上三爻」條。合前條比觀，並參諸各卦六爻陰陽相得者，則占辭之喜慶，皆可驗徵。

〔註7〕見該書卷一〈蒙〉六四下，又解曰：「吝一作咎。又爻變〈離〉，火焚山，敗其實也。卦之〈未濟〉，男之窮也。」此以爻變之卦釋之，又別有新義。

6. 凡陰為貧、為虛、為禍；凡陽為富、為實、為福。

　　案：見卷三〈泰〉、〈否〉「九三『勿恤其孚』，六四『不戒以孚』」條。此例可與第 2 條互參。〈泰〉六四，〈象〉曰：「翩翩不富，皆失實也。」九三曰：「勿恤其孚，于食有福。」蓋六四居三陰之首，群陰所從以叛陽，故為貧、為虛、為禍；九三居三陽之上，群陽所依以拒陰，故為富、為實、為福。此二爻者，居上下二卦之間，故〈象〉曰：「天地際也。」

7. 凡陽卦稱歲，陰卦稱年。

　　案：見卷三〈同人〉、〈大有〉「〈同人〉九三」條。此例依諸卦所見各爻考之，實不可信。並參例 19。〔註 8〕

8. 凡陰類皆當用柔，惟大君為宜用剛。

　　案：見卷四〈臨卦〉「三四五上」條。〈臨卦〉陰爻皆以當位為喜，四當位故無咎，上當位亦無咎，三不當位故無攸利，獨五不當位而反吉者，五君也，二陽之所恃，非二陽之所臨，陽來臨陰也。項氏解之曰：「自下臨上，暗君之所疑也。君剛則與陽相知，不疑其臨己，故曰『知臨』；五能知二，則二之中道得行於上，故曰『行中之謂也』。舜之所以為大知者，以其能用中也；擇乎中庸而不能守，則謂之不知，孔子以行中解大君之宜，而知字之義，亦因以明矣。」此說精善，可以曉其例。

9. 凡諸卦言有喜、有慶者，皆取陰陽相合之義。

　　案：見卷五〈賁卦〉「六五」條。〈賁䷕〉，〈艮〉與〈離〉合故有喜，此例可與第 4、5 條並觀，其義至明。

10. 凡陰皆惡陽來。

　　案：見卷五〈復卦〉「休復」條。〈復䷗〉一陽在下，浸長之勢，蓄而待發；而六二在群陰之中，獨為中正之人，與君子同體，而中心比之，獨喜而吉；其餘陰爻以居不正之上位，莫不惶恐於陽來之威，故皆惡之。

11. 凡陽皆勝，凡陰皆不利。

　　案：見卷五〈無妄〉「六爻」條。陰為虛，陽為富，此言〈無妄䷘〉之時，以誠滅妄，以陽滅陰，故為此例。

〔註 8〕〈同人〉九三，〈象〉言三歲不興；〈習坎〉上六言三歲不得凶，〈象〉曰凶三歲也；〈困〉初六言三歲不覿；〈豐〉上六言三歲不覿；〈漸〉九五言婦三歲不孕，所見五卦稱歲者，唯〈同人〉、〈漸〉二卦為陽，其餘皆陰，故凡陽卦稱歲者，有待商榷。又年字亦見於五卦：〈屯〉六二，〈象〉言十年乃字；〈復〉上六言至于十年不克征；〈頤〉六三，〈象〉言十年勿用，皆合於陰卦稱年之例。然〈既濟〉九三，〈象〉言三年克之；〈未濟〉九四言三年有賞于大國，則陽卦稱年，又有所扞格不通矣！

12. 喜慶皆陰陽相得之辭。

案：見卷六〈大畜〉「有喜，有慶」條。此例與第 4、5、9 條同義。項氏以〈大畜䷙〉為言：卦中惟二陰有應，故四為有喜，而五為有慶；喜者據己言之，慶則其喜及人；五居君位，故及人也。若論止物之道，則制之於初乃為大善，故四為元吉，五獨得吉而已。

13. 凡陰皆受制於陽。

案：見卷六〈大畜〉「〈大畜〉時也，〈無妄〉災也」條。此與 11 條可比觀，唯〈大畜 ䷙〉以乾陽之尊，而受畜於四、五之二陰，蓋四為大臣、五為人君，故不得不聽其畜也。如〈大畜〉者，乃可以言時矣！

14. 陰陽相得為慶。

案：見卷六〈頤卦〉「六五，上九」條。此例同 4、5、9、12 條，觀〈頤〉六五、上九之相得而吉，大有慶也，可知其義。

15. 凡陽爻皆稱解，凡陰爻皆稱孚。

案：見卷八〈解卦〉「九四斯孚，六五有孚」條。此例適用於〈解䷧〉之諸爻，上六陰爻亦稱解者，以其獨正而在高位故。若援之諸卦所見者，則扞格不通。

16. 凡稱包者，皆以陽包陰也。

案：卷九〈姤卦〉「包」條。《易》凡例第 5 同此，〈姤䷫〉之三爻九二、九四、九五皆稱包，蓋以上陽包初之一陰。〈蒙〉之包蒙，〈泰〉之包荒，〈否〉之包承、包羞、包桑，義亦同此。

17. 大抵萃聚之道，陽以溥為貴，陰以專為美。

案：見卷九〈萃卦〉「初六，九四」條。〈萃䷬〉九四之志亂，乃得元吉；九五得中得正，反為未光，皆貴其溥。初六求四，雖號無咎；六二從五，以引為吉，皆美其專。此以〈萃卦〉為言，亦中肯陰、陽之義。

18. 凡陽之升，皆非陰之所樂。

案：見卷九〈升卦〉「下三爻」條。〈升䷭〉下三爻皆方升之人，上三爻皆受其升者；惟九二與六五以中相孚，乃能不以外物相責望。以九二之孚，而僅得無咎，其難可知。升道之難，能無疑乎！

19. 凡稱歲者，皆指陽卦。

案：見卷十〈漸卦〉「九三孕，九五不孕」條。此與第 7 例同義，〈同人䷌〉指〈乾〉，〈豐䷶〉指〈震〉，〈漸䷴〉、〈困䷮〉、〈坎䷜〉皆指〈坎〉；〈既濟䷾〉、〈未濟䷿〉二卦指〈離〉言之，則稱三年。

20. 凡陰陽相得者為有慶。

案：見卷十一〈兌卦〉「介疾有喜」條。此與4、5、9、12、14諸例皆同。〈兌
☱〉九四之喜，有慶也，本應有疾，因陰陽之相得，陰位爲疾，陽爻爲喜，故
得痊癒。子路人告之以有過則喜，亦通此義！

21. 凡走類皆屬陰，凡飛類皆屬陽。

案：見卷十五〈說卦〉「雉」條。此例須以六十四卦所見各物象解之，如〈乾〉
龍屬陽，〈坤〉馬屬陰之類是。

22. 凡陽長三卦，〈復〉、〈臨〉、〈泰〉皆在上經；陰長三卦，〈姤〉、〈遯〉、〈否〉皆
在下經。〈否〉以與〈泰〉反對，故得在上經也。

案：見卷十六〈序卦〉「〈序卦〉演義」條。陰陽消息生滅有序，陽多在上，而
陰多在下。坤一得在上者，以〈臨〉爲陽長之卦；乾一得在下者，以〈遯〉爲
陰長之卦。

23. 陰陷陽爲顛，陽養陰爲正。

案：見卷十六〈雜卦〉「〈大過〉、〈頤〉」條。顛與正，皆主陽言之。〈大過**☱**〉
十月卦，陽始絕也；〈頤**☶**〉十一月卦，陽復生也，以此二卦觀之，義例可明。

24. 生道屬陽，死道屬陰也。

案：見卷十六〈雜卦〉「〈既濟〉、〈未濟〉」條。項氏釋曰：「〈既濟〉、〈未濟〉皆
主男而言。水能留火，故定；水不能留火，故窮。陰陽不交，而陽獨受窮者。」
窮而能通，乃能生生不息，此〈未濟〉週始之旨。

以上二十四例，或就全經而言陰陽凡例，或以諸卦同見者統言之，或就當卦各
爻而論其對應關係。王弼《周易略例·下》言：「故凡陰陽二爻，率相比而無應，則
近而不相得；有應，則雖遠而相得。」準此以求陰陽通性，其義可得。由本節所述
《易》與陰陽諸凡例，以爲入《易》玩辭之門徑，亦可以得其法，而有所體會。

第二節　卦爻凡例

王弼《周易略例》〈明卦適變通爻〉篇曰：「夫卦者，時也；爻者，適時之變者
也。夫時有否泰，故用有行藏；卦有小大，故辭有險易。一時之制，可反而用也；
一時之吉，可反而凶也。故卦以反對，而爻亦皆變；是故用無常道，事無軌度，動
靜屈伸，唯變所適。故名其卦，則吉凶從其類；存其時，則動靜應其用。尋名以觀
其吉凶，舉時以觀其動靜。」〔註9〕此段義至精，蓋卦以時而爻以位，卦有六爻，

〔註9〕侯秋東先生《周易略例疏證》第二章、第三節〈明卦適變通爻〉下有詳盡疏解，甚

貴能適時通變，與天地合德。故〈繫辭傳上〉云：「六爻之動，三極之道也。是故君子所居而安者，《易》之序也；所樂而玩者，爻之辭也；是故君子居則觀其象而玩其辭，動則觀其變而玩其占，是以自天祐之，吉無不利。」吾人取卦觀爻玩辭之際，可不戒慎哉？

　　《玩辭》中論卦時、爻位之例者多，皆能中其肯綮，明其旨歸。爰依所分卦爻凡例，別爲二小節，析解如后：

一、卦　例

　　卦者時也，統一時之大義。然世遷時變，情狀各異，《易》卦特取其象示人而已；若由卦例覘其適變之趨會，則卦體之變，皆可明見；而卦義之掌握，尤益洞達！

1. 〈震〉，動也；〈乾〉之動，自〈震〉始，六十四卦皆由動而生，故以〈震〉言之。
   案：見卷一〈乾卦〉「六位、六龍」條。項氏謂：「《易》之全體，具於〈乾卦〉，觀《易》者，觀於〈乾〉足矣。」〈乾〉者，純陽之名；在《易》象，則奇爻一畫之始，故卦象：陽爻在初、在二皆成〈震〉，在五、在上皆爲〈震〉之反，惟三、四兩爻正反皆〈震〉，故有反復上下之辭。〈乾〉之動，自〈震〉始；而〈乾〉爲《易》之樞紐，故六十四卦皆由動而生可以推知。

2. 〈乾〉為大，〈坤〉為小；〈乾〉主知，〈坤〉主行。
   案：見卷一〈乾卦〉「用九、用六〈文言〉」條。用九言「見群龍，無首吉」，此用九之所以爲善變；用六言「利永貞」，則能久也。宋·程迥《古易章句》云：「〈乾〉以元爲本，所以資始；〈坤〉以貞爲主，所以大終。」陽始陰終，乃成生物之利與造化之妙。熊十力先生《讀經示要》申之云：「萬物之生，秉〈乾〉之知以爲性，資〈坤〉之質以成形。故〈乾〉，始萬物者也，而〈坤〉終之。〈乾〉惟知故，至神而含萬化，爲萬物始；〈坤〉惟質故，而萬物資之以各成其個體之形。使惟有〈乾〉而無〈坤〉，則只是沖寞無形，萬物何所資以成乎？故知〈乾〉始萬物，而終〈乾〉之化，以成萬物者，〈坤〉效其質故也。」〔註10〕覆玩斯言，義例可知，而味亦深永。

3. 凡卦以初爻為趾，為尾；終爻為首，形至首而終也。故《易》中首字，皆訓為終。
   案：見卷一〈乾卦〉「首字」條。〈說卦傳〉云：「〈乾〉爲首。」蓋謂六陽之終。用九之「見群龍無首，吉。」則以六龍盡變，不見其終。〈象〉曰：「用九天德，

便參證。

〔註10〕王夫之《船山易內傳》亦說云：「陽始之，陰終之，乃成生物之利。永貞以順陽而資生萬物，質無不成，性無不麗，則〈乾〉之元合其大矣。」此釋〈坤〉用六。〈象傳〉曰：「用六永貞，以大終也。」頗有深意，亦切中《易》旨。

不可爲首也。」天德即九，九即龍德，謂之天，謂之龍，豈有終窮之理？〈比〉上六之無首，爲無所終。〈既濟〉、〈未濟〉二卦之終，皆爲「濡其首」。故卦之爻由初而上，擬體物之義，其始終上下之分，深得情實。

4. 凡卦有九五者，皆稱中正，以其備二美也。

案：見〈乾卦〉「龍德正中，剛健中正」條。項氏曰：「稱中正者，二事也；二五爲中，陰陽當位爲正。稱正中者，一事也；猶言〈兌〉正秋，〈坎〉正北方，但取其正得中位，非以當位言也。」故稱中正，以得中當位爲其二美，切中《易》旨。獨〈需彖〉及〈比〉、〈巽〉九五稱正中者，以其義在中，而不在正也。〈艮〉六五，〈象〉曰：「〈艮〉其輔，以中正也。」當作「正中」爲是。〔註11〕

5. 卦辭自〈坤〉始用物象，恐後人不明其義，故以人事衍之，以起六十四卦之例也。

案：見卷一〈坤卦〉「柔順利貞，君子攸行」條。〈坤〉卦辭既取物象（牝馬），又言人事（君子），發凡起例，以見其餘。

6. 重卦之法，皆自下而上；人道以下從上為順。

案：見卷一〈坤卦〉「地勢坤」條。《易》中言順，皆自下而上，蓋天經地義之理，不煩贅釋。

7. 除〈乾〉、〈坤〉外，諸卦有元、亨、利、貞四德者，例皆未具全德。〔註12〕

案：見卷二〈屯卦〉「元亨利貞」條。《易》中言元亨利貞四德者，除〈乾〉、〈坤〉二卦外，尚有〈屯〉、〈臨〉、〈隨〉、〈無妄〉、〈革〉諸卦，所備四德從卦爻辭以觀皆有限，而非全具無遺。

8. 凡卦皆有主爻，皆具本卦之德。

案：見〈屯卦〉「初九」條。卦皆有主爻，故舉卦名，則其義理自有歸主，象辭多言主爻，故觀〈象傳〉之辭，則明其大半之義理。王弼《周易略例》第一〈明象〉篇曰：「故舉卦之名，義有主矣，觀其彖辭，則思過半矣！」其此之謂。如〈乾〉九五具〈乾〉之德，故爲天德之爻；〈坤〉六二具〈坤〉之德，故爲地道

〔註11〕項氏引五山姚小彭之說曰：「〈小象〉上下文協韻，當作正中。」又朱駿聲《六十四卦經解》卷七作「〈艮〉其輔，以中也。」釋云：「〈象傳〉以中下，一本有正字，虞氏亦然。但以韻協之，恐無此字。」一倒一省，皆中其意，可並觀焉。

〔註12〕項安世以〈屯卦〉爲例說之曰：「〈屯〉之四德，不足於利，故卦辭申之曰：『勿用有攸往，利建侯。』言其利止於建侯以立國，不利於冒險而輕進，則其利爲有限矣！……大亨者，大而且亨也，〈屯〉之才不足以盡元字，故以大訓之。……除〈乾〉、〈坤〉外，諸卦有元亨利貞四德者，例皆放此。」準此，例之末句「例皆未具全德」，乃依義添之者。

之爻。〈屯〉自〈觀卦〉變，以初九爲主，故爻辭全類卦辭，他卦主爻，例皆倣此。〔註13〕並參見例14。

9. 凡卦自上而下為來。

案：見卷二〈比卦〉「不寧方來」條。〈比☷〉之成卦，本以〈坤〉在下爲下順而從上，又四陰在下，皆順而從五，已得比輔之義；而五猶以位在〈坎〉中，憂畏不寧，方且來比於下；上下之心相求如此，此〈比〉之所以成。

10. 凡卦之下爻為尾。

案：見卷二〈履卦〉「六三，九四」條。參較第3例；初，爲下卦之始爻；四，爲上卦之下爻，以象言之，皆可謂之爲尾，明其位序。

11. 〈同人〉、〈大有〉兩卦皆以〈離〉之中爻為主，而以〈乾〉為應者也。〈履〉、〈大畜〉兩卦，亦以〈乾〉為應者，亦卦例也。

案：見卷三〈同人〉、〈大有〉「〈同人〉應乎〈乾〉，〈大有〉應乎天」條。〈同人☲〉，〈離〉在下，以德爲主，其義理之主爻在乎六二；〈大有☲〉，〈離〉在上，以位爲主，柔得尊位，在六五一爻，二卦皆以〈乾〉爲應其德、應其命。〈履☱〉，〈兌〉在下，〈象〉曰：「說而應乎〈乾〉。」〈大畜☶〉，〈艮〉在上，〈象〉曰：「利涉大川，應乎天也。」以〈乾〉爲應，亦成卦例。

12. 凡卦之以柔為主者，而其濟也，必稱〈乾〉焉，此〈乾〉之所以為大歟！

案：見〈同人〉、〈大有〉「應乎〈乾〉，〈乾〉行也」條。此例與前條有互通處，可比觀之；〈同人〉以六二柔爻爲主，徒柔不能以同乎人，必以天德行之，故雖得中當位，而必應乎〈乾〉，乃可謂之〈同人〉。〈履〉之六三，不足以與行也，必曰：「說而應乎〈乾〉。是以履處尾，不咥人，亨。」〈小畜☴〉之六四，不能以自亨也，〈象〉曰：「健而巽，剛中而志行，乃亨。」〈大有〉之六五，不能以自亨也，故〈象〉曰：「其德剛健而文明，應乎天而時行，是以元亨。」凡卦之以柔爲主者皆然。

13. 《易》中卦辭，有「利涉大川」者八卦〔註14〕，非〈乾〉則〈巽〉。

案：見〈同人〉、〈大有〉「利涉大川」條。〈需☵〉、〈訟☵〉、〈同人☲〉、〈大畜☶〉四卦，皆以〈乾〉行爲象者，蓋北方屬水，〈乾〉行涉之。〈蠱☶〉、〈益☴〉、

〔註13〕《玩辭》主爻說具〈觀卦〉「變卦主爻例」條，項氏釋曰：「反對卦皆自消息卦變，一升一降而成卦。以義重者，一爻爲主。消息卦，皆自〈乾〉、〈坤〉變，一陰一陽者，以初、上爲主。……二陰二陽，三陰三陽，皆以二五爲主。」其說甚詳，見例析解。

〔註14〕八卦謂〈需〉、〈訟〉、〈同人〉、〈大畜〉、〈蠱〉、〈益〉、〈渙〉、〈中孚〉，其中〈訟〉言「不利涉大川」，多一不字。

〈渙☴〉、〈中孚☵〉四卦，皆以〈巽〉木爲象者，蓋海居東南，〈巽〉木涉之。前四卦，專以〈乾〉爲訓；後四卦，則專以〈巽〉爲訓。又〈頤☶〉之六五爻辭，以柔不可涉大川；上九以剛利涉大川，亦四卦取〈乾〉之義。〈謙☷〉之初六爻辭用涉大川，項氏釋曰：「以二至四爲有〈坎〉爲川，然以無〈乾〉、〈巽〉，不得言利涉也。」可知義例至明，不容踰越。

14. 凡論全卦之義，皆以主爻爲我。

案：見卷四〈觀卦〉「我」條。此例宜參考第8條「凡卦皆有主爻」例，項氏於此例，綜而釋之曰：「〈蒙〉以九二爲主，故象辭稱我者，九二也。〈小畜〉以六四爲主，故象辭稱我者，六四也。〈觀〉以九五爲主，六三所稱之我，即九五也。〈頤〉以上九爲主，初九所稱之我，即上九也。〈小過〉以六五爲我，〈中孚〉以六二爲我，皆統言一卦之義者也。獨〈需〉三、〈解〉三、〈鼎〉二、〈旅〉四自以本爻之吉凶而稱我，非一卦之事也。」觀此，則主爻稱我之卦例，無可疑！

15. 反對卦，皆自消息卦變；一升一降而成卦，以義重者，一爻爲主。〔註15〕消息卦，皆自〈乾〉、〈坤〉變；一陰一陽者，以初、上爲主；二陰二陽，三陰三陽，皆以二、五爲主。〔註16〕不反對八卦，皆自〈坎〉、〈離〉變；兩升兩降，亦以一爻義重者爲主。〔註17〕

案：見〈觀卦〉「變卦主爻例」條。反對卦者，六爻反轉。《易》六十四卦以此爲序，〈象傳〉等亦以此義爲說，虞翻用以解《易》，經傳皆可徵之。而漢人《易》例，以陽息〈坤〉謂之息，陰消〈乾〉謂之消；陽息〈坤〉，則由〈復〉、〈臨〉、〈泰〉、〈大壯〉、〈夬〉，以至於〈乾〉。陰消〈乾〉，則由〈姤〉、〈遯〉、〈否〉、〈觀〉、〈剝〉，以至於〈坤〉。故消息之卦，凡十有二，皆自〈乾〉、〈坤〉變也；而其主爻，各有歸定，亦自見其義之重者。不反對卦者，〈乾〉之二五、〈中孚〉之三四、〈大過〉之初上，皆與〈離〉之二五相易而成卦；〈坤〉之二五、〈小過〉之三四、〈頤〉之初上，皆與〈坎〉之二五相易而成卦。〈大過〉、〈頤〉象一陰一陽之卦，以初、上爲主；〈坎〉、〈離〉、〈小過〉、〈中孚〉象二陰二陽之卦，〈乾〉、〈坤〉象三陰三陽之卦，皆以二、五爲主。並參例19、21。

16. 凡卦之法，以內卦爲主事，外卦爲發用。

〔註15〕反對卦者，如〈屯☵〉，與〈蒙☶〉，六爻反轉之謂。《易》六十四卦，除不反對卦者外，率兩兩相反對以成卦序，甚有規律，亦深富妙趣。

〔註16〕消息卦凡十有二：陽息卦六，〈復☵〉、〈臨☷〉、〈泰☷〉、〈大壯☳〉、〈夬☱〉、〈乾☰〉是也。陰消卦六，〈姤☴〉、〈遯☶〉、〈否☰〉、〈觀☴〉、〈剝☶〉、〈坤☷〉是也。

〔註17〕不反對八卦：〈乾〉、〈坤〉、〈頤☶〉、〈大過☱〉、〈坎☵〉、〈離☲〉、〈中孚☴〉、〈小過☳〉是也，蓋皆爻爻相對而反之。

案：見卷五〈賁卦〉「〈賁〉亨小利有攸往」條。〈賁☲〉之卦辭「〈賁〉亨」，謂內卦；「小利有攸往」，謂外卦。內卦，初二三；二剛爲質，而以一柔文之，則卦之內體，固有能亨之道。外卦，四五上；一剛分往居外，反使二柔爲質，而以上剛文之，卦之發用如此，豈堪大事哉？故小利有攸往而已。項氏曰：「大抵以柔文剛則順，以剛文柔則悖。蓋其質既弱，則文無所施也。」卦之內外二體，微夫子之〈彖〉，則後之說者，實爲難通！

17. 凡卦至四而變。

案：見〈賁卦〉「九三，六四」條。三、四兩爻，當兩卦之交，處多疑之地，實善變者。四當爻位之變，處上卦之下；而三處下卦之終，相近相疑。若二爻相反，體性各異，則其德與位或雖俱靜，然其情不得不疑而待變，以錯雜其剛柔相交之文。

18. 凡卦之彖辭，兼備眾義，不必穿爲一說也。

案：見卷六〈大過〉「彖」條。王弼《略例》〈明彖〉篇曰：「夫彖者，何也？統論一卦之體，明其所由之主也。」〈繫辭傳下〉云：「彖者，材也。」韓康伯注曰：「材，才德也。彖言成卦之材，以統卦義也。」故〈彖〉總論一卦之卦名、卦義、卦德、卦才、主爻，兼備眾義，實不必穿爲一說。

19. 凡不反對之卦八，皆就卦內自相反對；〈乾〉、〈坤〉，〈坎〉、〈離〉；〈頤〉、〈大過〉，〈中孚〉、〈小過〉是也。

案：見〈大過〉「澤滅木〈大過〉」條。參見例15，可相證明。

20. 凡卦皆上下相應。

案：見〈大過〉「九三，九四」條。卦以內外二體成之，初與四、二與五、三與上皆相應以位，而各就其德。惟〈大過〉之時，不用常理，獨以所比爲親；初與二比，而爲老夫女妻；五與上比，而爲老婦士夫，皆過以相與。

21. 凡消長卦：〈復〉、〈姤〉、〈臨〉、〈遯〉、〈泰〉、〈否〉、〈夬〉、〈剝〉，彖辭皆言消長之事。獨〈觀〉與〈大壯〉不言消長者，已過〈泰〉、〈否〉，則消長定矣。其事以〈夬〉、〈剝〉爲終，不係於〈觀〉與〈大壯〉也。

案：見卷七〈大壯〉「消長」條。此例宜參照例15，有共見者。項氏釋云：「〈大壯〉正卯之月，四陽在下，主宣萬物之華；〈觀〉正酉之月，二陽在上，主堅萬物之實，所繫者大，故彖辭專言大觀、大壯之理，以明陽德無往不大，不以消長爲限也。」甚符《易》旨。

22. 〈晉〉之彖，皆無元亨利貞等句法，全類爻辭；〈明夷〉之彖，以卦名與卦辭各當一事，此皆新例也，與諸卦彖辭不同。

案：見卷七〈明夷〉「彖」條。〈晉〉卦辭曰：「〈晉〉。康侯用錫馬蕃庶，晝日三接。」〔註18〕此乃軍事專卦；〈明夷〉卦辭曰：「〈明夷〉。利艱貞。」此二卦與諸卦彖辭言成卦之材，以統卦義者，大異其趣。

23. 凡〈益〉之道，與時偕行，明非揠苗以助長也。

案：見卷八〈益卦〉「彖」條。〈益䷩〉彖辭，項氏解義甚善，曰：「以利言之，損上益下則民情悅。以道言之，自上下下則君道光。以六爻言之，上下以中正相合，故利有攸往。以二卦言之，〈震〉、〈巽〉皆木也，自〈震〉向〈巽〉東流入海，故利涉大川。以卦德言之，動而能巽，則其進無疆。以卦變言之，天施陽於地，則其生無方。〈益〉自〈否〉變，損天之九四以益地之初六也。」蓋天地之裕萬物，日進時行，巽而不迫，而其進自莫能禦也，曷嘗干時而強進哉？〈繫辭傳下〉曰：「〈益〉德之裕也。……〈益〉長裕而不設。……〈益〉以興利。」其此之謂乎！

24. 凡卦五陽而一陰，則一陰為之主。

案：見卷九〈夬卦〉「彖」條。此《略例》〈明彖〉之例，其言曰：「一卦五陽而一陰，則一陰爲之主矣。五陰而一陽，則一陽爲之主矣。夫陰之所求者，陽也；陽之所求者，陰也。陽苟一焉，五陰何得不同而歸之？陰苟隻焉，五陽何得不同而從之？故陰爻雖賤，而爲一卦之主者，處其至少之地也。」〔註19〕一卦五陽而一陰者，〈夬䷪、大有䷍、小畜䷈、履䷉、同人䷌、姤䷫〉是也。一卦五陰而一陽者，〈復䷗、師䷆、謙䷠、豫䷏、比䷇、剝䷖〉諸卦是也，凡獨陰隻陽，皆其義理之主爻。

25. 凡〈萃〉者，皆自四始。

案：見卷九〈升卦〉「〈萃〉、〈升〉」條。〈萃䷬〉九四爲成卦之爻，自〈觀〉之上而下比於〈坤〉，獨當三陰之〈萃〉，遂爲成卦之主。無尊位而得眾也，故必大吉而後可以無咎。〈萃〉剛中而應，其眾必聚，乃下之所樂。

26. 凡卦以三爻為終，三爻既終，即與四遇。

案：見卷九〈困卦〉「臀困于株木」條。卦分內外二體，三爲內卦之終，四爲外卦之始，皆交遇生變之位。

27. 〈鼎〉象者，不必取卦畫以象形。蓋言以鼎名卦，非實鼎也，特取之以為象耳。

〔註18〕據顧頡剛先生說，康侯指武王弟康叔封，封于衛，詳參《古史辨》第三冊〈《周易》卦爻辭中的故事〉。

〔註19〕此段義例，詳見侯秋東先生《周易略例疏證》第一節〈明彖〉下，闡析至明，可解疑惑。

凡卦名之用物者皆然。

案：見卷十〈鼎卦〉「鼎象也」條。卦名之用物特取鼎以爲象而發之者，其爲天下國家之重器，所以示國家之重禮，聖人之聖德。以器象之，則發用可推知。

28. 卦辭統論一卦，始終皆在其中矣。

案：見卷十〈震卦〉「後有則也」條。卦辭所以言乎一卦之大體，其內容包含卦名、卦德、卦義、卦利或休咎等，故一卦之始終條理，皆見諸卦辭。

29. 凡卦辭重用卦名者，別出一義，不緣上文也。

案：見卷十一〈旅卦〉「卦辭」條。〈旅〉卦辭：「〈旅〉小亨，旅貞吉。」前一旅字是標題，後一旅字泛指行旅；「小亨、貞吉」，都是貞兆辭。〔註20〕〈旅〉小亨，乃就〈旅〉之卦才言之，可以小亨，不可以大用。旅貞吉者，旅於正則吉，不正則凶，乃處旅之道。他如〈震〉卦辭「震來虩虩」，蓋言自震；「震驚百里」，乃震人。又如〈頤〉之「貞吉」，總言一卦之義；「觀頤，自求口實」，乃觀〈頤〉之道。凡此可知，卦辭重用卦名者，例皆別出新義。

30. 大抵〈坎〉，陷也，故肖〈坎〉者，皆謂之過。

案：見卷十二〈小過〉「〈小過〉、〈大過〉」條。〈大過䷛〉四陽在內，〈小過䷽〉四陰包二陽；然四陰在內者，乃不爲〈小過〉，而爲〈頤䷚〉；四陽包二陰者，則不爲〈大過〉而爲〈中孚䷼〉。蓋陽多則大者過，陰多則小者過；未至於陷，故謂之過，過猶輕於陷。

31. 凡卦皆因二氣之變而言也。

案：見卷十五〈說卦〉「立卦生爻」條。二氣者，陰陽。陽氣不可見，則化爲剛爻以發之；陰氣不可見，則畫爲柔爻以發之。故〈坤〉一變爲〈震〉，再變爲〈坎〉，三變爲〈艮〉；〈乾〉一變爲〈巽〉，再變爲〈離〉，三變爲〈兌〉，皆以發揮二氣之變而成之。

32. 〈坤〉王，季夏，義在中央，故言地而言西南。〈兌〉以物成爲說，故言秋而不言西，皆取義之便，亦以例餘卦也。

案：見〈說卦〉「〈坤〉也者地也，〈兌〉正秋也」條。

33. 凡稱〈臨〉者，皆大者之事也，故以大釋之。若〈豐〉者大也，則〈豐〉真訓大矣！是以六十四卦之中，有二大兩不相妨焉。

案：見卷十六〈序卦〉「〈臨〉者大也，〈豐〉者大也」條。

34. 凡言〈屯〉者，皆以為難；而〈蹇〉又稱難者也；卦皆有〈坎〉也。

〔註20〕此乃李鏡池《周易通義》之解析。朱駿聲《六十四卦經解》謂：「一本云下旅字衍。」

案：見卷十六〈序卦〉「〈蹇〉難也」條。〈屯☳☵〉動乎險中，誠行乎患難者；〈蹇☶☵〉之見險而能止，但阻於險而不得前，非患難之難。項氏謂：「故居〈屯〉者，必以經綸濟之；而遇〈蹇〉者，則待其解緩而後前，其難易固不侔矣！」二卦皆有坎險之難，而其義固殊。

綜析以上凡例，而卦之全體大用，可以識其精微！

二、爻 例

〈繫辭傳上〉曰：「爻者，言乎變者也。」〈繫辭傳下〉曰：「爻也者，效此者也。」又云：「爻也者，效天下之動者也。」故《略例》本此而言曰：「夫爻者何也？言乎變者也。變者何也？情偽之所爲也。」〔註21〕卦有六爻，各有陰陽貴賤，時位始終，分言其剛柔變化，吉凶悔吝之事。故六十四卦三百八十四爻，乃能彌綸天地之道，而聖人託之以教誡世人，雖變易無方，其道乃大！《玩辭》發揮爻例者，遍見各卷諸卦中，統而論之，足以明爻變之法則，故《易》以觀其奧者，存乎其爻。今試以所得者逐條列敘，則爻例可知，而《易》旨甚可玩味。

1. 自上而下爲復，自下而上爲反。

　　案：見卷一〈乾卦〉「反復道也，重剛而不中」條。三爻居下體之上，上體之下，內外交接之際，居下則失中，上進則徬徨；又處陽位，宜動不宜靜，故經文多疑惑不定，憂懼咨嗟之辭。如〈乾〉九三：「君子終日乾乾，夕惕若，厲無咎。」三之上下皆得純乾，故〈象〉曰：「終日乾乾，反復道也。」而三四爻義每相通，故〈乾〉九三以自脩，論德則反復合道；四以自試，亦以進退而合乾道，皆得無咎。

2. 大抵上下之交，皆危疑之地，故三厲而四疑之。

　　案：見〈乾卦〉「君子欲及時章」條。三位已如上言，而四爻已出下體入於上體，亦是上下交接之際，「上不在天，下不在田，中不在人。」〔註22〕又處於陰位，上近至尊，有進退兩難之象，故經文亦多憂懼勞動不安之辭。〈乾〉三在下，則自脩而已；四已革在上，故兼有自試之象。進退上下，不敢自必，相時而動，三四之謂。

3. 凡在上下之交者，多具二義。

　　案：見卷一〈坤卦〉「六四」條。此與爻例 1、2 並可比觀之。蓋上下居交際之地，論德與位各見其義，如〈乾〉九三兼上位、下位，九四兼上下、進退；〈坤〉

〔註21〕見王弼《周易略例》第二〈明爻通變〉篇，可參考侯秋東先生《疏證》之說解。
〔註22〕見〈乾九四〉王弼注語。

六三有含章可貞，以時發也，六四以純陰，故爲天地閉塞上下不通之象，又有無咎無譽之象，此例之著者。

4. 凡卦稱馬者，皆陰爻。《易》中陽爻，皆稱車；陰爻皆稱馬。

案：見卷二〈屯卦〉「乘馬班如」條。〈坤〉之牝馬，〈屯〉三陰之乘馬，〈賁〉六四之白馬；〈晉〉下三爻爲錫馬，〈明夷〉六二、〈渙〉初六皆爲拯馬，〈中孚〉六四爲匹馬，無非陰爻者。然〈睽〉初九稱喪馬，〈大畜〉九三稱良馬，特舉〈乾〉之本象言之，可見他馬皆陰。項氏謂：「蓋馬本地類，於辰爲午，即〈坤〉初六之氣也。對牛言之，則馬屬〈乾〉；就馬言之，則除良、老、瘠、駁之外，皆不屬〈乾〉也。〈屯〉六二用震馬，四上皆用坎馬；〈晉〉用坤馬，〈賁〉、〈明夷〉、〈渙〉皆用坎馬，諸卦各有馬象，然皆於陰爻言之，則義可知矣。」陽爻稱車例，則見於〈大有〉九二之大車，〈賁〉初九之舍車，〈睽〉初九之載鬼一車，〈困〉九四之金車，稱車各卦諸爻，皆陽也，其例可知。

5. 凡爻例，上爲往，下爲來。

案：見〈屯卦〉「即鹿，往吝」條。凡爻往卦之上體曰「往」，又曰「上行」，又曰「進」。如〈泰象傳〉：「小往大來。」謂〈坤〉往上體，〈晉象傳〉：「柔進而上行。」謂六五，皆是例。凡爻自上體返下體曰「來」，又曰「下下」。如〈訟象傳〉：「剛來而得中也。」謂九二，〈益象傳〉：「自上下下。」謂初九。〔註23〕

6. 凡自下而上爲順，自上而下爲巽。

案：見卷二〈蒙卦〉「六五」條。「童蒙之吉，順以巽也。」六五順于上，巽于二，故臣子弟言順，帝位言巽，所以別上下；又大人者，不失其赤子之心，是怡然理順之時，吉孰大焉？

7. 六爻之義，初常對上，二常對五，三常對四，觀之則其義易明。

案：見〈蒙卦〉「六爻」條。卦之終始見於初上，而曲折備於中爻；二與五，居內外體之中，相互應對；而三與四皆居危疑之地，上下進退之間，各有其對義。

8. 三百八十四爻，皆〈乾〉、〈坤〉之舊也。

案：見卷二〈訟卦〉「舊德」條。〈乾〉爲純陽之體，〈坤〉爲純陰之體，陰陽而成剛柔，始生化天地萬物之道，故六十四卦三百八十四爻，皆〈乾〉、〈坤〉陰陽動變之舊德。故聖人乃引之以實其義，所以發凡起例。

9. 諸爻皆以位爲志。

案：見卷二〈履卦〉「六三，九四」條。位者，爻所處之象，王弼《略例》〈辯

〔註23〕參考屈萬里全集《先秦漢魏易例述評》卷上〈象象傳例〉頁37～39。

位〉篇曰：「夫位者，列貴賤之地，待才用之宅也；爻者，守位分之任，應貴賤
之序者也。」故六爻之位序，各有自處，則其志可推而知之。

10. 凡爻多論爻位。

案：〈履卦〉「六三，九五」條。與例 9 可互參。

11. 大抵用事之爻，在下者為行己之事，在上者為制人之事。

案：見〈履卦〉「一陰一陽卦義」條。用事之爻，如以陰陽論之：在三四者，陽
在三則以剛行柔爲勞謙，在四則以剛制柔者爲由豫；陰在三，則以柔行剛爲
〈履〉，在四則以柔制剛爲〈小畜〉，其義皆主於用事。故項氏釋曰：「行己以剛
爲貴，故行剛者曰〈謙〉；制人者柔易悅而剛難制，故制柔曰〈豫〉，制剛曰〈小
畜〉。」

12. 凡爻言不克者，皆陽居陰位。

案：見卷三〈同人〉、〈大有〉「弗克攻」條。一三五，陽位；二四六，陰位。陽
居陰位，則位不當，言不克者，〈訟〉九二、九四之不克訟，〈同人〉九四之弗
克攻，皆是。至於〈大有〉九三之小人弗克，〈復〉上六之不克征，〈損〉六五
之弗克違，〈益〉六二之弗克違，則非符是例之義趣，故不論。

13. 凡言我者，皆指五也。

案：見卷四〈觀卦〉「觀我生，觀其生」條。卦例 14 有「凡論全卦之義，皆以
主爻爲我。」故五爲一卦之主而稱我者，如〈觀〉以九五爲主而言「觀我生」。
然主爻不必在五，亦稱我者，如〈蒙〉之九二、〈小畜〉之六四是也；亦有非主
爻而稱我者，如〈頤〉初九言觀我朵頤、〈旅〉九四言我心不快，則言我者，不
必盡指五。

14. 大抵出險之道，以有應為功。

案：見卷六〈坎卦〉「初二五」條。初與四、二與五，三與上，若陰陽當位而有
應，則有功而生吉，然〈坎☵〉六爻，上下皆不應，雖偶有當位之吉，難於出
險。

15. 爻各言其位也。

案：見卷七〈恆卦〉「利貞」條。義與 9、10 例同。

16. 凡爻得正為當位。

案：見卷七〈遯卦〉「剛當位而應」條。爻之所居爲位，陽居初、三、五，陰居
二、四、上曰「當位」、「正位」、「得位」。如〈遯象傳〉：「剛當位而應。」謂九
五當位，而與下體之六二相應。當位，非謂居尊位，言以正自居而以權應柔，
得遯遯之義，故「遯而亨也」。

17. 凡稱中行者,皆指五也。

案:見卷八〈益卦〉「中行告公」條。「中行」者,凡見於〈師〉六五〈象〉、〈泰〉九二、〈復〉六四、〈益〉六三、六四、〈夬〉九五,蓋三四皆不得中,故必向五中行,〈泰〉九二爻辭曰:「得尚于中行。」其此之謂。

18. 凡上爻皆稱邑,以其無民也。

案:見卷九〈夬卦〉「象」條。六爻居上體之上,亦居全卦之最上,象時之終,位之上,事之末,處無位之地,故〈彖象傳〉每稱之為「上」、「亢」、「終」、「末」、「窮」。〈升〉之虛邑,〈泰〉之自邑,〈晉〉之伐邑,〈謙〉之征邑,皆是物也。若非上爻,則皆稱邑人,〈訟〉九二、〈比〉九五、〈無妄〉六三是也。

19. 凡〈兌〉之初爻,皆稱臀。

案:見卷九〈困卦〉「臀困于株木」條。〈夬☱〉之九四與〈姤☴〉之九三,所謂「臀無膚」者,以〈兌〉之正反,故皆謂之〈臀〉。〈困☵〉初六之「臀困于株木」,蓋初六與九四為正應,故有四之象。

20. 凡乘之者,皆不得其安也。

案:見卷十〈震卦〉「乘剛也」條。《略例》〈明卦適變通爻〉第三曰:「承乘者,逆順之象也。」陽爻在上,陰爻在下,於陰為承;陰爻在上,陽爻在下,於陰為乘。陰承陽為順,反之陰乘陽為逆。故乘逆之位,皆不得其安;〈屯〉六二之難,〈豫〉六五之貞疾,〈噬嗑〉六二之噬膚滅鼻,〈困〉六三之據于蒺藜,〈震〉六二之震來屬,皆乘剛。

21. 凡行上為逆,下為順。

案:見卷十〈漸卦〉「下三爻」條。此即陰承陽為順,陰乘陽為逆之義。

22. 凡爻以德為資其本質也,以位為斧其利用也。

案:見卷十一〈巽卦〉「巽在牀下」條。爻位論其陰陽,而爻德論剛柔正應之變,皆一體之兩面,義自明矣!

23. 凡諸爻稱兌者,皆謂三也。

案:見卷十一〈兌卦〉「六爻」條。此以〈兌☱〉為解。〈兌〉以六三為主,初九與之同體為和兌,九二與之相比為孚兌,六三來而成〈兌〉為來兌,九四當三五往來之衝為商兌,上六與三相應為引兌,各見剛柔之辭。

24. 凡三百八十四爻之辭,皆教人以推而行之矣。

案:見卷十三〈繫辭上〉「五謂演盡利」條。《易》以陰陽之體,行其變化之用,故六十四卦三百八十四爻,斷之以辭以知其得失,明其進退;當其變也,順而推之,可通天下之志,可定天下之業,可斷天下之疑,其義深矣!

25. 凡爻有比爻、有應爻、有一卦之主爻，皆情之當相得者也。

　　案：見卷十四〈繫辭下〉「吉凶，悔吝，利害」條。一爻之安危，常與比連之爻休戚相關，或近而相得，或近而不相得，其吉凶、悔吝、利害，皆可明之。而初四、二五、三上陰陽互異之相應關係，一可觀其情志，亦可觀其變動〔註24〕，而卦主之義，亦皆備於此。

26. 凡爻皆用剛柔之形，以發揮二氣之變也。

　　案：見卷十五〈說卦〉「立卦生爻」條。爻者，言乎變者也，陰陽以氣言，剛柔以形言，三百八十四爻皆因陰陽之相薄，而成剛柔之體，以濟其發用者。

　　以上諸卦爻例，皆項安世研《易》心得之歸納。於明爻辨位，所釋多切中王弼《周易略例》之旨要；又於各爻關係，多察其動靜、觀其趨合、明其出處、辨其逆順，尋索以思，義理易明，誠為入《易》之不二法門。又若能本此基礎，引伸觸類，則六十四卦三百八十四爻，玩辭自得！

第三節　〈彖〉、〈象〉、〈繫辭傳〉凡例

　　屈萬里先生《先秦漢魏易例述評》，以為說《易》例者，始於〈彖象傳〉，其例至簡，平易近人。〈文言〉、〈繫辭〉以下諸傳，亦不繁賾，太羹玄酒，古義猶存。〔註25〕遂分卷而有《十翼》《易》例之作，追本溯源，甚便索解。而《玩辭》本諸《十翼》、王弼《略例》及程頤諸家義例之發明，於〈彖〉、〈象〉、〈繫辭傳〉亦多有發凡起例之處，雖未能斐然成篇，創為家說，但具體而微，亦足以舉隅而反。

　　茲以《玩辭》條記所得，綜分三小節以論〈彖〉、〈象〉、〈繫辭傳〉之凡例，原始反終，可例其餘！

一、〈彖傳〉例

　　卦辭又稱彖辭，而〈彖傳〉則在解釋卦下之彖辭，故王弼注〈履彖傳〉云：「凡彖者，言乎一卦之所以為主也。」則彖統卦義，論其全體，尤有提綱挈領、入門啓鑰之妙詣，故項氏發為義例，亦有可觀以循本者。

1. 凡〈彖〉，皆以《易》象與天道雜言者，見《易》之所象，皆天道也。以人事終之者，見《易》以天道言人事也。六十四卦之例皆然。

〔註24〕《略例》〈明卦適變通爻〉篇云：「夫應者，同志之象也。」又曰：「故觀變動者存乎應。」即此義。

〔註25〕見該書〈自序〉，聯經本頁 2。

案：見卷一〈乾卦〉「彖」條。項氏釋曰：「《易》之全體，具於〈乾卦〉，觀《易》者，觀於〈乾〉足矣！」〈彖〉者，主釋卦下之彖辭也。〈乾彖傳〉以天道釋元字、利字，以《易》象釋亨字，以人事釋貞字，天道、《易》象、人事三者合而言之，則《易》之全體大用，發揮無遺，此〈彖傳〉之功。

2. **凡卦辭皆曰「彖」。**

案：見卷一〈乾卦〉「彖」條。卦辭，為《易》義理之發始與匯歸，所以稱之為彖者，謂其斷之。

3. **凡〈彖〉必以上下卦與主爻合說，以釋卦名、卦辭，他皆放此。**

案：見卷二〈屯卦〉「屯義」條。〈彖〉所以統論一卦之體，故於卦義之掌握，或以內外二體以見卦義，或以某爻為主以見卦義；或參以卦名以見卦義，或以陰陽消長以明卦義，皆所以通貫六十四卦之義趣。如〈同人〉、〈賁〉、〈無妄〉、〈恆〉、〈益〉、〈渙〉、〈節〉諸卦，即兼主爻與二體為說；〈觀〉、〈噬嗑〉、〈坎〉諸卦，即兼卦名與主爻為說；〈夬〉、〈剝〉兩卦，即兼主爻、二體與陰陽消長為說，其例甚易析解。

4. **〈彖〉有不見卦辭者，文雖不具，而義在其中矣！**

案：見〈屯卦〉「勿用有攸往」條。〈屯彖〉不言利，亦不言勿用有攸往者，但以建侯為宜，則餘不當用，從可知也。故項氏統釋之曰：「〈乾〉、〈兌〉不言亨，〈蒙〉、〈大畜〉、〈離〉、〈萃〉、〈渙〉不言利貞，〈坤〉不言主利，〈師〉不言丈人，〈坎〉不言有孚，〈困〉不言無咎，〈姤〉不言女壯，〈家人〉不言利女貞，〈井〉不言無喪無得，往來井井，〈震〉不言喪匕鬯。」皆此例。

5. **此〈彖〉之法，先用二卦明卦辭之義，復用主爻明義，此〈彖〉之別例。分卦與爻對，明卦義者也，他卦放此。**

案：見卷二〈需卦〉「位乎天位，以正中也」條。此例與例3同義，不煩推說，參之可明。

6. **凡〈彖〉多言卦德。**

案：見卷二〈履卦〉「六三，九五」條。〈彖〉者，統論一卦之體者，故合上下二體可知卦德。〈彖傳〉所稱上下二體卦德例，可以基本八卦代表之德而論之：〈乾〉稱剛健，或稱健，或稱剛，如〈大有彖傳〉：「其德剛健而文明。」〈坤〉稱順，或稱柔，或柔順並稱，如〈明夷彖傳〉：「內文明而外柔順。」〈震〉稱動，或稱剛，如〈屯彖傳〉：「動乎險中。」〈巽〉稱巽，或稱柔，如〈大過彖傳〉：「巽而說行。」〈坎〉稱險，如〈師彖傳〉：「行險而順。」〈離〉稱明，或稱文明，或稱大明，或稱柔，如〈豐彖傳〉：「明以動。」〈艮〉稱止，或稱剛，如〈蒙彖

傳〉：「險而止。」〈兌〉稱說，或稱柔，如〈隨象傳〉：「動而說。」〔註26〕八純卦各有其德，重爲六十四卦，則〈彖〉固所以言其卦德，而明其卦義者。

7. 凡〈彖〉多具三義：以重卦上下爲義，以卦體內外爲義，以六爻消長爲義，大抵諸卦皆然。故〈彖〉之義無所不備，不可以一說通也。

案：見卷三〈泰〉、〈否〉「〈彖〉具三義」條。此與例3可相發明，尤以〈泰〉、〈否〉之〈彖〉皆具三義，最是顯著。如以〈泰彖〉爲例：第一段曰：「天地交而萬物通也，上下交而其志同也。」上以重卦上下爲義。第二段曰：「內陽而外陰，內健而外順，內君子而外小人。」此以卦體內外爲義。第三段曰：「君子道長，小人道消也。」此以六爻消長爲義。〈否彖〉則依此推之，諸卦率皆如是。

8. 凡諸〈彖〉所言，皆六爻消長之象也。

案：見卷五〈剝卦〉「彖、象」條。此與例7，又可並觀，其義同。以〈剝〉之六爻言之，陰自下而長，以剝乎陽；若更上往，則爲小人滅君子之象，故曰：「不利有攸往，小人長也。」諸〈彖〉之例，可作如是觀！

9. 〈彖〉論卦德，爻各言其位也。

案：見卷七〈恆卦〉「利貞」條。詳見例6之說解。而爻位之例，詳參第二節爻例第9條之釋析。

10. 凡〈彖〉與〈大象〉，無同用者。

案：見卷十〈鼎卦〉「以木巽火，木上有火」條。〈彖〉所言，六爻消長之象，而〈大象〉所言，則八卦取物之象。大抵卦有吉凶善惡，〈彖〉所以明之；而〈大象〉無不善者，蓋天下所有之理，君子皆當象之。如遇卦之凶者，既不可象之以爲凶德，則必於凶之中別取其吉，以爲象焉！〈剝〉與〈明夷〉是也。故〈彖〉與〈大象〉無同用，亦無同義者，苟同義焉，則無所復用〈大象〉！

11. 凡彖辭之例，專取主爻爲言。

案：見卷十三〈繫辭上〉「齊小大」條。此例與3、5二例可以並觀之。卦皆有主爻，故舉卦名，則其義理自有歸主；而彖辭多言主爻，觀〈彖傳〉之辭，義有其主，則思過半矣！此亦王弼以主爻說《易》之常例。

12. 凡彖辭之體，皆先釋卦名，次言兩卦之體，末推卦用，以爲觀〈彖〉者之法也。

案：見卷十四〈繫辭下〉「三陳九卦章第六」條。釋卦名之義，如〈彖〉之曰〈同人〉、曰〈大有〉之類。釋卦之兩體，如〈升象傳〉：「順而巽。」〈困象傳〉：「險

以說。」之類。推卦之用，如〈鼎象傳〉：「以木巽火，烹飪也。」之類。故觀象之法，具於此三者！

以上十二例，雖未能盡觀〈象〉之義諦，然項氏於〈象傳〉之體悟，亦可謂精妙入神，足以爲師。王弼《略例》〈明象〉總結〈象〉之發用曰：「繁而不憂亂，變而不憂惑，約以存博，簡以濟眾，其唯〈象〉乎？亂而不憂惑，變而不能渝，非天下之至賾，其孰能與於此乎？觀〈象〉以斯，義可見矣！」故觀《易》之義，〈象傳〉其入門之階始。

二、〈象傳〉例

王弼《略例》〈明象〉篇於象之義理，闡析至精，實足以示人以道而得其法要。項氏《玩辭》於〈大、小象傳〉義例之發凡，蓋本乎此而簡明易識者，試列舉如后：

1. 凡卦畫皆曰：「象。」〈大象〉總論六畫之義，〈小象〉各論一畫之義，故皆謂之「象」。

   案：見卷一〈乾卦〉「象」條。指畫爲象，故爲畫象，非謂物象；又有比擬之象，如以龍擬天乾之象，蓋自畫象之後，推引物類以明之，非本稱之《易》象。

2. 凡〈大象〉，主釋卦名之義。

   案：見卷一〈坤卦〉「地勢坤」條。〈乾〉之象爲天，聖人於〈乾大象〉以「天行健」釋其卦義，反以三隅，則地勢坤之爲順明矣。此例之特著者。

3. 凡〈大象〉，例於〈彖〉外別立新義。

   案：見卷二〈屯卦〉「經綸」條。此與〈彖傳〉凡例 10 同義，可互參之。以〈屯〉爲言，則〈彖〉專言世變之屯，而〈象〉則自言人道之常，皆所以互濟其義。

4. 〈大象〉例兼兩卦之象。

   案：同見上條。如雲雷〈屯〉，君子以經綸。經以象雷之震，所以立其規模；綸以象雲之合，所以糾而成之，皆有艱難之象焉。他卦，例皆做此。

5. 〈大象〉皆別以物象立義，無重用〈彖〉義者。

   案：見卷二〈師卦〉「〈大象〉」條。與例 3 同義。

6. 象於首尾各取一句包爻辭，凡〈小象〉之例多類此。

   案：見卷二〈小畜〉「上九象辭」條。如〈泰〉九二：「包荒，用馮河，不遐遺。朋亡，得尚于中行。」凡五句，而〈小象〉辭曰：「包荒，得尚于中行。以光大也。」取首尾二句包之，其例可知。

7. 凡〈大象〉所言，皆八卦取物之象也。

   案：見卷五〈剝卦〉「彖、象」條。〈乾〉則稱天，〈坤〉則稱地，〈震〉則稱雷，

〈巽〉則稱風，或稱木，〈坎〉則稱水，或稱雲，或稱泉，〈離〉則稱火，或稱明，〈艮〉則稱山，〈兌〉則稱澤。以〈剝〉之物象言之：山〈艮〉自上而剝，以附乎下。下厚而山愈安，故為君厚其民之象。〈大象傳〉曰：「山附於地，〈剝〉。上以厚下安宅。」諸〈大象〉之例皆然。

8. 〈小象〉皆協韻。

案：見卷五〈剝卦〉「終不可用也」條。六十四卦三百八十四爻，〈小象〉所以釋其辭，而文多協韻者，以簡而易識故。項氏於韻協之說，頗有精研，多見《玩辭》各卷文中，如於本條下曰：「獨〈剝〉上九以載字協用字，〈豐〉九三以事字協用字，則古音用字，皆通入志字韻矣。」

9. 爻象多有合而用之，分而用之者，凡此皆當參考其義，以知分合之由。

案：見卷七〈晉卦〉「爻象分合例」條。項氏曰：「〈臨〉之初曰『志行正也』，二曰『未順命也』，而〈晉〉之初爻合而用之。〈乾〉之初曰『下也』，二曰『時舍也』，而〈井〉之初爻合而用之。〈履〉之三曰『眇能視，跛能履』，而〈歸妹〉之二三分而用之。〈既濟〉之初曰『曳其輪，濡其尾』，而〈未濟〉之初二亦分而用之。」其所以分合之由，或與卦德及爻位之時義相關。

10. 凡〈大象〉皆據自然，無用人為者。

案：見卷九〈井卦〉「木上有水」條。〈大象〉所言，皆八卦取物之象，準此以觀，則〈大象〉固以自然物象為說，而輔之以人事，如〈乾大象〉：「天行健，君子以自強不息。」〈坤大象〉：「地勢坤，君子以厚德載物。」是為顯例，可以例諸卦。

11. 《易》中〈小象〉，言位正當也凡四爻，皆兼取兩卦相當之義。此外得位之爻，或稱正，或稱當，無兼稱者。

案：見卷十一〈兌卦〉「孚于剝，位正當也」條。〈履〉、〈否〉、〈兌〉、〈中孚〉四卦，其九五〈小象〉皆言位正當，蓋當中得位之謂。其餘諸例，則無兼稱者。

12. 凡六十四卦之象，皆示人以化而裁之也。

案：見卷十三〈繫辭上〉「五謂演盡利」條。〈乾〉奇象，〈坤〉耦象，《易》之妙盡藏於此。奇耦之象立，而變易之道行於其中。故八卦之象立，則體定而變化行，此化而裁之謂之變。故定之以象，以明其進退。

13. 凡〈乾〉之象，皆取其健而為首者言之。

案：見卷十五〈說卦〉「〈乾〉」條。此義易曉，不待解。

14. 凡〈兌〉之象，皆屬末。

案：見〈說卦〉「剛鹵」條。〈兌〉之象，為澤，為少女，為巫，為口舌，為毀折，為附決。其於地也，為剛鹵，為妾，為羊。皆末作之象，若口舌者行之末，

妾婢者女之末，金寶者利之末，項氏釋之亦詳。

《玩辭》所見〈大、小象傳〉凡例者總爲十四，雖非極盡精微，抉發奧蘊；然以之爲本，循序漸進，誠可以大有得於《易》象之眞諦。故知雖小道者，亦有可觀者焉！

三、〈繫辭傳〉例

〈繫辭傳〉條貫義理分爲上、下二卷，爲《易》精義入神之總匯歸，於《十翼》中最具哲學研究之價值，故歷來學者特爲專潛闡幽，皆有造詣。項氏《玩辭》以二卷之規模，逐章詮解，亦能切中義理，頗有獨到之處。發爲義例，雖僅寥寥數條，然足以啓引門徑，窮其旨趣。

1. 大抵〈上繫〉之文，多言聖人作《易》之事；〈下繫〉之文，多言聖人用《易》之事。

案：見卷十四〈繫辭下〉「八卦成列章第一」條。〈繫辭傳上〉以「天尊地卑」章第一論天地自然之《易》，以明伏羲作《易》之本義，斷之於易簡而歸之於賢人之德業，大抵先以天地之理，明聖人作《易》之本。故推〈上繫〉之文，本末終始，以聖人作《易》之事爲其主！〈繫辭傳下〉自「八卦成列」章第一，斷之以貞夫一，而歸之於聖人之仁義，所以明聖人體《易》之用。此上下〈繫辭傳〉之大較，然其中固有體用相通，而存乎變者。

2. 凡〈上繫〉之言，極其廣大；而〈下繫〉之言，極其精要。若此之類，可以概見也。

案：見〈繫辭下〉「日生日仁」條。〈繫辭傳上〉曰：「夫《易》廣矣！大矣！……夫《易》，聖人所以崇德而廣業也。……《易》有聖人之道四焉：以言者尚其辭，以動者尚其變，以制器者尚其象，以卜筮者尚其占。……夫《易》，聖人之所以極深而研幾也。唯深也，故能通天下之志；唯幾也，故能成天下之務；唯神也，故不疾而速，不行而至。子曰：『《易》有聖人之道四焉者，此之謂也。』」觀此，知〈上繫〉之文，極其廣大而深幾。〈繫辭傳下〉曰：「《易》窮則變，變則通，通則久，是以自天祐之，吉無不利。……夫《易》，彰往而察來，而微顯闡幽；開而當名，辨物正言，斷辭則備矣。……《易》之爲書也，廣大悉備，有天道焉，有人道焉，有地道焉，兼三才而兩之。」則〈下繫〉之文，審而辨之，極其精要之論，誠不妄耳！

3. 凡〈繫辭〉之稱〈乾〉、〈坤〉，即奇、耦二畫也。凡〈繫辭〉之稱八卦，即六十四卦也。

案：見卷十四〈繫辭下〉「〈乾〉、〈坤〉、八卦」條。〈乾〉純爲奇，〈坤〉純爲耦，故例以〈乾〉、〈坤〉稱之。八卦更相上下，變爲六十四卦，故例以八卦稱之。項氏言例，蓋深諳繁簡變通之道，故能以繁歸簡、以簡推繁。

4. 凡〈繫辭〉之稱〈乾〉、〈坤〉，皆謂剛爻、柔爻，非但指六畫之兩卦也。盡三百八十四爻，不過剛、柔二字而已。

案：見卷十六〈雜卦〉「〈乾〉剛、〈坤〉柔」條。與上例可互參之。奇、耦，其數；剛、柔，其德。純陽、純陰之位變德移，皆自〈乾〉、〈坤〉生成之，其用大矣，何可輕覷？

附例：《周易玩辭》文例及其他

本章三節已統整之各類凡例，皆一一條舉，明其出處、析其義趣，或簡、或繁，詳略之間訛漏難免；兼以行文猥雜，篇幅充斥，實不宜再續蔓言。故以所集《玩辭》中之文例等，附於章末，依類條列，但存全備考而已。

一、文辭例

1. 凡明皆稱文。

案：見卷一〈乾卦〉「天下文明」條。

2. 諸卦元字，皆訓爲大。凡言元吉者，善之至也。

案：見卷一〈坤卦〉「六二大，六五元吉」條。

3. 凡稱患難者，皆事之至難者也。

案：見卷二〈屯卦〉「屯義」條。

4. 凡師稱長。

案：見卷二〈蒙卦〉「九二」條。

5. 凡待者，皆以其中有可待之實也。

案：見卷二〈需卦〉「〈象〉」條。

6. 凡言害者，皆不利之名也。

案：見卷三〈同人〉、〈大有〉「無交害也，小人害也」條。

7. 凡言鳴者，皆志也。志有憂有樂，皆寓於鳴。

案：見卷三〈謙卦〉「六二，上六」條。

8. 凡言邑者，皆指近言之。

案：同上例出處。

9. 凡豫多不善。

案：見卷四〈豫卦〉「〈大象〉」條。

10. 凡言渝者，皆當以變卦觀之。

　　案：見〈豫卦〉「上六」條。

11. 凡言係者，皆非正應，以私意相牽係爾。凡言失者，謂正應也，本應有而今亡之，故謂之失。

　　案：見卷四〈隨卦〉「六二，六三」條。

12. 凡稱亨者，正謂其有以通之。雖作享音，亦止言享禮爾。

　　案：見卷四〈隨卦〉「用亨」條。

13. 凡稱未者，皆謂其未遽然，非謂其終不然也。

　　案：見卷五〈無妄〉「未富也」條。

14. 凡大者，皆是非一端也。

　　案：見卷六〈大過〉「〈象〉」條。

15. 坎字，卦辭專取水為義；爻辭皆以險為義。

　　案：見卷六〈坎卦〉「坎字」條。

16. 凡行之跛躄而不進者，曰蹇。言之吃訥而不利者，曰蹇。

　　案：見卷八〈蹇卦〉「〈蹇〉之用」條。

17. 凡稱損益盈虛者，皆以下言也。

　　案：見卷八〈益卦〉「〈損〉、〈益〉」條。

18. 凡稱遇者，皆非我取之，故諸爻皆得無咎。

　　案：見卷九〈姤卦〉「六爻」條。

二、筮占蓍數例

1. 凡上筮而得辭曰：「告。」如「初筮告」是也。

　　案：見卷八〈益卦〉「中行告公」條。

2. 凡一爻三揲成十五，小變當半月之日。一卦六爻成九十，小變當一季之日，故言卦氣者以四正卦，直一歲也。

　　案：見卷十三〈繫辭上〉「大衍之數……」條。

3. 凡占之法，有變有數。每爻三揲為三變，每揲有象：兩象，三象，時象，閏象。再閏為五小變，此參伍以變也。

　　案：見〈繫辭上〉「《易》有聖人之道……」條。

4. 凡耦皆屬〈坤〉，闔戶謂之〈乾〉，言畫奇爻也。凡奇皆屬〈乾〉，一闔一闢謂之變。六畫既成，剛柔相雜，言成卦也。

　　案：見〈繫辭上〉「畫爻布卦之法」條。

5. 凡畫卦之法，必始於初爻，終於上爻，然後成一卦之體。至論其所畫之爻，則或陰或陽，隨其時物之宜，未始有定體也。

   案：見卷十四〈繫辭下〉「原始要終章第八」條。

6. 凡著必藏於廟中，人即而筮焉，示受命於神也。

   案：見卷十五〈說卦〉「生蓍」條。

7. 凡數皆自參、兩而出。

   案：見〈說卦〉「倚數」條。

8. 凡揲著之法，亦以左右相逆而成象也。

   案：見〈說卦〉「數往者順，知來者逆……」條。

三、論事例

1. 凡立事皆當艱難。

   案：見卷二〈屯卦〉「九五」條。

2. 凡事創始，亨自此始，故曰：「元亨。」

   案：見卷四〈蠱卦〉「元亨」條。

3. 凡有言者、有事者，皆以跡治，未可以為神也。

   案：見卷四〈觀卦〉「神道」條。

4. 凡人處事，以為易則不詳，以為難則詳矣！

   案：見卷七〈大壯〉「上六」條。

5. 凡事當密而不密，與當盡而不盡，皆謂之失節。

   案：見卷十二〈節卦〉「初九，九二」條。

6. 凡傍觀仰視，遙度臆料者，皆未足以言知也。

   案：見卷十四〈繫辭下〉「窮神知化」條。

7. 凡男女相遇，皆有相濟之義。

   案：見卷十〈革卦〉「水火相息」條。

8. 凡人之禍多因自取。〈無妄〉之時，無自取之道，如〈無妄〉者，乃可以言災矣。

   案：見卷六〈大畜〉「〈大畜〉時也，〈無妄〉災也」條。

四、論物例

1. 凡物以一該眾曰統。

   案：見卷一〈乾卦〉「大哉乾元，萬物資始，乃統天」條。

2. 凡物皆以險而止，以亨而行。

   案：見卷二〈蒙卦〉「〈蒙〉亨」條。

3. 凡物稚則柔，長則剛。

案：見卷二〈蒙卦〉「九二」條。

4. 凡物之兩閒為介，介所以分也。

案：見卷四〈豫卦〉「六二，六三」條。

5. 凡物之相麗，自外至者為邪，由中出者為正。

案：見卷五〈賁卦〉「六爻」條。

6. 凡物盈則止，水盈則愈行。故〈坎〉有時而盈，水無時而盈也。

案：見卷六〈坎卦〉「不盈」條。

7. 凡物以下為本。

案：見卷八〈益卦〉「〈損〉、〈益〉」條。

8. 凡物皆有豐，惟王之豐為足，以極其至也。

案：見卷十一〈豐卦〉「王假之」條。

9. 凡物之屬乎奇畫者，皆能知萬物之始者也。凡物之屬乎耦畫者，皆能成一奇之所賦者也。

案：見卷十三〈繫辭上〉「天尊地卑章第一」條。

10. 凡物健則能動，順則能入。健順，其體也；動入，其用也。

案：見卷十五〈說卦〉「健順」條。

11. 凡果爛而仁生，物爛而蟲生，木葉爛而根生，糞壤爛而苗生，皆〈剝〉、〈復〉之理也。

案：見卷十六〈雜卦〉「〈剝〉、〈復〉」條。

12. 凡物之情豐盛，則故舊合；羈旅，則親戚離。作《易》者，其知之矣。

案：見〈雜卦〉「〈豐〉、〈旅〉」條。

五、言兵例

1. 凡兵入他境者，皆謂之寇。

案：見卷二〈蒙卦〉「不利為寇」條。

2. 《易》之言兵，必正、必丈人、必出於王道，然後獲吉，而無後憂。

案：見卷二〈師卦〉「丈人吉，無咎」條。

3. 古之言兵者，皆言懷，而不言威。

案：見〈師卦〉「懷萬邦也」條。

4. 凡軍中夜驚，法當以勿恤處之，此亦善於決事者也。

案：見卷九〈夬卦〉「戎」條。

六、祭祀訴訟等例〔註27〕

1. 凡祀神之物，皆以白茅藉之於地，故取義焉。

    案：見卷六〈大過〉「白茅」條。

2. 凡祭祀之禮，以羹定爲行事之始。

    案：見卷十〈鼎卦〉「鼎象也」條。

3. 凡訟皆起於剛，而止於柔。

    案：見卷二〈訟卦〉「六爻」條。

4. 凡職皆治，是謂大治。萬國分土而平之，則凡土皆平，是謂大平。

    案：見卷八〈睽卦〉「時用」條。

5. 凡改世者必治曆；改歲者亦必治曆。治一世之曆者，可以明三正五運之相革；
    治一歲之曆者，可以明十二歲六十甲子之相革。〈兌〉爲巫史，治曆之象也。

    案：見卷十〈革卦〉「治曆明時」條。

6. 凡烹飪之事，以剛柔得節爲功。

    案：見卷十〈鼎卦〉「剛柔節也」條。

7. 凡疾之愈者，爲有喜。〈無妄〉之疾，勿藥有喜；〈損〉其疾，使遄有喜，皆指
    疾愈爲言也。

    案：見卷十一〈兌卦〉「介疾有喜」條。

　　以上六類凡例，皆散見《玩辭》各卷中，或綜經傳，或稽前說，皆平實而達理；
雖微義不足道，然字字皆實，句句不妄，誠亦有可觀而發人深省者，故識之備忘。

〔註27〕李漢三先生《周易卦爻辭釋義》一書，附錄《周易》論文十二篇：其中有關於祭祀、
　　　　兵戎、刑獄、封建、俗尚、行旅在《易》辭者，可以參看。該書由中華叢書編審委
　　　　員會印行。

第七章　《周易玩辭》《易》學內涵探微

　　項安世經學宏富，淵源深遠，尤以《易》學爲最；又通達治道，故於人事多能明之。著爲《周易玩辭》一書，斐然成一家之言，爲世所重！嘗自言：「故今此書，亦以天道、人事、《易》象三者，合而言之。」〔註1〕洞觀天理人道，而以《易》象爲其依歸，案考其書，誠非虛論。故項氏原始反終、明體達用之《易》學造詣，是可以爲宗師！

　　天道大明於元氣既行之後，此陰陽二儀之和合，故天地由是以生，萬物由是以育。而《易》象大明於奇畫既生之後，六位時成，而六十四卦三百八十四爻列焉。故項氏以爲「眾美之會通，典禮之秩敘者如此。」〔註2〕是聖人設卦立象以擬諸形容、示諸萬物者，所以備三才之道。而人居天地之中，秉天德之彝，循地道之則，獨爲性靈所鍾，乃能統領萬化。故「天道雖幽，可闡之以示乎人；人事雖顯，可推之以合乎天。」〔註3〕由此以觀，則天道、人事與《易》象如三位之一體，善讀而能精解《易》者，必相輔以助成之，豈可忽哉？

　　《玩辭》一書，實爲項氏傳世經典佳作，其《易》學之菁華，盡萃於斯！筆者以爲研《易》入門啓鑰之書，而深自揣摩。再者，《項氏家說》其卷一、卷二說經闡《易》凡三十五條，亦足以講明指歸，而有所發揮。故今此章，一併論之，俾能外

〔註1〕語見《玩辭》卷一〈乾卦〉首條「〈象〉」下。是所以開宗明義，揭櫫項氏《易》學之綱領。

〔註2〕項氏釋〈乾象傳〉：「大明終始，六位時成。」其言曰：「天道大明於元氣既行之後，始於子午，終於巳亥，各以六辰而成一氣，而三百六十五度分焉。《易》象大明於奇畫既生之後，始於〈復〉、〈姤〉終於〈乾〉、〈坤〉，各以六位而成一卦，而三百八十四爻列焉。所謂眾美之會通，典禮之秩敘者如此。此以《易》象釋亨字也。」其說甚善，發人深省，故引以爲據。

〔註3〕語見《玩辭》卷十三〈繫辭上〉「大衍之數五十章第九」之五「八卦而小成至可與佑神矣」條下。

見項氏采擇諸家之博聞，內明其象數之通變、義理之窮達，「奇而不鑿，深而不迂，詳而無餘，約而無闕」〔註4〕，庶幾精微之道見焉。

第一節　《易》理結構之分析

　　《周易玩辭》十六卷，抉摘卦爻精蘊，意重在辭。項氏以為玩辭者，讀《易》之法；而辭者，象之意。故《易》之四道：辭、象、占、變，其實則象與辭二者而已。「變則象之進退也，占則辭之吉凶也。」「則今之讀《易》，所當反復紬繹，精思而深味者，莫辭若也。」〔註5〕可知項氏著作之旨趣，及其讀《易》之不二法門。今以《玩辭》各卷釋經、傳文辭，而有所歸納發揮者，述為此節，所以探索項氏「苞舉天人，兼該理數」之《易》學先導。〔註6〕其於五、六章已論及者，恕從略而不備載。

一、玩辭、象以盡意

　　項氏以為伏羲設卦觀象，是天地自然之《易》。文王始重卦而繫辭，故陰陽、剛柔、貴賤、吉凶、變化五事，因卦辭、卦象而益顯著。讀《易》者亦當觀乎辭之吉凶，以見得失、悔吝之跡；並觀乎象之變化，以明陰陽、剛柔之用，故讀《易》之法，必自文王之《易》始。玩文王之繫辭，則靜居動作，無入而不利！〔註7〕

　　伏羲氏畫卦，文王作象辭，周公作爻辭，孔子作《十翼》，《漢書・藝文志》固已論之，歷來《易》學家多同揆而宗之。項氏雖未明說，但於釋卦、爻辭及《十翼》之際，常將四聖之旨融而為一。故每當玩辭觀象以盡《易》理時，莫不皆本於四聖之卦畫、繫辭。若舉例以明之，尤能知其大較。

（一）玩辭以盡意例

　　〈乾〉「元、亨、利、貞」，是〈乾卦〉之象辭。初九「潛龍勿用」至上九「亢龍有悔」，是〈乾卦〉之爻辭。而〈彖傳〉「大哉乾元，……」、〈文言傳〉「元者，善之長也。……」，是〈乾卦〉之繫辭。項氏皆移易本文，故為錯綜，使人反復參玩，以盡其意；而〈乾〉之性情及其功用，俱於〈彖〉、〈文言傳〉間彰顯無遺，

〔註4〕語見元・虞集〈周易玩辭序〉，評騭如許之高，蓋亦深明項氏《易》學者。參《易經集成》本第一一〇冊，《周易玩辭》卷前序文之二。

〔註5〕引文皆見項安世《周易玩辭》，慶元四年序。

〔註6〕語見《易經集成》本，納蘭成德〈周易玩辭序〉。

〔註7〕參引《玩辭》卷十三〈繫辭上〉「天尊地卑章第一」條，及「聖人設卦觀象章第二」條文義。

其讀《易》之法乎！〈文言傳〉末章「君子以成德爲行至其唯聖人乎」，項氏尤能別出新意，以暢卦、爻之義，讀《易》者所當詳玩。

1. 卷一〈乾卦〉「大哉乾乎，至天下平也」條

　　　　「大哉乾乎，剛健中正，純粹精也。」（〈文言傳〉）此演「大哉乾元，萬物資始。乾道變化，各正性命，保合太和。」（〈彖傳〉）以釋元字、貞字，明〈乾〉之性情如此也。「六爻發揮，旁通情也；時乘六龍，以御天也。」（〈文言傳〉）此演「大明終始，六位時成，時乘六龍以御天。」（〈彖傳〉）以釋亨字、利字，明〈乾〉之功用如此也。「雲行雨施，天下平也。」（〈文言傳〉）此演「雲行雨施，品物流形。首出庶物，萬國咸寧。」（〈彖傳〉）以明聖人法天之元、亨、利、貞者如此也。

案：項氏以爲〈彖〉、〈文言傳〉釋〈乾〉卦辭「元、亨、利、貞」，移易本文，故爲錯綜，使人反復參玩，以盡其意，知讀《易》之法，在於玩辭而已！

2. 〈乾卦〉「君子以成德爲行，至其唯聖人乎」條

　　　　自「乾元者，始而亨。」至「所利大矣哉！」（〈文言傳〉）一節，係重釋「元、亨、利、貞」（卦辭），不用上文四德之說。自「大哉乾乎」至「天下平也」（〈文言〉）一節，係重釋〈彖〉辭，亦不用〈彖〉文本序。此章自「君子成德爲行」至「其唯聖人乎」（〈文言〉），重釋爻辭，亦與上文六爻問答不同。據上文言〈乾〉之六爻，皆是龍德，但以時位爲別：遇下而潛，遇中而見，遇交而乾乾，遇革而自試，遇尊位而飛，遇極而亢，皆不失爲龍德也。此章則不然，就人之德，分出六等：以初之潛，爲未成德之人。以二之見，爲已成德之人。以三、四之憂疑，爲不得中行之人。以五之飛，爲大聖之人；以上之亢，爲大愚之人。復以用九，爲聖人。末章特發此例，以見義之無窮，或以時言，或以位言，或以德言，皆可通也。

　　　　此章也，所以繼六爻旁通之後也歟？

案：項氏以爲〈文言〉末章釋六爻，皆微變前說，所以明爻義之無窮，或以時言，或以位言，或以德言，皆可通詮。準此二例，以推其餘，則《易》辭可以詳玩深味之。

（二）玩象以盡意例

卷九〈升卦〉「王用亨於岐山」條：

　　　　此象須詳玩，乃明初六卦主爲王。〈巽〉爲潔齋，六四地在上爲山。

　　王潔齋以升山，故曰：「亨于岐山。」王指初，山指四也。

案：此釋〈升卦▤〉六四爻象。初六以柔順居下，〈巽〉之主。當〈升〉之時，

異於二陽，以順而升，登祭於山之象。故玩辭觀象，可以暢明《易》旨。

二、論〈乾〉之四德，以統《易》之全體

(一)《易》之全體，具於〈乾卦〉

〈乾〉者，純陽之名。故項氏謂：「〈乾〉之六陽，闔爲純陰，保神於靜，合氣於漠，以固太和之本，以厚乾元之復。」〔註8〕而元者，陽德發生之始，萬化皆始於元，故元之一字，足以統天之全德；在《易》象，則奇爻一畫之始，萬變皆起於奇，故奇之一畫，足以統《易》之全象。而〈乾〉元一動，萬物之形由是生焉；奇畫一著，萬物之數由是出焉。故項氏以爲觀《易》者，觀於〈乾〉足矣！〔註9〕

(二)〈乾〉之四德，一理而四名

〈文言傳〉曰：「元者，善之長也。亨者，嘉之會也。利者，義之和也。貞者，事之幹也。」項氏「〈文言〉元亨利貞」條論之曰：

> 善也，嘉也，義也，皆善之異名也。在事之初爲善，善之衆盛爲嘉，衆得其宜爲義，義所成立爲事，此一理而四名也。故分而爲四，則曰：「元者，善之長也。……」比而爲二，則曰：「乾元者，始而亨者也；利貞者，性情也。」混而爲一，則曰：「〈乾〉始能以美利利天下，不言所利，大矣哉！」

故四德總以一言曰：「〈乾〉元。」又曰：「〈乾〉始。」此萬物之所終始，而太極、八卦由是備全！

1. 元亨皆有大始正本之義

《易》之元亨，自奇而出；其所利貞，亦復於奇而已。〈乾〉之元統萬化之動，項氏以爲：

> 推其本統言之，則曰「〈乾〉元」。極其變化言之，則曰「〈乾〉道」。
> 闡而生萬，則曰「大明」。合而歸一，則曰「太和」。皆元之異名也。始乎
> 〈乾〉元，終乎太和，萬物出於元，入於元。此元之所以爲大也。

見卷一「〈乾〉元、〈乾〉道、大明、太和」條，故〈乾〉之元，兼始、動、大、善四義。而物之所難者，始而已；物既始則必亨，既亨則必利，利之極必復於元。貞者，元之復，此循環往復必然之理。

〈乾〉、〈坤〉之四德，其致若一。〈屯〉、〈隨〉、〈臨〉、〈無妄〉、〈升〉、〈革〉之元，皆爲大亨，以其才不足以盡元字，故以大訓之。獨〈大有〉、〈蠱〉、〈鼎〉爲元

〔註8〕引見卷一〈乾卦〉「保合太和乃利貞」條。
〔註9〕項氏之闡論、詳參卷一〈乾象〉所釋諸條。

亨者，應大中之運，建萬事之統，受維新之命，故皆有大始正本之義。〔註10〕

2. 利者，萬物之所說；貞者，萬物之終善。

利者，義之和，元始亨通於內，則順乎天而應乎人，天人之理得！此萬物之所說。貞者，〈乾〉道之極，萬物之終。人之心知專靜不搖，則萬事定！元者，〈乾〉之始善；貞者，〈乾〉之終善，萬物之情理，所以止於至善。項氏於卷一〈坤卦〉「六二大，六五元吉」條，釋元吉之義曰：

> 元、亨、利、貞四字與吉、凶、悔、吝相對。元字無對，以本末爲分。

善之本爲元，善之效爲吉。凡言元吉者，善之至也。故六五〈文言〉曰：

> 「美之至也。」明元在吉上者，其義例如此。

如前述，元既有大始正本義，與吉合言，又有至善之義，此元之所以爲大，亦所以統四德之理。故〈乾〉以純陽爲萬物之祖，其大莫加焉。而〈坤〉以耦卦，六爻皆隨其類而不自行，〈乾〉之所至，〈坤〉亦至焉，此〈坤〉之所以爲萬物母者。〈乾〉、〈坤〉皆具四德，〈乾〉之至善，惟在能健；〈坤〉之至善，惟在能順，此《易》生生不息之道、萬物生生不息之理根本之所在。〔註11〕

三、論卦德、卦象與卦序，並析較〈雜卦〉諸義

歷來研《易》諸家，多以卦爲時，論其卦德，各有自見，皆有所發明。項氏論卦亦甚詳，除前章已敘之「卦例」外，仍見闡述精妙者，特爲補充說明，以相參證。

（一）八卦爲四德之體現

四德：元、亨、利、貞，自〈乾〉元始，而〈乾〉之動，自〈震〉始，故六十四卦皆由動而生。四德既在〈乾〉元之始，而發動在〈震〉，故項氏論之曰：

> 以八卦言之：〈震〉其元也，故爲出；〈巽〉則既出而將相見也，故爲齊；〈離〉其亨也，故爲相見；〈坤〉則既相見，而將利之也，故爲役；〈兌〉其利也，故爲悅；〈乾〉則既悅，而將入於貞也，故爲戰；〈坎〉其貞也，故爲勞；〈艮〉自貞而將出爲元也，故爲萬物之所終始。合而言之曰：「太極。」而八卦備矣！其〈乾〉元之謂乎！〔註12〕

〔註10〕「元亨」說，詳見卷十〈鼎卦〉「元亨」條。並參閱所引各卦象辭、〈象傳〉之說解，益明其指要。
〔註11〕文義皆參項氏《玩辭》〈乾〉、〈坤〉二卦諸條而引申之。
〔註12〕見《玩辭》卷一〈乾卦〉「〈乾〉元，〈乾〉始」條。項氏之論八卦，蓋本乎〈說卦傳〉：「萬物出乎〈震〉，〈震〉東方也。齊乎〈巽〉，〈巽〉東南也；齊也者，言萬物之絜齊也。〈離〉也者，明也，萬物皆相見，南方之卦也；聖人南面而聽天下，嚮明而治，蓋取諸此也。〈坤〉也者，地也，萬物皆致養焉，故曰：『致役乎〈坤〉。』〈兌〉，正

萬物始乎〈震〉，成乎〈艮〉，天地養物之功，終始於二卦之內，而四德、八卦之用，皆包於〈頤䷚〉！此〈頤〉之時，所以爲大矣哉！故項氏又闡之云：

> 雷在地中，〈復䷗〉，靜中有動也。雷出地奮，〈豫䷏〉，動而出乎靜也。天下雷行，物與〈無妄䷘〉，雷之用也。雷在天上，〈大壯䷡〉，雷之體也。雷風，〈恆䷟〉，陽上陰下，各居其所也。風雷，〈益䷩〉，陰上陽下，互致其功也。雲雷，〈屯䷂〉，水氣方上，將雨之候也。雷雨作，〈解䷧〉，水氣下矣，既雨之時也。雷電，〈噬嗑䷔〉，電耀乎外，雷震乎內，將擊之雷也。雷電皆至，〈豐䷶〉，雷出電外，擊物之雷也。山下有雷，〈頤䷚〉，聲未出山也。山上有雷，〈小過䷽〉，聲已出山也。澤上有雷，〈歸妹䷵〉，陽感陰而出也。澤中有雷，〈隨䷐〉，陰畜陽而入也。〔註13〕

天地養萬物之奧妙，皆在〈乾〉元，〈震〉動之中，而〈艮〉終始其成，故四德、八卦誠爲《易》道之樞機。

（二）以德、物、身、家四類，合八卦為八門

項安世據〈說卦傳〉：「〈乾〉健也……，〈乾〉爲馬……，〈乾〉爲首……，〈乾〉天也……。」先以八字斷八卦之德，以定其本義；其下又以物、以身、以家，依八德之類而分主之，使占者用之，以知來物，是爲《易》占之論，試引述如后：

1. 以八德擬八卦

八德者何？即〈說卦傳〉所謂：「〈乾〉健也，〈坤〉順也，〈震〉動也，〈巽〉入也，〈坎〉陷也，〈離〉麗也，〈艮〉止也，〈兌〉說也。」項氏以爲神明之德，萬物之情，皆萃於此八字。其言曰：

> 〈乾〉純剛也，故稱乎健。〈坤〉純柔也，故稱乎順。陽在陰下，則動；在陰中，則陷；在陰上，則得其所而止矣！皆君子之德也。陰在陽下，則入而伏；在陽中，則麗而出；在陽上，則說而見於口舌之間，皆小人之德也。〔註14〕

秋也，萬物之所說也，故曰：『說言乎〈兌〉，戰乎〈乾〉。』〈乾〉，西北之卦也，言陰陽相薄也。〈坎〉者，水也，正北方之卦也，萬物之所歸也，故曰：『勞乎〈坎〉。』〈艮〉，東北之卦也，萬物之所成終，而所成始也。故曰：『成言乎〈艮〉。』」

〔註13〕錄見《玩辭》卷六〈頤卦〉「山下有雷，〈頤〉」條。
〔註14〕見《玩辭》卷十五〈說卦〉「〈乾〉健也至〈兌〉說也」條，及「健順」條。又《項氏家說》卷一「健順動入止說」條，其言略同而可互參，曰：「健則能動矣！順則能入矣！健順，其體也；動入，其用也。健復爲順之體，動復爲入之用。動而得志則止，入而得志則說。一陽在上，二陰在下，安得而不止？一陽在下，二陰在上，安得而不動？」體用之義，深得《易》旨。

體用之義，見於健、順、動、入之間；而君子、小人之德，存乎陰、陽、上、下之位；故八德者，亦所以明八卦之志！

2. 以八物擬八卦

〈說卦傳〉：「〈乾〉爲馬，〈坤〉爲牛，〈震〉爲龍，〈巽〉爲雞，〈坎〉爲豕，〈離〉爲雉，〈艮〉爲狗，〈兌〉爲羊。」項氏於卷十五〈說卦〉總其說，並分釋各卦擬物之義，皆可參考。其總論「〈乾〉爲馬至〈兌〉爲羊」條曰：

> 此以八物擬八卦也。健者爲馬，順者爲牛，善動者爲龍，善伏者爲雞，
> 質躁而外污者爲豕，質野而外明者爲雉，前剛而止物者爲狗，內很而外說
> 者爲羊。

〈說卦〉此節，說八卦畜獸之象，略明「遠取諸物」。項氏於總論其各物特性外，復各立一條，言其辰位，雖多附會，亦可以知八卦物象與天文、地理之關係。

3. 以八體擬八卦

〈說卦傳〉：「〈乾〉爲首，〈坤〉爲腹，〈震〉爲足，〈巽〉爲股，〈坎〉爲耳，〈離〉爲目，〈艮〉爲手，〈兌〉爲口。」此以身之八體擬八卦。項氏釋之曰：

> 首會諸陽屬〈乾〉，腹藏眾陰屬〈坤〉，足主下六經爲〈震〉，手主上
> 六經爲〈艮〉，耳輪陷內爲〈坎〉，目睛射外爲〈離〉，〈巽〉下開爲股，〈兌〉
> 上開爲口。朱子發曰：「足動股隨，雷風相與也。耳目通竅，水火相逮也。
> 口與鼻通，山澤通氣也。」

此節說八卦人身之象，略明「近取諸身」之義。項氏於此條後，又分釋「耳目」、「〈艮〉爲手」二條，頗以生理脈絡爲言，引李椿年《周易傳》爲證，亦可信參！

4. 以八位擬八卦

〈說卦傳〉：「〈乾〉天也，故稱乎父；〈坤〉地也，故稱乎母。〈震〉一索而得男，故謂之長男；〈巽〉一索而得女，故謂之長女。〈坎〉再索而得男，故謂之中男；〈離〉再索而得女，故謂之中男；〈離〉再索而得女，故謂之中女。〈艮〉三索而得男，故謂之少男；〈兌〉三索而得女，故謂之少女。」此以家之八位擬八卦。項氏釋其義云：

> 純陽爲父，純陰爲母。陰、陽在初者，爲長男、長女。在中者，爲中
> 男、中女；在末者，爲少男、少女。男之初也，陽精在下，中交於陰，末
> 則陽上升而男道絕矣！女之初也，陰血在下，中交於陽，末則陰上行而女
> 道絕矣！

此節說〈乾〉、〈坤〉六子，明父子之道。以上四段合八卦爲一，而分德、物、身、家四類，所以反覆推廣象類，使之明備，以資占者之決。此下項氏又合四類爲一，

而分八卦以爲八門，益見其互相例證之義。

5. 以八門釋八卦

所謂「八門」，項氏以爲即〈說卦傳〉曰：

〈乾〉爲天，爲圓，爲君，爲父，爲玉，爲金，爲寒，爲冰，爲大赤，爲良馬，爲老馬，爲瘠馬，爲駁馬，爲木果。

〈坤〉爲地，爲母，爲布，爲釜，爲吝嗇，爲均，爲子母牛，爲大輿，爲文，爲眾，爲柄，其於地也爲黑。

〈震〉爲雷，爲龍，爲玄黃，爲旉，爲大塗，爲長子，爲決躁，爲蒼筤竹，爲萑葦。其於馬也，爲善鳴，爲馵足，爲作足，爲的顙；其於稼也，爲反生，其究爲健，爲蕃鮮。

〈巽〉爲木，爲風，爲長女，爲繩直，爲工，爲白，爲長，爲高，爲進退，爲不果，爲臭。其於人也，爲寡髮，爲廣顙，爲多白眼，爲近利市三倍，其究爲躁卦。

〈坎〉爲水，爲溝瀆，爲隱伏，爲矯輮，爲弓輪。其於人也，爲加憂，爲心病，爲耳痛，爲血卦，爲赤。其於馬也，爲美脊，爲亟心，爲下首，爲薄蹄，爲曳。其於輿也，爲多眚，爲通，爲月，爲盜；其於木也，爲堅多心。

〈離〉爲火，爲日，爲電，爲中女，爲甲胄，爲戈兵。其於人也，爲大腹，爲乾卦，爲鱉，爲蟹，爲蠃，爲蚌，爲龜。其於木也，爲科上槁。

〈艮〉爲山，爲徑路，爲小石，爲門闕，爲果蓏，爲閽寺，爲指，爲狗，爲鼠，爲黔喙之屬。其於木也，爲堅多節。

〈兌〉爲澤，爲少女，爲巫，爲口舌，爲毀折，爲附決。其於地也，爲剛鹵，爲妾，爲羊。

此乃就八卦以廣明卦象者。項氏分爲八門，各爲闡述，每卦並舉逸象爲說，所以反覆推廣象類，以明八卦取物明象之旨。其於卷十五〈說卦〉末條「卦象異同」曰：

〈乾〉爲父，〈坤〉爲母，〈震〉爲長子，〈巽〉爲長女，〈離〉爲中女，〈兌〉爲少女，皆見於象，而中男、少男獨不重見。

〈乾〉爲馬，〈坤〉爲牛，〈震〉爲龍，〈艮〉爲狗，〈兌〉爲羊，皆見於象，而〈巽〉雞、〈坎〉豕、〈離〉雉，獨不再出。

〈巽〉爲躁卦，〈坎〉爲血卦，〈離〉爲乾卦，而五卦皆不稱卦。

〈震〉究爲健，爲蕃鮮；〈巽〉究爲躁，而六卦皆不稱究，蓋互相例也。

項氏於八卦物類之分合，德、物、身、家四類與八門之異同比較，蓋亦深明八卦養

物之功、生成之用者。

（三）六十四卦與〈雜卦〉卦序之同異比較

《易》終於〈未濟〉，而始於〈屯〉，其意至深。聖人作《易》序卦之初，蓋以始難之萌動，爲萬物生發之機栝，〈未濟〉之時，則難又將生發，故循環往復、生生不息，此大《易》變動不居之奧妙。項氏《玩辭》一書，多留意於斯，可得觀焉。

1. 上、下經

上經三十卦，首〈乾〉、〈坤〉，終〈坎〉、〈離〉；下經三十四卦，首〈咸〉、〈恆〉，終〈既濟〉、〈未濟〉。項氏於卷七〈咸卦〉「上下經」條，論其體、用之義曰：

> ……〈乾〉、〈坤〉者，男女之正體；〈坎〉、〈離〉者，男女之正用也。……
>
> 〈咸〉、〈恆〉者，體之合也；〈既濟〉、〈未濟〉者，用之交也。故上經爲
> 男女，下經爲夫婦。

其說甚精，可以深玩細味！項氏於卷十六〈序卦〉「下經三十四卦」條自釋其理云：

> 上經言天地之生萬物，以氣而流形，故始於〈乾〉、〈坤〉，終於〈坎〉、
> 〈離〉，言氣化之本也。
>
> 下經言萬物之相生，以形而傅氣，故始於〈咸〉、〈恆〉，終於〈既濟〉、
> 〈未濟〉，言夫婦之道也。

由此可知，〈坎〉、〈離〉者，〈乾〉、〈坤〉之用。上經將終，受以〈頤〉、〈大過〉；下經將終，受以〈中孚〉、〈小過〉。〈頤〉、〈中孚〉肖〈離〉，〈大〉、〈小過〉肖〈坎〉，故上經以〈頤〉、〈大過〉附〈坎〉、〈離〉，下經以〈中孚〉、〈小過〉附〈既〉、〈未濟〉。四卦皆不反對，所以明雷、風、山、澤之正用。又四卦之象，皆肖〈坎〉、〈離〉，蓋雷、風、山、澤之氣，出於〈坎〉、〈離〉；而〈坎〉、〈離〉之氣，出於〈乾〉、〈坤〉，此二儀所以生四象，四象所以生八卦。〔註15〕

2. 反對說

上經三十卦，反對爲十八卦；下經三十四卦，反對亦爲十八卦，項氏以爲〈繫辭上〉「十有八變而成卦」，即言求卦之法。〔註16〕《項氏家說》卷二第二條「反對說」，其論頗精闢，有別創之見，其言曰：

> 觀聖人列卦，反對者自爲偶，不反對者亦自爲偶。而又置〈頤〉、〈大
> 過〉于上篇之末，置〈中孚〉、〈小過〉于下篇之末，正反之際，灼然有意，
> 非偶然也。凡不相反對者，其實亦相反對：〈乾〉、〈坤〉、〈坎〉、〈離〉，以

〔註15〕此段文義，皆互參引見卷六〈頤卦〉「〈頤〉、〈大過〉、〈小過〉、〈中孚〉」及卷十二〈中
　　　　孚〉「〈頤〉、〈中孚〉，〈大〉、〈小過〉」二條，是項氏之卓識。
〔註16〕參見卷十三〈繫辭上〉「是故四營而成《易》，十有八變而成卦」條。

全體相反：〈頤〉、〈中孚〉象〈離〉，〈大過〉、〈小過〉象〈坎〉，四卦亦全體相反，是亦反對也。此外又有以卦體相反者，如〈屯〉、〈坎〉上〈震〉下，與〈解〉、〈震〉上〈坎〉下之類，是二體相反也。有以卦義相反者，如〈大過〉二陰包四陽，〈小過〉四陰包二陽之類，是二義相反也。凡此皆可以參考卦爻之義。又〈乾〉、〈坤〉、〈坎〉、〈離〉，本非相反對之卦，而其所生之卦，無不相反對者；〈震〉、〈巽〉、〈艮〉、〈兌〉，皆相反對之卦，〈頤〉、〈大過〉、〈中孚〉、〈小過〉四卦，乃不相反對，是亦《易》道變通之理也。

項氏論反對之義，以爲有全體相反者，有卦體上下相反者、有卦義相反者，皆可參考卦爻之義以斷之。又以爲本非相反對之卦，所生諸卦皆相反對：本相反對之卦，所生諸卦乃不相反對，可知《易》道變通之理在於是。

3. 〈序卦〉演義

《玩辭》卷十六〈序卦〉「〈序卦〉演義」條，敘論甚詳，茲迻錄以觀其中妙諦，項氏實深得卦序之奧旨。

上經始於〈乾〉、〈坤〉自重，〈屯〉、〈蒙〉以〈震〉、〈艮〉合〈坎〉，〈需〉、〈訟〉以〈坎〉合〈乾〉，〈師〉、〈比〉以〈坎〉合〈坤〉。〈小畜〉、〈履〉以〈巽〉、〈兌〉合〈乾〉，〈泰〉、〈否〉、〈乾〉、〈坤〉自合，〈同人〉、〈大有〉以〈離〉合〈乾〉，〈謙〉、〈豫〉以〈震〉、〈艮〉合〈坤〉。〈隨〉、〈蠱〉、〈震〉、〈艮〉、〈巽〉、〈兌〉自合，〈臨〉、〈觀〉以〈巽〉、〈兌〉合〈坤〉，〈噬嗑〉、〈賁〉以〈震〉、〈艮〉合〈離〉，（脫〈剝〉、〈復〉二卦）〈無妄〉、〈大畜〉以〈震〉、〈艮〉合〈乾〉。〈震〉、〈艮〉爲〈頤〉，〈巽〉、〈兌〉爲〈大過〉，終之以〈坎〉、〈離〉自重。下經〈咸〉、〈恆〉、〈震〉、〈艮〉、〈巽〉、〈兌〉自合，〈遯〉、〈大壯〉以〈震〉、〈艮〉合〈乾〉，〈晉〉、〈明夷〉以〈離〉合〈坤〉，〈家人〉、〈睽〉以〈巽〉、〈兌〉合〈離〉。〈蹇〉、〈解〉以〈震〉、〈艮〉合〈坎〉，〈損〉、〈益〉、〈震〉、〈艮〉、〈巽〉、〈兌〉自合，〈夬〉、〈姤〉以〈兌〉、〈巽〉合〈乾〉，〈萃〉、〈升〉以〈兌〉、〈巽〉合〈坤〉。〈困〉、〈井〉以〈兌〉、〈巽〉合〈坎〉，〈革〉、〈鼎〉以〈兌〉、〈巽〉合〈離〉，〈震〉、〈艮〉自重，〈漸〉、〈歸妹〉、〈震〉、〈艮〉、〈巽〉、〈兌〉自合。〈豐〉、〈旅〉以〈震〉、〈艮〉合〈離〉，〈巽〉、〈兌〉自重，〈渙〉、〈節〉以〈巽〉、〈兌〉合〈坎〉，〈巽〉、〈兌〉爲〈中孚〉，〈震〉、〈艮〉爲〈小過〉，終之以〈既〉、〈未濟〉、〈坎〉、〈離〉自合。

凡《易》之序，始於〈乾〉、〈坤〉，終於〈坎〉、〈離〉，而〈震〉、〈艮〉、

〈巽〉、〈兌〉錯綜於其中。故上下經之終，皆先列不相反對之卦四，而後以〈坎〉、〈離〉終之；其不相反對者，即〈震〉與〈艮〉合，〈巽〉與〈兌〉合之卦也，明四卦之變畢，而後〈坎〉、〈離〉之用終也。

　　〈乾〉、〈坤〉相合於上經之內，而〈坎〉、〈離〉相合於下經之終，明〈乾〉、〈坤〉為體，〈坎〉、〈離〉為用也。〈震〉、〈艮〉之與〈巽〉、〈兌〉相合於上經者一，相合於下經者三，〈乾〉、〈坤〉之與〈坎〉、〈離〉相合於上經者三，相合於下經者一，明〈乾〉、〈坤〉、〈坎〉、〈離〉為上經之主，〈震〉、〈艮〉、〈巽〉、〈兌〉為下經之主也。

　　上經無〈坤〉合〈離〉（有〈乾〉合〈坎〉，〈坤〉合〈坎〉，〈乾〉合〈離〉。），下經無〈乾〉合〈坎〉，明下無純陽，上無純陰也。〈震〉、〈艮〉之合〈坎〉、〈離〉者，半在上經（〈屯〉、〈蒙〉合〈坎〉，〈噬嗑〉、〈賁〉合〈離〉。），半在下經。而〈巽〉、〈兌〉之合〈坎〉、〈離〉者（〈困〉、〈井〉、〈渙〉、〈節〉合〈坎〉，〈家人〉、〈睽〉、〈革〉、〈鼎〉合〈離〉。），皆在下經，明陽多在上，陰多在下也。〈巽〉、〈兌〉之合〈坤〉者一上（〈臨〉、〈觀〉）、一下（〈萃〉、〈升〉），其合〈乾〉者亦一上（〈小畜〉、〈履〉）、一下（〈夬〉、〈姤〉）。而〈震〉、〈艮〉之合〈坤〉者二（〈謙〉、〈豫〉、〈剝〉、〈復〉），皆在上經；其合〈乾〉者，亦一上（〈無妄〉、〈大畜〉）、一下（〈遯〉、〈大壯〉），亦明陽之多在上，陰之多在下也。〈坤〉一得在上者，以〈臨〉為陽長之卦也；〈乾〉一在下者，以〈遯〉為陰長之卦也。

　　凡陽長三卦：〈復〉、〈臨〉、〈泰〉，皆在上經；陰長三卦：〈姤〉、〈遯〉、〈否〉，皆在下經。〈否〉以與〈泰〉反對，故得在上經也。《易》始於〈乾〉、〈坤〉，終於〈坎〉、〈離〉。〈乾〉、〈坤〉者，形氣之成；〈坎〉、〈離〉者，精血之運。運則雖終而無窮，此終始之大義。上經首天地，下經首夫婦，意亦猶此。

　　〈大過〉、〈小過〉，〈震〉、〈艮〉、〈巽〉、〈兌〉之肖〈坎〉者也，〈頤〉、〈中孚〉，〈震〉、〈艮〉、〈巽〉、〈兌〉之肖〈離〉者也。故上下經之終，各以二卦附〈坎〉、〈離〉者，明〈震〉、〈艮〉、〈兌〉、〈巽〉之體，亦未嘗外於〈坎〉、〈離〉也。

4.〈雜卦〉卦序與末章八卦卦義、卦序、卦象

　　項氏於卷十六〈雜卦〉首條「〈序卦〉、〈雜卦〉」即謂：「有〈序〉必有〈雜〉。〈序〉者，天地之定體；〈雜〉者，天地之大用也。有〈序〉而無〈雜〉，則《易》之用窮矣！故以〈雜卦〉終之，此〈既濟〉之後，終以〈未濟〉之意也。」其以為〈雜卦〉

始於〈乾〉，而終於〈夬〉，非苟然哉，是《易》師失其傳。故引閩人鄭東卿少梅曰：

> 上經起〈乾〉、〈坤〉至〈坎〉、〈離〉三十卦，下經起〈咸〉、〈恆〉至〈既〉、〈未濟〉三十四卦，此〈序卦〉所述以爲二章也。〈雜卦〉雖合爲一章，無上下經之分，然自〈乾〉、〈坤〉至〈困〉亦三十四卦；自〈咸〉、〈恆〉至〈夬〉亦三十四卦。由是推之，則其雜之也，豈無說而苟然者哉？
> 是必有如卦氣、先天之說，而《易》師失其傳矣！

〈雜卦〉自〈乾〉、〈坤〉至〈井〉、〈困〉凡三十卦，正與上經之數相當；自〈咸〉、〈恆〉自〈未濟〉、〈夬〉凡三十四卦，正與下經之數相當，兩兩相對，亦有理序。

其末八卦，項氏於其卦義、卦序、卦象皆有說云：

（1）末章八卦不對說：

> 〈雜卦〉末章〈大過〉、〈姤〉、〈漸〉、〈頤〉、〈既濟〉、〈歸妹〉、〈未濟〉、〈夬〉八卦，皆不兩兩相對。項氏因虞翻：「〈大過〉死象，而兩體〈姤〉、〈夬〉。故自〈大過〉而下，次以〈姤〉而終於〈夬〉，言君子之決小人也。」

之說而推之曰：

> 〈大過〉之象，本末俱弱，如人之表裡俱絕、世之上下俱昏，此陰滅陽之時也，故爲棺槨之象。而在〈雜卦〉之終，聖人作《易》示天下以無終窮之理，教人以撥亂反正之法：是故原其亂之始生於〈姤〉，而極其勢之上窮於〈夬〉，以示微之當防，盛之不足畏。自〈夬〉而〈乾〉，有終而復始之義也。

其說有理，蓋先以互體爲言，又證以消長終始之義。

（2）末章八卦之序：

承上段防微杜漸、消長興衰、終始循環之理，項氏論〈雜卦〉末章八卦之序曰：

> 〈大過〉者，亂之極也。亂之原，必起於〈姤〉；〈姤〉者，小人之初長也。〈漸〉者，小人之窺伺君子也。〈頤〉者，君子遭變而自養也（卦氣：〈頤〉在大雪之後，冬至之前）。〈既濟〉者，君子之善處小人也（三陽三陰，各當其位）。〈歸妹〉者，小人之遇合也。〈未濟〉者，君子之失位也。小人窮其勢必決，故受之以〈夬〉。此一節自〈大過〉而下，特皆以男女爲言；至〈夬〉而明言之曰：「君子、小人。」然則聖人之意，斷可識矣！

此本君子、小人之道消長，示與民憂患之心，故聖人之微言大義，可以此八卦而類推其餘。

（3）末章八卦之象：

項氏《玩辭》卷十六〈雜卦〉全書之終條「八卦之象」曰：

六十四卦爲八者八，〈雜卦〉自〈乾〉、〈坤〉至〈需〉、〈訟〉爲八者七矣！而末章特餘一八以寓反復無窮之意，則是八者必不苟取也。蓋嘗考之：〈頤〉、〈大過〉者，〈震〉、〈艮〉、〈巽〉、〈兌〉之正也（長男、少男、長女、少女）。〈歸妹〉、〈漸〉者，〈震〉、〈兌〉、〈艮〉、〈巽〉之交也（長男、少女、少男、長女）。〈未濟〉，〈坎〉、〈離〉之正也（中男、中女）。〈既濟〉，〈坎〉、〈離〉之交也（中女、中男）。〈姤〉，〈坤〉消〈乾〉也。〈夬〉，〈乾〉消〈坤〉也（父、母）。此八卦者，正具八純卦之象，故聚見於末章，以明八卦消長之義也。

以八純卦之正、交得〈雜卦〉末章八卦生滅之道，而陰陽消長之理，亦由是以明；則聖人序六十四卦、傳〈雜卦〉者，殆互相證成而寄寓深義！

四、論《易》爻之道及主爻之義

天下之賾，具於奇耦之象；天下之動，具於三百八十四爻。故象之變，可以裁其所遇之時；爻之動，可以決其所行之事。項氏於〈繫辭傳〉上、下及〈說卦傳〉各條，多專論《易》爻者，其例可知，已見前述。今擬補充一二，以爲探索爻辭義理之指引焉。

（一）三才之道

〈說卦傳〉第二章曰：「昔者聖人之作《易》也，將以順性命之理。是以立天之道，曰陰與陽；立地之道，曰柔與剛；立人之道，曰仁與義。兼三才而兩之，故《易》六畫而成卦；分陰分陽，迭用柔剛，故《易》六位而成章。」此論《易》之爻，故項氏論之曰：

分而言之，理與性命爲三；合而言之，仁義之性即陰陽之命，陰陽之命即剛柔之理，故總而稱之曰：「性命之理。」天、地、人三也；陰陽、剛柔、仁義，皆兩之也。言兩之也。言其道之至，謂之三極；言其質之定，謂之三才。六畫成卦，則三兩相比，六位成章，則一陰一陽相間也。

爻義無窮，或以時言，或以位言，或以德言，皆可通。故六爻之三兩相比，六位成章，所以明三極之至道、三才之定質，而歸於性命之理。此聖人作《易》之本心。

（二）主爻說

凡卦皆有主爻，皆具本卦之德。如〈乾〉以九五爲主爻，爲天德之爻，具〈乾〉之德；〈坤〉以六二爲主爻，爲地道之爻，具〈坤〉之德者是。《玩辭》主爻說具於〈觀卦〉，詳見前章卦例第8、14所述。項氏於六十四卦各卦，皆揭示其主爻，各得本卦之義，可以統領諸爻。如〈蒙〉以九二爲主，〈小畜〉以六四爲主，〈觀〉以九

五爲主，〈頤〉以上九爲主，〈小過〉以六五爲主，〈中孚〉以六二爲主，皆統言一卦之義者。〔註17〕

《玩辭》中，明文標立主爻者，有二十四卦：〈乾〉、〈坤〉、〈需〉、〈訟〉、〈豫〉、〈隨〉、〈蠱〉、〈觀〉、〈無妄〉、〈頤〉、〈大壯〉、〈損〉、〈益〉、〈夬〉、〈姤〉、〈艮〉、〈巽〉、〈兌〉、〈渙〉、〈節〉、〈中孚〉、〈小過〉、〈既濟〉、〈未濟〉，由初而上，可知卦之有主，亦隨時而異。

以上所論四段文字，蓋通貫《玩辭》全書架構之理路。玩辭觀象乃其立言、成學之綱領，元、亨、利、貞四德爲其統《易》達道之主脈；卦德、卦象、卦時與卦序則爲析理斷義之法要，三才之道與主爻之說固成聯絡內外、溝通上下之津梁。是項氏《易》學之通論，出入《玩辭》之樞。

第二節　象數《易》學

黃宗羲《易學象數論》卷三〈原象〉云：「聖人以象示人。有八卦之象、六畫之象、象形之象、爻位之象、反對之象、方位之象、互體之象，七者而象窮矣！後儒之爲僞象者，納甲也、動爻也、卦變也、先天也，四者雜而七者晦矣！吾觀聖人之繫辭，六爻必有總象，以爲之綱紀；而後一爻有一爻之分象，以爲之脈絡。學《易》者詳分象，而略總象，則象先之旨亦晦矣！」故是編崇七象而斥四象，而七者之中，又必求其合於古，以辨象學之訛，誠可謂有功於《易》道者。而項氏《玩辭》以七象爲宗，又多雜四僞象以爲言，雖不免穿鑿附會之病，然駁雜、榛蕪之中，亦有其簡要精微者在焉。茲清理其說，以見項氏象數《易》學理到語精之一端，亦足以廓清漢儒象數之迷氛。

一、觀象論變

《易》有聖人之道四：象、辭、變、占，變與象居其二焉。自王弼論《易》掃象，義理之學大明，而變象之說幾晦；唐·李鼎祚《周易集解》保存兩漢象數《易》學，最爲有功，故宋儒言象數者，多取資於其書，項氏殆亦得力於斯。今以《玩辭》、《家說》所見，其觀象論變諸說，固無非精義至理之所寄，而皆前承有自。

〔註17〕王弼《略例下》曰：「一卦之體，必由一爻爲主，則指明一爻之美，以統一卦之義。」即卦主之說，而其類有四：以唯一之陰爻或陽爻爲卦主，以九五或六五爲卦主，以某爻爲上卦或下卦、眾陰或眾陽之主，以〈遯〉、〈明夷〉之卦主爲例外者。有關王弼卦主說，詳見林麗眞先生《王弼及其易學》第七章〈王弼注易的方法（一）——對主爻與卦義的把握〉第一節〈以某爻爲主以見卦義〉。項氏主爻說，蓋亦本於王弼。

（一）《易》象旨歸

　　《易》道尙象，而《玩辭》尤以明象爲著。前章已言其〈大、小象〉例，可知項氏於六爻取象、爻象之分合及卦象爻間之關係，皆有獨到透闢之卓見。蓋精於觀象，則可以知制器之理，而聖人作《易》之本，有其宗矣！

　　項氏以爲《易》象大明於奇畫既生之後，始於〈復〉、〈姤〉，終於〈乾〉、〈坤〉，各以六位以成一卦，而三百八十四爻列焉：〔註18〕蓋六位以時而成一卦，而陰陽亦以時而成消息，所變動乎其內，此生生幾微之理。故其象之說亦不一：有卦畫之象，陰陽、奇耦、三連、六斷是也。此項氏以爲「凡卦畫皆曰象。……指畫爲象，非謂物象也」之意；而〈大象〉所以總論六畫之義，〈小象〉各論一畫之義者，是其眞詮。〔註19〕有〈大象〉之象：天、地、風、雷、山、澤、水、火是也。有〈說卦〉之象：〈乾〉爲馬，〈坤〉爲牛；〈乾〉爲首，〈坤〉爲腹之類是也。而至精微者，卦畫之象；至瑣碎者，〈說卦〉之象，必研究其精微者，而不拘泥其瑣碎者，乃能得其《易》象之旨歸。

　　《項氏家說》卷一說《易》第十三條言「上、下經卦象」，可以見八卦生六十四卦之象，及《易》道所以成人事之理義端倪。其言曰：

　　　　〈臨〉、〈觀〉、〈剝〉、〈復〉，〈震〉、〈艮〉之象也。〈大過〉、〈頤〉、〈小過〉、〈中孚〉，〈坎〉、〈離〉之象也。〈遯〉、〈大壯〉、〈姤〉、〈夬〉，〈巽〉、〈兌〉之象也。〈既濟〉、〈未濟〉，〈否〉、〈泰〉之象也。

　　　　〈復〉者，喜其還也。〈夬〉者，決之也。〈臨〉、〈泰〉、〈大壯〉，皆美辭也。〈姤〉者，不期其至也。〈剝〉者，傷之也。〈遯〉、〈否〉、〈觀〉，皆懼辭也。上經男女之交，〈隨〉、〈蠱〉、〈噬嗑〉、〈賁〉四卦而已；下經男女之交，〈咸〉、〈恆〉、〈損〉、〈益〉、〈漸〉、〈歸妹〉、〈豐〉、〈旅〉、〈渙〉、〈節〉、〈既濟〉、〈未濟〉凡十二卦。

　　　　上經皆〈乾〉、〈坤〉、〈坎〉、〈離〉之卦（〈乾〉十、〈坤〉十、〈坎〉六、〈離〉四）。其否者，〈隨〉、〈蠱〉、〈頤〉、〈大過〉四卦。下經皆風、雷、山、澤之卦（〈震〉七、〈艮〉七、〈兌〉十、〈巽〉十）。其否者，〈晉〉、〈明夷〉、〈既濟〉、〈未濟〉四卦。

由上可知，〈乾〉、〈坤〉、〈坎〉、〈離〉、〈震〉、〈艮〉、〈兌〉、〈巽〉八卦，其體用有別，

〔註18〕詳參《玩辭》卷一〈乾卦〉「大明終始，六位時成」條，項氏以陰之消長論爻畫之生成。

〔註19〕引見卷一〈乾卦〉「象」條。項氏詮解至當，所謂象者皆指卦畫而言；物象乃所以推引其義而已。又馬端臨〈周易玩辭序〉言象、變之說，與項氏之學同揆一理，故多參考引用於行文之中，茲不詳贅。

功能各異，而成就《易經》六十四卦德位之妙者，厥賴一奇六畫易簡、變易、不易之功。故項氏於《玩辭》卷一〈乾卦〉「純粹精也」條，闡釋〈文言〉之義，最能體悟《易》象之旨歸，其言曰：

> 剛健中正，以奇畫言也。純粹精，以六畫言也。聖人以一奇立萬化之本，其體剛健，至專至一；其用中正，至當至平。復以六畫備一奇之變，自始至終，無時而不剛健；自進至退，無往而不中正，此所謂「純粹精也」。

（二）卦變探微

《易》變之說，莫可究詰，大體而言：有隨時之變，如〈彖〉、〈大象〉、〈小象〉、〈文言〉、〈繫辭傳〉各自一義。有逐爻之變，如六九七八、陰陽老少。有逐卦之變，如剛柔往來、互體飛伏。至簡要者，隨時之變；至支離者，逐卦之變。苟能得其簡要，而棄其支離，則象、變之精義至理，豈有二哉？〔註20〕

《玩辭》卷四〈觀卦〉「變卦主爻例」，以為：「反對卦皆自消息卦變，一升一降而成卦，以義重者一爻為主。消息卦皆自〈乾〉、〈坤〉變，一陰一陽者，以初上為主；〈復〉、〈夬〉、〈乾〉之初上，〈姤〉、〈剝〉、〈坤〉之初上。二陰二陽、三陰三陽，皆以二五為主。不反對八卦，皆自〈坎〉、〈離〉變。〈乾〉之二五，〈中孚〉之三四，〈大過〉之初上，皆與〈離〉之二五相易而成卦。〈坤〉之二五，〈小過〉之三四，〈頤〉之初上，皆與〈坎〉之二五相易而成卦。兩升兩降，亦以一爻義重者為主。〈大過〉、〈頤〉象一陰一陽之卦，以初上為主；〈坎〉、〈離〉、〈小過〉、〈中孚〉象二陰二陽之卦；〈乾〉、〈坤〉象三陰三陽之卦，皆以二五為主。」由此可使學者知卦變之說、主爻之義，誠不可忽。

《易》以變易為書，而〈乾〉一變為〈巽〉，再變為〈離〉，三變為〈兌〉；〈坤〉一變為〈震〉，再變為〈坎〉，三變為〈艮〉，故〈乾〉、〈坤〉相變為六十四卦，是變通之象。〈說卦〉「幽贊神明章第一」，項氏釋「立卦生爻」曰：

> 凡卦皆因二氣之變而言也，陽氣不可見，則畫為剛爻以發之；陰氣不可見，則畫為柔爻以發之。凡爻皆用剛柔之形，以發揮二氣之變也。陰陽以氣言，剛柔以形言。下文分陰分陽，迭用柔剛，意亦同此。

由形上之意義，以論陰陽二氣立卦之道，及剛柔二形生爻之理，皆主變化而言。故《易》之變有飛、有伏、有交、有互不可勝窮，然不出於一陰一陽之相糅、一剛一柔之互濟。今試檢索項氏卦變之說，敘之如后：

〔註20〕此段文義，俱見馬端臨序《周易玩辭》，特引以為說。而項氏《玩辭》所論卦變諸端，大抵同然！

1. 三百八十四爻，皆〈乾〉、〈坤〉原象之變也。

項氏於「變卦主爻例」言：「反對卦皆自消息卦變，而消息卦皆自〈乾〉、〈坤〉變。」然〈乾〉、〈坤〉各爲純陽、純陰之體，所以能和合二氣以成剛柔之形。故〈乾〉之初爻，自〈坤〉變，如〈需〉初九之「利用恆，無咎。」，〈訟〉六三之「食舊德」，皆所以發〈乾〉、〈坤〉變卦之例。蓋〈需〉初九最遠於險，在〈乾〉爲勿用，故戒以用恆，用〈乾〉之恆常；〈訟〉三本〈坤〉之六三，因〈坤〉之中爻變而成〈坎〉，故爲〈訟〉；三守舊德，含章不變，故無訟理。本此，故項氏於《玩辭》卷一最後「〈乾〉、〈坤〉變象」條曰：

> 《易》以變易爲書。用九、用六，以其能變也，故爻辭多取變象爲言。至本爻義重者，則自從本爻，不必盡然也：或者專用變象，則反爲執一，非所謂「易」也。然〈乾〉之二五與〈坤〉之二三，皆明用變象。今特發之，使學者知卦變之說，不可忽也。〈乾〉二變〈離〉，爲〈乾〉之〈同人〉，故爲見龍、爲文明、爲利見，皆〈離〉之象也。田取德博施普之義，即〈同人〉之「同人于野」也。〈乾〉五亦變〈離〉、爲〈乾〉之〈大有〉，故爲飛、爲利見，亦〈離〉之象也。聖人作而萬物睹，即〈大有〉之「得尊位大中，而上下應之也。」〈坤〉二變陽爲〈乾〉，在〈坤〉中有內直外方之象，故孔子釋之曰：「六二之動，直以方也。」言不動則有方而無直也。陽爲大，故曰：「直方大。」陰得陽則不孤，故曰：「德不孤。」陽爲光，故曰：「地道光也。」〈坤〉三兼變、常二象。其曰：「含章可貞。」則指其不變之時言之；曰：「或從王事，無成。」則指其變時言之。從王即從陽也。六三變〈艮〉，爲〈坤〉之〈謙〉，其從王事，即〈謙〉之勞也；其有終，即〈謙〉之有終也。陽爲光、爲大，故曰：「知光大也。」此皆變象之明者，故略舉之，以例諸卦焉。

此以〈乾〉、〈坤〉爻變，以明變象之例。故知逐爻自變，而六十四卦三百八十四爻，皆〈乾〉、〈坤〉原象之變。

2. 六十四卦，皆〈復〉、〈姤〉十二消息卦之變也。

消息之說，〈剝·象傳〉之「柔變剛」，〈夬·象傳〉之「剛決柔」，已發其先端。漢《易》家京房首立消息之名，孟喜則以消息卦配十二月；至荀爽、虞翻各家，更多取消息卦氣之說以釋經傳，穿鑿滋甚，不可據矣！〔註21〕項氏純論十二月消息卦，於《易》無相悖乖離處，可以取信。

〔註21〕詳參屈萬里先生《先秦漢魏易例述評》卷下，頁78～82。

陽息〈坤〉謂之息，陰消〈乾〉謂之消。陽息〈坤〉，則由〈復〉而〈臨〉、而〈泰〉、而〈大壯〉、而〈夬〉，以至於〈乾〉。陰消〈乾〉，則由〈姤〉而〈遯〉、而〈否〉、而〈觀〉、而〈剝〉，以至於〈坤〉。故消息之卦，凡十有二。然十二消息卦，皆陰陽往來，剛柔相推，故九六相變在其中，而六十四卦之變通趣時無窮。

《玩辭》中以消息釋卦爻之變者爲多，皆所以發凡起例，使人知六十四卦皆〈復〉、〈姤〉十二卦之所變。若以各卷所見卦變之例觀之，可以知其大較：

1. 卷二〈屯卦〉「初九」條：「〈屯〉自〈觀卦〉變，以初九爲主，故爻辭全類卦辭。」

2. 卷二〈訟卦〉「九二歸逋……」條：「逋與渝皆指變象言之。〈遯〉之九三來居二而成〈訟〉，二復歸〈遯〉，則〈訟〉息矣。」

3. 卷三〈泰〉、〈否〉「〈泰〉、〈否〉上三爻」條：「〈泰〉至於四，將變爲〈否〉。……〈否〉至於四，將變爲〈泰〉。」

4. 卷四〈觀卦〉首條「觀字音」：「〈頤〉與〈觀〉互相變，故〈頤〉之卦辭、爻辭，皆用觀字。」

5. 卷六〈大過〉「衍象」條：「〈大過〉自〈大壯〉變而成卦。」

6. 卷九〈升卦〉「〈萃〉、〈升〉」條：「〈升〉自〈臨〉變，六三降而爲初九。……〈萃〉自〈觀〉變，上九降而爲四。」

7. 卷十〈革卦〉「象」條：「〈革〉自〈大壯〉變。六五降而爲二，九二升而爲五，二五相變，故謂之〈革〉。」

8. 卷十一〈兌卦〉「〈巽〉、〈兌〉」條，「〈巽〉自〈遯〉來，以六四爲主，〈遯〉變爲入，故爲悔亡。〈兌〉自〈大壯〉來，以六三爲主，壯變爲說，故爲來兌凶。」

9. 卷十二〈節卦〉「〈渙〉、〈節〉」條：「〈否〉者塞也，自〈否〉變者爲〈渙〉。〈泰〉者通也，自〈泰〉變者爲〈節〉，此變象之著明者也。」

10. 卷十二〈既濟〉首條「〈既濟〉、〈未濟〉」：「〈既濟〉自〈泰〉變，六五降而爲二，以六二爲主爻；〈未濟〉自〈否〉變，六二升而爲五，以六五爲主爻。」

所舉十例，皆彰明昭著；而陰陽之消息，卦爻之通變，不難探其微、明其奧。故變象可與辭義互通共見者，亦在於陰陽、時位、上下之交。其中關鍵，尤堪細玩。

（三）卦變明例

項氏《玩辭》、《家說》中多述漢儒、宋儒卦變《易》例，別有會心，亦可知項氏象數《易》學取資之源頭。漢學《易》例，多於古有徵，然多用於推說陰陽災異，遂至歧路亡羊；尤以穿鑿附會，紛紜擾攘，爲世大病。而項氏乃闡明其例，復多加

引用，輔成《易》義，非有卓識慧見，何以致之？茲述其書所明諸例，以窺象數《易》
學之堂奧：

1. 卦氣說

「卦氣」之說，後人謂出於孟喜。《易緯》有卦氣之法，京房尤精於其學。按卦
氣之術，以〈坎〉、〈離〉、〈震〉、〈兌〉，分居四方；以二十四爻，主二十四氣。以六
十卦分值三百六十五日又四分之一，卦值六日七分。以十二消息卦之七十二爻，分
主七十二候。其說迂曲，內容繁雜，實未易索解。〔註22〕茲爲免於支離，但以項氏
所釋爲主，茲爲五點敘述，略觀其中奧妙。

（1）〈乾〉、〈坤〉卦氣

《家說》卷一第十五條「〈乾〉、〈坤〉卦氣」曰：

> 〈乾〉、〈坤〉二卦，每卦主半年，每爻主一月。〈乾〉之初九起于子，
> 九二主丑，九三主寅，九四主卯，九五主辰，上九主巳，是〈乾〉之六爻，
> 分主六陽月也。〈坤〉之初六起于午，六二主未，六三主申，六四主酉，
> 六五主戌，上六主亥，是〈坤〉之六爻，分主六陰月也。又按「律呂相生
> 法」：〈乾〉爻主奇月，初九自子左行至戌爲上九；〈坤〉主耦月，初六自
> 未右行至酉爲上六，亦以兩卦十二爻，分主十二月也。

項氏以〈乾〉、〈坤〉父母卦之十二爻，每爻主一月；又以陰陽、奇耦之分以別之。
此說未見於漢儒卦氣之術，不知所本何自？然言之亦有理，可資參據。

（2）四正卦氣

四正卦之說，見於《新唐書》一行〈大衍歷議〉引《孟氏章句》云：

> 〈坎〉、〈離〉、〈震〉、〈兌〉二十四氣，次主一爻。其初，則二至、二
> 分也。〈坎〉以陰包陽，故自北正，微陰動於下，升而未達。極於二月，
> 凝涸之氣消，〈坎〉運終焉。春分出於〈震〉，始據萬物之元，爲主於內，
> 則群陰化而從之。極於南正，而豐大之變窮，〈震〉功究焉。〈離〉以陽包
> 陰，故自南正，微陰生於地下，積而未章。至於八月，文明之質衰，〈離〉
> 運終焉。仲秋陰形於〈兌〉，始萬物之末，爲主於內，群陽降而承之。極
> 於北正，而天澤之施窮，〈兌〉功究焉。故陽七之靜始於〈坎〉，陽九之動
> 始於〈震〉，陰八之靜始於〈離〉，陰六之動始於〈兌〉。故四象之變皆兼

〔註22〕「卦氣」之說，詳參黃宗羲《易學象數論》卷二、屈萬里先生《先秦漢魏易例述評》
　　　卷下頁 82～98 及高懷民先生《兩漢易學史》第四章〈前期占驗派象數易家〉，頁 105
　　　～126。

六爻，而中節之應備矣！〔註23〕《家說》卷一第十六條「四正卦氣」釋之曰：四正卦，不當六日七分之直。每卦主一季，每爻主一氣，二十四爻分主二十四氣也。〈震〉之六爻，主春分、清明、穀雨、立夏、小滿、芒種六氣。〈離〉之六爻，主夏至、小暑、大暑、立秋、處暑、白露六氣。〈兌〉之六爻，主秋分、寒露、霜降、立冬、小雪、大雪六氣。〈坎〉之六爻，主冬至、小寒、大寒、立春、雨水、驚蟄六氣。《太玄》以勤當〈坎〉，以應當〈離〉，以疑當〈震〉，以沈當〈兌〉，亦不在直日之數。

由此可知，〈坎〉、〈離〉、〈震〉、〈兌〉四正卦之二十四爻，分主一年中二十四節氣；〈坎〉、〈離〉二卦初爻分主二至（冬至、夏至），〈震〉、〈兌〉二卦初爻分主二分（春分、秋分）、四正卦又稱四時方伯卦，以其各主一季，而漢人喜以官爵稱呼卦象，故名方伯，亦附人事以說之。

（3）十二卦氣

《家說》卷一第十七條「十二卦氣」曰：

> 消息十二卦，每卦主一月，每爻主一候。每一卦當〈乾〉、〈坤〉二卦之一爻；每三卦當四正卦之一卦。〈復卦〉主鶡鳴不鳴至水泉動六候，〈臨卦〉主雁北鄉至水澤腹堅六候，〈泰卦〉主東風解凍至草木萌動六候，〈大壯〉主桃始華至始電六候，〈夬〉主桐始華至戴勝降于桑六候，〈乾〉主螻蟈鳴至小暑至六候；〈姤〉主螳螂生至半夏生六候，〈否〉主涼風至至禾乃登六候，〈觀〉主鴻鴈來至水始涸六候，〈剝〉主鴻鴈來至水始涸六候，〈剝〉主鴻鴈來賓至蟄蟲咸俯六候，〈坤〉主水始冰至閉寒成冬六候。

十二月卦，又名十二消息卦，為孟喜卦氣之一。每卦主一月，皆以陽息、陰消為說，表之如下：

陽	息	卦		陰	消	卦	
復	䷗	十一月	冬	姤	䷫	五月	夏
臨	䷒	十二月	冬	遯	䷠	六月	夏
泰	䷊	正月	春	否	䷋	七月	秋
大壯	䷡	二月	春	觀	䷓	八月	秋
夬	䷪	三月	春	剝	䷖	九月	秋
乾	䷀	四月	夏	坤	䷁	十月	冬

〔註23〕參引屈先生《先秦漢魏易例述評》、高先生《兩漢易學史》二書所見內容。

十二月卦，又名十二辟卦，辟者君也，皆當辟位。十二辟卦，凡七十二爻，以主七十二候；即每爻主一候，一卦主六候。其詳具於宋‧李漑所傳〈卦氣圓圖〉，項氏殆亦本此而爲說。其圖猶可考見，茲不備錄。然此十二月卦七十二候之應，與《禮記》〈月令〉、《呂氏春秋》〈十二紀〉所言七十二候皆可互徵，其流行誠爲深遠！又案考其說以陰陽爻位之進退、消息，以明一年十二月之四時週流，隱含卦爻象——「以通神明之德，以類萬物之情」之義，而變通以配四時，剛柔相推以成一歲之理，若十二月卦，可謂深得其道！

（4）六十卦氣

〈乾〉、〈坤〉二卦爲以卦象配十二月，四正卦爲以卦象配四時、二十四節氣，十二月卦爲以卦象配十二月、七十二候。而〈坎〉、〈離〉、〈震〉、〈兌〉四正卦外，餘六十卦，以十二消息爲辟卦，辟卦爲君；其餘四十八卦爲雜卦，雜卦爲臣。每卦主六日七分，五卦共主一月，乃以六十卦之卦象配一年三百六十五日又四分之一之歲實。故《家說》卷一第十八條「六十卦氣」釋之云：

> 除四正外，六十卦每卦主六日七分，五卦共主一月，每五卦當前十二卦之一卦，故每月各以前十二卦爲辟卦也。
>
> 〈未濟〉、〈蹇〉、〈頤〉、〈中孚〉、〈復〉五卦，主大雪、冬至二氣也。（十一月）
>
> 〈屯〉、〈謙〉、〈睽〉、〈升〉、〈臨〉五卦，主小寒、大寒二氣。（十二月）
>
> 〈小過〉、〈蒙〉、〈益〉、〈漸〉、〈泰〉五卦，主立春、雨水二氣。（正月）
>
> 〈震〉、〈隨〉、〈晉〉、〈解〉、〈大壯〉五卦，主驚蟄、春分二氣。（二月。案：〈震〉應爲〈需〉之訛。）
>
> 〈豫〉、〈訟〉、〈蠱〉、〈革〉、〈夬〉五卦，主清明、穀雨二氣。（三月）
>
> 〈旅〉、〈師〉、〈比〉、〈小畜〉、〈乾〉五卦，主立夏、小滿二氣。（四月）
>
> 〈大有〉、〈家人〉、〈井〉、〈咸〉、〈姤〉五卦，主芒種、夏至二氣。（五月）
>
> 〈鼎〉、〈豐〉、〈渙〉、〈履〉、〈遯〉五卦，主小暑、大暑二氣。（六月）
>
> 〈恆〉、〈節〉、〈同人〉、〈損〉、〈否〉五卦，主立秋、處暑二氣。（七月）
>
> 〈巽〉、〈萃〉、〈大畜〉、〈賁〉、〈觀〉五卦，主白露、秋分二氣。（八月）
>
> 〈歸妹〉、〈無妄〉、〈明夷〉、〈困〉、〈剝〉五卦，主寒露、霜降二氣。（九月）
>
> 〈艮〉、〈既濟〉、〈噬嗑〉、〈大過〉、〈坤〉五卦，主立冬、小雪二氣。（十月）

五卦之序，一為侯、二為大夫、三為卿、四為公、五為辟。侯分內外，以朔氣前三日為內，朔氣後三日為外。五卦之序，其義未聞。

以辟卦、雜卦配君臣之說，始見於《漢書》〈京房傳〉。屈萬里先生《先秦漢魏易例述評》卷下「卦氣」下列表為說，可以參看；又高懷民先生《兩漢易學史》於「六日七分法」下，提出三項問題加以討論質疑，並可參考。〔註24〕

（5）卦氣、〈序卦〉之異

《家說》卷一第二十一條，項氏考釋曰：

> 安世嘗考卦氣之序與《易》之〈序卦〉不同，儒者多以為疑。今按：卦氣，《太玄》之法也。以《太玄》諸首之辭，次第推見始終，其氣候蓋甚相貫，猶今《周易》以〈序卦〉推之，委曲相承，或順或反，亦可得而通也。

> 晁公武氏曰：「二者皆有爻數可考。上篇反覆十八卦，陽爻五十二、陰爻五十六；下篇亦十八卦，陽爻五十六、陰爻五十二，此《周易》〈序卦〉以二百一十六均在兩篇也。亥子之月，自〈艮〉至〈復〉十卦，陽爻二十四，陰爻三十六。巳午之月，自〈旅〉至〈姤〉十卦反之。丑寅之月，自〈屯〉至〈泰〉十卦，陽爻二十四，陰爻三十六。未申之月，自〈鼎〉至〈否〉十卦反之。卯辰之月，自〈需〉至〈夬〉十卦，陽爻三十二，陰爻二十八。酉戌之月，自〈巽〉至〈剝〉十卦反之。此《太玄》卦氣之序，以六十數均在二月也；故自冬至迄夏至，自〈復〉迄〈咸〉凡三十卦，陽爻八十八，陰爻九十二；自夏至迄冬至，自〈姤〉迄〈中孚〉凡三十卦，陰爻八十八，陽爻九十二，共三百六十日。其陰陽多寡之數，皆適相等。」

> 今按：以義通之，既具前文；以數通之，又如晁說，則儒者之于卦氣，又何以多疑為哉？

揚雄《太玄》所以準《易》而作，其八十一首之名，亦所以準六十卦卦名。（〈坎〉、〈離〉、〈震〉、〈兌〉四正卦除外。）而八十一首之序，則準卦氣之序。卦氣起〈中

〔註24〕高先生提出討論質疑之問題有三：第一、十二月卦以〈復卦〉主十一月，〈復卦〉象為〈䷗〉，正合冬至一陽生之義，今卻在〈復卦〉之前置〈中孚卦〉，而以卦氣起〈中孚〉，何故？第二、由〈中孚卦〉起，以下六十卦的排列，以何原則？第三、辟、公、侯、大夫、卿五爵的配卦，似無必然的理由。十二月卦分別置為每月中氣之中卦，是因為古人以中氣為主，故十二月卦均以「辟」爵當之，是有意的安排。其他公、侯、大夫、卿四爵，看不出有何道理。以上論辨詳見《兩漢易學史》，頁120～126。

孚〉，以值冬至：《太玄》首〈中〉以準之，其餘諸名皆有所準，可見卦氣之術，在西漢末年，已然盛行。今按六十四卦之排列方式，〈序卦傳〉言其先端，一以卦象之反對與旁通卦爲據，復據「圓道循環」之義；卦氣則以卦義爲排列之依據，而不顧卦象，至於卦義之取「圓道循環」，則同於〈序卦傳〉。故可知孟喜卦氣實本於〈序卦傳〉，而又有所推引發明者。〔註25〕

　　《玩辭》各卷中引「卦氣」說以訓釋《易》義者亦多見，如卷二〈履卦〉「一陰一陽卦義」條，以消息卦明消長之道；卷七〈大壯〉「消長」條，尤甚明之。故可知卦氣之說，實有輔成《易》道、助明《易》義之功，若以詭譎難通視之，則其精妙之處曷可言哉？如能廓而清之，見其優劣，則不惑矣！雖非《易》學正傳，然爲世所宗，是亦有可觀者焉。

2. 卦法舉隅

　　《家說》卷二〈說經篇二〉暢衍卦法諸說，而卦變之術衍出多門，嘆爲觀止！古之言卦變者，莫備於虞翻，後儒不過踵事增華。而項氏亦深明斯道，於先儒之說多所闡述；試條列其目，不詳備載文，可以知其大體。〔註26〕

　　（1）李挺之反對法，以〈乾〉、〈坤〉變六十四卦。

　　（2）反對說。

　　（3）十有八變說。

　　（4）朱震《易圖》以六卦變六十四卦。

　　（5）虞氏、晁氏旁通卦法。（虞翻、晁說之《易》說）

　　（6）京房《易》法以八卦變六十四卦。

　　（7）納甲法。（京房《易》說）

　　（8）世應例。（京房《易》說）

　　（9）飛伏例。（京房《易》說）

　　（10）術家七變法。

　　（11）鄭夬說以〈復〉、〈姤〉生六十四卦。

　　（12）先天圖畫法。

　　（13）先天、後天卦位。

　　（14）文王八卦之位。

　　項氏以漢、宋象數《易》家卦法爲卦變之本，博觀眾說，而自得之，可謂精審。

〔註25〕有關〈序卦傳〉「圓道循環」義，詳見高懷民先生《先秦易學史》一書。又此段文義，
　　　　並參屈先生《先秦漢魏易例述評》頁88，及高先生《兩漢易學史》頁121～126。
〔註26〕詳參《四庫全書》第七○六冊《項氏家說》卷二〈說經篇二〉，頁483～490。

其以爲李挺之「反對法」，其實即生卦法，故世之言卦變者，皆自挺之出。又言朱震六卦之變，即李挺之〈乾〉、〈坤〉之變，推考其說以爲其變之例止於六，故以〈復〉、〈姤〉、〈遯〉、〈臨〉、〈否〉、〈泰〉六卦爲例之主，而凡言變卦者皆出焉。其他各家卦說，項氏皆歸納綜合，而有所分析比較，雖繁雜難曉者多，亦可清理頭緒、通觀本末。

《玩辭》卷十五〈說卦〉亦多言先天之法與後天之序，其〈帝出乎震章第四〉「然後能變化，既成萬物也」條曰：

> 先天之首，以天、地、山、澤、雷、風、水、火爲序。後天之末，乃自水、火、雷、風、山、澤、天、地倒而言之。彼言〈乾〉、〈坤〉之用，成於〈坎〉、〈離〉，此推〈坎〉、〈離〉之功，歸於〈乾〉、〈坤〉也。

又言「互體」，本之於京房《易》說；「爻辰」，本之於鄭玄《易》說，皆以解《易》卦爻象變之旨，亦云得其體要。復採「之卦」說法，以解〈乾〉、〈坤〉用九、用六之義，又云：「〈同人〉，〈乾〉之九二也。……〈大有〉，〈乾〉之九五也。」是項氏於卦變取象之法，知所取舍。學者當虛心觀之，然後能知象變之賾，而不務爲穿鑿之弊！

二、取數論占

孔穎達《周易正義》〈說卦疏〉曰：

> 敘聖人本制著數卦爻，備明天道、人事妙極之理。……著是數也。〈傳〉稱物生而後有象，象而後有滋，滋而後有數，然則數從象生，故可用數求象。

以卦爻之數備明天道、人事妙極之理，可知：「聖人法天，用大衍之數以定爻象；君子觀象，復窮極其陰陽之數，以察天下萬物之象。」〔註27〕而《易》象數一體之理，如符契之相合。故〈繫辭傳〉所云《易》之四道，數雖不與焉，實則數兼於象。後賢本卦畫之象以求數，又本數以求占卜之事，故朱熹以爲《易》本卜筮之書，乃有見於卦爻辭之占語。蓋精於占卜，則可以知方來之事，此先民之所憂懼者，《易》之遠近、幽深由是以明，其道洵不可輕忽。試循序說解，以明其法要：

（一）大衍之數

凡數皆自參兩而出，三奇爲陽畫，兩其三以爲陰畫；三畫爲初卦，兩其三以爲

〔註27〕引見龔鵬程先生《孔穎達周易正義研究》第四章，〈觀易取數〉頁127。又劉牧《易數鉤隱圖》序曰：「卦者，聖人設之，觀於象也。象者，形上之應，原其本則形由象生，象由數設。捨其數，則無以見四象所由之宗也。」可並參其義。

重卦，此畫數之參兩。參三以爲老陽，兩三以爲老陰，二兩一參以爲少陽，二參一兩以爲少陰，此策數之參兩。亦〈說卦傳〉「倚數」之意。〔註28〕故揲著參伍，錯綜其數以定《易》象，〈繫辭上傳〉：「大衍之數五十，其用四十有九。分而爲二以象兩，掛一以象三；揲之以四以象四時，歸奇于扐以象閏；五歲再閏，故再扐而後掛。」如以項氏說解析之，殆有三議：

1. 參訂錯簡並釋其義

《玩辭》卷十三〈繫辭上〉、〈大衍之數五十章第九〉以爲「大衍之數」本於「天地之數」，故「天數五至行鬼神也」當次於「大衍之數」之前。〔註29〕其言曰：

> 姚大老云：「天一、地一至天九、地十，班固〈律歷志〉及衛元嵩、元包〈運著篇〉皆在天數五、地數五之上。」今按：新安朱先生《易傳》亦用此說，與「天數五至行鬼神也」，合爲一節，置在「大衍」之首，今從之。

> 天一、地二、天三、地四、天五、地六、天七、地八、天九、地十。天數五，地數五，五位相得而各有合。天數二十有五，地數三十，凡天地之數五十有五，此所以成變化，而行鬼神也。

若依項氏之言，則現行〈繫辭傳上〉文字當移易還原如下：前引「天一至行鬼神也」爲一節，當置於「大衍之數五十至故再扐而後掛」前，故項氏復釋其義云：

> 成變化、行鬼神，皆主五數言之也。分而言之，天數備於五，地數備於五；合而言之，天地相得，一生一成，其合亦爲五耦。分而計之，天之數爲五者五，地之數爲五者六；合而計之，天地之數爲十者五，其奇數又爲五。分合錯綜，無非五者，蓋生數之所變，成數之所化，四時之代謝，萬物之死生，未有能外於五者也。大衍之數獨止於五十者，聖人作《易》之妙旨也。夫五與十，天地之極數也，極則當動，一著才動，則五與十七，

〔註28〕項氏於《玩辭》卷十五〈說卦〉「倚數」條釋云：「始終中之三數，皆〈乾〉之所爲也；〈坤〉則隨其所至兩之而已。〈乾〉有一畫，〈坤〉兩之爲一耦：〈乾〉有二畫，〈坤〉兩之爲二耦；〈乾〉有三畫，〈坤〉兩之爲三耦，有〈乾〉畫則〈坤〉能兩之。〈乾〉之所無，〈坤〉不能生也，故曰：『地道無成而代有終也。』又曰：『〈乾〉知大始，〈坤〉作成物。』又曰：『成象之謂〈乾〉，效法之謂〈坤〉。』皆參天兩地之意也。」

〔註29〕葉國良先生《宋人疑經改經考》第一章，頁34「天數五至當萬物之數也」下曰：「胡瑗移此段於『大衍之數』上，蘇軾則但移『天數五至行鬼神也』於『大衍之數』上，張栻、朱子、項安世、李杞、馮椅、易祓、董楷、俞琰、丁易東俱同。李心傳則據《漢書》〈律歷志〉謂：『天數五至行鬼神也』，當移至『天一至地十』下。」但以項氏引述觀之，則以「天一至地十」接「天數五至行鬼神也」，而置於「大衍之數五十，其用四十有九……」前。

而四與九見矣！於此最見《易》道之神，此章置在大衍之首，極為有意。

2. 大衍之數五十，其用四十有九

生數自一二三四而極於五，成數自六七八九而極於十，故大衍之數五十，取天地之極數以立本。揲卦之法，生數至四而止，遇五則變而為一；成數至九而止，遇十則變而為一，故其用四十有九，取天地之變數以起用。小數止於四，大數止於九，五與十皆伏而不見；然而十與五，常藏於七八九六之中，九六合而為十五，七八合而亦為十五，七八九六，當一月之日數。

《玩辭》卷十三「大衍之數五十，其用四十有九」條及《家說》卷一第三條「大衍之數五十」，皆反覆參演，以為聖人之所為，必以天地為本。二說均闡述甚明，可以互參而知其然，茲不贅錄。

3. 九六七八與參天兩地

《家說》卷一第四至第十條，分別說解「九六七八、象閏、揲蓍、策數、以字法推五數、以算法推五數、參天兩地」七義，皆可互見而知聖人發明數學之要。蓋萬物起於一而成於五，一與五無往而不在其中，故「〈乾〉知大始」者一也，「〈坤〉作成物」者五也。一二三四五，皆一之所生；六七八九十，皆五之所成。試以「九六七八」言之，項氏釋之曰：

> 奇為參、耦為兩。〈乾〉三奇，三三為九，故老陽之數九；〈坤〉三耦，三兩為六，故老陰之數六。〈震〉、〈坎〉、〈艮〉一奇二耦，三與四為七，故少陽之數七；〈巽〉、〈離〉、〈兌〉二奇一耦，六與二為八，故少陰之數八。九與六為十五，當一氣之日；七與八為十五，亦當一氣之日。老陽之策三十六，老陰之策二十四，合為六十，當以甲子之日；少陽之策二十八，少陰之策三十二，亦合為六十，當以甲子之日。〈乾〉、〈坤〉六爻之策，共當三百六十；少陰、少陽六爻之策，亦共當三百六十。〈乾〉、〈坤〉二篇之策，萬有一千五百二十；少陰、少陽二篇之策，亦萬有一千五百二十。

由此可知，爻成於策。故求策者，皆以成數除之，六七八九十是也。四六、四七、四八、四九，其中皆有十焉。乘數者必以四，則四營成《易》之道；主數者必以三與二，則參天兩地之數，十必寓焉。此皆策數自然之理，項氏以為不可誣，是故一二三四正，而天地之數備矣！復釋「參天兩地」之義，以合歲時之數曰：

> 參以三數之，兩以二數之。天之數常該三，地之數常守二，此聖人發明數學之要也。〈乾〉之九為三者三，〈坤〉之六為三者二，合為三五，以當一月盈閏之數。〈乾〉爻三十六策，為三歲之餘日；〈坤〉爻二十四策，為二歲之餘日，合為五歲之餘，以當再閏之數。〈乾卦〉之策二百一十有

六，爲七十二者三：〈坤卦〉之策百四十四，爲七十二者二，合而爲七十二者五，以當一歲之日。五日，一候之數也；天下之數一必有兩，舉一則兩從之；一與兩爲三，故天之數常該三；自二以往爲兩而已，故地之數止于兩。〈乾〉則包〈坤〉，〈坤〉則不能包〈乾〉也。

七八九六，皆合五而成；參天兩地之數，合之亦爲五，故數至五而備矣。如揲蓍者，左得一則右得三，左二則右二，左三則右一，左四則右四；其初得之蓍，皆一二三四。算其餘策，則爲六七八九，而五具焉，此自然之四十五數。又如布算者，一二三四以數立，七八九六以五成，而十與五皆無數焉；小數極于四，大數極于九，然而每數必用五籌，而後成算。此皆聖人發明數學之妙旨，誠明其道，則自然不易之理、天地恆常之數，又何難焉？

（二）筮占之法

《玩辭》卷十三〈繫辭上〉釋〈《易》有聖人之道章第十〉謂：「蓍之變，策之數、爻之文、卦之象，皆寂然不動之物。初不能如人之有思，亦不能如人之有爲，皆純乎天者也。及問焉而以言，則其受命也如嚮，無有遠近、幽深，遂知來物，則感而遂通天下之故，皆同乎人者也。」此言占之理。然凡占之法，有變有數，每爻三揲爲三變，每揲有象兩、象三、象時、象閏、象再閏爲五小變，此參伍以變。三揲之奇，分而計之，則得三少、三多、一少兩多、一多兩少之數；去三揲之奇，以左右手之正策，合而計之，則得四九、四六、四七、四八之數，此錯綜其數。項氏又釋其義云：

> 錯謂分而間之，綜謂合而總之。此二句止論一爻之法。通六爻之變，得十有八，遂成初二三四五上，以爲剛柔相雜之文；極六爻之數，得七八九六，遂定重單交拆，以爲內外兩卦之象。此兩句方論成卦之法。故曰：「此言占法也。」

〈繫辭傳上〉：「是故四營而成《易》，十有八變而成卦。」項氏以爲此言揲蓍之法。說之曰：

> 三揲之餘，然後畫卦。以小變言之，每一揲具五小變，以三揲合十五小變，爲十有八變而畫一爻。以大變言之，每一揲爲一大變，合十八揲爲十八大變，而畫一卦。八卦與六十四卦，皆十八變之所成也。是故上經三十卦，反對爲十八卦；下經三十四卦，反對亦爲十八卦，故曰：「十有八變而成卦。」此言求卦之法也。

凡揲蓍之法，以左右相逆而成象，遇純則變，故九六變而七八不變。項氏但於《玩辭》中舉釋其義，並未析明其法，如欲理解蓍法、占法之原委，可以參考黃宗羲《易

學象數論》卷二之內容。雖然，項氏亦於《家說》卷三第二十四條「曰貞曰悔」，言占筮之事曰：

> 人但知內卦爲貞，外卦爲悔，不知其何說也。……此占家之事。惟京氏《易》謂：「發爲貞，靜爲悔。」則合于筮法。蓋占家以內卦爲用事，謂問者之來意也；外卦爲直事，謂福禍之決也。來意方發，專一之至，故謂之貞；外卦既成，禍福始定，故有悔焉。蓋卦有元亨利貞，故取貞字爲主爻；有吉凶悔吝，故取悔字爲決也。姚小彭氏作《易內外傳》，以吉凶悔吝爲元亨利貞之反，其言亦有理。初聞者必訝其異，然不可不思也。竊意夏、商筮法，止用貞悔；至文王之《易》，以變爻爲占，六爻皆不變者，乃占貞悔，則不止用二矣。

元亨利貞，爲《易》之四德；而此四德與吉凶悔吝四斷辭相對。故由卦爻之德與卦爻之占辭相結合，則可以用於筮占之事，而定人事之禍福，是於蓍數之外，又備一說。是故《易》之道術多方，達於天理、洽於人事而窮於象數之靈妙，若項氏之《易》學，殆亦博雅於斯，而有所發明自得。其淵源蹤跡，窮原竟委，不難識其朗昭之本。

第三節　義理《易》學

作《易》者，因六十四卦之時，用六龍之德，變化推移於三百八十四位之中，以應天地萬物之位育。故《易》之所以廣矣、大矣、其至矣，以其能變通；而所以變通者，不過陰、陽二物而已。然以此至易、至簡之二物，足以見天地之至大，察四時之至變，觀日月之至精，達聖賢之至善，《易》之爲書，豈不謂之備乎？

《易》之成書，以伏羲觀物制《易》之初經八卦爲主，後世聖人取諸八卦，而備六十四卦之義，以成六十四卦之象，故象、變、辭、占之四道爲世所尚。推而達之，萬物之情、古今之變，皆《易》之能事。故項氏以爲「彰往察來，微顯闡幽，《易》之道也；開而當名，辨物正言，〈象〉之功也。」〔註30〕原始要終，可以知聖人開物成務，所以洗心於幾以存其神，退藏於密以定其體，吉凶與民同患以贊其決，故能躋仁德事業之勝境。

〔註30〕見《玩辭》卷十四〈繫辭下〉「〈乾〉、〈坤〉，《易》之門章第五」條。其下又曰：「其所命之事，名極其當，故玩其名，即可以知其事。其所取之物，象極其辨，故觀其象，即可以明其意。其吉凶利害之言極其正，故誦其言，即可以決其效。因民之疑而問也，以是告之則足以濟其可否之決，而定其吉凶之應矣！」此語甚有味，可以細玩。

　　《玩辭》全書於《易》道之廣大悉備，《易》理之無所不至，皆嘗盡心留意焉。其義理之規模，皆本於《周易》經、傳之旨，而有所樹立者。茲據其詮釋脈絡，析爲數端，論其義理《易》學之精微焉：

一、〈繫辭傳〉義理之解析

　　《玩辭》以卷十三、十四二卷分釋〈繫辭傳〉上、下，並析其章次，逐條說解，義精而語妙。其分章如下：

（一）〈上繫〉十二章及其大要

1. 〈天尊地卑章第一〉。此章論天地、自然之《易》。
2. 〈聖人設卦觀象章第二〉。此章論讀《易》之法。
3. 〈象言乎象章第三〉。此章論繫辭。
4. 〈《易》與天地準章第四〉。此章論《易》道。
5. 〈一陰一陽章第五〉。此章復論《易》道。
6. 〈夫《易》廣矣大矣章第六〉。此章亦論《易》道。
7. 〈《易》其至矣乎章第七〉。此章言聖人體《易》於身。
8. 〈聖人見天下之賾章第八〉。此章復論人之學《易》，自繫辭入。
9. 〈大衍之數五十章第九〉。此章論《易》數之占。
10. 〈《易》有聖人之道章第十〉。此章論《易》之四道。
11. 〈夫《易》何爲章第十一〉。此章專言卜筮之事。
12. 〈書不盡言章第十二〉。此章言作《易》之成體。

（二）〈下繫〉十一章及其大要

1. 〈八卦成列章第一〉。言爻象之變動，天道之所以流行。
2. 〈包羲氏章第二〉。言《易》尚象、尚辭、尚變、尚占之事。
3. 〈陽卦多陰章第三〉。以君民一說答問。
4. 〈十卦十一爻章第四〉。論感應之一心，屈信之一形，往來之一氣，出入之機，而以〈咸〉九四爲主意。
5. 〈《乾》、《坤》《易》之門章第五〉。專論《易》之彖辭。
6. 〈三陳九卦章第六〉。此章亦論彖辭。
7. 〈《易》不可遠章第七〉。專論《易》之爻辭。
8. 〈原始要終章第八〉。亦論爻辭。
9. 〈廣大悉備章第九〉。專論六爻者非他，三才之道。
10. 〈末世盛德章第十〉。專論辭，而以危懼爲主，慢易爲戒。

11.〈知險知阻章第十一〉。推演〈乾〉、〈坤〉、聖人之知能。

項氏以爲〈上繫〉之言極其廣大，〈上繫〉之文，又多言聖人作《易》之事；而〈下繫〉之言，極其精要，其文且多言聖人用《易》之事。故於卷十四終「〈上繫〉、〈下繫〉」條，辨其義旨云：

> 〈上繫〉鋪敍《易》道之廣大，而終於德行之成，自博而約也。〈下繫〉指示爻象之精要，而極於辭情之辨，自本而末也。

〈繫辭傳〉上下爲《周易》義理思想之總體發揮與匯歸。故〈上繫〉之首章，斷之於易簡，而歸之於賢人之德業，項氏以爲「觀乎二儀之判，而奇耦之畫已定矣！觀乎卑高之勢，而三極之位已陳矣！觀乎動靜之理，而七八九六之性已斷矣！觀乎氣類之分合，而比應攻取之情已生矣！觀乎法象之著陳，而飛伏變互之體已見矣！」是變化者，易簡之大業；而易簡者，《易》之至德。故萬物之始定，而成夫一者，即在於陰陽奇耦之化生流行。

〈下繫〉之首章，則斷之以貞夫一，而歸之於聖人之仁義。故〈下繫〉之貞夫一，即〈上繫〉之太極；〈下繫〉之剛柔，即〈上繫〉之兩儀。兩儀即太極，非兩儀之外復有太極；剛柔即一，非剛柔之外，復有一也。故項氏於〈下繫〉第一章「剛柔立本至貞夫一者也」條曰：

> 剛柔即奇耦也。《易》以剛柔立象，聖人以仁義立道。《易》之變化不出於剛柔，聖人之趣時不出於仁義，故吉凶萬變而至一之本不動。一者何？剛柔、仁義是也。外剛柔、仁義而言變通，是爲吉凶所動，非樂天趣時者也。天地所以爲法象之大，日月所以爲陰陽之宗，人道所以爲變動吉凶之主，互萬古而長存者，一而已矣！一之動爲剛，一之靜爲柔；外一而言剛柔，外剛柔而言變通，皆詭道也。

由是可知：「〈乾〉示人易，〈坤〉示人簡。」其義至深！蓋一之始動爲〈乾〉，《易》之奇畫；一之復靜爲〈坤〉，《易》之耦畫。故〈乾〉、〈坤〉即奇耦，奇耦即一。因之，項氏於〈上繫〉第一章「天尊地卑」末總結〈繫辭傳〉上下之義云：「大抵先以天地之理，明聖人作《易》之本；復以在人之理，明聖人體《易》之用也。」是孔子作〈大傳〉二篇，明體達用，而《易》之始終，盡備於〈繫辭〉之中。

（三）〈繫辭傳〉綱領舉要

《玩辭》卷十三、十四綜析〈繫辭〉上下二篇義理，自分章目，多所闡述。其提綱挈領，歸納舉要諸端，皆精到可讀，特撮其語、明其義，以爲入《易》之方。

1. 五 事

〈上繫〉第一章「天尊地卑」下，所謂「乾坤、貴賤、剛柔、吉凶、變化」，即

《易》中五事。有畫之初，乾坤、貴賤、剛柔之跡已著，而吉凶、變化之象未明。故有繫辭，而後見《易》之有吉凶；有卦象，而後見《易》之有變化，二端者皆具於文王之時。而吉凶始於悔吝，變化始乎剛柔，文王觀此四者而繫之以辭；讀《易》者亦當觀此四者，而玩文王之辭，則靜居動作，無入而不利。孔子作〈繫辭傳〉上下二篇專爲此事，而當時傳授之意，從而可知。〔註31〕

2. 三　知

此項氏釋《易》與天地準章第四〉：「《易》與天地準，故彌綸天地之道。仰以觀於天文，俯以察於地理，是故知幽明之故；原始反終，故知死生之說；精氣爲物，游魂爲變，是故知鬼神之情狀。」知幽明之故、死生之說、鬼神之情狀，是爲「三知」。其言曰：

> 故者，以事言也；說者，以理言也；情狀者，以象言也。《易》有象、有理、有事，知斯三者，而《易》之蘊盡矣！

> 昔者，伏羲氏之始作《易》也，仰觀於天見陰陽之象，俯察於地見剛柔之形。於是制爲奇耦之畫以準其象，使萬物之情皆以類而從，而天文地理遂與人事物情，相通而爲一。而幽明之故，可得而知矣！原畫之所由始，二分四揲之變，皆起於至一無朕之中；要畫之所以終，三變六扐之餘，復歸於至一無朕之始。而死生之說，可得而知矣！

> 氣聚而爲物，奇耦之畫所以爲有象；魂遊而爲變，九六之化所以爲無跡。而鬼神之情狀，可得而知矣！

其義甚善。故「三知」者，足以明達《易》之事、理、象三蘊。然則讀《易》之繫辭者，其可不盡心乎？

3. 四　故

「四故」者何？〈繫辭傳上〉：「與天地相似，故不違。知周乎萬物而道濟天下，故不過，旁行而不流。樂天知命，故不憂。安土敦乎仁，故能愛。」〔註32〕項氏析解其義曰：

> 奇耦之象，正與天地相似。其畫一具，而能於天下之理無所違。奇耦之變，通於萬物之情，故知雖崇而不失之於過。當於萬民之用，故道雖廣

〔註31〕案〈繫辭上傳〉曰：「天尊地卑，乾坤定矣。卑高以陳，貴賤位矣。動靜有常，剛柔斷矣。方以類聚，物以群分，吉凶生矣。在天成象，在地成形，變化見矣。」此第一章論《易》之五事。又曰：「聖人設卦觀象，繫辭焉而明吉凶，剛柔相推而生變化。是故吉凶者，失得之象也；悔吝者，憂虞之象也；變化者，進退之象也；剛柔者，晝夜之象也。六爻之動，三極之道也。」項氏皆本此而爲說。

〔註32〕項氏以爲「旁行而不流」，當連「故不過」爲一節。於義爲通，從之。

而不失之於流。樂時位之推移，而知其卒歸於有數也。故能乘化而不憂。

隨其時位之險易，而常遂其濟物之心，故能無往而不用其愛。夫能具其理，

故能通其變；能通其變，故能極其數；能極其數，故能利其用。凡《易》

之所能，備於此四者也。

「四故」所以達理、通變、極數、利用，則《易》之能事畢於此。

4. 三 而

「三而」者，總結〈《易》與天地準章第四〉之義，以見其彌綸天地之道。即〈上

繫〉所謂：「範圍天地之化而不過，曲成萬物而不遺，通乎晝夜之道而知。故神無方，

而《易》無體。」項氏釋之云：

蓋《易》有奇耦之二畫，所以匡括天地之變化，而天地不能越乎其外，

此所謂彌也。曲成萬物之始終，而無一物之或遺，此所謂綸也。此即上文

「四故」之所能也。通乎幽明、死生、鬼神之道，而知無所不至。此所謂

道也。此即上文「三知」之所知也。是故天地之神，無陰陽之定方；而奇

耦之變，亦與之周流而無定體。此所謂《易》與天地準也。

《易》之神妙如此，其盛德大業至矣哉！讀《易》玩辭者，所當效法而謹守勿失。

5. 五 盡

〈上繫〉曰：「子曰：『聖人立象以盡意，設卦以盡情偽，繫辭焉以盡其言，變

而通之以盡利，鼓之舞之以盡神。』」項氏以為此「五盡」者，《易》之綱領。釋義

曰：

立一奇一耦、二奇二耦、三奇三耦之象，所以擬健順、動入、陷麗、

止說之意也。

設六十四卦，所以具憂樂、求與、見伏、輕重、久速、聚散之情也。

繫之以象辭、爻辭，所以闡吉凶悔吝、元亨利貞之言也。故曰：「此三盡

者，作《易》者之事也。」用《易》者，觀其變而玩其占，以處事變而行

其會通，則是以盡趨時成務之利，而見於事功。觀其象而玩其辭，得之於

心、體之於身，如鼓之動而舞之赴，心術血氣與之俱成，則足以盡陰陽不

測之神，而成之於德行。故曰：「此二盡者，用《易》者之事也。」

是「五盡」者，所以明作《易》者八卦之意，六十四卦之情與繫辭之言；及用《易》

者象、變、辭、占之四道。而《易》之體用、本末、終始，可以揭示綱領。

6. 五 謂

〈上繫〉：「是故形而上者謂之道，形而下者謂之器，化而裁之謂之變，推而行

之謂之通，舉而措之天下之民謂之事業。」此「五謂」者，項氏以為所以演說前段

「變通盡利」之意。其言曰：

> 〈乾〉奇象也，〈坤〉耦象也，《易》之妙盡藏於此。奇耦之象立，而變易之道已行於其中；無奇耦則無可變易，無變易則奇耦為死象矣！

> 自奇耦未形以上，則謂之太極，不可以陰陽名也；自奇耦既形以下，則謂之兩儀、四象、八卦，而陰陽之體定矣！體定而變化行。……凡六十四卦之象，皆示人以化而裁之也，此「化而裁之謂之變」也。當其變也，順而推之則通，違而執之則窮。……

> 凡三百八十四爻之辭，皆教人以推而行之矣！故曰：「推而行之謂之通也。」定之以象，以明其進退；斷之以辭，以知其得失，以通天下之志，以定天下之業，以斷天下之疑。利用出入，民咸用之，此「舉而措之天下之民，謂之事業也。」

此「五謂」者，演說〈上繫〉「〈乾〉、〈坤〉，其《易》之蘊」至「謂之事業」之意，是亦體《易》之妙用。

7. 六　存

〈上繫〉末段云：「極天下之賾者存乎卦；鼓天下之動者存乎辭；化而裁之存乎變；推而行之存乎通；神而明之存乎其人；默而成之，不言而信，存乎德行。」此「六存」者，所以演說「鼓舞盡神」之意。項氏解之曰：

> 天下之賾，具於奇耦之象矣。而聖人又演之以為卦，則理之未明者，皆可以開其人而使之見也。

> 天下之動，具於三百八十四爻矣。而聖人又告之以辭，則事之當為者，皆可以鼓其人，而使之趨也。即象之變，可以裁其所遇之時；即爻之動，可以決其所行之事。

> 開曉而鼓動之者，雖在乎《易》；至於體之而藏於身，用之而明於人，則在乎其人之功用如何耳。及其至也，實德成於身，則雖不言而體已備。即《易》之「無思無為，寂然不動」也。實行信於人，則雖不言而化已孚，即《易》之「不疾而速，不行而至」也。

> 靜與《易》俱入，動與《易》俱出；鼓之舞之，不知其然，而神於是乎可盡矣。分而言之：默與不言為神，成之與信為明；德為神，行為明，故曰：「神而明之。」合而言之：陰陽不測皆謂之神可也。然神在於德行，而不在於虛無，則皆謂之明亦可也。惟《易》之道，不可以偏觀，故體之者，其不偏亦如此。

「六存」之言，精義入神，是示人用《易》以成其德行。故項氏以為體《易》之道，

不可以偏觀，誠讀《易》之指南、玩辭之標竿。

8. 三陳九卦〔註33〕

〈下繫〉：「《易》之興也，其於中古乎？作《易》者，其有憂患乎？是故〈履〉，德之基也；〈謙〉，德之柄也；〈復〉，德之本也；〈恆〉，德之固也；〈損〉，德之修也；〈益〉，德之裕也；〈困〉，德之辨也；〈井〉，德之地也；〈巽〉，德之制也。」此一節釋卦名之義，為九卦之初陳。

「〈履〉，和而至；〈謙〉，尊而光；〈復〉，小而辨於物；〈恆〉，雜而不厭；〈損〉，先難而後易；〈益〉，長裕而不設；〈困〉，窮而通；〈井〉，居其所而遷；〈巽〉，稱而隱。」此一節釋卦之兩體，為再陳之義。

「〈履〉以和行；〈謙〉以制禮；〈復〉以自知，〈恆〉以一德；〈損〉以遠害；〈益〉以興利；〈困〉以寡怨；〈井〉以辨義；〈巽〉以行權。」此一節推卦之用，是九卦之三陳。

三陳九卦，項氏歸為〈下繫〉之第六章，以為此章論觀〈象〉者之法。凡象辭之體，皆先釋卦名，次言兩卦之體，末推卦用，故此章之序亦然。而獨取九卦者，乃擇其切於憂患者言之，以見作《易》之意，專為與民同患。〔註34〕而其所言君子修身之要，其可忽哉！

9. 四 相

〈下繫〉之末以象、變、辭、占推演聖人之知能，其言曰：「八卦以象告，爻彖以情言；剛柔雜居，而吉凶見矣。變動以利言，吉凶以情遷。是故愛惡相攻而吉凶生，遠近相取而悔吝生，情偽相感而利害生；凡《易》之情，近而不相得則凶，或害之悔且吝。」相攻、相取、相感之三情，由吉凶、悔吝、利害之三辭分出，而總屬於相近之一情。由是觀之：禍莫多於相近，人莫難於相近；此「四相」者，言爻

〔註33〕陸九淵語錄論九卦之語甚詳，見《象山先生全集》卷三十四。朱子《本義》注謂：「三陳九卦，以明處憂患之道。」其注簡約，但二家大意相同。又據象山先生云：「逮乎中古，情態日開，詐偽日萌，非明《易》道以示之，則質之美者無以成其德。聖人之憂患如此，不得不因時而作《易》也。」則較符合下文之意。

〔註34〕「三陳九卦」釋義，詳見《玩辭》卷十四〈繫辭下〉、「三陳九卦章第六」、「初陳」、「再陳」、「三陳」四條之內容。戴君仁先生〈易經的義理性〉一文之三釋〈繫辭〉下，引「九卦」此段，並貫通說之，甚可參考。其結論云：「這九卦是有層次，有先後本末而成系統的。其中立身處世，修己安人，學問事功各方面都說到了。象山云：『九卦之列，君子修身之要，其序如此，缺一不可。』說得很對！這是儒家的寶訓，人生哲學的要義，其價值不在《論語》、《孟子》之下。」推重若是！原文見《故宮圖書季刊》第二卷、第三期，民國61年1月；引載入黃沛榮先生《易學論著選集》，頁211～225，長安出版社出版。

之情。

項氏以爲：「相感者，情之始交，故以利害言之。相取則有事矣，故以悔吝言之。相攻則其事極矣，故以吉凶言之。遠近、愛惡、情偽，姑就淺深分之；若錯而綜之，則相攻、相取、相感之人，其居皆有遠近，其行皆有情偽，其情皆有愛惡也。故末章總以相近一條明之。」自「四相」之情而言，是可以見聖人知險知阻之深意。

10. 六　辭

〈下繫〉最末一節曰：「將叛者其辭慚，中心疑者其辭枝，吉人之辭寡，躁人之辭多，誣善之人其辭游，失其守者其辭屈。」項氏以爲自「六辭」言之，可以見聖人之「能說諸心，能研諸慮」。故演其義云：

> 言與實相叛故慚。吉者靜，躁者動，叛者無信，疑者不自信，誣者敗人，失守者自敗，皆相反對也。……以類推之，〈艮〉吉也，〈震〉躁也，〈兌〉叛也，〈巽〉疑也，〈坎〉喜陷爲誣善，〈離〉喜麗爲失守。人情大約不出於六者，蓋仁者默，勇者譁，能言者寡信，善巽者少決，智人多險，文士罕守，剛柔之變盡於此矣！

六辭者，爻之辭。命辭之法，必各象其爻之情，故觀其辭，可以知其情，而辭情之辨，得於心而體於身，是可期也。如此，則觀象玩辭，足以深味精思。

〈繫辭傳〉爲《易》義之引申擴展，其價值在於其哲學思想——說明宇宙萬物構成之原理，及天地事物矛盾、對立、發展、變化之軌則，又發揮儒家之倫理道德本質。項氏皆能正視而歸納闡析其義，其知言識道之功，深致歎服。

二、形上義理之解析

《玩辭》一書，雖爲注經解傳而作，然於《周易》義理之發揮，闡述精到合乎理要。通觀全帙，其著力於形上義理之解析者，亦云夥矣。茲以歸納所得，論次如下：

（一）《易》道本一

項氏以〈上繫〉「夫《易》何爲而作也」至「所以斷也」合爲一大章，文義相貫續，其條析「制作之本」云：

> 制作之本有三：有立象之本，有制器之本，有作書之本。……其一曰：「是故《易》有太極。」《易》之太極，即《禮》之太一也。有太一則有陰陽，是謂兩儀，此八卦之第二爻也。兩儀各有一陰一陽，是謂四象，此第二爻也。四象又各有一陰一陽，是謂八卦，此第三爻也。八卦既成，則六十四卦皆具而吉凶可見矣！……其二曰：「是故法象莫大乎天地。」萬物皆具奇耦之法象，而天地其最大者也。萬物皆具九六之變通，而四時其

最大者也。萬物皆有爻象之著明，而日月其最大者也。三者具，而《易》
之道備矣！……其三曰：「是故天生神物。」神物即蓍龜也。聖人則其知
來之神，以立卜筮。天地變化即四時也，聖人效其陰陽之變以立卦；天垂
象即日月也，聖人象其剛柔之發揮以畫爻，此七八九六之四象所以示也。
河圖、洛書，天地之文字也，聖人則其義理之明以作象辭、爻辭，此繫辭
之所以告，吉凶之所以斷也。此四者，言《易》之所由作也。

聖人作《易》之先，有立象之本，言爻象之所由生；有制器之本，言成器之所由立；
有作書之本，言《易》之所由作。而此三本者，起於太極，成於繫辭，而《易》之
始終備全。是「太極」者，《易》之原始。然「太極」者何？項氏釋之曰：

自奇耦未形以上，則謂之「太極」，不可以陰陽名也。自奇耦既形以下，
則謂之「兩儀、四象、八卦」，而陰陽之體定矣！體定而變化行。〔註35〕

《易》以剛柔立象，剛柔即奇耦；聖人以仁義立道，仁義即奇耦、剛柔之德性。故
《易》之變化，不出於剛柔；聖人之趨時，不出於仁義，而剛柔仁義至一之本，是
爲「太極」。故項氏以爲〈下繫〉之「貞夫一」，即〈上繫〉之「太極」；〈下繫〉之
剛柔，即〈上繫〉之兩儀。兩儀即太極，非兩儀之外，復有太極；剛柔即一，非剛
柔之外，復有一也。〔註36〕

一之始動爲〈乾〉，《易》之奇畫；一之復靜爲〈坤〉，《易》之耦畫。故〈乾〉、
〈坤〉即奇耦，奇耦即一。天地所以爲法象之大，日月所以爲陰陽之宗，人道所以
爲變動吉凶之主，亙萬古而長存者，一而已矣！一者何？剛柔仁義。剛柔仁義何所
自？太極。接太極而動者，〈乾〉而已；受〈乾〉而生，各有定形者，〈坤〉；繼道而
出者，仁而已；依仁而行，各有定理者，義。故項氏以爲：「動足以包靜，而動之本
又出於一。仁足以包義，而仁之本又出於一。」〔註37〕

聖人以一奇立萬化之本，復以六畫備一奇之變，此〈文言傳〉所謂「純粹精也」。
故項氏釋〈乾象傳〉「雲行雨施，品物流形」條曰：

元象一動，則屯而爲雲，解而爲雨，萬有一千五百二十之形出焉。奇

〔註35〕語見〈上繫〉〈書不盡言章第十二〉「五謂演盡利」條。「太極」一義，王夫之以爲「一
　　　渾天之全體」，項氏之意或近之：詳見蕭漢明著《船山易學研究》，1987年北京華夏
　　　出版社出版。

〔註36〕項氏之意，詳見《玩辭》卷十四〈繫辭下〉〈八卦成列章第一〉「剛柔立本至貞夫一者
　　　也」條。

〔註37〕語見〈下繫〉第一章「曰生曰仁」條。項氏曰：「天地之盈虛，皆主於生；聖人之慈
　　　斷，皆主於仁。故《易》之變通，一動一靜，而皆名之曰：動。聖人之仁，即天地
　　　之生，《易》之動也。〈彖〉曰：『大哉乾元。』〈上繫〉曰：『〈乾〉知太始。』又曰：
　　　『繼之者善也。』皆此意也。……」其理至善！

畫一著，則偶而爲夫婦，索而爲父子，而萬有一千五百二十之數出焉。元
之無所不通如此，此亨之所自出也。雲雨，皆生於天一之水，故自元而亨
者象之。

元始之動，萬形出焉；一畫之著，萬數出焉，故萬物萬事之始，惟〈乾〉爲能知之。
《易》之爲道，一與兩而已，此〈乾〉之所以爲萬物之父，而〈坤〉之所爲萬物之
母。故聖人體《易》於身，智窮萬理之原，則〈乾〉之始萬物；禮循萬理之則，踐
而行之，則〈坤〉之成萬物。項氏以爲：「道者，義之體，智之所知也；義者，道之
用，禮之所行也。」〔註 38〕由是觀之：《易》道皆所以體現仁、義、禮、智四端，
而歸之於易簡之至德。項氏於〈上繫〉、〈夫《易》廣矣大矣章第六〉敍末云：

　　　陽者，一之而已，豈非天下之至易乎？陰者，兩之而已，豈非天下之
　　至簡乎？天地之間，至大者天地，至變者四時，至精者日月，至善者至德。
　　　《易》之爲書，具此四者，豈不謂之備乎？

《易》之陰陽奇耦，相摩以成八卦，八卦相盪以成六十四卦，原其所終始，皆起於
至一無朕之中，復歸於至一無朕之始。至一無朕者，即太極之謂。〔註 39〕

（二）陰陽通變

　　《易》窮則變，變則通，通則久，故文王作書以〈乾〉、〈坤〉爲首，而名之曰：
「易。」其本旨正在於此。蓋治《易》之道無他，通其變而已。故《易》之所以能
廣大者，以其能變通；所以能變通者，陰陽二物而已！故項氏於《玩辭》卷十五〈說
卦〉、〈天地定位章第三〉「定位通氣」條曰：

　　　八卦雖八，實則陰陽二字而已。言其位之上下，則爲天地；言其氣之
　　蓄洩，則爲山澤；言其聲勢之發，則爲雷風；言其情性之眞，則爲水火。
　　　是故位雖定而氣則通，勢雖相薄而情不厭，明本一物也。

此以八卦言之，陰陽在初者爲長，在中者爲中，在末者爲少。初則爲氣，雷風；末
則爲形，山澤；中則爲精，水火。始觀變化者，必自陰陽始，而變化者，《易》之用。
故項氏於卷十三〈上繫〉、〈一陰一陽章第五〉敍陰陽之神妙曰：

　　　一陰一陽，猶言一出一入，明奇耦之迭用也。陰陽者，氣也；陰陽迭
　　用者，道也。道之所生無不善者，元也；萬物之所同出也。善之所成，各

〔註 38〕詳參〈上繫〉〈《易》其至矣乎章第七〉，《玩辭》卷十三。項氏釋此章義，以爲智爲
　　　　陽，禮爲陰也。
〔註 39〕「至一無朕」語，僅見《玩辭》卷十四〈上繫〉〈《易》與天地準章第四〉「三知」條。
　　　　案：朕者，我也，見《說文》〈舟部〉。古者尊卑均得稱朕；至秦，天子獨用此稱，漢
　　　　以下因而不改。項氏所謂「至一無朕」，愚意以爲即渾沌之原始，是「無」也，是「太
　　　　極」也。若以形上之義解之，即終極實在之本體。

一其性者，貞也：萬物之所各正也。……自《易》之顯者觀之，有法象之
著明，則道之一陽也，謂之仁可也；自《易》之藏者觀之，無方體之可測，
則道之一陰也，謂之智可也。一顯一藏，鼓動萬物而不已！……顯藏如循
環之無端，則《易》之一辭（案：「盛德大業至矣哉！」也。）足以兼之
矣。觀其畫一奇以開萬象，則奇也者，誠天下之至健，德之所以能日新也；
及其配一耦以成萬形，則耦也者，誠天下之之至順，業之所以能富有也。
極奇耦之數，至於萬有一千五百二十，以見天下之賾，則謂之占，即奇之
象也。通奇耦之變，至於千五百三十六卦，以效天下之動，則謂之事，即
耦之法也。究而言之：或顯或藏，莫知其方，則神之一辭（案：「神無方，
《易》無體。」也。）足以贊之矣！

陰陽之情惟感與常而已。往來無窮者，感也；相續不已者，常也。故〈咸‧象〉
曰：「天地感而萬物化生，聖人感人心而天下和平。觀其所感，而天地萬物之情可
見矣！」〈恆‧象〉曰：「日月得天而能久照，四時變化而能久成，聖人久於其道
而天下化成。觀其所恆，而天地萬物之情可見矣！」是可知，陰陽變通之道，在
感與常而已！

（三）體用一貫

　　聖人立象、設卦、繫辭三者，爲作《易》之成體；變通以盡利，爲用《易》
以處事；鼓舞以盡神，爲用《易》以成德，〈上繫〉、〈書不盡言章第十二〉所以體
《易》之妙用。故項氏解《易》，體用之義，皆一以貫之。試觀其論上、下經之大
要可知：

　　　　上經首〈乾〉、〈坤〉，終〈坎〉、〈離〉。〈乾〉、〈坤〉者，男女之正體；
　　　　〈坎〉、〈離〉者，男女之正用也。下經首〈咸〉、〈恆〉，終〈既濟〉、〈未
　　　　濟〉。〈咸〉、〈恆〉者，體之合也；〈既濟〉、〈未濟〉者，用之交也。故上
　　　　經爲男女，下經爲夫婦。〔註40〕

〈乾〉、〈坤〉相合於上經之內，而〈坎〉、〈離〉相合於下經之終；明〈乾〉、〈坤〉
爲體，〈坎〉、〈離〉爲用。〈坎〉、〈離〉者，〈乾〉、〈坤〉之用。故上經終於〈坎〉、〈離〉，
下經終於〈既〉、〈未濟〉。〈頤〉、〈中孚〉肖〈離〉，〈大〉、〈小過〉肖〈坎〉；故上經
以〈頤〉、〈大過〉附〈坎〉、〈離〉，下經以〈中孚〉、〈小過〉附〈既〉、〈未濟〉。

　　〈上繫〉、《易》有聖人之道章第十〉，闡論《易》有聖人之道四焉。項氏以爲：

〔註40〕引見《玩辭》卷七〈咸卦〉「上下經」條。又卷十六〈序卦〉「〈序卦〉演義」條論之
　　　甚詳可並參。

至精、至變、至神，《易》之體；唯深、惟幾、惟神，《易》之用。故曰：「夫《易》，聖人之所以極深而研幾也。」立此一句，以承上體起下用。〔註41〕

由是以觀，項氏於《周易》之結構形成及內在意涵，皆以體用一貫之義理闡之，其達詁確解，是可爲採信之資。

（四）形氣造化

《玩辭》卷十六〈序卦〉「下經三十四卦」條曰：

> 上經言天地之生萬物，以氣而流形，故始於〈乾〉、〈坤〉，終於〈坎〉、〈離〉，言氣化之本也。

> 下經言萬物之相生，以形而傳氣，故始於〈咸〉、〈恆〉，終於〈既濟〉、〈未濟〉，言夫婦之道也。

項氏之言，可謂洞觀《周易》上下經義理結構之根本。蓋《周易》上經始於〈乾〉、〈坤〉自重，下經終之以〈坎〉、〈離〉自合。〈乾〉、〈坤〉者，形氣之所以成；〈坎〉、〈離〉者，精血之所以運，運則雖終而無窮，此〈既濟〉之後繼以〈未濟〉，終始之大義在焉。故上經首天地，下經首夫婦，觀〈咸〉、〈恆〉、〈漸〉、〈歸妹〉四卦，而夫婦之道備。〔註42〕

氣者，造化之本；水、火以氣言，故〈坎〉、〈離〉主之。形者，造化之末；山、澤以形言，故〈艮〉、〈兌〉主之。雷、風、山、澤之氣，生於〈坎〉、〈離〉；而〈坎〉、〈離〉之氣，出於〈乾〉、〈坤〉。故項氏以爲上下經將終，受不反對四卦：〈頤〉、〈大過〉、〈中孚〉、〈小過〉，所以明雷、風、山、澤之正用；而四卦之象，皆肖〈坎〉、〈離〉。由是觀之，此兩儀生四象，四象生八卦所以然之理。〔註43〕

〔註41〕引見卷十三〈繫辭上〉《易》有聖人之道章第十〉「深幾神」條，項氏復闡其義曰：「物情難盡，惟精於占者能極遠近、幽深之情，而繫其辭，故雖深而無不至也。事變至微，人所易忽，惟明於變者能推分合、錯綜之文，而見其象，故雖微而無不察也。至於神，此則夫子耳順心從之事，非於深幾之外，復有所謂神也。〈下繫〉曰：『過此以往，未之或知也；窮神知化，德之盛也。此之謂也。』或指精、變、深、幾爲四者：精主占而言，深即占之辭；變主變而言，幾即變之象，亦不出於四事也。」

〔註42〕卷十〈歸妹〉「〈咸〉、〈恆〉、〈漸〉、〈歸妹〉」條曰：「〈咸〉、〈恆〉、〈漸〉、〈歸妹〉，夫婦之道備矣。〈漸〉止而巽、將嫁之時，女待男之禮也。〈恆〉巽而動，既嫁之後，婦從夫之義也。〈歸妹〉說以動，男女初婚之情也。〈咸〉止而說，夫婦終身之好也。然獨此卦名〈歸妹〉者，〈震〉東，〈兌〉西，夫婦之正位也。」故知夫婦者，生命有形之本也。

〔註43〕黃師慶萱先生《《周易》時觀初探》一文，引述項氏之言而爲之說解曰：「〈頤卦〉講的是民生問題；〈大過〉講的是社會行爲；〈解卦〉講的是農業生產；〈革卦〉講的是政治革命。四件都是大事情，其成功與時間有密切關係。……的確，這四件事是必須謹愼地拿穩時間來從事的。」又：「〈豫〉是悅樂，〈隨〉是追隨，〈遯〉是遯隱，〈姤〉

古者聖人觀象於天，觀法於地，以類萬物之情，以通神明之德。天地者，形氣之大者，一盈一虛，隨時而消長，則形氣之運於其間，從而可知。故觀象於天氣，觀法於地形，而萬物造化生成之奧妙，寓於是焉！

（五）時義為大

《玩辭》卷四〈豫卦〉「時義、時用」條曰：

〈豫〉、〈隨〉、〈遯〉、〈姤〉、〈旅〉，皆若淺事而有深意，故曰：「時義大矣哉！」欲人之思之也。

〈坎〉、〈睽〉、〈蹇〉，皆非美事，而聖人有時而用之，故曰：「時用大矣哉！」欲人之別之也。

〈頤〉、〈大過〉、〈解〉、〈革〉，皆大事大變也，故曰：「時大矣哉！」欲人之謹之也。

人死於〈過〉，而生於〈頤〉，〈頤〉受六十四卦之終氣，故〈頤〉、〈大過〉之時，與〈解〉、〈革〉同其大也。〔註43〕

《易》之時義、時用，由此十二卦可窺一斑。聖賢隨時之教，亦由是可知其微機。夫事物之動至難處也，聖人察其事機之會與其變動之宜，而爲之處事之法、隨時之理，於是動者定而不亂矣。故時止則止，時行則行，動靜皆不失其時，《易》隨時之大義如此，不可移易。

黃師慶萱先生〈《周易》時觀初探〉一文，以爲六爻是小規模之周流變易，六十四卦爲大規模之周流變易。故《周易》論時間之知解：由觀天，而察時，而明時；論時間之運用：由待時，而與時偕行，而趣時；於是〈象傳〉以「時大矣哉」、「時義大矣哉」、「時用大矣哉」表示對時間之強調。〔註44〕項氏《玩辭》於六十四卦三百八十四爻時位之屢遷變化，言之甚明，蓋與時推移，隨時因應，此天地之大義、人之終始。故天地萬物之情之心，所以能感聚而久者，是隨時爲大之明義。聖人教人以深思之、審別之、嚴謹之，而天地萬物生生不息之理，足以垂示萬世，無往而不大焉。

引述形上義理結構之解析如上，則項氏《玩辭》之本體大用，精義入微處，循

是遇合，〈旅〉是旅行。悅樂、追隨、遯隱、遇合、旅行，都是人生中可能經歷的平常事，但在時機上要適宜。萬一處理不當，也可能釀成災禍。……其中深意，是不可忽略的。」又：「〈坎〉、〈睽〉、〈蹇〉，代表險阻、對立、困難，可是有時也有正面的效用。〈坎〉的險阻有時能保國；〈睽〉的對立創造了人類萬物；〈蹇〉的困難也可訓練人去克服困難。」深入淺出，義理甚明。文見《中國學術年刊》第十期，中華民國七十八年二月出版。

〔註44〕詳參《中國學術年刊》第十期，頁1～20。

索之不盡，窮研而有蘊味。

三、人事義理之體察

項氏以理學、史學解《易》，故於人事義理闡論頗精，足爲習《易》學道者所法。茲以其犖犖大者，並前文所未見者，羅陳如后，庶亦可知《玩辭》體察《易》理之深刻，不可輕忽。

（一）道德、理義、性命

〈說卦傳〉第一章謂：「昔者聖人之作《易》也，幽贊於神明而生蓍，參天兩地而倚數；觀變於陰陽而立卦，發揮於剛柔而生爻；和順於道德而理於義，窮理盡性以至於命。」項氏於《玩辭》卷十五釋之曰：

> 道即天之命，德即人之性，義即地之理也。和順於道德而理於義，窮理盡性以至於命，此兩句反復互言也。《易》之奇耦，在天之命則爲陰陽之道，在人之性則爲仁義之德，在地之宜則爲剛柔之理。和順於道德而理於義，言《易》之所能也；故自幽而言以至於顯，此所謂顯道也。窮理盡性以至於命，言《易》之所知也；故自顯而言以至於幽，此所謂神德行也。

言《易》之知能，而及於三才之道德、理義、性命，可謂深切！蓋天道至教，故道者理之會通；聖人至德，故德者義之所在；天道之運，人極之立，曰仁與義而已。苟能順天理之正，應人心之公，則道之興廢、物之終始，大道亨通而萬事皆正，天命之也。而命者，天之所令，君之所造，是以道之廢興，豈非天邪？世之治亂，豈非君邪？故君子無時則躓，時命在天者；志於仁、志於道，在我者，雖困而必遂，非命所制。由是深思之：道是天命之流行，德是人性之稟受，義是地理之涵蘊，顯微闡幽，皆《易》知能之極功。

（二）居中守正

項氏《玩辭》釋爻，多以時位之中正言之，又兼論及人事之義。如釋〈豫卦〉「六二、六三」二爻之義曰：

> 六二辨於去就之分，如介於石間，斷然易識不待事成，故吉。……六三介於狐疑之地，既上視而不能去，又遲回而不能就，故多悔。二爻之相反，中正與不中正而已。中正之人則能早辨，故曰：「以中正也。」不中不正之人，則不能自決，故曰：「位不當也。」〔註45〕

二、五各爲上下二卦之中位；初、三、五屬陽，二、四、上屬陰，陰陽各得其性爲

〔註45〕引見《玩辭》卷四〈豫卦〉第七條；其下所引，見同卦第八條。

正，故《易》中凡居中守正諸爻皆貞吉，反之則凶；擬於人事亦然。〈豫〉六二居中守正，故吉，此中正之人所以能早辨；六三居不中不正之位，故多悔，此中正失守之人不能自決者。又六二貞吉，六五貞疾者，二正而五不正。項氏又論析〈豫卦〉「六二、六五」之義曰：

> 貞於正，故雖違眾而吉；貞於不正，是貞於疾也。疾可貞乎？君弱臣強是在疾，證爲陽虛而陰實，雖久而不亡，何樂之有？然而君昏於上，臣治於下；臣尚戴君，天命未改，中位未亡，謂之疾可也，謂之死不可也。此其平王之後，威文之時乎！

以人事史證之義參之，爻理昭然，固不待辨而明。蓋資秉中正者，則能自擇所隨，故居尊位大中而養天下，人道之常經。君子居中正之位，則其道可行，故君子之所樂，中正而已！他若卷六〈大畜☶〉九二、六五以上下耦觀之，九二爲六五所畜者，《玩辭》曰：「二性剛則得中，故能自脫其輹，而無過尤；五據利勢以制之，故爲豶豕之牙。」〈艮〉、〈乾〉互〈離〉，〈乾〉以健在內，〈艮〉自外止之，外能尚賢以畜人才，內能止健以畜天德，所畜若此，可謂大正！故「象」條釋曰：「畜人畜物，皆不爲大；畜財畜兵，皆不爲正。畜之大正者，不過畜賢、畜德二事而已！能畜人才則不私其祿矣！」此言居中守正之致用，其重若此。

（三）修身養德

項氏釋〈小畜〉、〈大象傳〉曰：

> 以山畜天，則日月星辰、風雲雨露，升降於一山之中，其所畜積大矣！以風畜天，則其力之所至，止於盪摩披拂，是以謂之小懿者，小德之名。……君子以小懿而文大德，雖不若前言往行，啓發培灌之多，然而和氣、令辭、婉容、愉色，聖賢所以輔成其德者，不可廢也。

《易》之意，凡以爲君子謀，故聖人見天地之心，而君子亦以是見聖人之心。《易》之所以貴於早辨，惟明者能之，意亦猶是，是以君子之所震，恐懼脩省而已，君子之所說，朋友講習而已！講以辭說之，相會以文；習以身行之，相觀以善。恐懼脩省者，天下之事，不可以細微而不謹，不可以親暱而不敬，此自謹謀始之誨，豈不深切著明乎？〔註46〕他如〈大壯〉之象曰：「君子以非禮勿履。」〈晉〉之象曰：「君子以自昭明德。」故《玩辭》卷七分釋其〈大象〉之義曰：「君子所以養其剛大者，亦曰『非禮勿履』而已。內知非禮屬〈乾〉，外能勿履屬〈震〉，知行如此，非至壯

〔註46〕文義並參《玩辭》卷二〈訟卦〉「大象」條、〈小畜〉「大象」條，卷十〈震卦〉「〈震〉、〈兌〉」條，卷十一〈兌卦〉「大象」條。

者其孰能之？」又云：「明之出乎地，非人進之，自進而已！明德之發乎身，非人昭之，自昭而已！明德以象日，自昭以象出地。」由是觀之，並合以他卦之義，《易》之所以修吾身而養吾德者，在於知行合一，自進自昭而已。此聖賢教人「爲德在己，豈由人乎哉」之至意，洵堪玩味！

　　以上三節目，條析《玩辭》《易》學之底蘊，大致可明其要義。綜之，項安世用心於《易》，不惟極深研幾於經傳義理之奧，尤多措意乎象數之變占，退藏於密，體究多方！又於形氣之辨、體用之分、陰陽之體及性理之義、中正之道、君子之行，罔不殫精竭慮，體悟良深！縱觀平甫先生一生處於憂患之中，故於經史人事，用力特多。筆者讀《玩辭》一書，推闡平甫先生之苦心孤詣，論析雖疏略難精，然本之以察其原，推之以返其始，道不離人，又何遠乎哉？

第八章 結 論

　　項氏《易》學之精蘊，盡見於《周易玩辭》一書。《項氏家說》卷一〈說經篇一〉、卷二〈說經篇二〉，又存其《易》說凡三十五條，足以考見其象數《易》學之傳承來自，故摭拾其說，以爲論證之資，是爲研究項氏《易》學現存之完整材料。

　　《周易》，爲《六經》之原，《漢書‧藝文志》固已言之。故研《易》乃讀經之本，治學之歸。然《周易》之學，又有漢、宋之分，漢《易》以注釋象數爲特徵，宋《易》以理學闡義爲主流，《易》遂爲諸儒論性講道之宗尚，彬彬盛矣！項氏生當南宋理學鼎盛之時，融會諸說，述爲《玩辭》，彰漢《易》象數之微旨，顯宋《易》義理之精華。故能極深研幾、明體達用，於象變辭占之法，多所發明，是《易》道入門之津引，探賾索隱之南針。今以淺薄學力，撰成斯篇，猶未能窺其全貌、論其體要，是所遺憾。但以嚮往之心，見道一偏，歸結以稱其學焉。

第一節　項氏《易》學之特色

　　《玩辭》一書十六卷，條記註釋四聖之辭，闡《易》道之至理，明象數之奧旨，辨蓍策之妙法，潔靜精微，殆無餘蘊！窮究其書，足以上體天地自然之原本，下備內聖外王之實學。項氏平庵先生輔贊《易》道，潤澤士林，豐饒學海，實爲有功！故論其《易》學之特色，歸納爲五項以言之：

一、博採眾家，《程傳》為宗

　　項安世撰述《周易玩辭》十六卷，淵源前賢，博採眾家，而以程子《易傳》重辭爲宗。〔註1〕故自述其學曰：「安世之所學，蓋伊川程子之書也。」伊川《易》學

〔註 1〕詳參本文第四章〈項安世《易》學之淵源〉。

重辭而略象，項氏則加之以象而求之，可謂踵事增華者。如以《玩辭》全書觀之，其所博採諸家達四十餘家之數，取資如是之廣，源頭活水，汨汨不絕！

程子《易傳》，其序曰：「予所傳者，辭也。由辭以得意，則有乎人焉。」伊川傳辭，安世玩辭，蓋善學程子者。程子爲北宗理學之巨擘，導義理《易》學之主流，其影響之深閎，至今不息。然則，項氏受讀程子《易傳》三十年，以其所得於《易傳》者，述成《玩辭》，自謂其文無與《易傳》合者，又其本末條貫，無一不本於《易傳》者。〔註2〕由是觀之，項氏《易》學之造詣，乃宗本於程子《易傳》，而博採眾家之說，是可謂後出轉精，轉益多師者。

二、詮解多方，特尚比較

《周易玩辭》十六卷，九七四條，綜合歸納之，可知其詮釋、解析《易》道之法要，殆有以下諸端：釋名定義、引述考徵、史事證《易》、比較分析。〔註3〕然其中尤以比較分析之法，最爲項氏釋《易》之特色。

大體而言，項氏比較分析之法可粗別爲：卦與卦之比較、辭與辭之比較、爻與爻之比較、象與象之比較……。析同以別異，其法備，則考據明、象數顯，義理因之益精，《易》道爲之大明。卓識慧眼，時而令人歎爲觀止！試檢視其書，連篇累牘，莫不皆然。學者以思，《易》豈難哉？

三、《易》例發凡，以見指撝

《玩辭》一書於《易》之發凡起例，頗見心得。〔註4〕蓋《易》例者，足以統合節目、匯歸條理。項氏自述其書以天道、人事、《易》象三者合而言之，經傳之間大率如是；故凡例所以發起者，亦以是三者爲宗旨，循索以求，其義奧之指撝，不難體察深見之。

項氏發明《周易》凡例，隨文演義，多見指撝。然於經傳辭文、卦爻之例，必求「統之有宗，會之有元」，乃足以推辭得意，通象達理，明體適用，故用力措意尤多。凡所發明，雖不必盡發《易》之本蘊，亦足以導後學之來徑，其輔翼王弼《略例》之功，擬諸孔《疏》、程《傳》，亦在頡頏之間。

四、象數義理，相輔相成

納蘭成德序《周易玩辭》十六卷，稱其書曰：

> 發揮卦爻，抉摘精蘊。其意以爲：辭者，象之疏也；玩辭者，讀《易》

〔註2〕引見項安世《《周易玩辭》序》，嘉泰二年壬戌之秋重修再書者。
〔註3〕詳參本文第五章《《周易玩辭》釋《易》之方法》。
〔註4〕詳參本文第六章《《周易玩辭》《易》例發凡》。

之法也。不玩其辭而知其象，不知其象而能觀變玩占，以盡人合天者未有
也。其言苞舉天人，兼該理數，學者探索之不盡。

由是可知，項氏於辭之外，特重象，以爲《易》道四，實則二：象與辭是也。變則
象之進退也；占則辭之吉凶也。不識其象，何以知其變？不通其辭，何以決其占？
〔註5〕其所論象重卦畫之象，如卷一〈乾卦〉「象」條曰：

凡卦辭皆曰：「象。」凡卦畫皆曰：「象。」未畫則其象隱，已畫則其
象著，故指畫爲象，非謂物象也。〈大象〉總論六畫之義，〈小象〉各論一
畫之義，故皆謂之「象」。其曰「天」、曰「龍」者，自因有象之後，推引
物類以明之爾。本稱《易》象者，非此之謂也。

此條義涵，簡明而合於孔子述象之本旨，亦不背於程子以辭盡意，而含括象、占與變
之意。是項氏《玩辭》之書，義理淵源伊洛；而於象變之際，紬繹尤精，明暢正大，
無牽合附會之癖。〔註6〕項氏又於大衍之數，推闡用力，著策之數、卦變之法，莫不
精研窮索，故其《易》學之造詣，可謂集象數、義理之雙璧，相輔以成一家之言者。

五、彖象爻傳，兼綜並釋

《玩辭》於六十四卦三百八十四爻，皆先釋各卦象義，明其所由之主，以見
卦體、卦辭、卦德之義；復釋各卦大、小象義，明其推引物類之旨，彖、象之間
無同義者，皆所以互濟其用，而廣衍《易》道。又闡論各卦六爻之義，比較分析，
或以時言、或以位言、或以德言，辭意精蘊，無一不明。《十翼》之中，〈文言〉、
〈彖〉、〈象傳〉已併各卦爻言之，項氏依類分卷，各立章節條目以釋〈繫辭〉、〈說
卦〉、〈序卦〉、〈雜卦傳〉，義理昭彰，脈絡分明，是其玩辭觀象之總絡，故《易》
之四道，靡不備完！

項氏重辭與象，兼該理數，爻象尤貫通，又遍考諸家，斷以己意，誠精且博。
是其書之宜輔《程傳》、《朱義》而行也審矣！再者，《玩辭》義理闡述之精闢，文辭
修飾之雋美、考證駁辨之謹嚴，淺近醇實，明白正大，項氏之《易》，爲有用之學，
其不然哉？

第二節　項氏《易》學之影響

項氏《玩辭》羽翼《程傳》，以象補程子之辭，其爲伊川《易》學之流衍，殆無

〔註5〕引見項安世自序《周易玩辭》。又有關項氏象數、義理《易》學之實際，詳參第七章
　　　《周易玩辭》《易》學內涵探微〉。
〔註6〕參見馬端臨序《周易玩辭》語，前亦嘗引見。

可疑。而宋代《易》學，以理學派之《易》學爲主流，影響當時及元、明、清與近
代至鉅！

元、明二代以程、朱《易》學爲主流，彬盛眾家；有清一代，沿宋、元、明之
遺緒，以理學、圖書、象數、史事、占筮、佛老解經者仍大有人在；而於《易》之
考據、音韻、論述、凡例、輯佚者尤能超邁前代！乾隆、嘉慶以後，考證學興，則
成象數派專執牛耳之時，故漢代象數之學，又成擅場之勢。民國以來之《易》學，
大致仍襲清末《易》學之緒，多兼及圖書，推崇象數者；亦有專主義理，而歸宗理
學者；又有融《易》於佛、老，欲以濟時者……，承先啓後，所以紹繼往聖之絕學，
開創文化復興之契機。〔註7〕

《玩辭》之書，兼闡義理、象數，其意欲於《程傳》之外補所不足，宋末行於
世，諸家皆稱引之。後來學者不多見是書，其學之影響並不深遠，惟宋元學者則推
崇其理、數、象、事兼重之義，或採集其說而已！考其學脈，附諸程、朱理學釋《易》
之源流以觀可也。茲以宋末元初，有取於項說者，以覘其影響之一斑：

一、吳　澄（1249～1333）

納蘭成德序《周易玩辭》謂：「吳草廬爲學得力於《易》，自注疏程、朱外，惟
取是書及蔡節齋（淵，1156～1236）《訓解》，則是書之宜輔《傳》、《義》而行也審
矣，可不急爲傳之乎？」由是可知，吳澄注《易》，撰《易纂言》十卷，多有取於項
說者，其書猶可觀焉。

吳澄，字幼清，晚字伯清，撫州崇仁人。宋咸淳六年（1270）領鄉薦，春試不
利，還構草屋，講學著書其中，人稱草廬先生，元至治三年（1323）超拜翰林學士，
泰定元年（1324）任經筵講官，修《英宗實錄》畢，復棄歸；元統元年（1333）卒，
年八十五，諡文正。著有《吳文正集》一百卷，《易纂言》十卷，《易纂言外翼》八
卷……等書。〔註8〕其注《易》皆決於象，其釋經詞簡理明，破傳注之穿鑿，多爲程、
朱所未及者，《四庫》謂爲元人《易》說之一巨擘，信有功於《易》學者。〔註9〕

二、俞　琰（1258～1314）

俞琰精於《易》，作《大易集說》十卷，一作《會要》，又《大易纂圖》二卷、《古
占法》一卷。一家三代習《易》，藏書甚富；《周易玩辭》宋江陵項氏建安書院刊本，
賴其保存，故能流傳至今。第三章曾論其鑒藏之跡，是亦有取於項說，而卓然成一

〔註7〕詳參徐芹庭先生《易學源流》上、下二冊，國立編譯館主編。
〔註8〕吳澄本傳，詳見《元史》卷一七一及《宋元學案》、《補遺》卷九二〈草廬學案〉。
〔註9〕吳澄注《易》皆決於象，沿漢《易》於不墜。徐芹庭先生《易學源流》於元代之《易》
　　　學，列其學爲圖書象數派《易》學之首。參見該書下冊，頁823～824。

家者。〔註10〕

　　臺北國家圖書館善本書室現藏有《周易俞氏集說》《周易》象傳說》——〈象傳〉上卷殘本，前題爲林屋山人俞琰、玉吾叟，又題林屋山人俞琰集說，猶可見得集引《玩辭》內容大概，雖與傳本稍異，其義則同。〔註11〕

　　〈豫象傳〉集說，下引項平庵說曰：

　　　　〈豫〉、〈隨〉、〈遯〉、〈姤〉、〈旅〉，皆若淺事而有深意。故曰：「時義大矣哉！」欲人之思之也。〈坎〉之險難，〈睽〉之乖異，〈蹇〉之跋涉，皆非美事，有時或用之，故曰：「時用大矣哉！」欲人之別之也。〈頤〉、〈大過〉、〈解〉、〈革〉，皆大事大變，故曰：「時大矣哉！」欲人之謹之也。

俞琰《易》說博採眾家之書，而以程、朱爲宗，是亦理學釋《易》之流亞支裔，與項氏殆淵源同本，而取法乎上。

三、董真卿

　　元代爲《易》學集解者，董眞卿《周易會通》十四卷，會通象數與義理，爲世所重。嘗稱《項氏家說》解《易》之精要，亦爲推重項氏《易》學者。其於程、朱之書，沈潛玩繹，煥乎通矣，得聖賢著書立言之意，是知《易》而有功者焉。

　　董眞卿，字季眞，鄱陽人。受學其父，與祖述朱子《易》學之理學派大家胡一桂合撰《周易會通》十四卷，《易傳因革》一卷。《因革》由伏羲畫八卦以來，歷代之注解及其所因所革，敍其大較，列之編首，使讀者不惑於古今之同異與程、朱之因革，則其書在當時殆附於《周易會通》前歟？而《會通》者，蓋會通諸家之《易》，兼搜博采，務持象數與義理之平。其書先則集義理之程朱爲重，後則兼取象數之朱震、林栗而會通之，亦能得《易》之體要者。其與項氏理數兼重、辭象俱備之《易》學，殆同然哉！

　　元明二代，程子《易傳》與朱子《本義》並行，定爲制令，功利所趨，學者若鶩。然習者雖眾，而知之、好之、樂之者寡，故顧炎武歎喟曰：「八股行而古學棄，大全出而經說亡。」〔註12〕其有《易》著傳世者，皆兼採程朱，爲其流裔。其中，明代萬廷言少讀《程傳》，頗通其辭，山中三十年，端居深玩，時或通其義。因詮次所得以備觀省，蓋篤守伊川《易》學如項氏者。項氏自言受讀《程傳》三十年，而

〔註10〕俞琰傳略及家藏《玩辭》之播衍，參見本文第三章第四節《周易玩辭》考釋〉三「鑒藏」下。

〔註11〕〈象傳集說〉：「〈坎〉之險難，〈睽〉之乖異，〈蹇〉之跋涉。」與今本「〈坎〉、〈睽〉、〈蹇〉」異。其下「有時或用之」，與今本「而聖人有時而用之」又異。

〔註12〕引見顧炎武亭林先生《日知錄》卷十八「書傳會選」條。

述爲《玩辭》，其與《程傳》同道而異功，皆足以昭示來茲，啓導後學。其《易》學之影響，殆亦附《程傳》之驥，而卓然成一家之言者。

第三節　項氏《易》學之評價

項氏《易》學傳世之作，惟有《周易玩辭》一書及《項氏家說》卷一、卷二條記《易》說諸論。自言歸宗程子《易傳》，然於推闡義理之外，又兼求象數、人事之學，故後來學者皆盛相抱重，許爲輔贊《程傳》、《朱義》之理數《易》家。而清人王懋竑《白田雜著》卷八〈書項氏《玩辭》後〉獨排斥甚力，而深詆之曰：

> 平甫項氏《玩辭》十六卷，項氏以《玩辭》名其書，蓋明與朱子背違；而自言以所得於《易傳》者，述爲此書，其文不與《易傳》合，而本末條貫，無一不本於《易傳》。今考其實不然：於義理絕無所發明，而繳繞於文辭之間，牽合附會，破碎穿鑿，於《程傳》無毫髮之似。

> 項氏嘗與朱子及象山先生往還，象山譏其喜文辭、好議論，蓋所不許。而朱子詆斥，不遺餘力。其末後一書有云：「將此草本立一切法，橫說豎說，誑嚇後生。」蓋雖未見《玩辭》之書，而已預有以斷之矣！

> 貴與（馬端臨）、道園（虞集），文章博學之士，於經義甚疏，故皆未之深考，而漫有所稱道。至直齋陳氏（陳振孫）謂其補《程傳》所未足，徐氏（徐之祥）又謂於《本義》多所發明，尤似夢囈之語。其於項氏之書，並未嘗一讀也。

> 朱子之學蓋不及一，再傳而已，非其舊。故是書盛行於宋季，而莫有能辨之者。臨川吳氏（吳澄）作《纂言》，多有取於項說，蓋其牽合附會，穿鑿破碎，適有相類。以之啓導後學，愈淆亂矣！子曰：「索隱行怪，後世有述焉。」余懼今之人必有以爲與《傳》、《義》相輔而行，且又以爲出於《傳》、《義》之上者，此不可以不辯也。乃備爲之書其後。

王氏嚴評，自有其體會深察者，正視以思，又何傷於項氏立不易之方耶？故《四庫總目》贊之曰：「合觀兩書（《玩辭》、《家說》），安世之經學深矣！何可輕詆也？」試以朱、陸答書觀之〔註13〕，王氏歸咎於項氏之喜文辭、好議論，橫說豎說、誑嚇後生者，實乃誤解文義，有違本心。又譏毀其於義理絕無發明，但繳繞於文辭之間，

〔註13〕王氏所引朱、陸答項氏語，詳見本文第二章〈項安世之交游〉附錄：朱熹〈答項平父〉之八，及陸九淵〈與項平甫〉書，皆爲譏評時人而發，以爲項氏戒者，蓋師友之勗勉，非教訓指摘之語。

牽合附會，破碎穿鑿者，則又有過甚偏頗之失。至謂馬端臨等未觀其書，經義甚疏，而漫加稱許，以為似夢囈之語，未嘗一讀者，以諸家題序觀之，豈其然哉？〔註14〕則又患妄疵前賢之病，有失厚道。是非俱在，自有公論。

一、虞　集（1272～1348）

　　虞集，字伯生，號邵庵，撫州崇仁人。早從吳澄遊，累官陞遷甚顯達，元至正八年（1348）卒，年七十七，諡文靖。工詩文，有《道園學古錄》五十卷，《道園遺稿》六卷。〔註15〕

　　道園先生序《周易玩辭》，深歎項公安世之為知言！稱之曰：「項公以其玩於辭而得之者，筆於書，使後之學者因其言，皆有以玩於前聖之辭而得焉。此項氏著書之意也。」是故聖人因象以措辭，後學因辭而測象，而聖人畫卦立象之精蘊，捨辭何由哉？此項氏玩辭、重辭之至意。矧項氏以《程傳》義理為宗，又與朱、陸二先生從遊而問辨咨決，廣結交焉。故虞集以為：

　　　　於是項氏之學，上不過於高虛，下不陷於功利。而所趨所達，端有定
　　　　向。然後研精覃思，作為此書。外有以采擇諸家之博聞，內有以及乎象數
　　　　之通變。奇而不鑿，深而不迂，詳而無餘，約而無闕，庶幾精微之道焉。

試由本文研討各章觀之，項氏交遊多士，淵源眾家，發凡起例，象數、義理講明指歸，虞氏之贊語允得其實，信非虛論。尤其，後來習《易》君子，多有取於其說，而深求於程、朱《易》學，蓋皆有所憤悱於缺塞者，則項氏翊贊之功，豈徒然哉？是其書之可廣而傳之，殆非虛美。世之好學深思鴻儒、雅博專門碩彥，得之以玩辭觀象，則可以盡三才之道、四聖之情，故所謂內聖外王之學，開物成務之事，斯有本焉。

二、馬端臨（1254～？）

　　馬端臨，字貴與，樂平人，宋丞相廷鸞子。從學於曹涇，咸淳九年（1273）漕試第一。至元間（1264～1294）任慈湖書院山長，歸教於鄉；延祐五年（1318）復起為柯山書院山長，至治三年（1323）遷台州路學教授，尋引年歸。著有《文獻通考》三四八卷。〔註16〕

〔註14〕虞集序曰：「集之壯歲至好此書，每取其說，以與朋友講習。」徐之祥序曰：「予幼嗜《易》，祖《程傳》，宗《本義》，諸儒訓解中，取平菴項氏《玩辭》，熟讀精思。」馬端臨序曰：「家有善本，先公嘗熟復而手校之，……輒誦所聞。」三儒於項氏《玩辭》之書，所好而喜其道者，誠非虛淺。

〔註15〕虞集道園先生，傳見《元史》卷一百八十一及翁方綱《虞文靖公年譜》，不具載其生平事略。

〔註16〕傳詳見《新元史》卷二三四、《元史類編》卷三四及《宋元學案暨補遺》卷八十九〈介軒學案〉。

馬氏序《周易玩辭》以為：自義理之學大明，而變象之說幾晦。故論變、象之說曰：

> 愚嘗以為變之說不一：有隨時之變，……有逐爻之變，……有逐卦之變，……。象之說亦不一：有卦畫之象，……有大象之象，……有〈說卦〉之象，……。至簡要者，隨時之變也；至支離者，逐卦之變也。至精微者，卦畫之象也；至瑣碎者，〈說卦〉之象也。必研究其簡要、精微者，而不拘泥其支離、瑣碎者，則曰象曰變，固無非精義至理之所寄也，豈有二哉？

馬氏所論可謂深明象、變精微、簡要之旨，豈堪稱「文章博學之士，於經義甚疏，未之深考」之漫語？而項氏《玩辭》之書，義理淵源伊川《易傳》，於象變之際，紬繹尤精，馬氏以為明暢正大。由其書觀之，合前章諸論推之，又豈堪蒙「牽合附會，穿鑿破碎」之議哉？

三、徐之祥

徐之祥，字麒父，號方塘，德興人。元·延祐六年（1319）由欽州教授轉上林主簿兼尉。〔註17〕

徐氏序《周易玩辭》，自言其幼嗜《易》，祖《程傳》、宗《本義》，取項氏《玩辭》熟讀精思，於是道德性命之原，開物成務之故，一出於奇耦往來不窮之變，曰象與占，隨時取義，玩辭可知。故以為先生此書，不特有裨於程子七分之傳，當時往復問學於朱子之門，其於《本義》亦多所發明，惜朱子未及生見其書。

項氏《玩辭》以為：在《易》象則奇爻一畫之始，萬變皆起於奇，故寄之一畫足以統《易》之全象。故奇畫一著則耦，奇耦陰陽化生，而萬形萬數出焉。其理數之說，於〈繫辭傳〉各章推闡甚明，徐氏讀書體《易》之贊，又焉得囈語之哂邪？

四、納蘭性德（1654～1685）

納蘭性德，原名成德，字容若。納蘭氏，滿洲正黃旗人。康熙十五年（1676）進士，授乾清門侍衛。少從姜宸英遊，喜為古文辭。鄉試出徐乾學之門，遂授業焉。善詩，其詩飄忽要渺，絕句近韓偓，尤工於詞，所作《飲水側帽詞》，當時傳寫，遍於村校郵壁，人謂李璟後身云。生平淡於榮利，書史外無他好，愛才喜客，所與遊皆一時名士；晚更篤意經史，屬友人秦松齡，朱彝尊購求宋、元諸家經解，後啟於乾學，得鈔本一四〇種，曉夜窮研，學益進。嘗延友人陸元輔合訂刪補《大易集義粹言》八十卷，《陳氏禮記集說補正》三八卷，又刻《通志堂九經解》一八〇〇餘卷，

〔註17〕傳見《新元史》卷二三五，《元史類編》卷三六，及《宋元學案補遺》卷三七〈漢上學案〉。

皆有功後學。精鑒藏，書學褚河南（遂良），見稱於時。嘗奉使覘棱龍諸羌，三十四
年卒，年三十一。歿後旬日，適諸羌輸款，上時避暑關外，遣中使拊其几筵，哭而
告之，以其嘗有勞於是役。著有《通志堂詩集》五卷、《詞》四卷、《文》五卷、《淥
水亭雜識》四卷，又有《全唐詩選》、《詞韻正略》、《湛園文稿》、《葦間詩集》等書
傳世，洵大有功於學林詩壇。〔註18〕

《玩辭》一書盛行於宋季，迨元大德中，淮西廉訪僉事幹玉倫徒常刻於齊安，
而馬端臨、虞集爲之序，性德以爲數百年來傳本漸稀，幸得於其師徐乾學東海先生
所藏善本，因重校而梓之，刊成於清康熙十九年（1680），是爲《通志堂經解》《周
易玩辭》版本之所從來，亦爲後來《四庫全書》搜集鈔錄之所本，則其傳世之不易，
是誠寶笈。〔註19〕

納蘭氏序《周易玩辭》贊其書曰：「發揮卦爻，抉摘精蘊。……其言苞舉天人，
兼該理數，學者探索之不盡！」又云：「陳直齋（振孫）謂《程傳》一於言理，盡略
象數，而此書未嘗偏廢；程氏於〈小象〉頗欠發明，而此書爻象尤貫通。又謂其遍
考諸家，斷以己意，誠精且博。不其然哉？」項氏書猶在，以前述各章節考之，則
《玩辭》暢言天道、人事、《易》象之旨，靡不朗昭可觀；其於經傳辭意之釋解、爻
象動變之分析，罔不竭其所能，期其至當！是以博採諸家訓詁、考據、義理之說，
證以聖論史事，條記所得，斷以己意，故其書可稱精博之書，其人可謂雅正之儒。

上述諸家皆碩學鴻儒，其評騭之語，自非妄下筆墨，必實求其所驗，乃敢爲言。
諸家讜論，皆共見推崇之意、褒獎之忱，而後來學者亦無不明察項氏之所本、所立。
故《玩辭》之足以成一家之言，爲世所法者，是信有可取之處，而非浪得虛名。習
《易》求道初學如吾儕者，正合以之爲登階入門之書，玩辭觀象之鑰。其可不急爲
傳之乎！

夫《易》之爲書，廣大悉備，盡三才之道，備六合之理，學者窮研之不盡，達

〔註18〕錄自蔡冠洛編《清代七百名人傳（下）》，師大總圖書館參考室藏。性德號楞伽山人，
其師徐乾學（顧炎武甥）爲作《墓誌銘》，《清史稿》卷七十四述其傳，海寧張任政
作《納蘭性德年譜》，可以考見其生平學行之事蹟，然齋辛於而立年後，英俊不壽，
誠可歎惜。

〔註19〕《周易玩辭》之板本與鑒藏，參見本文第三章第四節〈《周易玩辭》考釋〉。又幹玉倫
者，北庭人；虞集序以爲：「今淮西廉訪僉事幹君克莊，好古博雅，學道愛人。嘗以禮
學貢於有司，而不及奏有旨，俾居成均；勤苦數載，有人所不能堪者。文宗皇帝臨御，
開延閣以待天下之士，乃特召見，得與論思之次，一時謂之得人。持節淮壖，至於江
上，取是書（《玩辭》）於篋，俾齊安郡學刻而廣之，蓋歎乎學者之不多見是書也。」
性德以是謂：「有元一代，縉紳士大夫，通經慕古，宋世之風規，未嘗墜也。」則幹玉
倫克莊先生，是《玩辭》傳世之大功臣。今其書猶得觀玩者，思源知本，其可忘乎！

士深玩而有味，累代奕世，濚歟盛哉！筆者性靜敏感，雅愛經史，雖讀書不多，才學難濟，猶不敢妄自菲薄；恆孜孜以從師，故學稍進而質益彰，皆拜上庠仁師良友之賜，是以衷心感念，不敢或忘。而筆者賴氏始祖爲姬周胤孫，封國命氏，郡望潁川；五胡亂華，流徙南遷，宋後世居贛南寧都，繼徙粵東五華，人稱「客家」。清初移墾，拓荒南臺，秘書祖光，積善家訓，一日弗諼。書成斯篇，所以識原始，並勵來茲。〔註20〕

參考書目

一、項安世傳世著作（經、子、集類各一）

（一）《周易玩辭》

1. 臺北國家圖書館藏，宋寧宗時江陵項氏建安書院刊本，八冊十六卷。微卷影印自藏。

2. 國立故宮博物院藏，清康熙十九年通志堂刊，乾隆五十年修補本，四冊十六卷。成文出版社，嚴靈峰編《無求備齋易經集成》，據清康熙十九年《通志堂經解》原刊本影印，第一一○、一一一冊。又：漢京文化事業公司出版，《通志堂經解》本第三冊。

3. 國立故宮博物院藏，清乾隆間寫《文淵閣四庫全書》本，十六冊十六卷。臺灣商務印書館影印發行，經部易類第八冊。

4. 國立故宮博物院藏，清乾隆間寫《摛藻堂四庫全書薈要》本，十冊十六卷。臺灣世界書局影印發行，經部易類第三冊。

（二）《項氏家說》

1. 國立故宮博物院藏，清《文淵閣四庫全書》本，四冊十卷，附錄二卷。臺灣商務印書館影印發行，子部儒家類第七○六冊。

2. 國立故宮博物院藏，清乾隆四十七年《武英殿聚珍》本，六冊十卷，附錄二卷。臺灣商務印書館《叢書集成簡編》第一○二冊。

（三）《平庵悔稿》

1. 國立故宮博物院藏，清嘉慶間阮元進呈影舊鈔本，六冊十二卷。臺灣商務印書館影印發行，《宛委別藏》第一○三冊。

2. 國立中央圖書館藏，清趙魏編手鈔本，四冊十四卷，後編六卷，《丙辰悔稿》一卷，微卷影印自藏。

二、經　類

1. 《周易正義》，王弼、韓康伯注、孔穎達等正義，藝文印書館，景印阮元審定清嘉慶二十年江西南昌府學開雕重刊宋本《十三經注疏》，民國 74 年 12 月十版印行。

2. 《尚書正義》，孔安國傳、孔穎達等正義，藝文印書館，景印阮元審定清嘉慶二十年江西南昌府學開雕重刊宋本《十三經注疏》，民國 74 年 12 月十版印行。

3. 《毛詩正義》，毛公傳、鄭元箋、孔穎達等正義，藝文印書館，景印阮元審定清嘉慶二十年江西南昌府學開雕重刊宋本《十三經注疏》，民國 74 年 12 月十版印行。

4. 《周禮注疏》，鄭元注，藝文印書館，景印阮元審定清嘉慶二十年江西南昌府學開雕重刊宋本《十三經注疏》，民國 74 年 12 月十版印行。

5. 《儀禮注疏》，鄭元注、賈公彥疏，藝文印書館景，印阮元審定清嘉慶二十年江西南昌府學開雕重刊宋本《十三經注疏》，民國 74 年 12 月十版印行。

6. 《禮記正義》，鄭元注、孔穎達等正義，藝文印書館，景印阮元審定清嘉慶二十年江西南昌府學開雕重刊宋本《十三經注疏》，民國 74 年 12 月十版印行。

7. 《春秋左傳正義》，杜預注、孔穎達等正義，藝文印書館，景印阮元審定清嘉慶二十年江西南昌府學開雕重刊宋本《十三經注疏》，民國 74 年 12 月十版印行。

8. 《春秋公羊傳注疏》，何休注、徐彥疏，藝文印書館，景印阮元審定清嘉慶二十年江西南昌府學開雕重刊宋本《十三經注疏》，民國 74 年 12 月十版印行。

9. 《春秋穀梁傳注疏》，范寧注、楊士勛疏，藝文印書館，景印阮元審定清嘉慶二十年江西南昌府學開雕重刊宋本《十三經注疏》，民國 74 年 12 月十版印行。

10. 《論語注疏》，何晏等注、邢昺疏，藝文印書館景印，阮元審定清嘉慶二十年江西南昌府學開雕重刊宋本《十三經注疏》，民國 74 年 12 月十版印行。

11. 《孝經注疏》，唐玄宗明皇帝御注、邢昺疏，藝文印書館，景印阮元審定清嘉慶二十年江西南昌府學開雕重刊宋本《十三經注疏》，民國 74 年 12 月十版印行。

12. 《爾雅注疏》，郭璞注、邢昺疏，藝文印書館，景印阮元審定清嘉慶二十年江西南昌府學開雕重刊宋本《十三經注疏》，民國 74 年 12 月十版印行。

13. 《孟子注疏》，趙岐注、孫奭疏，藝文印書館，景印阮元審定清嘉慶二十年江西南昌府學開雕重刊宋本《十三經注疏》，民國 74 年 12 月十版印行。

14. 《焦氏易林》，焦延壽撰，藝文印書館，民國 48 年初版。

15. 《太玄經》，揚雄撰，臺灣中華書局，民國 63 年 7 月據明刻本校刊出版。商務印書館《四部叢刊本初編》第九十一冊。

16. 《說文解字注》，許慎撰、段玉裁注，黎明文化事業公司據經韻樓藏版發行，民國 74 年 9 月增訂一版。

17. 《周易注》、《周易略例》，王弼撰，成文出版社《無求備齋易經集成》引北宋刊本，民國 65 年出版。

18. 《略例校勘記附釋文校勘記》，阮元撰，成文出版社《無求備齋易經集成》。據清道光九年刊《皇清經解》本，影印。

19. 《老子、周易王弼注校釋附周易略例》，樓宇烈校釋，華正書局，民國 72 年 9 月初版。

20. 《經典釋文》，陸德明撰，《易經集成》引雅雨堂刊本。

21. 《經典釋文序錄疏證》，吳承仕撰，崧高書社，民國 74 年 4 月出版。

22. 《周易集解附音義》，李鼎祚撰、陸德明撰，《易經集成》據清乾隆二十一年雅雨堂刊本影印。

23. 《周易舉正》，郭京撰，商務《四庫珍本》九集第一冊浙江巡撫採進本。

24. 《易數鈎隱圖》，劉牧撰，漢京《通志堂經解》本，第一冊。

25. 《周易口義》，胡瑗撰，商務《四庫珍本》第三集一～三冊。

26. 《橫渠易說》，張載撰，漢京《通志堂經解》本，第一冊。

27. 《易程傳》、《易本義》，程頤撰、朱熹撰，河洛圖書出版社，民國 63 年 3 月。臺影印一版。世界書局，民國 77 年 11 月十版。

28. 《易童子問》，歐陽修撰，成文《易經集成》引《歐陽文忠集》排印本。

29. 《漢上易傳》，朱震撰，廣文書局，民國 63 年 9 月初版。

30. 《周易窺餘》，鄭剛中撰，商務《四庫珍本》別輯第四～五冊。

31. 《周易古占法》，程迥撰，《文淵閣四庫全書》本。

32. 《朱文公易說》，朱熹撰，漢京《通志堂經解》本，第四冊。

33. 《四書集註》，朱熹撰，文津出版社，民國 74 年 9 月初版。

34. 《古周易》，呂祖謙撰，《易經集成》引《金華叢書》本。

35. 《讀易詳說》，李光撰，商務《四庫珍本》初集第二冊。

36. 《誠齋易傳》，楊萬里撰，中華書局，民國 59 年出版。

37. 《周易經傳集解》，林栗撰，商務《四庫珍本》初集第四～六冊。

38. 《周易集說》，俞琰撰，臺北國家圖書館藏，元至正十年俞氏讀易樓刊本，存〈象傳〉卷上一卷，原書題爲《周易象傳說》。漢京《通志堂經解》本，第七冊，題爲《大易集說》。

39. 《周易經傳訓解》，蔡淵撰，商務《四庫珍本》初集第十三冊。

40. 《周易會通》，董眞卿撰，漢京《通志堂經解》本，第九冊，成文《易經集成》本，第四一～四二冊。

41. 《易學象數論》，黃宗羲撰，廣文書局《易學叢書續編》，民國 70 年 2 月再版。

42. 《船山易學》，王夫之撰，廣文書局，民國 70 年 2 月三版。

43. 《周易內外傳》，王夫之撰，河洛圖書公司，民國 60 年出版。

44. 《大易集義粹言》，納蘭成德撰，漢京《通志堂經解》本，第十冊。

45. 《六十四卦經解》，朱駿聲撰，宏業書局出版。

46. 《周易釋爻例》，成蓉鏡撰，廣文書局，民國 63 年九版。

47. 《易義別錄》，張惠言撰，廣文書局，民國 59 年 12 月初版。

48. 《皇清經解續編一——易》，王先謙編刊、王進祥重編，漢京《彙編叢刊》重編本之三。

49. 《經義考》，朱彝尊撰、朱毗田校，中華書局《四部備要》本，據揚州馬氏刻本校刊。

50. 《經傳釋詞、補、再補》，王引之撰、孫經世補，漢京文化事業公司，民國 72 年 4 月 5 日。

51. 《經解入門》，江藩撰，廣文書局，民國 66 年 1 月初版。

52. 《經學歷史》，皮錫瑞撰，河洛圖書出版社，民國 63 年 9 月台景印初版。

53. 《經學通論》，皮錫瑞撰，河洛圖書出版社，民國 63 年 12 月台景印初版。

54. 《中國經學史》，馬宗霍撰，臺灣商務印書館，民國 68 年九版。

55. 《易學論叢附易學書目彙纂》，章太炎等撰，廣文書局，民國 60 年出版。

56. 《乾坤衍》，熊十力撰，臺灣學生書局，民國 72 年 8 月景印四版。

57. 《讀經示要》，熊十力撰，明文書局，民國 73 年 7 月初版。

58. 《易學討論集》，李證剛等撰，真善美出版社，民國 55 年 5 月出版。

59. 《周易解題及其讀法》，錢基博撰，商務印書館，民國 62 年 8 月台三版。

60. 《周易古史觀》，胡樸安撰，新文豐出版公司，民國 68 年 10 月初版。

61. 《周易古義》，楊樹達撰集，河洛圖書出版社，民國 63 年 5 月台景印初版。

62. 《易經新證》，于省吾撰，藝文印書館，民國 64 年 9 月三版。

63. 《周易的自然哲學與道德函義》，牟宗三撰，文津出版社，民國 77 年 4 月出版。

64. 《先秦漢魏易例述評》，屈萬里撰，聯經出版事業公司，民國 73 年 7 月初版。

65. 《談易三種》，屈萬里撰，聯經出版事業公司，民國 72 年 6 月初版。

66. 《漢石經周易殘字集證》，屈萬里撰，聯經出版事業公司，民國 73 年 7 月初版。

67. 《周易古義補》，屈萬里撰，聯經出版公司，民國 74 年初版《屈萬里先生文存》第一冊。

68. 《周易卦爻辭釋義》，李漢三撰，中華叢書編審委員會，民國 58 年 6 月印行。

69. 《易學新論》，嚴靈峰撰，正中書局，民國 65 年 11 月台三版。

70. 《馬王堆帛書易經初步研究》，嚴靈峰撰，成文出版社，民國 69 年 7 月初版。

71. 《談易》，戴君仁撰，臺灣開明書店，民國 69 年 3 月六版。

72. 《高明經學論叢》，高師仲華撰，黎明文化事業公司，民國 67 年 7 月 1 日初版。

73. 《群經述要》，高師仲華撰，黎明文化事業公司，民國 68 年 10 月初版。

74. 《易經之生命哲學》，馮滬祥撰，天下圖書公司，民國 64 年 9 月台二版。

75. 《魏晉南北朝易學書考佚》，黃師慶萱撰，幼獅文化事業公司，民國 64 年 11 月出版。

76. 《周易讀本》，黃師慶萱撰，三民書局，民國 73 年 8 月再版。

77. 《虞氏易述解》徐芹庭撰，五洲出版社，民國 63 年 2 月印行。

78. 《周易異文考》，徐芹庭撰，五洲出版社，民國 64 年 12 月出版。

79. 《兩漢十六家易注闡微》，徐芹庭撰，五洲出版社，民國 64 年 12 月印行。

80. 《易經研究》，徐芹庭撰，五洲出版社，民國 65 年 6 月出版。

81. 《易學源流上、下》，徐芹庭撰，國立編譯館，民國 76 年 8 月初版。

82. 《先秦易學史》，高懷民撰，東吳大學中國學術著作獎助委員會，民國 64 年 6 月初版。

83. 《兩漢易學史》，高懷民撰，文津出版社，民國 77 年 11 月再版。

84. 《大易哲學論》，高懷民撰，成文出版社，民國 67 年 6 月初版。

85. 《周易雜論》，高亨撰，齊魯書社，1988 年 7 月四版。

86. 《周易大傳今注》，高亨撰，齊魯書社，1988 年 7 月六版。

87. 《易學新探》，程石泉撰，文行出版社，民國 68 年 7 月台一版。

88. 《周易思想研究》，張立文撰，湖北人民出版社，1980 年 8 月出版。

89. 《周易經傳象義闡釋》，朱維煥撰，臺灣學生書局，民國 75 年 10 月二版。

90. 《易經研究論集》，林尹等撰，黎明文化事業公司《孔孟學說叢書》，民國 71 年 10 月再版。

91. 《周易通義》，李鏡池撰、曹礎基整理，北京中華書局，1981 年 9 月一版。

92. 《經今古文學問題新論》，黃彰健撰，中央研究院歷史語言研究所專刊之七十九，民國 71 年 11 月出版。

93. 《易傳評詁》，林漢仕撰，文史哲出版社，民國 72 年 11 月初版。

94. 《周易象象傳義理探微》，黃沛榮撰，漢京文化事業公司，民國 73 年 5 月初版。

95. 《易學論著選集》，黃沛榮撰，長安出版社，民國 74 年出版。

96. 《船山易學研究》，蕭漢明撰，華夏出版社，1987 年 1 月初版。

97. 《易學新探》，林政華撰，文津出版社，民國 76 年 5 月出版。

98. 《連、歸、周三易》，中華民國易經學會，民國 77 年元月初版。

99. 《易傳之形成及其思想》，戴師璉璋撰，新加坡大學《東亞哲學叢書》，文津出版社，民國 78 年 6 月初版。

100. 《宋代經學之研究》，汪惠敏撰，國立編譯館，民國 78 年 4 月初版。

101. 《斠讎學》，王叔岷撰，臺聯國風出版社印行。中央研究院歷史語言研究所專刊之三七，民國 61 年 3 月重刊。

102. 《斠讎別錄》，王叔岷撰，華正書局，民國 76 年 5 月初版。

103. 《目錄學發微》，余嘉錫撰，藝文印書館，民國 76 年 10 月二版。

104. 《中國目錄學研究》，胡楚生撰，華正書局，民國 76 年元月增訂一版。

三、史　類

1. 《史記三家注》，司馬遷撰、裴駰集解、司馬貞索隱、張守節正義，洪氏出版社，民國 63 年 10 月初版。

2. 《新校漢書集注》，班固撰、顏師古注，世界書局，民國 67 年 11 月三版。

3. 《漢書藝文志注釋彙編》，未書撰者，木鐸出版社，民國 72 年 9 月初版。

4. 《新校後漢書注》，范曄撰、李賢等注，世界書局，民國 70 年 11 月四版。

5. 《新校三國志》，陳壽撰、裴松之注，世界書局，民國 66 年 4 月四版。

6. 《新校本隋書》，魏徵等撰，鼎文書局《二十五史》第三十七～三十九冊，民國 69 年元月初版。

7. 《新校本宋史并附編三種》，脫克脫撰，鼎文書局楊家駱主編《中國學術類編》，民國 67 年 9 月初版。

8. 《新唐書》，歐陽修撰，鼎文書局，民國 69 年 3 月版。

9. 《宋史藝文志廣編上、下》，楊家駱主編，世界書局，民國 64 年 4 月再版。

10. 《宋史紀事本末》，馮琦原編、陳邦瞻纂輯、張溥論證，商務印書館王雲五主編《國學基本叢書四百種》，民國 57 年 12 月台一版。

11. 《宋史新編》，柯維騏撰，文海出版社，民國 63 年影印本。

12. 《景宋嘉定本中興館閣錄》，國立中央圖書館《善本叢書第一輯》漢華文化事業股份有限公司，民國 60 年 4 月印行。

13. 《南宋館閣錄》，陳騤撰，商務印書館《四庫珍本》第一四二～一四四冊。

14. 《元史》，宋濂撰，鼎文書局，民國 69 年元月初版。

15. 《文史通義》，章學誠撰，廣文書局，民國 56 年出版。

16. 《清代七百名人傳》，蔡冠洛編，文海出版社印行，沈雲龍主編《近代中國史料叢刊》第六二三種。

17. 《湖廣圖經志書》，臺北國家圖書館漢學資料中心特藏室，影藏東京圖書館明嘉靖二年刊本。

18. 《處州府志》，臺北國家圖書館漢學資料中心特藏室，影藏清康熙二十九年刊本。

19. 《處州府志》，臺北國家圖書館漢學資料中心特藏室，影藏東京圖書館明成化二十二年刊本。

20. 《松陽縣志》，臺北國家圖書館漢學資料中心特藏室，景照佚存古籍清順治十一年刊本。

21. 《荆州府志》，楊景淳纂，臺北國家圖書館，景印佚存古籍明萬曆二十二年刊本，東京圖書館藏。

22. 《荆州府志》，倪文蔚等修顧嘉衡等纂，成文出版社《中國方志叢書》據清光緒元年刊本影印。

23. 《江陵縣志》，崔龍見等修、黃義尊纂，學生書局《新修方志叢刊》《湖北方志

之十二》，民國 57 年 12 月景印初版。

24. 《中國歷史地名大辭典》，鄭樑生、吳文星、葉劉仙相編譯，三通圖書股份有限公司，民國 73 年 1 月 15 日初版。

25. 《古史辨》，顧頡剛等撰，藍燈文化事業公司，民國 76 年 11 月出版。

26. 《先秦文史資料考辨》，屈萬里撰，聯經出版事業公司，民國 72 年 2 月初版。

27. 《偽學通考上、下》，張心澂撰，香港友聯出版社。

28. 《歷代人物年里通譜》，楊家駱主編，世界書局《中國學術名著第五輯》，民國 63 年 7 月三版。

29. 《宋元理學家著述生卒年表》，麥仲貴編，新亞研究所出版《新亞研究所專刊之三》，民國 57 年 9 月初版。

30. 《朱子年譜、考異、附錄》，王懋竑纂訂，商務印書館《叢書集成初編》據《粵雅堂叢書》本排印，民國 26 年 6 月初版。

31. 《歷代經籍考》，劉錦藻等撰，新興書局印行。

32. 《中國歷代藝文總志》，臺北國家圖書館編印，民國 73 年 11 月經部，民國 75 年 12 月集部。

33. 《歷代帝王年表》、《歷代名人年譜》，齊召南編、阮亨校訂、吳榮光編，商務印書館《國學基本叢書四百種》，民國 57 年 12 月台一版。

34. 《帝王世系圖三種》、《史諱譜例三種》，楊家駱主編，世界書局，民國 63 年 5 月三版。

35. 《經史避名彙考》，周廣業撰，明文書局，民國 70 年 10 月初版。

36. 《歷代學仕官名類釋》，李慕茹撰，復文圖書出版社，民國 73 年 11 月初版。

37. 《中國文學、藏書家考略》，楊立誠、金步瀛合編、宋海屏校訂，新文豐出版公司，民國 67 年 9 月初版。

四、子　類

1. 《荀子集解》，楊倞注、王先謙集解、楊家駱先生主編，世界書局，《新編諸子集成》第二冊，民國 72 年 4 月新四版。

2. 《莊子集解》，王先謙撰、楊家駱先生主編，世界書局，《新編諸子集成》第四冊，民國 72 年 4 月新四版。

3. 《莊子集釋》，郭慶藩輯，華正書局，71 年 8 月出版。

4. 《管子校正》，尹知章注、戴望校正，世界書局《新編諸子集成》第五冊。

5. 《呂氏春秋新校正》，高誘注、畢沅校，世界書局《新編諸子集成》第七冊。

6. 《淮南子》，高誘注，世界書局《新編諸子集成》第七冊。

7. 《諸子平議》，俞樾撰，世界書局《新編諸子集成》第八冊。

8. 《二程集》，程顥撰、程頤撰，漢京文化事業有限公司，民國 72 年 9 月 16 日初版。

9. 《朱子語類》，黎靖德編，正中書局，民國 62 年台三版。據臺北國家圖書館館藏，明成化九年江西藩司覆刊，宋咸淳六年導江黎氏本影印。

10. 《近思錄》，朱熹纂集、江永集註，廣文書局，民國 70 年 7 月再版。

11. 《宋元學案》，黃宗羲撰、全祖望續修，河洛圖書出版社，民國 64 年 3 月台景印初版。

12. 《增訂宋元學案》，臺灣中華書局《四部備要》本。

13. 《宋元學案補遺》，王梓材、馮雲濠撰，世界書局楊家駱主編《中國學術第五輯》，民國 51 年 6 月初版。

14. 《考亭淵源錄》，宋端儀撰，中文出版社影印和刻天保九年 1838 年刊——《近世漢籍叢刊》。

15. 《中國學術思想大綱》，林景伊（尹）撰，未書出版者。

16. 《中國哲學史資料選輯》，未書撰者，九思出版有限公司，民國 67 年 9 月 10 日台一版。

17. 《中國哲學原論》，唐君毅撰，新亞研究所出版，臺灣學生書局，民國 69 年 9 月台四版印行。

18. 《中國哲學十九講》，牟宗三撰，學生書局，民國 72 年 10 月初版。

19. 《心體與性體》，牟宗三撰，正中書局，民國 60 年 11 月台一版。

20. 《中國哲學史》，勞思光撰，香港中文大學崇基學院，民國 69 年 12 月再版。

21. 《兩宋思想述評》，陳鐘凡撰，華世出版社，民國 66 年 3 月台一版。

22. 《宋明理學》，吳康撰，華國出版社，民國 44 年 10 月初版。

23. 《宋明清理學體系論史》，黃公偉撰，幼獅文化事業公司，民國 60 年 9 月印行。

24. 《宋明理學》，蔡仁厚撰述，學生書局，民國 66 年 10 月初版《北宋篇》，民國 69 年 3 月初版《南宋篇》。

25. 《宋明理學研究論集》，馮炳奎等撰，黎明文化事業公司，民國 72 年 7 月初版。

26. 《宋明理學研究》，李日章撰，復文圖書出版社，民國 74 年元月初版。

27. 《宋儒風範》，董金裕撰，東大圖書公司，民國 68 年 10 月初版。

28. 《哲學、文化與時代》，程石泉撰，師大出版組出版，民國 70 年 7 月初版。

29. 《朱子門人》，陳榮捷撰，臺灣學生書局，民國 71 年 3 月初版。

30. 《儒學探源》，周群振撰，鵝湖出版社，民國 73 年 9 月初版。

31. 《朱熹思想研究上、下》，張立文撰，谷風出版，民國 75 年 10 月出版。

32. 《郭象與魏晉玄學》，湯一介撰，谷風出版社。

33. 《王弼》，林麗真撰，東大圖書公司《世界哲學家叢書》，民國 77 年 7 月初版。

五、集　類

1. 《朱文公文集》，朱熹撰，商務印書館《四部叢刊正編》大本原式精印，民國 69年影印本。

2. 《朱子書節要上、下》，李滉撰，中文出版社影印和刻《近世漢籍叢刊》明治四年 1871 年刊本。

3. 《象山先生全集》，陸九淵撰，商務印書館《四部叢刊正編》影印明嘉靖刊本。

4. 《誠齋集》，楊萬里撰，商務印書館《四部叢刊》第二五三～二五八冊。

5. 《張南軒先生文集》，張栻撰，商務印書館《叢書集成初編》第三七五冊。

6. 《呂東萊文集》，呂祖謙撰，商務印書館《叢書集成初編》第三七六冊，民國 26年 6 月初版。

7. 《水心先生文集》，葉適撰，臺灣商務印書館大本原式精印《四部叢刊正編》第三六二～三六三冊。

8. 《止齋先生文集》，陳傅良撰，臺灣商務印書館大本原式精印《四部叢刊正編》。

9. 《攻媿集》，樓鑰撰，商務印書館《四部叢刊》第一一二九～一一五八冊。

10. 《恥堂存稿》，高斯得撰，商務印書館《叢書集成初編》第三二五冊。

11. 《鶴山先生大全文集》，魏了翁撰，商務印書館《四部叢刊》本。

12. 《眞德秀眞文忠公全集》，眞德秀撰，文友書店，民國 57 年出版。

13. 《南宋文範》，楊家駱主編，世界書局《國學名著珍本彙刊》《總集彙刊之一》。

14. 《宋詩紀事》，厲鶚輯、馬曰琯同輯，商務印書館王雲五主編《國學基本叢書四百種》，民國 57 年 6 月台一版。

15. 《千首宋人絕句》，嚴長明錄，藝文印書館，民國 59 年 9 月初版。

16. 《南宋雜事詩》，沈嘉璈等撰，藝文印書館，民國 63 年 4 月初版。

17. 《宋人題跋上、下》，楊家駱主編，世界書局，民國 63 年 12 月三版。

18. 《宋詩派別論》，梁昆撰，東昇出版事業公司，民國 69 年 5 月初版。

19. 《楊萬里、范成大研究資料彙編》，未書撰者，明倫出版社《中國古典文學研究叢書》，民國 59 年 12 月出版。

20. 《渭南文集》，陸游撰，商務印書館《四部叢刊初編》第二五九～二六○冊。

21. 《陸游作品評述彙編》，未書撰者，明倫出版社《中國古典文學研究叢書》，民國 59 年 12 月出版。

22. 《白石道人全集》，姜夔撰，商務印書館《國學基本叢書四百種》第二九九冊。

23. 《柳待制文集》，柳貫撰，上海商務印書館《四部叢刊初編集部》景印元至正刊本。

24. 《道園學古錄》，虞集撰，商務印書館重印《四部叢刊》第一三四六～一三四七冊。

25. 《日知錄》，顧炎武撰，粹文堂書局，民國 63 年初版。

26. 《白田雜著》，王懋竑撰，臺灣商務印書館景印《欽定四庫全書》子部第八五九

冊。

27. 《東塾讀書記》，陳澧撰，文光圖書公司，民國 60 年 4 月再版。

28. 《管錐編》，錢鍾書撰，全國出版社，民國 67 年 1 月出版。

29. 《梅園論學集》，戴君仁撰，臺灣開明書店，民國 59 年 9 月初版。

30. 《書傭論學集》，屈萬里撰，臺灣開明書店，民國 69 年 1 月二版。

31. 《修辭學》，黃師慶萱撰，三民書局，民國 72 年 10 月四版。

32. 《宋代文學與思想》，台大中文研究所主編，學生書局，民國 78 年 8 月初版。

六、論文期刊

1. 《周易鄭氏學》，胡自逢撰，嘉新水泥公司基金會研究論文第一○○種，民國 58 年 8 月初版。

2. 《漢易闡微》，徐芹庭撰，師大國研所，民國 62 年博論。

3. 《四縣客語語法研究》，羅肇錦撰，師大國研所，民國 73 年博論。

4. 《易經之人生哲學研究》，朴正根撰，輔仁哲研所，民國 75 年博論。

5. 《周易正義引書考》，王忠林撰，師大國研所，民國 47 年碩論。

6. 《周易經文注疏校證》，馬光宇撰，師大國研所，民國 50 年碩論。

7. 《易來氏學》，徐芹庭撰，師大國研所，民國 57 年碩論。

8. 《南宋館閣典籍考》，李健祥撰，政大中研所，民國 64 年碩論。

9. 《王弼易學之研究》，侯秋東撰，嘉新水泥公司文化基金會研究論文第二八二種，民國 65 年 4 月出版。

10. 《韓侂冑與南宋中期的政局變動》，黃俊彥撰，師大史研所，民國 65 年 7 月碩論。

11. 《邵雍易學之研究》，周林靜撰，文化哲研所，民國 66 年碩論。

12. 《王弼及其易學》，林麗眞撰，臺大文史叢刊之四十七，民國 66 年 2 月初版。

13. 《北宋周張二程思想之分析》，戴景賢撰，臺大文史叢刊之五十三，民國 68 年 6 月初版。

14. 《宋人疑經改經考》，葉國良撰，臺大文史叢刊之五十五，民國 69 年 6 月初版。

15. 《北宋易學考》，王基西撰，師大國研所，民國 67 年碩論。

16. 《孔穎達周易正義研究》，龔鵬程撰，師大國研所，民國 68 年碩論。

17. 《張載易學之研究》，陳正榮撰，師大國研所，民國 68 年碩論。

18. 《周易繫辭傳集釋（宋代）》，戴媽兒撰，文化中研所，民國 68 年碩論。

19. 《王弼思想研究》，陳俊生撰，高師國研所，民國 69 年碩論。

20. 《周易程傳、朱熹本義之比較研究》，胡培基撰，香港珠海中研所 1980 年碩論。

21. 《王韓易注及朱子本義之比較研究》，徐正桂撰，高師國研所，民國 70 年碩論。

22. 《程頤學術思想研究》，鄭敏華撰，輔仁中研所，民國 71 年碩論。

23. 《易與天人之學》，呂碧霞撰，香港能仁中研所 1982 年碩論。

24. 《周易之文學觀》，游志誠撰，高師國研所，民國 72 年碩論。

25. 《朱子易學研究》，江弘毅撰，師大國研所，民國 74 年碩論。

26. 《易爻指例》，朱介國撰，師大國研所，民國 74 年碩論。

27. 《伊川易學研究》，江超平撰，師大國研所，民國 75 年碩論。

28. 《易經憂患意識研究》，楊陽光撰，師大國研所，民國 75 年碩論。

29. 《周易憂患九卦之研究》，謝綉治撰，高師國研所，民國 75 年碩論。

30. 《論易經乾坤之作用》，楊遠謀撰，文化哲研所，民國 75 年碩論。

31. 《易經卦象初探》，南基守撰，師大國研所，民國 76 年碩論。

32. 《周易元亨利貞四德說研究》，方中士撰，高師國研所，民國 76 年碩論。

33. 《惠棟易例研究》，江弘遠撰，師大國研所，民國 77 年碩論。

34. 《楊萬里易學之研究》，黃忠天撰，高師國研所，民國 77 年碩論。

35. 《周易文學性質之探索》，張貞海撰，文化中研所，民國 77 年碩論。

36. 《周易「元亨利貞」析論》，蒙傳銘撰，中國學術年刊第二期。

37. 《易經占筮性質辨說》，季旭昇撰，中國學術年刊第四期。

38. 《從漢易源流探討京房易的承傳問題》，李周龍撰，中國學術年刊第六期。

39. 《周易繫辭傳的三陳九卦釋義》，李周龍撰，孔孟學報第四十九期。

40. 《周易時觀初探》，黃師慶萱撰，中國學術年刊第十期。

41. 《朱子易例及易傳比較研究》，程元敏撰，中山學術文化集刊第四期。

42. 《周易繫辭傳之比較研究》，郭文夫撰，六十學年度國科會補助出版。

43. 《宋義理派易學的研究》，林益勝撰，六十一學年度國科會補助出版。

44. 《周易經傳詞類研究》，戴師璉璋撰，六十二學年度國科會補助出版。

45. 《周易辭例研究》，黃沛榮撰，六十七學年度國科會補助出版。

46. 《周易乾坤卦義證》，黃沛榮撰，臺大文史哲學報二十九期。

47. 《易傳中的變遷觀念》，文崇一撰，七十學年度國科會獎助出版。刊於《中央研究院國際漢學會議論文集》。

48. 《易經中的理與氣——對中國哲學中「有」與「無」的重新考察》，成中英撰，幼獅學誌十六卷四期。

49. 《宋代之易學上、下》，徐芹庭撰，孔孟學報四十二期、四十四期。

50. 《易經繫辭傳解義上、下》，吳怡撰，孔孟學報五十七期、五十八期。

51. 《論馬王堆帛書易經之卦序》，黃沛榮撰，臺灣學生書局，民國 74 年 5 月初版《屈萬里院士紀念論文集》。

52. 《易經大象傳義理研究》，林政華撰，臺灣學生書局，民國 74 年 5 月初版《屈萬里院士紀念論文集》。

53. 〈宋儒項安世之生平交遊及學術〉，江乾益撰，興大中文學報十六期。

七、書錄索引

1. 《直齋書錄解題》，陳振孫撰，臺灣商務印書館王雲五主編《國學基本叢書四百種》，民國 57 年 3 月台一版。

2. 《遂初堂書目》，尤袤撰，臺灣商務印書館王雲五主編《叢書集成簡編》第二十四～二十五冊。

3. 《合印四庫全書總目提要及四庫未收書目、禁燬書目》，臺灣商務印書館，民國 60 年 7 月增訂初版。

4. 《四庫全書總目》，紀昀撰，藝文印書館，民國 63 年四版。

5. 《武英殿本四庫全書總目提要》，永瑢、紀昀等撰，臺灣商務印書館據國立故宮博物院典藏武英殿原鈔本，印行。

6. 《四庫全書簡明目錄》，永瑢、紀昀等撰，臺灣商務印書館據文淵閣原鈔本，民國 72 年 10 月初版印行。河洛圖書出版社，民國 64 年 3 月臺景印初版。

7. 《四部要籍序跋大全》，王雲五收藏，華國出版社，民國 41 年 4 月景印初版。國立中央圖書館善本書室藏。

8. 《四庫湖北先正遺書提要上、下附遺書存目》，盧靖輯刊，廣文書局《書目五編》，民國 61 年 7 月初版。

9. 《中國善本書提要》，王重民撰，明文書局，民國 73 年 12 月初版。

10. 《皕宋樓藏書志、續志》，陸心源編，廣文書局《書目續編》。

11. 《八千卷樓書目》，丁仁編，廣文書局《書目四編》，民國 59 年 6 月初版。

12. 《經義考目錄校記》，羅振玉撰，廣文書局《書目續編》。

13. 《五十萬卷樓群書跋文》，莫伯驥撰，文海出版社《國學集要二編》。

14. 《叢書子目類編》，文史哲出版社編著，文史哲出版社，民國 75 年 6 月再版全二冊。

15. 《臺灣公藏善本書目書名索引上、下》，國立中央圖書館編，國立中央圖書館，民國 66 年 6 月初版。

16. 《國立故宮博物院善本書目》，國立故宮博物院印行。

17. 《沈氏研易樓善本圖錄》，國立故宮博物院藏，民國 75 年 12 月初版。

18. 《國立中央圖書館善本書目》，國立中央圖書館，民國 56 年 12 月增訂本初版。

19. 《國立中央圖書館善本題跋真跡》，國立中央圖書館編印，善本書室藏，民國 71 年 12 月初版。

20. 《國立中央圖書館特藏選錄》，國立中央圖書館，民國 75 年 7 月初版，民國 76 年 4 月初版重印。

21. 《國立北平圖書館善本書目》，國立中央圖書館，民國 58 年印行。

22. 《北京圖書館善本書目》，成文出版社《書目類編》引，民國 48 年排印本。

23. 《中國版刻圖錄》，北京圖書館編著，文物出版社，民國 50 年 3 月再版增訂本。國立中央圖書館善本書室影藏。

24. 《靜嘉堂宋本書影》，臺北國家圖書館善本書室藏。

25. 《靜嘉堂文庫漢籍分類目錄》，靜嘉堂文庫編纂，臺北市進學書局，民國 58 年印行。

26. 《東京大學東洋文化研究所漢籍分類目錄》，東京大學東洋文化研究所撰，臺北國家圖書館藏。

27. 《京都大學人文科學研究所漢籍分類目錄》，京都大學人文科學研究所編，臺北國家圖書館藏。

28. 《尊經閣文庫漢籍分類目錄》，尊經閣文庫編纂，進學書局，民國 23 年印行。

29. 《宋代研究文獻提要》，《東京東洋文庫》宋史提要編纂協力委員會。

30. 《宋史研究論文與書籍目錄》，宋晞編，中國文化大學出版部，民國 72 年 8 月印行增訂本。

31. 《中國文化研究論文目錄》，中華文化復興運動推行委員會主編，臺灣商務印書館發行。

32. 《中國歷代詩文別集聯合書目》，王民信主編，國學文獻館編印，聯經出版事業公司，民國 72 年出版。

33. 《十三經引得》，宗青圖書出版公司《漢學索引集成》，民國 78 年 1 月初版。

34. 《諸子引得》，宗青圖書出版公司《漢學索引集成》，民國 75 年 11 月初版。

35. 《宋元明清四朝學案索引》，陳鐵凡主編及校訂，藝文印書館，民國 63 年元月初版。

36. 《宋元學案人名索引》，日本佚名編，廣文書局，民國 64 年 4 月初版。

37. 《宋元方志傳記索引》，朱士嘉編，北市古亭書屋，民國 64 年 1 月出版。

38. 《中國地方志綜錄》，朱士嘉編，新文豐出版公司，民國 64 年 11 月初版。

39. 《臺灣公藏方志聯合目錄》，國立中央圖書館特藏組，民國 70 年 10 月增訂本。

40. 《四十七種宋代傳記綜合引得》，《東洋文庫》內東方學研究日本委員會，民國 48 年 10 月再印。

41. 《宋人傳記資料索引》，昌彼得、王德毅、程元敏、侯俊德編、王德毅增訂，鼎文書局，民國 66 年 12 月增訂版。

42. 《元人傳記資料索引》，王德毅、李榮村、潘柏澄編，新文豐出版公司，民國 69 年 6 月初版。

43. 《明人傳記資料索引》，國立中央圖書館，民國 55 年編。

44. 《清代傳記叢刊索引》，周駿富輯，明文書局，民國 74 年初版。

45. 《中國歷朝室名、別號索引彙編》，陳乃乾編，老古出版社，民國 68 年 9 月台初版。

46. 《全國博碩士論文分類目錄》，王茉莉、林玉泉主編，政大社資中心，民國 66 年 7 月、民國 74 年 8 月出版。

47. 《易學書錄》，中國哲學編輯部《中國哲學》第十四輯，人民出版社印行。

48. 《經學研究論著目錄》，林慶彰主編，國立中央圖書館漢學研究中心，民國 78 年 12 月編印上、下二冊。

周易玩辭敍

敍曰大傳曰君子居則觀其象而玩其辭動則觀其
變而玩其占讀易之法盡於此矣易之道四其實則
二象與辭是也變則象之進退也占則辭之吉凶也
不識其象何以知其變不通其辭何以決其占然而
聖人因象以措辭後學因辭而測象則全之讀易所
當反復紬繹精思而深味者莫辭若也於是作周易
玩辭

皇宋慶元四年歲次戊午秋九月己未江陵項安世述

周易上篇六卷

書影之二：臺北國家圖書館典藏——宋寧宗時江陵項氏建安書院刊本《周易玩辭》

周易玩辭卷第一

江陵項安世　述

䷀乾下
乾上乾

彖

彖者主釋卦下之彖辭也大哉乾元萬物資始乃統
天以天道釋元字雲行雨施品物流形言元而亨
也大明終始六位時成以易象釋亨字也時乘六龍
以御天言亨而利也乾道變化各正性命以天道
釋利字也保合大和乃利言利而貞也首出庶
物□萬國咸寧以人事釋貞字也凡彖皆以易象要天

書影之三：嚴靈峰先生《無求備齋易經集成》據清康熙十九年原刊本《周易玩辭》

周易玩辭卷第一

乾下
乾上
乾

江陵　項安世　述

彖

彖者主釋卦下之彖辭也大哉乾元萬物資始乃統
天以天道釋元字雲行雨施品物流形言自元而亨
也大明終始六位時成以易象釋亨字也時乘六龍
以御天言自亨而利也乾道變化各正性命以天道
釋利字也保合太和乃利貞言自利而貞也首出庶
物萬國咸寧以人事釋貞字也凡彖皆以易象與天
道雜言者見易之所象皆天道也以人事終之者見

書影之四：臺北國家圖書館典藏──清趙魏編手鈔本《平菴悔稿》

平菴悔稿卷一

括蒼項安世平甫著

四言古詩

盤居六章

賓峰之陰其山深深有美一人瓊弁玉簪

雲居之陽其水洋洋有美一人霞衣月裳

山之紆紆家雲所廬彼盤之人亦豐厥儲

山之營營眾流所經彼盤之人亦溥厥成

書影之五：清趙魏編手鈔本《平庵悔稿》內附便條乙紙

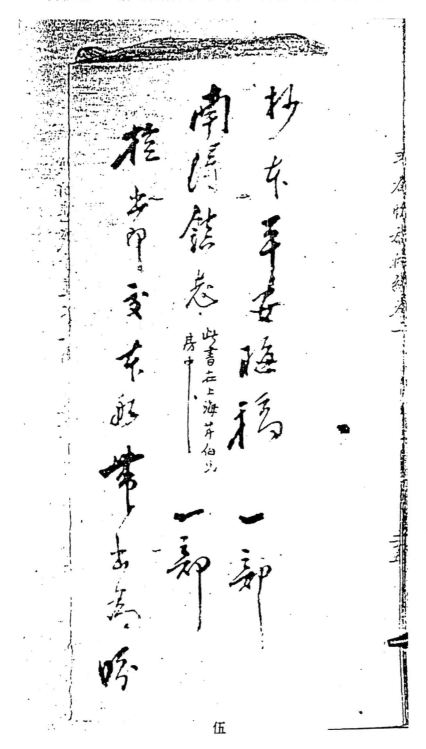

伍